HUNDE

ERZIEHUNG & VERHALTEN
PFLEGE & HALTUNG
RASSEN

SARAH WHITEHEAD
BEVERLY CUDDY

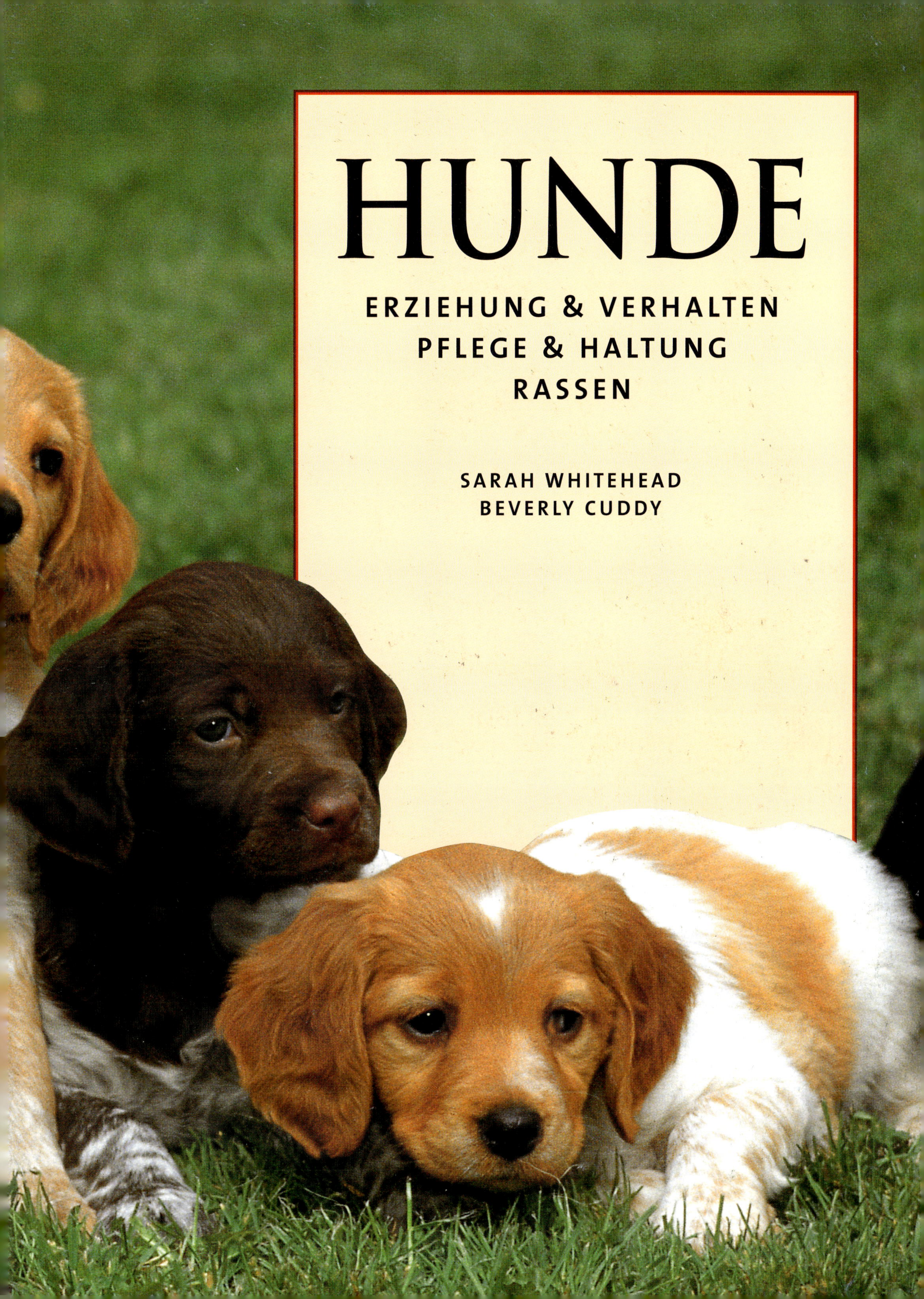

Sarah Whitehead ist eine renommierte Autorin von mehreren Hundebüchern. Sie unterhält vier Tierkliniken für verhaltensgestörte Haustiere und bietet verschiedene Sozialisierungskurse für Welpen an. Zudem ist sie ein beliebter Gast im Fernsehen und im Hörfunk.

Bradley Viner betreibt eine hochangesehene Praxis mit drei Zweigstellen. Er ist als Autor für ein Tiermagazin tätig und hat mehrere Bücher über Hundehaltung veröffentlicht. Als Moderator leitet er im Hörfunk wöchentlich eine Haustiersendung.

Beverley Cuddy ist eine anerkannte Expertin für Verhalten, Merkmale und Geschichte der Hunderassen. Als Chefredakteurin leitet sie das Hundemagazin *Dogs Today*. Mit zahlreichen Veröffentlichungen hat sie sich einen Namen als Hundekennerin gemacht.

Peter Neville ist seit über zehn Jahren praktizierender Fachmann und Ratgeber für verhaltensgestörte Hunde. Er arbeitet für Rundfunk sowie Fernsehen und schreibt regelmäßig Beiträge für führende Tierzeitschriften wie *Dogs Today* and *Wild About Animals*.

Titel der englischen Originalausgabe
DOG – The Complete Guide

Genehmigte Lizenzausgabe
für Weltbild Verlag GmbH, Augsburg 2001

Projektleitung: Karin Nagl
Redaktion: Bernd Mayerhofer, Karin Nagl
Übersetzung: Karin Balzer, Grace Pampus
Consultant: Dr. Peter A. Widmer
Umschlaggestaltung: Gestaltungsbüro Thomas Uhlig, Augsburg
Umschlagmotive: Photodisc, Hamburg/Seattle; PhotoPress, Stockdorf (3; U4)
Gesamtherstellung: Druckerei Appl, Wemding

Printed in Germany

ISBN 3-8289-1600-7

Inhalt

Einführung

Hunde sind die weltweit beliebtesten und vom Menschen am meisten geschätzten Haustiere. Seit Tausenden von Jahren ist der Vierbeiner dank seiner unglaublichen Fähigkeiten sich den Gepflogenheiten und den Ansprüchen seines Besitzers anzupassen, eng mit dem Menschen verbunden. Er arbeitet, spielt und lebt nicht nur mit diesem, sondern ist ihm auch treu ergeben. Für die meisten Menschen ist der Hund mehr als ein Haustier – er ist ein Freund fürs Leben.

Dieses Buch, daß sich an alle Hundebesitzer oder solche, die es werden wollen, richtet, bietet detaillierte Informationen über die unterschiedlichen Hunderassen sowie eine artgerechte Haltung an.

Gestalt und Sinne

Auch wenn bereits viel über Herkunft, Domestikation und Entwicklung der einzelnen Rassen diskutiert wurde – über die Intelligenz und die außerordentliche Lernfähigkeit des Hundes besteht kein Zweifel. Ein harmonisches Zusammenleben setzt voraus, daß man seinen Vierbeiner kennt und versteht. Deshalb sollte man über ein grundsätzliches Wissen verfügen, was das Wesen, die Fähigkeiten und das Verhalten des Hundes betrifft.

Nur wenige Tiere verfügen über eine derartige Vielfalt an Form, Größe, Fellbeschaffenheit und Verhaltensweisen wie der Hund. Darüber hinaus kann man sich im ersten Kapitel über Lebenszyklen sowie Kommunikationsweisen des Hundes informieren.

Hundehaltung

Der zweite Teil umfaßt einen praktischen Ratgeber für die problemlose Haltung des neuen Haustiers. Hier werden unter Berücksichtigung der neuesten Erkenntnisse und Methoden Hinweise zur Auswahl des Hundes, dessen artgerechter Haltung, dem richtigen Umgang und der optimalen Ausbildung gegeben. Weiterhin wird fachmännisch erörtert, wie man seinem Vierbeiner hilft, sich in die neue Familie zu integrieren, ihn richtig ernährt und pflegt sowie für dessen Sicherheit zu Hause und unterwegs sorgt.

Gesundheit

Ein weiterer Schwerpunkt liegt in der tierärztlichen Versorgung. Hier werden die häufigsten Hundekrankheiten, ihre Entstehung sowie ihre Behandlung durch den Veterinär vorgestellt. Dabei werden auch alternative Heilmethoden sowie Erste-Hilfe-Maßnahmen berücksichtigt. Weiterhin wird auf die Züchtung, die Fortpflanzung und die verschiedenen Probleme, die im Laufe eines Hundelebens auftreten können, fachkundig eingegangen.

Hunderassen

Im dritten Teil des Buchs sind sowohl alle bedeutenden und vielen Lesern bereits vertrauten Hunderassen wie auch weniger bekannte Züchtungen aufgeführt. Dabei ist man weitgehend analog zur Fédération Cynologique Internationale (FCI) vorgegangen. Die hier vorgestellten Hunde sind in sechs Gruppen unterteilt (siehe Seite 169). Zu jedem Hund findet man detaillierte Angaben bezüglich Geschichte, Erscheinungsbild und spezifischer Charaktereigenschaften.

Der letzte Teil dieses Buches befaßt sich mit der Rolle des Vierbeiners in Geschichte, Kunst und Medien. Im Anschluß daran findet der Leser die Anschriften wichtiger Verbände und Vereine sowie Vorschläge für weiterführende Literatur.

Dieser praktische Ratgeber ist für alle Hundebesitzer, die ein harmonisches Zusammenleben mit ihrem Vierbeiner anstreben, ein profundes und anregendes Nachschlagewerk.

DER BESTE FREUND

Seit seiner Domestizierung vor über 12 000 Jahren ist der Hund dem Menschen in Liebe und Zuneigung verbunden. Mit Freude übernahm er die Doppelrolle als Kamerad und Arbeiter, Seelentröster und Jagdgefährte. Hunde fühlen sich in der Gesellschaft des Menschen wohl, weil sie für das bereitgestellte Futter und ein

Zuhause dankbar sind, weil sie nur in einer dauerhaften Beziehung wirklich glücklich werden – und weil sie einen Rudelführer brauchen, dem sie sich unterwerfen und gefallen können. Sie entwickeln eine außergewöhnlich große Loyalität und werden deshalb zu Recht als „beste Freunde des Menschen“ bezeichnet.

„Wundern kann es mich nicht,
daß Menschen die Hunde so lieben;
denn ein erbärmlicher Schuft ist,
wie der Mensch, so der Hund."

JOHANN WOLFGANG VON GOETHE

„Der Hund ... wurde eigens für Kinder erschaffen."

HENRY WARD BEECHER

„Freude an einem Hund haben Sie erst, wenn Sie nicht versuchen, aus ihm einen halben Menschen zu machen. Ziehen Sie statt dessen doch einmal die Möglichkeit in Betracht, selbst zu einem halben Hund zu werden."

Edward Hoagland

„Bedenke, daß der Allmächtige dem Hund, den er uns als Gefährten ... gab, die edlen Tugenden der Treue und Geradlinigkeit verlieh."

Sir Walter Scott

„Er ist mein drittes Auge, das über die Wolken blickt, mein drittes Ohr, das über die Winde lauscht. Er ist der Teil von mir, der sich bis zum Meer erstreckt. Wie er sich an meine Beine lehnt, beim leisesten Lächeln mit dem Schwanz wedelt, seinen Schmerz zeigt, wenn ich ohne ihn ausgehe ..., sagt mir tausendmal, daß ich der einzige Grund seines Daseins bin.
Habe ich Unrecht, verzeiht er mir mit Wonne. Bin ich wütend, bringt er mich zum Lachen. Bin ich glücklich, wird er vor Freude fast verrückt. Mache ich mich zum Narren, sieht er darüber hinweg. Gelingt mir etwas, lobt er mich. Ohne ihn bin ich nur einer unter vielen. Mit ihm bin ich stark. Er ist die Treue selbst. Er lehrte mich die Bedeutung der Liebe. Durch ihn erfahre ich seelischen Trost und inneren Frieden.
Er lehrte mich verstehen, wo vorher nur Ignoranz war.
Sein Kopf auf meinem Knie heilt meine menschlichen Schmerzen.
In seiner Gegenwart habe ich keine Angst vor Dunkelheit und Unbekanntem. Er versprach, auf mich zu warten ... wann und wo auch immer ... ich könnte ihn ja brauchen. Und ich brauche ihn – wie ich es immer getan habe. Er ist eben mein Hund."

GENE HILL

„Tiere sind wunderbare Freunde.
Sie stellen keine Fragen
und kritisieren nicht."

GEORGE ELIOT

TEIL I

VOM WOLF ZUM HUND

Der domestizierte Hund, *Canis familiaris*, stammt von einem Tier ab, das vor mehreren Millionen Jahren lebte. Seit mehr als 12 000 Jahren ist er eng mit dem Menschen verbunden.

Der heutige Haushund hat mit seinem wolfsähnlichen Vorfahren kaum noch etwas gemein. Weltweit gibt es etwa 400 eingetragene Rassen, die dank selektiver Züchtung Charakter- und Körpereigenschaften besitzen, die den praktischen Bedürfnissen und ästhetischen Wünschen des Menschen entsprechen.

Auch das Zusammenleben zwischen Mensch und Hund hat sich drastisch verändert: Hunde dürfen heute nur noch selten ihren natürlichen, angeborenen Instinkten folgen. Sie mußten lernen, mit den Anforderungen des modernen Lebens umzugehen. Es ist ihrer unglaublichen Anpassungsfähigkeit zu verdanken, daß sie weiterhin geschätzt, gebraucht und geliebt werden. So gesehen scheint der *Canis familiaris* für die Ewigkeit geschaffen zu sein.

Evolution & Domestikation

Abstammung ✦ Evolution ✦ Rassenentwicklung

Oben: Manche Hunde wie der Sibirische Husky sehen den Wölfen sehr ähnlich. Generell haben alle Hunde vom Wolf den hervorragenden Seh-, Hör- und Geruchssinn geerbt.

Unten: Die Verbindung zwischen Mensch und Hund läßt sich bis in die Antike, wie diese griechische Skulptur zeigt, zurückverfolgen.

Der Hund ist ein Fleischfresser. Er besitzt vier Reißzähne, mit denen er die Beutetiere fassen und töten kann. Man nimmt an, daß die Gattung der Fleischfresser vor 54 bis 38 Millionen Jahren entstanden ist. Als frühester Vorfahre gilt der *Creodontier*, aus dem sich der *Miacis* entwickelte, ein dem Frettchen ähnelndes Tier, das auf Bäumen lebte.

Vor 38 bis 26 Millionen Jahren entstand im heutigen Nordamerika der *Hesperocyon*. Dieses Tier besaß ein ähnliches Innenohr wie der Rest der sogenannten *Canidae* (Hundeartige). Aus dem *Hesperocyon* entwickelte sich der *Cynodictis*, ein kleiner, anpassungsfähiger Vierbeiner, der über den ganzen Erdball verbreitet war.

Zu Beginn der Miozänperiode, vor 26 bis 7 Millionen Jahren, gab es bereits 42 hundeartige Tiere. Der *Tomarctus* hatte längere Kiefer und ein größeres Gehirn, glich aber in Gestalt und Gebißaufbau dem heutigen Hund.

Entwicklungsgeschichte

Über die Evolution des Hundes waren die verschiedensten Theorien in Umlauf: Wolf, Fuchs und Schakal wurden, jeder für sich, zu unterschiedlichen Zeiten als direkte Vorfahren des Hundes gehandelt. Wie der Haushund gehören auch Wolf und Schakal der Familie der *Canidae* an. Die enge Verwandtschaft dieser drei Arten und die Tatsache, daß sie sich erfolgreich miteinander paaren können, führte zu der Annahme, der Hund sei aus einer Kreuzung zwischen Wolf und Schakal entstanden. Heute sind sich die Wissenschaftler weitgehend darin einig, daß der wahrscheinlichste Urahn eine Unterart des grauen Wolfs, *Canis lupus pallipes,* ist, der noch heute in Indien und im Mittleren Osten vorkommt.

Wie alles begann

Die Beziehung zwischen Mensch und Hund ist sehr alt: Höhlenmalereien zeigen jagende Hunde an der Seite des Menschen, und Knochenfunde aus frühen Lagerstätten belegen, daß beide, Mensch und Hund, schon seit mindestens 12 000 Jahren Seite an Seite leben. Das romantische Bild vom Vierbeiner als Freund und Jagdgefährten des Menschen stammt allerdings aus späteren Zeiten.

Weitgehend unerforscht ist der Prozeß der Domestikation. Es gilt als äußerst unwahrscheinlich, daß ein ausgewachsenes Mitglied eines räuberischen Rudels an seinem Anfang steht. Unwahrscheinlich ist auch, daß ein Junges von Menschen aufgezogen wurde und sich zu einem Haustier entwickelte. Sogar bei einem solchen Tier gewinnen die angeborenen Instinkte irgendwann zwangsläufig die Oberhand, und es kehrt zu seiner ursprünglichen Lebensweise zurück.

Am plausibelsten gilt heute folgende Vermutung: Als der Mensch seine Lebensweise änderte und vom herumziehenden Jäger zum seßhaften Siedler wurde, fand bei einigen Wölfen etwa zur selben Zeit eine genetische Veränderung statt, die verhinderte, daß diese sich nach dem vierten bis sechsten Lebensmonat wie ihre Artgenossen entwickelten.

Anfänge der Domestikation

Wahrscheinlich waren die anfallenden Abfälle der Grund dafür, daß weniger aggressive Wölfe die frühen Siedlungen nach Nahrungsresten zu durchsuchen begannen. Wölfe, die keinerlei Scheu vor Menschen hatten, konnten sich dadurch eine gute Nahrungsquelle erschließen. Umgekehrt dürften diese streunenden Wölfe den frühen Dorfbewohnern, die ihre Ernährung umgestellt hatten und sich nun größtenteils von Getreide ernährten, als willkommene „Fleischbeilage" gedient haben.

Im Laufe der Zeit wurde man auf jene Tiere aufmerksam, die die stärksten Nachkommen bekamen. Irgendwann sind dann die Jungtiere in das Dorf gezogen, und die Geschichte der Domestikation nahm ihren Anfang.

Während die Menschen eine andere Lebensweise entwickelten, Getreide anbauten, von einem festen Standpunkt aus jagten und Vieh zu halten begannen, entdeckten sie die nützlichen Eigenschaften mancher Wölfe. Einige von diesen blieben kindlich und verspielt, zeigten keine dominanten oder räuberischen Eigenschaften und waren somit zum Hüten des Viehbestandes geeignet. Andere verfügten über einen ausgeprägten Besitzerinstinkt und gaben bei der Jagd ausgezeichnete Apportierer ab.

Es fällt nicht schwer, sich die weitere Entwicklung vorzustellen: Tiere, die ihre Nützlichkeit bewiesen hatten, wurden für Arbeit und Zucht verwendet, die anderen getötet, gegessen oder vertrieben. Am Ende dieses Generationen währenden Selektionsprozesses standen schließlich die ersten domestizierten Hunde.

Entwicklung der Rassen

Auf die selektive Domestikation der Wölfe folgte die Züchtung. Die frühesten Zuchtziele galten wahrscheinlich der Verwendbarkeit der Tiere für die Jagd und den Schutz von Haus, Hof und Mensch. Alte Züchtungen wie Mastiffs, Greyhounds, Pointer und Schäferhunde sind ein Beweis dafür. Auch in den darauffolgenden Jahrtausenden waren die Menschen nicht am Aussehen, sondern nur an der Nützlichkeit der Tiere interessiert.

Nach und nach verbreitete sich die Popularität des Hundes, vor allem dank der intensiven Handelskontakte, auf der ganzen Welt. Überall wurde er als zuverlässiges Arbeitstier geschätzt, dennoch konnte der Hundetyp, der sich in einem Teil der Welt zum Hüten der Herden eignete, in anderen Gegenden völlig anders aussehen, obwohl er die gleiche Arbeit verrichtete.

Die Art der Arbeit, für die sich ein bestimmter Hund eignete, führte zu einem „Typenprofil": Große, schwere Hunde wie der Mastiff wurden für die Jagd auf Waldtiere, leichtere und geschmeidigere Hunde wie der Collie oder der Greyhound für die Jagd, das Hüten oder das Aufstöbern von Tieren auf dem freien Feld eingesetzt.

Aussehen und Verhalten der Hunde entwickelten sich gleichzeitig. Es hat, von Ausnahmen abgesehen, eine Weile gedauert, bis sich rein ästhetische Motive durchsetzten: Erst gegen Ende des 19. Jahrhunderts wurden die Vierbeiner nur wegen ihres Aussehens gezüchtet, gekauft und gehalten.

Unten: Man nimmt an, daß der Hund ein direkter Nachkomme einer Unterart des grauen Wolfs ist, der in Asien und im Mittleren Osten lebt. Tatsächlich gibt es auch weiße, rotbraune und schwarze Wölfe.

Anatomie des Hundes

Skelett ✦ Gebißarten ✦ Schädel ✦ Zähne

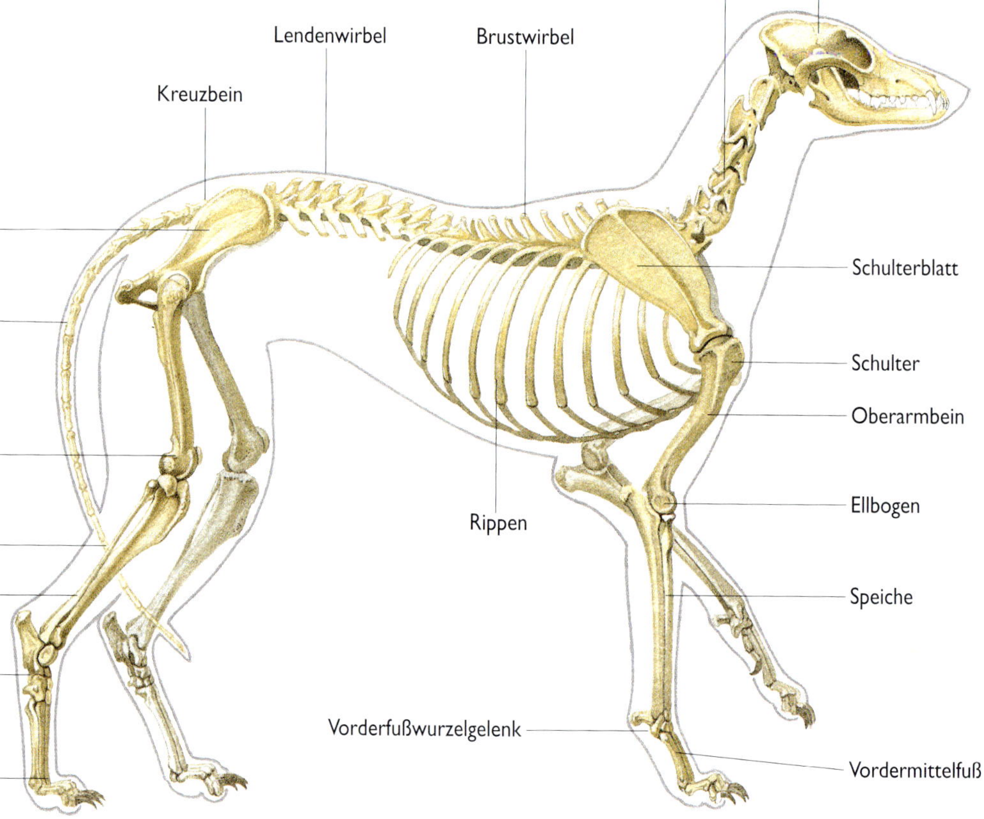

Oben: Das Rumpfskelett bestimmt die Form des Hundekörpers. Starke elastische Bänder und Sehnen halten das kompakte System aus Muskeln, Knochen und Gelenken zusammen.

Gute Pflege, genügend Auslauf und eine ausgewogene Ernährung sind wichtige Voraussetzungen für ein langes und glückliches Hundeleben. Eine große Rolle spielt natürlich auch die frühe Erkennung möglicher Krankheiten. Dazu sind gewisse Grundkenntnisse der Anatomie des Hundes erforderlich, denn erst dadurch lassen sich Anomalien rechtzeitig feststellen.

Das Skelett

Wie das Skelett des Menschen dient auch der Knochenbau des Hundes als Gerüst und als Schutz für die inneren Organe des Körpers. Dank einer komplizierten Mechanik aus Knochen, Muskeln und Sehnen kann das Tier stehen, sitzen, laufen und springen. Diese Muskeln sind an sogenannten Ankerpunkten der Knochen befestigt.

Knochen sind, einfach gesprochen, hohle Röhren, die aus harten, gitterförmig strukturierten Kalkschichten bestehen und mit Knochenmark gefüllt sind. Über die Blutgefäße, die durch winzige Öffnungen mit den Knochen verbunden sind, werden diese mit Nährstoffen versorgt. Wenn ein Knochen bricht, schließen neugebildete Knochenzellen die Lücke. Körperliches Wachstum wird im wesentlichen durch Hormone gesteuert. Mit Erreichen der Geschlechtsreife hört das Knochenwachstum auf. Dies ist auch der Grund dafür, daß große Rassen später zur Geschlechtsreife gelangen als Zwergrassen.

Hunde besitzen kein Schlüsselbein. Ihre vorderen Extremitäten werden nur durch Muskeln gehalten. Dies hat zur Folge, daß ein Hund sehr viel flexibler in seinen Bewegungen ist. Das Rumpfskelett eines Hundes besteht aus ungefähr 30 Wirbeln: sieben Hals-

SCHÄDELFORMEN

Die Schädelformen der verschiedenen Hunderassen weisen erhebliche Unterschiede auf. Es gibt drei Grundformen: Die längliche Form, die man bei Rassen mit langen, schmalen Köpfen wie dem Barsoi oder dem Afghanen findet, nennt man *dolichozephal*; sehr kurze, breite Köpfe wie die von Bulldoggen oder Boxern heißen *brachycephal*; Hunde mit durchschnittlich breiten und langen Köpfen werden dem *mesozephalen* Typus zugerechnet.

Jeder Schädel stellt eine Art Behälter dar: Den oberen Teil nennt man Hirnschädel, den unteren Gesichtsschädel. Dieser besteht aus Ober- und Unterkiefer. Letzterer ist nur durch ein Gelenk mit dem Schädel verbunden.

Nach der Geburt verschmelzen die Knochenplatten, die den oberen Teil des Schädels in der Mitte der Stirn bilden. Bei manchen Rassen mit stark gewölbten Schädeln wie dem Chihuahua erfolgt keine Verschmelzung, es bleibt eine als Fontanelle bekannte Öffnung, die den Hund sehr anfällig für Hirnverletzungen macht.

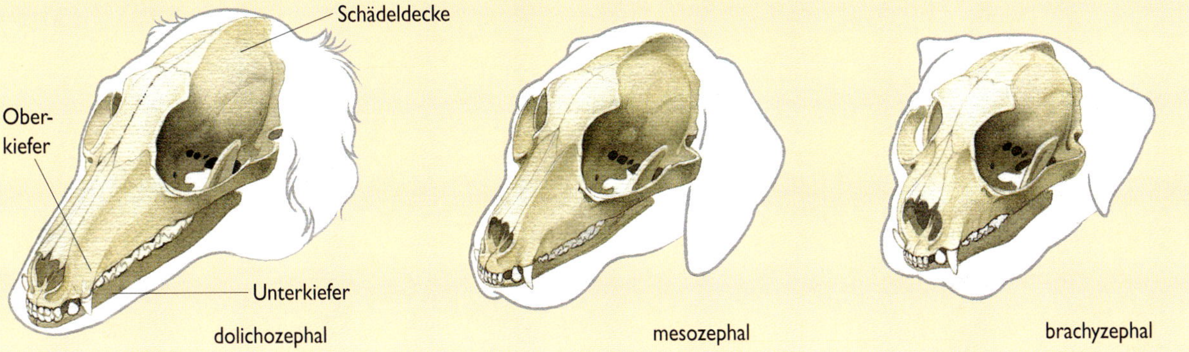

wirbeln, 13 Brustwirbeln sowie sieben Lenden- und drei Kreuzwirbeln, die erst im zweiten Lebensjahr zusammenwachsen. Hinzu kommen etwa 20 bis 23 Schwanzwirbel, bei Kurzschwänzigkeit (Bobtail) auch weniger.

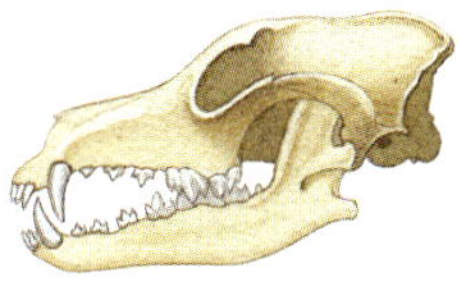

Zangenbiß

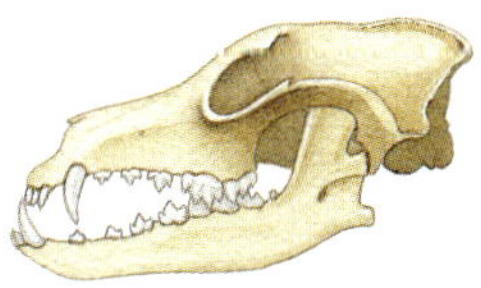

Vorbiß

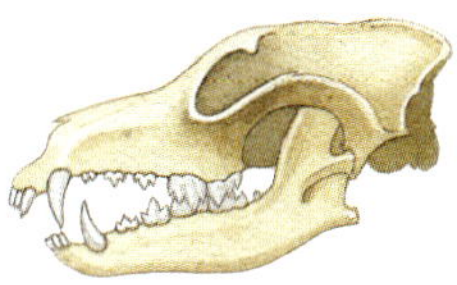

Hinterbiß

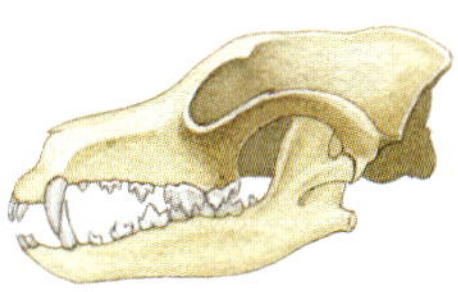

Scherenbiß

Das Gebiss

Die vier wichtigsten Gebißformen sind der Scheren-, der Vor-, der Hinter- oder der Rückbiß und der Zangenbiß. Alle vier können je nach Rasse zulässig sein. Der Hinterbiß gilt allerdings bei allen Rassen als Fehler. Die Rassestandards legen immer auch die Erfordernisse für das Gebiß der Rasse fest.

Die Zähne

Erwachsene Hunde besitzen insgesamt 42 Zähne: Schneidezähne zum Abbeißen, besonders ausgeprägte Eck- und Reißzähne zum Reißen und Zerfleischen und Molare oder Backenzähne zum Zermalmen. Ein artgerecht ernährter Hund dürfte in der Regel kaum oder nur wenig Probleme mit seinen Zähnen haben.

Unten: Die Lefzen der Bulldogge hängen weit über den Vorbiß. Der vordere Teil des Kiefers ragt vor und ist nach oben gerichtet.

Unten: Obwohl Hundezähne sehr kräftig sind, können sie auskanten oder abbrechen. Regelmäßige Zahnpflege hilft, solche Probleme zu vermeiden.

Körperformen

Rassenunterschiede ✦ Besondere Merkmale ✦ Selektive Züchtung

Oben: Hunde wie der Schottische Windhund sind ganz offensichtlich auf Schnelligkeit gezüchtet worden.

Durch selektive Züchtung von Hunden sind in den vergangenen Jahrhunderten mehr Varianten einer Tierart entstanden als bei jedem anderen Lebewesen. Es gibt Hunde in allen Formen und Größen. Dieses faszinierend bunte Spektrum reicht vom winzigen Chihuahua bis zum massigen Irischen Wolfshund, vom kurzbeinigen, langgestreckten Dackel bis hin zum aufrecht-eleganten Saluki.

Diese unglaubliche Vielfalt in Hinblick auf Größe, Form und Temperament der Rassen verdankt sich der außerordentlich guten Vererbungsfähigkeit des Hundes und menschlicher Intervention. Weil der Mensch Hunde für bestimmte Zwecke brauchte, hat er ihnen eine bestimmte Form und ein bestimmtes Verhalten verliehen.

Unter der Erde

Normalerweise entsprechen die Körperformen des Hundes der ihm zugedachten Aufgabe: Hunde, die schnellen und manchmal gefährlichen Tieren in deren Bau unter die Erde folgen, sind klein, drahtig und flink. Die meisten Terrier fallen in diese Kategorie. Der Körperbau des Jack Russell, des Cairn und des Border Terriers weist alle drei deutlich als Jäger für Höhlentiere und Wild aus.

Ein gutes Auge

Hunde, die einer Beute nachjagen sollen, sind dagegen fast immer von großer Statur und mit ausgezeichneten Augen ausgestattet. Außerdem entwickeln sie auf kurzen Distanzen in der Regel sehr hohe Geschwindigkeiten. Der bekannteste Vertreter dieses Typs ist der Greyhound. Unter dünner Haut und glattem Fell vibriert ein athletisch-spektakulärer Körper, der offensichtlich für Geschwindigkeit und nicht für Ausdauer gebaut ist. Mit langen Läufen und tiefer Brust kann der Greyhound kurze Entfernungen blitzschnell und mühelos überwinden, ohne außer Atem zu geraten.

Die Körperform dieser Vierbeiner gleicht dem schnellsten Landtier der Welt, dem Gepard, der etwa 130 km/h zu erreichen vermag. Auch wenn der Greyhound mit ungefähr 70 km/h dem Wolf, der immerhin noch bis zu 56 km/h schnell ist, mit Leichtigkeit davonläuft, ist er damit immer noch beachtlich langsamer als der Gepard.

Rechts: Der Deutsche Jagdterrier wurde gezüchtet, um kleines Wild aus seinen Bauten zu treiben und auf freiem Feld zu jagen. Sein Körperbau ist dieser Aufgabe angepaßt.

Ausdauernde Läufer

Andere Hunde sind langsamer, können dafür aber ohne Unterbrechung eine viel längere Strecke zurücklegen. Siberian Huskies, Alaskan Malamutes und Eskimohunde haben eine größere Ausdauer als Sprinter und weitaus mehr Fettreserven, von denen sie auf längeren Märschen zehren können. In den kältesten und unwirtlichsten Ge-

Oben: Hunde mit kräftigem, untersetztem Körper wie diese Bordeaux-Dogge werden als Wach- , Schutz- und manchmal auch als Kampfhunde eingesetzt.

GRÖSSENUNTERSCHIEDE

Die Größe eines Hundes wird vom Boden bis zur Schulter, der höchsten Stelle des Rückens, gemessen. Da Hunde trotz erheblicher Größenunterschiede eigentlich immer die gleiche Form haben, ist die Größe und die Länge der Knochen für die anatomische Vielfalt verantwortlich. Die größte Rasse der Welt, der Irische Wolfshund, erreicht eine Schulterhöhe von gut 86 cm oder mehr. Auf der anderen Seite der Skala befindet sich der Chihuahua mit nur 15–23 cm und einem Körpergewicht von bis zu 3 kg. Diese enormen Unterschiede kamen allein durch die selektive Züchtung des Menschen zustande. Da ausschließlich die größten beziehungsweise kleinsten Exemplare gedeckt wurden, verstärkten sich die extremen Eigenschaften bei den Nachkommen. Große Rassen wurden zum Schutz und zur Jagd auf gefährliche Beute gezüchtet. Einige kleinere Rassen wie etwa der Jack Russell wurden gezüchtet, damit sie Schädlingen in ihren Bau folgen können. Miniaturausgaben wie die Zwergrassen bevorzugte man, weil sie sich leicht hochheben und liebkosen ließen. Andere kleine Rassen wiederum hat man zum Wärmen verwendet, denn man konnte sie gut in der Kleidung unterbringen. Auch Zwergwuchs kommt bei manchen Rassen vor, besonders beim Deutschen Schäferhund: Der Hund behält die Proportionen eines Welpen, was häufig zum frühen Tod führt.

genden der Welt werden diese Vierbeiner auch heute noch für den Warentransport über große Entfernungen eingesetzt. Dieser Hundetyp kann besser traben als sprinten und seine Kraft ökonomischer einsetzen.

KRAFTPAKETE

Wach- und Schutzhunde wie Dobermann, Rottweiler und Mastiff wiederum weisen einen anderen Körperbau und andere Eigenschaften auf: Sie sind zwar kompakt und kräftig, dafür aber weder schnell noch behend. Ihr Äußeres demonstriert Standfestigkeit und Stärke. Das Knochengebäude ist gerade und stabil, Hals und Schädel sind ungewöhnlich massiv.

ZÜCHTUNGSFOLGE

Für die meisten Körperformen der Hunde ist der Mensch verantwortlich. Mit der Wandlung vom Arbeitstier zum Freizeitbegleiter traten ästhetische Gesichtspunkte bei der Züchtung in den Vordergrund. Leider hat dieser Trendwechsel zu einer ganzen Reihe von Erbkrankheiten und körperlichen Anomalien geführt:

✦ Augenformen und Gesichtsfalten sind bei manchen Rassen wie dem Shar Pei und dem Bloodhound so stark ausgeprägt, daß ihre Sehfähigkeit darunter erheblich leidet.

✦ Eine übertriebene Verlängerung der Wirbelsäule bei Rassen wie dem Dackel kann ernsthafte Rückenprobleme, vor allem bei älteren Tieren, zur Folge haben.

✦ Auch Größe und Gewicht allein können Krankheiten hervorrufen. Große Rassen wie der Bernhardiner leiden häufig unter Herzerkrankungen, wodurch sich ihre Lebenserwartung stark reduziert.

✦ Einige Rassen können nicht mehr auf natürliche Weise gebären. Die meisten Bulldoggen entbinden durch Kaiserschnitt, weil der Kopf der Welpen nicht mehr durch den Geburtskanal paßt.

Unten: Flachnasige Rassen wie dieser Mops haben aufgrund ihrer angezüchteten kurzen Schnauze häufig Atembeschwerden.

Haut & Fell

Haut ✦ Fell ✦ Haarwuchs

Haut und Fell des Hundes spiegeln seinen allgemeinen Gesundheitszustand und seine Kondition wider. Die Haut dient als Schutz vor den Elementen und sorgt für eine konstante Körpertemperatur. Sie ist sehr schmerzempfindlich und liefert Informationen über die äußere Umgebung. Das Fell ist von Rasse zu Rasse, oft sogar von Hund zu Hund, verschieden. Einige Rassen besitzen kein einziges Haar am Körper: So werden beispielsweise der mexikanische Nackthund und der chinesische Schopfhund ohne Fell geboren – das Ergebnis genetischer Mutationen. Ohne eine selektive Züchtung würden beide aussterben.

Oben links: Ohne selektive Züchtung würde der nackthäutige Chinesische Schopfhund, ein Resultat genetischer Mutationen, aussterben.

Oben: In seinem Heimatland Ungarn mußte das Schnürchenfell den Komondor einst vor Wind, Wetter und Wölfen schützen.

Die Struktur der Haut

Die Haut besteht im wesentlichen aus zwei Lagen: der Oberhaut (*Epidermis*) und der Lederhaut (*Dermis*). Die Oberhaut besteht aus den äußeren Zellen, die sich ständig erneuern. Tote Zellen an der Oberfläche werden abgestoßen oder abgescheuert. Bei schweren oder älteren Hunden verdickt sich die Haut oft an Ellbogen und Gelenken, denn durch das Liegen auf hartem Untergrund wird auf diese Stellen Druck ausgeübt. Unter der Oberhaut liegt die kräftige und flexible Lederhaut, die die Oberhaut mit Nerven und Blut versorgt. Die Haare wurzeln im Haarbalg der Lederhaut; durch eine Öffnung in der Oberhaut wachsen mehrere Haare hindurch. Manche Haare sind dicker und länger als andere und bilden zusammen das Deckhaar. Talgdrüsen versorgen den Haarbalg mit

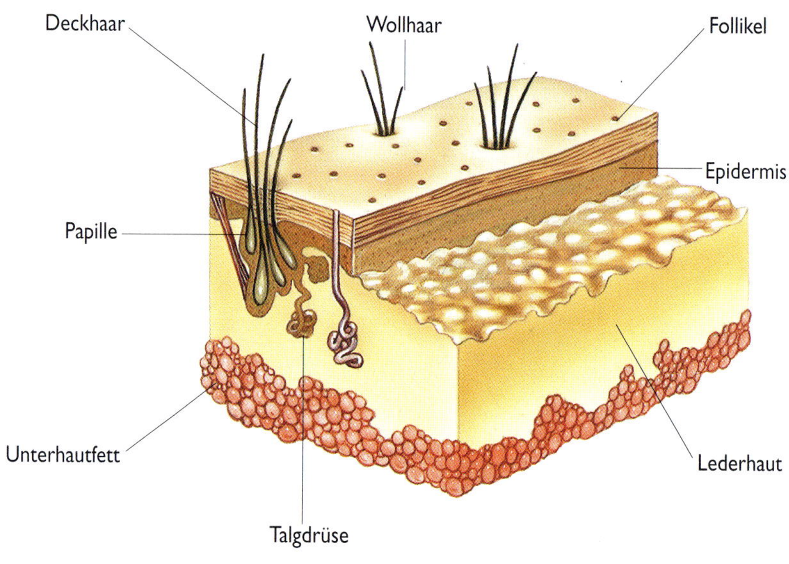

Rechts: Querschnitt durch die Haut des Hundes: Die Fellhaare wachsen büschelförmig aus den Haarbalgtichtern in der Oberhaut hervor.

Das Hundehaar

Früher nannte man einen Drink am Morgen nach einer durchzechten Nacht „Hundehaar“. Diese Bezeichnung stammt noch aus dem 18. Jahrhundert, als man der Meinung war, einen Hundebiß durch ein Haar des angriffslustigen Hundes heilen zu können. Dabei ging man von der Vorstellung aus, daß ein Schmerz durch das, was ihn verursacht hat, auch gelindert werden könne. In den einschlägigen Publikationen wurde allerdings nicht empfohlen, daß ein Betrunkener Hundehaare schlucken oder ein von einem Hund Gebissener sich einen Drink genehmigen sollte.

Fett, um die Haut geschmeidig und das Fell glänzend zu halten.

Schweißdrüsen sondern ihr Sekret ebenfalls durch eine Öffnung in der Oberhaut ab. Beim Hund sitzen sie in erster Linie im Gehörgang und an den Fußballen. Bei großer Hitze geben Hunde Flüssigkeit durch Hecheln ab.

Kleine Muskelfasern in der Lederhaut steuern die Bewegung des Deckhaars. Durch Kontraktion oder durch Strecken dieser Muskeln kommt auch das „Aufstellen der Nackenhaare“ zustande.

Haarwachstum

Hundehaare wachsen und fallen in regelmäßigen Abständen wieder aus. Der Zyklus besteht aus drei Phasen: Wachstum, Übergang und Ruhephase. Ein Haar fällt jedoch erst aus, wenn es durch ein anderes ersetzt wird.

Auch im Hinblick auf das Wachstum werden drei Phasen unterschieden: die Neubildung (*Anagen*), also das eigentliche Wachstum des Haares; eine Übergangsphase (*Catagen*), in der das Haar nicht mehr wächst, aber noch mit der Papille verbunden ist; und die Endphase (*Telogen*), in der sich die Papille zusammenzieht und das Haar freisetzt, bevor an gleicher Stelle ein neues Haar heranwächst. In der freien Natur bestimmen die jeweiligen klimatischen Verhältnisse, die Länge des Tageslichts und der hormonelle Zustand des Hundes die Zeit zwischen Ruhephase und Neubildung. Normalerweise sollte der Haarwechsel dann eintreten, wenn der Hund sein Fell am wenigsten benötigt, das heißt im Frühjahr und im Herbst. In häuslicher Umgebung können Zentralheizung und künstliche Lichtverhältnisse den natürlichen Zyklus stören und dazu führen, daß der Hund ständig haart.

Vier weitere Körperteile weisen veränderte Hautstrukturen auf: die zur Milcherzeugung dienenden Brustdrüsen, die Analdrüsen, die Hautsäcke in unmittelbarer Nähe des Anus sowie Fußballen und Krallen.

Pfoten und Krallen

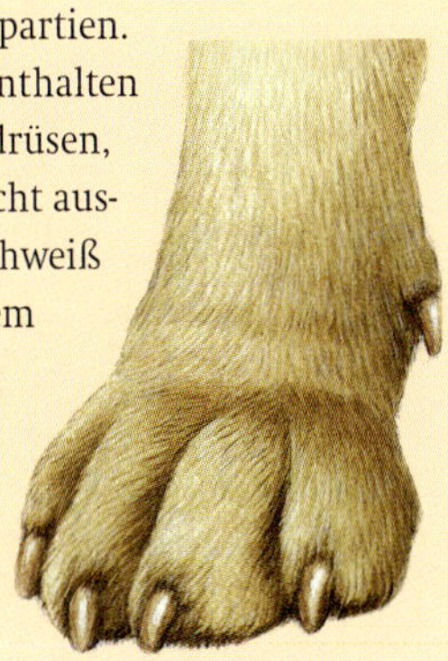

Sowohl Fußballen wie Krallen sind Modifikationen der Haut. Die Krallen, das heißt die Fußnägel des Hundes, bestehen aus sehr hartem Horn, das durch eine Keimschicht der Oberhaut erzeugt wird. Die Fußballen weisen eine dicke, schützende Epidermalschicht auf, wodurch sie weniger empfindlich auf Temperatur und Druck reagieren als andere Hautpartien. Außerdem enthalten sie Schweißdrüsen, damit sie nicht austrocknen. Schweiß wird vor allem dann produziert, wenn der Hund unter Streß steht.

Fellfarben

Es gibt unzählige Färbungen des Hundefells. Im folgenden werden einige Beispiele der am häufigsten auftretenden Farben aufgeführt:

Blue Merle
Blaugrau marmoriert mit schwarzen Flecken

Weizen
Blaßgelb bis rehbraun

Tricolor
Drei-Farben-Fell mit deutlich voneinander abgegrenzten Farbsegmenten (am häufigsten schwarz, weiß und braun)

Pfeffer und Salz (Roan)
Ein Mix aus farbigen und weißen Haaren (am häufigsten Blaugrau, Hellbraun, Hellgelb und Rotbraun)

Zobel (Sable)
Haare mit schwarzer Spitze auf eandersfarbigem Unterfell (Gold, Silber, Grau, Braun)

Gestromt
Mix aus schwarzen, goldgelben, braunen oder grauen Haaren (Tigerstreifen)

Meliert
Eine durchgehende Mischung verschiedener Farben wie Grau, Rotbraun und Schwarz

Schokoladebraun
Ein gehaltvolles Braun (bei manchen Rassen Rotbraun genannt)

Körperfunktionen

Die wichtigsten Organe und Körperfunktionen des Hundes

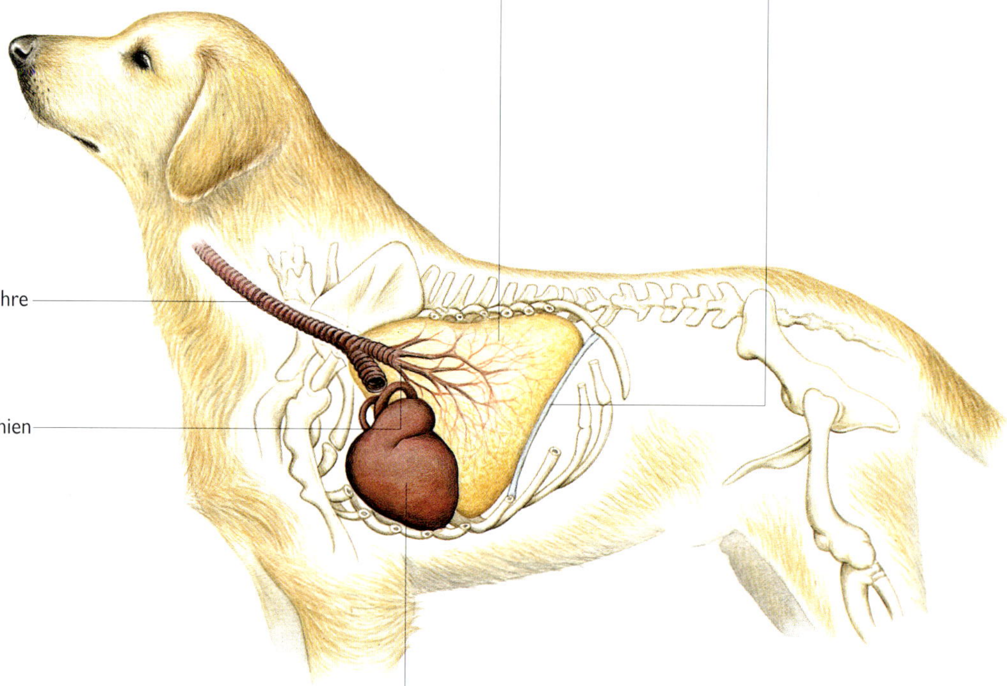

Oben: Das Atmungssystem des Hundes funktioniert wie das des Menschen. Via Luftröhre gelangt Sauerstoff in die Lunge, und das Herz pumpt Blut durch den Körper.

Die meisten wichtigen Organe des Hundes ähneln denen des Menschen und haben auch die gleiche Funktion. Kenntnisse über die Anatomie des Hundes erleichtern das Verständnis seiner Körperfunktionen.

Atmung

Über das Atmungssystem wird Sauerstoff in den Körper und Kohlendioxid wieder heraustransportiert. Ein Unterdruck in der Lunge ist verantwortlich dafür, daß Luft durch die Nase eingesogen wird und via Luftröhre und Bronchien in die Lunge gelangt. Rote Blutkörperchen nehmen den Sauerstoff auf und transportieren ihn weiter, sie leiten auch das Kohlendioxid zur Lunge zurück, damit es dort wieder ausgestoßen wird. Normalerweise atmen Hunde 10 bis 30 Mal pro Minute. Die Muskeln, die die Atmung kontrollieren, dehnen sich während eines Atmungsvorgangs aus und ziehen sich anschließend wieder zusammen.

Verdauung

Die kräftigen Kiefer und Zähne des Hundes stellen den ersten Teil des Verdauungssystems dar. Mit ihrer Hilfe wird die Nahrung zerkaut und zur Speiseröhre transportiert. Anders als beim Menschen hat die Speiseröhre des Hundes dicke, elastische Wände, damit er auch große Stücke problemlos verschlucken kann.

Der Magen enthält Drüsen, die sowohl Säuren als auch Enzyme zur Verdauung der Nahrung produzieren. Durch den Schließmuskel gelangt der Futterbrei in den Zwölffingerdarm, den ersten Abschnitt des Darmtrakts. Hier setzt die eigentliche Darmtätigkeit ein: Die inneren Muskeln des Darms ziehen sich zusammen und transportieren die Nahrung weiter. Enzyme aus Leber und Bauchspeicheldrüse trennen die Nährstoffe vom unverdaulichen Rest der Nahrung. Die Nährstoffe gelangen über den Dünndarm ins Blut, die nicht verwertbaren Substanzen werden im Dickdarm durch Bakterien zersetzt und dann zusammen mit der überschüssigen Flüssigkeit ausgeschieden.

Ausscheidung

Das Ausscheidungssystem beseitigt giftige Stoffe und Abfallprodukte und reguliert den Flüssigkeitshaushalt. Die Nieren filtern unerwünschte Substanzen aus dem Blut. Durch die beiden Harnleiter gelangen die gereinigten Abfallprodukte in die Blase, wo sie bis zur Ausscheidung verbleiben. Der Urin wird zuerst durch die Harnröhre und dann durch den Penis oder die Scheide ausgeschieden.

Fortpflanzung

Das Fortpflanzungssystem ist mit dem Ausscheidungssystem verbunden. Beim männlichen Tier werden in den Hoden Samenzellen produziert. Beim Weibchen entstehen in den Eierstöcken Eier, die durch die Eileiter in die Gebärmutter wandern. Der Uterus einer Hündin hat die Form von zwei Hörnern, die am Muttermund zusammentreffen. Während der Trächtigkeit werden die Föten wie Erbsen in einer Schote entlang der „Hörner" positioniert (siehe Seiten 156–157).

Kreislauf

Das Herz-Kreislauf-System gewährleistet die Zirkulation wichtiger Stoffe im Blut und im lymphatischen System. Die Häufigkeit der Zirkulation hängt von der Aktivität des Hundes ab. Das Gehirn erhält ständig 15 bis 20 Prozent der Blutmenge, die das Herz durch das Kreilaufsystem pumpt. In aktiven Phasen steigert sich der Blutstrom drastisch, wodurch mehr Sauerstoff für die Verbrennung zur Verfügung gestellt wird. Nerven und Hormone regeln die Blutzufuhr in die einzelnen Körperteile.

Nerven und Gehirn

Das Nervensystem steuert viele Körpermechanismen, die auf die Bedürfnisse des Tieres und die Anforderungen der Umgebung reagieren. Das zentrale Nervensystem des Hundes besteht aus dem Gehirn und dem Rükkenmark, das beim Vierbeiner bis zur Schwanzwurzel reicht.

Fortlaufend werden Informationen über die unmittelbare Umgebung wie Hitze, Kälte oder Zustand und Position des Vierbeiners von Rezeptoren in Haut, Muskeln und Gelenken gesammelt, in chemische Botschaften umgewandelt und über das Rückenmark dem Gehirn gemeldet.

Noch sind unzählige Fragen offen, was die Funktion des Hundegehirns anbelangt. Man weiß, daß ein Hund Informationen auf doppelte Weise verarbeiten kann: Das Gehirn wird entweder konditioniert oder Gelerntes gespeichert.

Das Großhirn des Hundes steuert das Lernen, die Emotionen und das Verhalten, das Kleinhirn dagegen kontrolliert die Muskulatur. Die Frage, ob Hunde ebenso fühlen wie Menschen, wird sich endgültig allerdings niemals beantworten lassen. Daß sie zu starken Empfindungen fähig sind, wer wollte daran zweifeln.

Unten: Das Verdauungssystem des Hundes ist auf die Aufnahme großer Mengen ausgelegt. Die Nahrung wird zumeist unzerkaut durch die Speiseröhre zum Magen befördert und von dort an den Darm weitergeleitet.

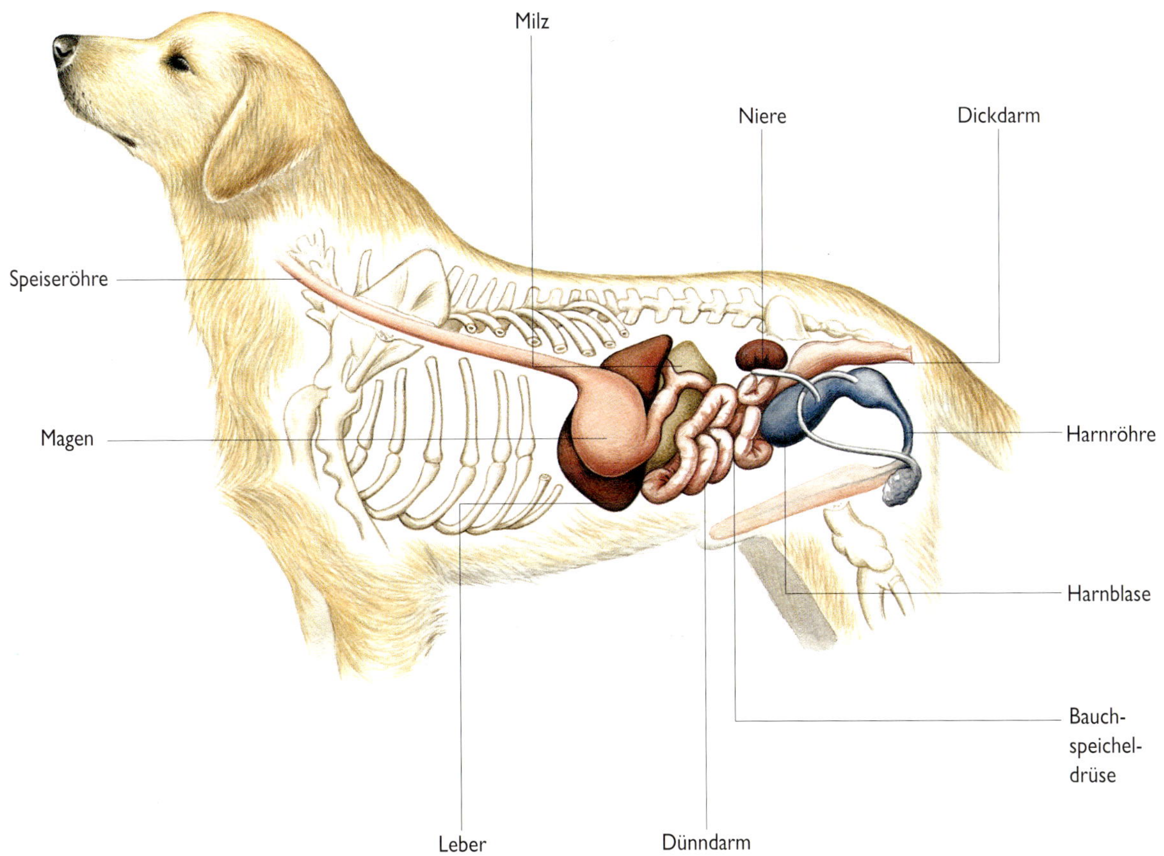

Sehen

Funktion ✦ Blickfeld ✦ Augenformen

Hundeaugen reagieren auf Bewegung und Licht sehr viel empfindlicher als Menschenaugen, können Gegenstände jedoch nicht so scharf wahrnehmen. Verglichen mit dem menschlichen Auge ist das des Vierbeiners relativ flach. Zwar läßt sich die Brennweite verändern, allerdings nicht so effektiv wie beim Menschen. Einige Rassen wie der Collie registrieren gleichwohl die kleinsten Bewegungen.

FUNKTION DER AUGEN

Das Auge ist ein mit Flüssigkeit gefüllter Ball, der in einer Höhle des Schädels sitzt. Es wird durch kräftige Muskeln gehalten und kann sich aufwärts, abwärts sowie nach allen Seiten bewegen. Die äußere Schicht des Auges, die Lederhaut oder *Sklera*, ist eine widerstandsfähige Membran. Die transparente Vorderseite wird Hornhaut oder *Cornea* genannt.

Die Linse ist mit dem Ziliarkörper verbunden, einem Muskel, der durch Kontraktion die Form der Linse verändert und so das Scharfsehen in verschiedenen Entfernungen ermöglicht. Außerdem wird die Linse durch diesen Muskel gehalten und bewegt.

Die Netzhaut kleidet den hinteren Teil des Auges aus. Hier liegen lichtempfindliche Nerven, die empfangene Signale über den Sehnerv an das Gehirn weitergeben. Hier werden die Signale dekodiert, und es entstehen Bilder. Die Rückseite des Auges enthält außerdem einen Bereich, der Licht

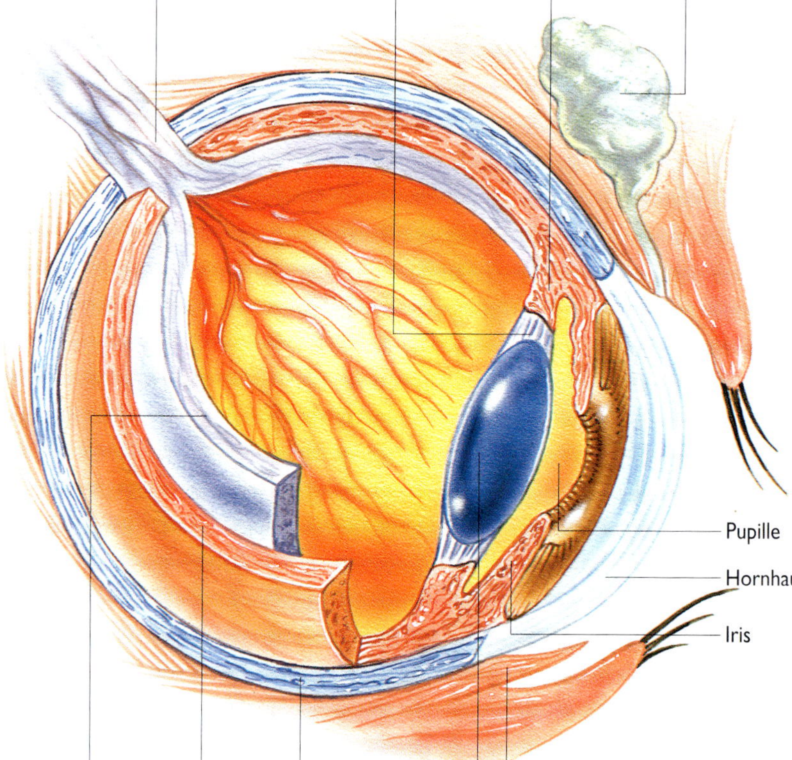

Rechts: Querschnitt durch das Hundeauge: Da es flacher ist als das Menschenauge, läßt sich die Brennweite nicht so effektiv verändern. Die Folge: Hunde können Gegenstände in unmittelbarer Nähe nicht klar erkennen.

reflektiert und *Tapetum* genannt wird. Hunde haben ein drittes Augenlid, das versteckt in den Augenwinkeln liegt. Nur wenn der Hund in schlechter Verfassung oder krank ist, zieht sich dieses Lid schützend über das Auge und wird sichtbar. Die Tränendrüsen produzieren Flüssigkeit, um die Hornhaut sauber und feucht zu halten. Überschüssige Tränenflüssigkeit wird durch Gänge im inneren Augenwinkel zur Nase geleitet. Wenn diese Gänge verstopft sind, laufen Tränen das Gesicht hinunter und verursachen Flecken im Fell und auf der Haut. Hunde sehen zwar auch Farben, aber nicht auf die gleiche Weise wie Menschen. Farben von Orange bis Rot können sie nicht auseinanderhalten, wohl aber Farben, die am Ende des Spektrums liegen.

GESICHTSFELD DES HUNDES

Hunde haben in der Regel ein breiteres Gesichtsfeld als Menschen. Die Gründe dafür sind die abweichende Kopfform und die Stellung der Augen. Flachnasige Rassen wie der Mops oder der Boxer haben ein Gesichtsfeld von 200°, Salukis oder Greyhounds sogar ein Gesichtsfeld von 270°; beide können jedoch nur räumlich sehen. Der Mensch hat ein Gesichtsfeld von 100°.

Unten: Bei brachyzephalen Rassen wie etwa der Bulldogge sitzen die Augen vorn am Kopf. Diese Stellung ermöglicht ein besseres Überschneiden der beiden Blickfelder, als dies bei ihren langnasigen Artgenossen der Fall ist; dadurch können sie Tiefe und Entfernungen besser einschätzen. Die dolichozephale Kopfform des Barsoi ermöglicht einen größeren Gesichtskreis, aber relativ wenig Überschneidung.

Brachyzephaler Typ

Dolichozephaler Typ

AUGENFORMEN

Die Form der Hundeaugen – und ihre Stellung am Kopf – verändert das Gesichtsfeld, das deshalb von Rasse zu Rasse verschieden ist.

Chow Chow

Deutscher Schäferhund

Whippet

Bullterrier

Gehör

Die Funktion des Ohrs ✦ Ohrformen ✦ Sechster Sinn

Das Gehör eines gesunden Vierbeiners ist hochentwickelt. Jeder Hundehalter, der schon einmal versucht hat, ganz leise eine Dose Futter zu öffnen, wird dies bestätigen können. Hunde können Geräusche in einer 6/100-Sekunde und, dank bestimmter Muskeln im Außenohr, aus vierfach größerer Entfernung als der Mensch hören.

Wie funktioniert das Ohr?

Während die Form des äußeren Ohrs von Rasse zu Rasse verschieden ist, gleichen sich Aufbau und Funktion von Mittel- und Innenohr bei allen Hunden.

Das äußere Ohr besteht aus Knorpel, Muskeln und Haut und ist in der Regel sehr beweglich. Es fängt den Ton ein und leitet ihn durch den Ohrkanal zum Trommelfell, der *Membrana tympani*.

Hinter dem Trommelfell liegt das Mittelohr. Es besteht aus einer Kammer mit den drei Gehörknöchelchen, die man wegen ihrer Form und Funktion auch Hammer, Amboß und Steigbügel nennt. Diese kleinsten Knochen des Körpers verbinden das Trommelfell mit dem Vorhof und übertragen Vibrationen ins Innenohr.

Im Innenohr konvertiert die Ohrschnecke die Vibrationen in Signale, die zum Gehirn geschickt werden. Außerdem befinden sich im Innenohr auch jene Organe, die für den Gleichgewichtssinn und die Ausrichtung des Kopfes verantwortlich sind.

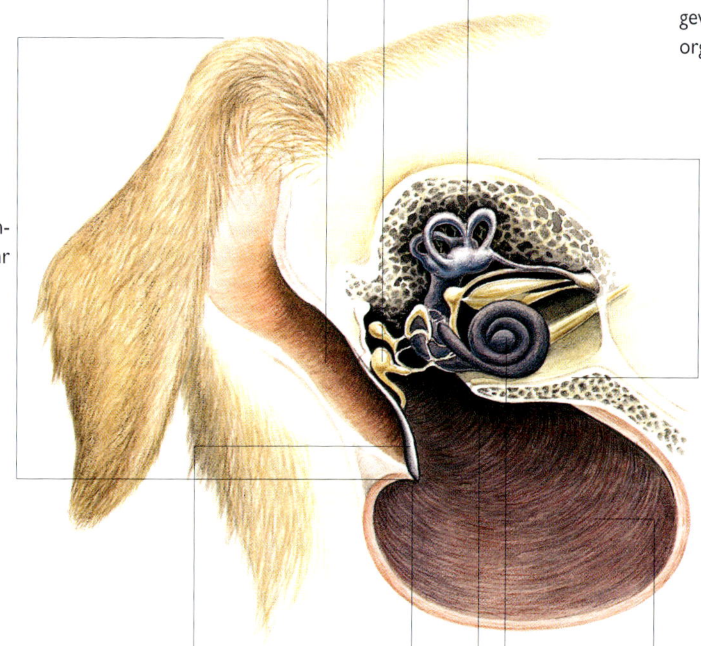

Rechts: Querschnitt durch das Hundeohr. Hunde besitzen einen ausgeprägten Gehörsinn: Sie nehmen leiseste Geräusche wahr.

Ohrformen

Stärker als jeder andere Körperteil sind Hundeohren durch selektive Züchtung modifiziert worden. Beim Wolf, dem Urahn des Hundes, findet man noch die natürliche Form: Aufgerichtet und äußerst beweglich, werden seine Ohren von 17 verschiedenen Muskeln unterstützt, durch die er sie in jede Richtung frei drehen kann.

Heutzutage gibt es so viele unterschiedliche Ohrformen, wie es Rassen gibt. Manche Vierbeiner, wie etwa der Deutsche Schäferhund, tragen ihre Ohren ähnlich wie der Wolf aufrecht und wirken dadurch besonders aufmerksam. Andere Rassen wie der Bluthund und der Cocker Spaniel, die sich nur bedingt auf ihr Gehör verlassen, haben schwere, hängende oder gefaltete Ohren. Einen konträren Typ stellen die Französische Bulldogge und der Boston Terrier mit ihren großen, aufrechten Fledermausohren dar.

Selektive Züchtung hat allerdings auch zu Ohrproblemen geführt. Denn obwohl im Ohrkanal normalerweise keine Haare wachsen, haben Hautveränderungen bei einigen Rassen Haarwachstum im Ohr zur Folge, so daß diese Haare entfernt werden müssen.

Ein sechster Sinn?

Einige Besitzer behaupten steif und fest, ihr Hund habe einen sechsten Sinn und sie wüßten sogar, was ihr Liebling denkt. Wenn Hunde sich lange vorher freuen, bevor ihr Herrchen mit ihnen spazierengeht oder ihnen Futter gibt, könnte dies zu der Annahme verleiten, sie besäßen telepathische Fähigkeiten. Weit gefehlt: Hunde „lesen“ buchstäblich die Körpersprache ihres Besitzers und reagieren auf die kleinsten nonverbalen Hinweise. Es soll sogar Hunde geben, die die Pupillenerweiterung ihres Herrn registrieren. Nicht so leicht zu erklären sind Geschichten über Hunde, die die Ankunft ihres Besitzers nach längerer Abwesenheit spüren, die in dem Moment zu heulen begannen, als ihr Herrchen in einem Krankenhaus starb, oder die mehrere hundert Kilometer weit zu ihrem Herrn liefen, ohne die Strecke zu kennen. Zweifelsohne gibt es in bezug auf die Sinne des Hundes Aspekte, die uns Menschen ewig ein Geheimnis bleiben werden.

Oben: Schmetterlingsohren, wie sie der kleinwüchsige Papillon besitzt, sehen aus wie die Flügel des gleichnamigen Insekts.

Oben: Deutscher Schäferhund, Bullterrier und Elchhund haben, ähnlich wie der Wolf, spitze, aufrecht stehende Ohren.

Oben: Kippohren stehen bis zur Mitte aufrecht und kippen dann nach vorn über wie beim Foxterrier und dem Jack Russell Terrier.

Oben: Bluthunde, Bassets und Spaniels haben dicht an der Kopfseite oder an den Wangen anliegende Hängeohren.

Oben: Rosenohren wie die von Bulldoggen, Whippets und Greyhounds fallen nach hinten und geben den Blick in das Ohrinnere frei.

Geruch & Geschmack

Nase ✦ Nasenformen ✦ Bedeutung des Geschmacks

Hunde besitzen einen hochentwickelten Geruchssinn. Wissenschaftler haben nachgewiesen, daß dieser eine Million Mal besser ist als der des Menschen. Man kann sich kaum vorstellen, wie viele Informationen durch den Geruchssinn aufgenommen werden. Aufgrund dieser außerordentlichen Fähigkeit wurden Hunde dazu ausgebildet, Gegenstände aufzuspüren: von der Trüffel unter der Erde bis zu bestimmten Tumoren im Körper eines Menschen.

Wie die Nase funktioniert

Hundenasen sind kalt und feucht. Die Feuchtigkeit dient dazu, Moleküle aus der Luft herauszulösen und sie mit der Riechmembran im Naseninneren in Kontakt zu bringen. Nervenimpulse befördern diese Informationen weiter zum Riechzentrum im Gehirn, das ungefähr vierzigmal größer ist als das des Menschen.

Die Riechmembran des Hundes ist schwarz, und auch seine Nase ist dunkel pigmentiert. Man nimmt an, daß dieser Umstand zur Verbesserung des Geruchssinns beiträgt. Mit einem besonderen Organ im Gaumen kann der Vierbeiner den Geruch „schmecken". Dieses sogenannte Vomeronasalorgan wird hauptsächlich für Düfte genutzt, die das Sozial- und das Sexualleben des Hundes betreffen. Es transportiert Informationen direkt zum limbischen System, jenem Teil des Gehirns, der

Oben: Welpen beschnuppern sich gegenseitig, um sich kennenzulernen. Sie entnehmen dem Geruch des anderen Hundes zahlreiche Informationen.

Unten: Eine Hundenase ist etwa eine Million Mal sensibler als die eines Menschen. Für die Geruchserkennung steht ein großer Teil des Gehirns zur Verfügung. Sexualduftstoffe werden vom Vomeronasalorgan aufgefangen.

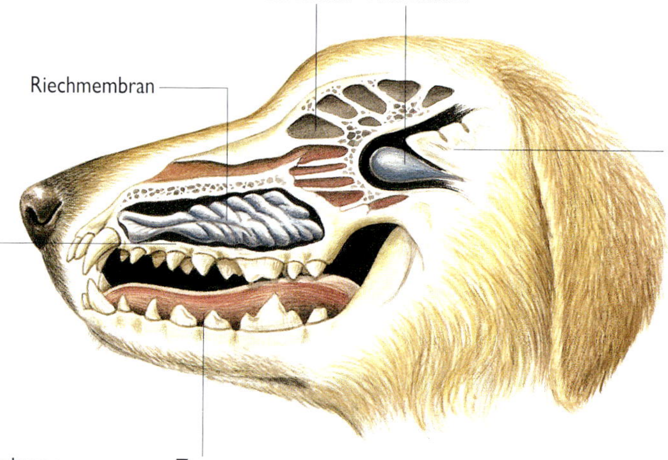

für die emotionalen Reaktionen eines Hundes verantwortlich ist. Manchmal kann man die Vierbeiner dabei beobachten, wie sie dieses Organ benutzen: Sie klappern leicht mit den Zähnen, machen Geräusche und sabbern, während sie den Duft zur gleichen Zeit riechen und schmecken.

Lange und kurze Nasen

Die Riechmembran des Hundes enthält eine unterschiedlich große Anzahl von Sensorzellen. Aus diesem Grund haben die verschiedenen Rassen Nasen entwickelt, die in Größe und Form erheblich voneinander abweichen. Man schätzt, daß der Dackel etwa 125 Millionen, der Deutsche Schäferhund sogar bis zu 220 Millionen Sensorzellen besitzt. Zum Vergleich: Der Mensch hat bedeutend weniger, nämlich nur etwa 5 Millionen Sensorzellenen. Bei einigen modernen, künstlich gezüchteten Rassen wurde die ursprünglich lange Nase erheblich verkürzt.

Geschmack

Es besteht kein Zweifel daran, daß ein Hund verschiedene Geschmacksaspekte, bitter, süß, sauer und salzig, voneinander zu unterscheiden vermag. Wichtiger dürfte allerdings sein, ob ihm sein Futter schmeckt oder nicht. Frühe Erfahrungen spielen in diesem Zusammenhang eine große Rolle.

Oben: Der schwermütige Gesichtsausdruck täuscht: Basset Hounds lieben es zielstrebig und hartnäckig eine Spur zu verfolgen.

Oben rechts: Die Feuchtigkeit auf der Hundenase fängt die Geruchsstoffe ein und leitet sie zur Riechmembran.

Rechts: Hunde können besser riechen als schmecken. Eine Hundezunge besitzt weniger als 2000 Geschmacksknospen.

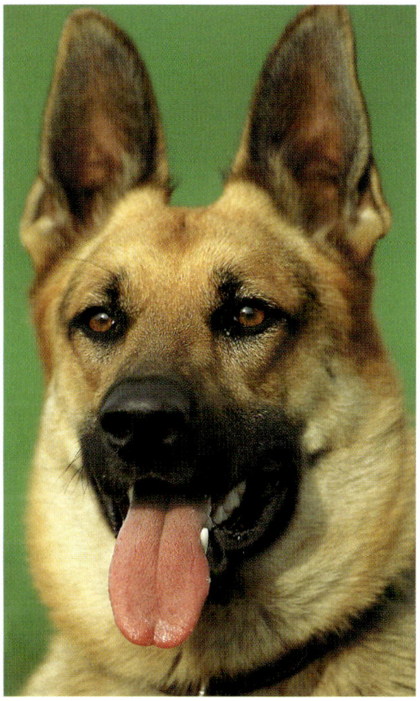

Welpen, die von früh an Futter verschiedener Geschmacksrichtungen und Zusammensetzungen erhalten haben, werden sicher auch als ausgewachsene Hunde eine variantenreichere Kost bevorzugen. Einige Hunde lieben stark riechende Lebensmittel wie rohe Zwiebeln oder Knoblauch, andere wiederum wollen immer nur dasselbe Futter.

Riechen oder Schmecken

Hunde besitzen nur einen Bruchteil (ungefähr 15–20 Prozent) unserer Geschmacksknospen. Die meisten davon sitzen auf dem vorderen Teil der Zunge. Vieles spricht dafür, daß sie sich mehr auf den Geruch des Futters als auf dessen Geschmack verlassen.

Da der Geschmackssinn des Hundes relativ grob ist, braucht auch die Nahrung nicht so abwechslungsreich zu sein. Vierbeiner, deren Besitzer täglich den Supermarkt aufsuchen müssen, um neues Futter zu besorgen, leiden nicht unter unterbeschäftigten Geschmacksknospen, sondern fechten einen Machtkampf aus.

Trotzdem stellen Hunde genau wie die meisten Menschen schnell Assoziationen zu ihrem Futter her. Wenn sie nach dem Fressen erkranken, werden sie dieses Futter wahrscheinlich einige Zeit lang nicht mehr anrühren. Solche Geschmacksaversionen schützten die Tiere früher davor, giftige Substanzen zu sich zu nehmen.

Bewegungsablauf

Gehen ✦ Laufen ✦ Muskeln und Bewegungsablauf ✦ Besondere Fähigkeiten

Oben: Gesunde Hunde erreichen erstaunliche Höchstgeschwindigkeiten, allerdings nur über kurze Strecken.

Der Bewegungsablauf des Hundes hängt von verschiedenen Faktoren ab. Zu den wichtigsten gehört der Körperbau. Wenn ein Hund eine gutgewinkelte Schulter besitzt, wie etwa der Golden Retriever, hat er wahrscheinlich eine größere Bewegungsfreiheit als ein Hund mit einer geraden Schulter. Vielleicht ist sein Gang etwas abgehackter, für eine bestimmte Rasse wie den Zwergpinscher kann dies jedoch durchaus korrekt sein.

Auch Alter und Kondition spielen für den Bewegungsablauf eine wichtige Rolle. Ein junger, gutbemuskelter Hund wird wahrscheinlich eine größere Bewegungsbandbreite aufweisen als ein alter, übergewichtiger Hund mit einer schlechteren Kondition. Wie beim Menschen muß auch beim Vierbeiner die Muskulatur allmählich aufgebaut und trainiert werden, soll er in guter Verfassung bleiben. Leider gibt es zu viele träge Hunde; Fettleibigkeit ist unter ihnen weit verbreitet.

Übergewichtigkeit wirkt sich sowohl auf die inneren Organe wie auch auf die allgemeine Gelenkigkeit und die Beweglichkeit des Hundes negativ aus. Viele Tierärzte führen Abmagerungskuren für Vierbeiner durch. Im allgemeinen gilt: Mehr Bewegung, verbunden mit einer kontrollierten Nahrungszufuhr, ist für Hunde genauso sinnvoll wie für Menschen.

Bewegungsarten

Die vier Grundgangarten des Hundes sind Schritt, Trab, Kanter (ein kurzer, leichter Galopp) sowie Galopp. Bestimmte Rassen oder Hundetypen verfügen oft über einen charakteristischen Schritt. Große, kräftige Rassen

Oben: Für schlanke Hunde ist Hochspringen eine gute Übung. Welpen, ältere und schwere Hunde können sich bei der Landung allerdings ernsthaft verletzen.

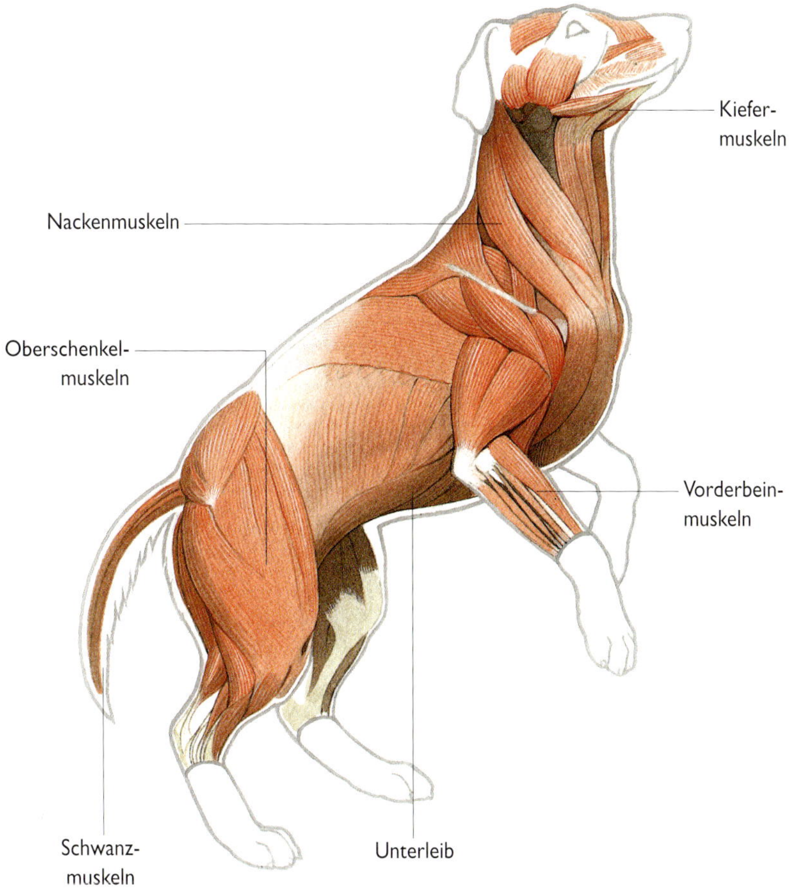

Rechts: Die Muskeln eines Hundes sind kräftig entwickelt. „Trocken bemuskelt" nennt man einen Hund, dessen Muskelgruppen sich unter dem Fell deutlich abzeichnen.

galoppieren gern im Kanter, während kleine, lebhafte Terrier sich durch einen federnden, fast springenden Gang auszeichnen. Der Trab ist die bevorzugte Gangart: Er ermöglicht eine relativ hohe Geschwindigkeit ohne allzu großen Kraftaufwand. Im Galopp überwindet der Hund kurze Distanzen mit sehr großer Geschwindigkeit. Einige Rassen wie der Greyhound sind tolle Sprinter, haben aber für längere Strecken nicht die notwendige Ausdauer.

Andere Rassen sind speziell auf Gelenkigkeit gezüchtet worden. Border Collies und andere Hütehunde können schnell wenden, um die Herde in eine bestimmte Richtung zu treiben, und sich dann auf Befehl ihres Besitzers in Sekundenschnelle auf den Boden fallen lassen. Diese Bewegungsabläufe entsprechen noch weitgehend dem Jagdverhalten des Wolfes: „Erspähen, Anpirschen, Jagen".

Muskelkraft

Die Muskeln der einzelnen Rassen unterscheiden sich kaum voneinander. Hunde besitzen drei Muskeltypen: Glatte Muskeln kontrollieren die Bewegung der großen inneren Organe, der Herzmuskel bildet die Masse des Herzgewebes, der Rest sind Skelettmuskeln.

Muskeln bestehen aus Fasern, die auf Nervenimpulse reagieren. Die Enden der Muskeln sind durch Sehnen mit den Knochen verbunden. Das Zusammenziehen und Entspannen der Muskeln ruft die Bewegung der Gelenke hervor. Jeder Muskel hat ein Pendant, das die gegensätzliche Funktion ausübt. Dadurch kann der Hund sehr präzise Bewegungen ausführen.

Die Muskeln ermöglichen nicht nur Bewegungen, sie müssen auch wichtige Organe und Knochen schützen, Körperwärme erzeugen sowie Atmung, Stuhlgang und Geburt unterstützen.

Bewegungsablauf

Der Körper des Hundes ist ein kleines technisches Wunderwerk von beeindruckender Beweglichkeit: Das Tier kann sich wie ein Igel einrollen oder in gestrecktem Galopp über hohe Hindernisse hinwegsetzen. Die Vielfalt der Bewegungen und seine außerordentliche Geschicklichkeit haben dazu geführt, daß sich der Mensch den Hund von frühester Zeit an dienstbar gemacht hat: als Jagdgehilfe, Lebensretter, Schädlingsbekämpfer, Zughund oder als sportliche Begleiter.

Oben: Hunde benötigen regelmäßigen Auslauf, um Beweglichkeit und Muskelkraft zu trainieren. Dabei sollte ihnen die größtmögliche Freiheit gelassen werden.

Schwimmen

Alle Hunde können schwimmen, bestimmte Rassen sind jedoch extra für die Arbeit im Wasser gezüchtet worden. Ein ausgezeichneter Schwimmer ist der Neufundländer: Er besitzt ein dichtes, warmes Fell und verfügt sogar über Schwimmhäute. Ursprünglich gezüchtet und ausgebildet, um den Fischern beim Einholen der Netze zu helfen, retteten Neufundländer später Menschen vor dem Ertrinken. Sie sind sogar kräftig genug, um ein Ruderboot aus dem Wasser zu ziehen. Darüber hinaus kursieren zahlreiche Geschichten über Neufundländer, die friedliche Schwimmer aus eigenem Antrieb „retten" wollten.

Andere Rassen, wie der Pudel und der Portugiesische Wasserhund, der dazu ausgebildet wurde, verlorengegangene Fischernetze zu holen und mit ihnen an die Küste zu schwimmen, verdanken ihr heutiges Aussehen dieser Vergangenheit. Beide werden noch in der traditionellen Weise geschoren und getrimmt: Ihre Frisur hält die Gelenke warm und ermöglicht im Wasser die größte Mobilität.

Schlitten ziehen

Schlittenhunde transportieren seit Generationen Menschen und Waren durch Schnee und Eis. In Teamarbeit ziehen die Hunde die Ladung und folgen dabei den Anweisungen des Fahrers („Mushers"), der hinten auf den Kufen steht. Schlittenhunde nehmen auch an Rennen teil. Auf relativ kurzen Strecken erreichen die Gespanne hohe Geschwindigkeiten. Bei Spitzengeschwindigkeiten von bis zu 40 km/h ist es für den Fahrer gar nicht so einfach, „die Kurve zu kratzen". Bei längeren Rennen ist die Geschwindigkeit nicht so hoch, die zurückgelegte Entfernung dafür um so größer. Der Rekord liegt bei etwas über 1600 Kilometern in weniger als zehn Tagen.

Einige Hunde wurden zum Ziehen von Karren eingesetzt. Berner Sennerhunde eigneten sich aufgrund ihrer Kraft und Wendigkeit hierfür besonders. In Zentralasien müssen Hunde immer noch Wassermühlen drehen.

Unten: Schwimmen gehört zu den vielen Fähigkeiten, die Hunde besitzen. Es macht Spaß und stärkt überdies die Kondition.

Jagen

Der natürliche Jagd- und Apportierinstinkt der Hunde hat den Menschen jahrtausendelang unschätzbare Dienste erwiesen. Zu den Jagdhunden, die über ein besonders gutes Sehvermögen verfügen, zählen der Greyhound, der Afghanische Windhund und der Deerhound. Diese hochbeinigen Tiere erreichen große Geschwindigkeiten und ähneln mit ihren geschmeidigen Körpern eher dem Gepard als anderen Hunden.

Terrier dagegen sind sehr wendig und in der Lage, schnell die Richtung zu ändern. Sie wurden vor allem gezüchtet, um Schädlinge und Wildtiere in engen Höhlen und Gängen zu verfolgen. Hierzu benötigten sie Reaktionsvermögen, Schnelligkeit und Beweglichkeit.

Kämpfen

Schon im 6. Jahrhundert vor Christi Geburt wurden Hundekämpfe auf Steinplatten dargestellt. Hunde, die von Menschen ursprünglich für den

Rechts: Seit Jahrhunderten nutzt der Mensch Kraft und Ausdauer des Hundes. Schlittenhunde transportieren Waren und Menschen durch unwirtliches Gebiet.

Kampf gezüchtet wurden, sind meistens groß und kräftig und trotz ihrer Größe immer noch beachtlich wendig. Die Haut des Shar Pei hängt so lose und faltig an seinem Körper herunter, daß er sich einer Legende zufolge in ihr herumdrehen kann, wenn er von hinten angegriffen wird.

Die Bewegungsfreiheit und der athletische Körper eines Hundes sind bewundernswert. Hunde besiegen den besten Sportler im Laufen und Springen und rollen sich sofort darauf auf dem kleinsten Platz zusammen.

„Ein Hund, der ständig in Bewegung ist, ist besser als einer, der immerzu schläft."

IRISCHES SPRICHWORT

Rechts: Der kompakte und kräftige Körper dieses galoppierenden Boxers zeigt deutlich, wie athletisch manche Hunde sind.

Unten: Hunde sind keine geborenen Springer oder Kletterer. Sie können nicht im gleichen Maße wie etwa Katzen ihre Krallen oder Beine kontrollieren. Ihre Kraft ist auf ausdauerndes Laufen ausgelegt. Gleichwohl verfügen auch sie über die für das Springen erforderliche Fähigkeit zur plötzlichen Muskelkontraktion.

Jagdverhalten

Spürsinn ✦ Jagdgefährten ✦ Apportieren ✦ Besondere Fähigkeiten

Jeder einzelne Sinn des Hundes ist so beschaffen, daß er das Tier beim Jagen unterstützt. Dank ihres hochentwickelten Geruchssinns können Hunde die Duftspur einer Beute kilometerweit verfolgen, sogar noch Stunden nach dem Verschwinden des Wildes. Hunde, die sich bei der Jagd vor allem auf ihre Augen verlassen, registrieren die unmerklichsten Bewegungen im offenen Gelände. Die meisten Vierbeiner haben außerdem ein ausgezeichnetes Gehör; sie sind in der Lage, die leisesten Lautäußerungen und Geräusche eines Tieres wahrzunehmen.

Auch der Körper des Hundes hat sich in einer Weise entwickelt, die zur Erhöhung seiner Jagdfähigkeiten beitrug. Greyhounds und ähnliche Hunde sind die Athleten unter den Vierbeinern. Aufgrund ihrer Schnelligkeit können sie Feldhasen und Kaninchen fangen. Terrier wurden gezüchtet, um in Höhlen hinter Schädlingen herzujagen, während Hütehunde schnell und sorgfältig sind und die Arbeit mit den ihnen anvertrauten Tieren lieben.

Jagdpartner

Jahrtausendelang haben Hunde Menschen auf der Jagd begleitet, unabhängig davon, ob diese der Nahrungsbeschaffung diente oder aus sportlichen Gründen veranstaltet wurde. Bei vielen der heutigen Hunderassen wurden die Jagdeigenschaften durch selektive Züchtung verbessert.

Die Jagd läßt sich in mehrere Abschnitte unterteilen. Zuerst muß das Wild aufgespürt und verfolgt werden. Darauf sind die Laufhunde oder die Bracken spezialisiert. Sie besitzen

Links: Ein gutausgebildeter Retriever wird der Beute beim Aufnehmen und Apportieren nie einen Schaden zufügen.

Rechts: Eine Jagdhundmeute riecht für die meisten Menschen unangenehm, zeigt aber perfekten Spürsinn. Hat sie erst einmal die Spur aufgenommen, kann nichts mehr ihren kollektiven Jagdeifer bremsen.

einen ausgezeichneten Geruchssinn, arbeiten üblicherweise in einer Meute und verfolgen die Spur des Wildes, indem sie Duftpartikel von abgebrochenen Zweigen, zertretenen Pflanzen oder sogar aus der Luft aufnehmen. Bloodhounds, Beagles, Foxhounds und Basset Hounds fallen in diese Kategorie, viele andere Rassen arbeiten allerdings in der gleichen Weise.

Windhunde, wie Afghanen, Greyhounds und Whippets verlassen sich beim Jagen auf ihr Auge. Vorstehhunde wie der Deutsch-Kurzhaar zeigen die Beute an, indem sie vorstehen. Spaniels treiben das Wild aus seinen Bauten direkt vor den Lauf der Gewehre oder in Fangnetze und apportieren es nach dem Schuß.

Ist die Spur einmal aufgenommen, muß das Wild mitunter auch gestellt werden. Für diese Aufgabe sind der Irische Wolfshund und der Deerhound wie geschaffen. Nachdem das Wild erlegt wurde, muß es zum Jäger gebracht werden – dies ist Aufgabe und Passion der Apportierhunde.

Apportieren der Beute

Einige Hunde wurden eigens für die Aufgabe des Apportierens gezüchtet. Zu den bekanntesten Apportierern gehören der Golden Retriever und der Labrador Retriever. Beide eignen sich sowohl für diese Arbeit wie auch als Familienhunde. Andere Rassen apportieren auf dem Land und im Wasser und bringen, entsprechend abgerichtet, jeden Gegenstand zurück.

Alle diese Hunde haben eines gemeinsam: Sie nehmen gern Dinge ins Maul und bringen sie unverzüglich ihrem Herrn, sofern sie dazu ausgebildet wurden. Retriever sind in der Regel friedlich, gehorsam und sehr umgänglich. Ihr unterwürfiges Wesen ist der Grund dafür, daß sie die erlegte Beute verläßlich zurückbringen. Ein dominanter Hund würde möglicherweise im Wald verschwinden und den Fund selbst verspeisen.

Die Jagd- und Apportierfähigkeiten des Haushundes nutzen

Die meisten Menschen halten sich einen Hund als Spielgefährten und nicht als Jagdbegleiter. Das kann zu Schwierigkeiten führen, wenn die Vierbeiner sich ein Ventil für ihren angeborenen Jagdtrieb suchen. Auf Spaziergängen im Freien jagen viele Hunde Jogger, Fahrradfahrer und Eichhörnchen; unausgelastete Retriever „stehlen" gern Gegenstände und laufen mit ihnen davon. Wichtig ist, dieses angeborene Verhalten durch Geschicklichkeits- und Gehorsamkeitsschulungen oder durch Spielen in sinnvolle Bahnen zu lenken. Arbeitslose Gebrauchshunde machen sich gern selbständig. Es ist die Aufgabe des Besitzers, darauf zu achten, daß aus den Fähigkeiten des Hundes kein Haftpflichtfall entsteht. Ein beschäftigter Hund kommt selten auf die Idee, seine natürlichen Instinkte anderweitig zu befriedigen.

Geruch & Verteidigung

Riechvermögen ✦ Wachen und Beschützen

Auch wenn man versucht, sich vorzustellen, wie es ist, ein Hund zu sein, so gibt es einen Teil der Hundewelt, der immer ein Geheimnis bleiben wird: die Welt der Gerüche.

Die Hundenase ist so beschaffen, daß sie Duftpartikel erfassen und die darin enthaltenen chemischen Informationen interpretieren kann. Die meisten Menschen sind zwar in der Lage, Gerüche zu erkennen und sie mit bestimmten Erinnerungen zu verbinden, aber sie besitzen im Unterschied zum Hund nicht dessen Fähigkeit, Gerüche zu „lesen" und sich auf diese Weise eine unvorstellbare Menge an Informationen zu erschließen.

Oben und unten: Ein Hund „auf der Spur"! Der Geruch ist der ausgeprägteste Sinn des Hundes; ein großer Teil des Gehirns steht für die Erkennung von Düften zur Verfügung.

Duftsignale

Hunde verbringen sehr viel Zeit mit Schnüffeln. Sie beschnüffeln sich gegenseitig, erschnüffeln Nachrichten an bestimmten, dafür vorgesehenen Orten und erhalten über größere Entfernungen „Luftpost" durch chemische Partikel in der Luft. Der Duft einer läufigen Hündin kann selbst aus großer Entfernung noch wahrgenommen werden. Hunde hinterlassen ihre Duftnachrichten hauptsächlich in Gestalt von Kot und Urin. Dabei versuchen sie, die Markierungen so auffällig wie möglich zu plazieren, indem sie ein Bein heben und den Urin an ein aufrechtes Hindernis strahlen oder den Kot ein klein wenig erhöht absetzen.

Geruchsspezialisten

Einige Rassen oder Hundetypen haben einen ausgeprägteren Geruchssinn als andere. Bloodhounds und Basset Hounds leben fast ausschließlich in einer Geruchswelt. Ihre Fähigkeit, Gerüche zu erfassen, ist viel stärker ausgeprägt als ihr Gehör und ihr Sehvermögen. Durch selektive Züchtung wurde die Riechfähigkeit dieser Rassen verfeinert und für das Aufspüren von Tieren und verirrten Personen nutzbar gemacht.

Oben: Man kann Hunde dazu ausbilden, fast jede Substanz zu erschnüffeln, indem man sie zuerst an einer Probe riechen läßt. Dieser Hund sucht nach Drogen.

Rechts: Mit dem Urin hinterläßt der Hund eine „Duftnachricht" für andere Hunde, die Informationen über Geschlecht, sexuellen Status und Gesundheitszustand enthält.

Seit langem haben sich Menschen die erstaunlichen Riechfähigkeiten des Hundes zunutze gemacht. Suchhunde erschnüffeln die verschiedensten Dinge: von Drogen bis zur Trokkenfäule. Sie sind in der Lage, Trüffel, die unter der Erde wachsen, zu finden oder Menschen aufzuspüren, die nach einem Erdbeben oder einer anderen Katastrophe verschüttet wurden. Der hochentwickelte Geruchssinn der Hunde hat schon vielen Menschen das Leben gerettet. Einige Hunde wurden dazu ausgebildet, frühe Anzeichen von Krebsgeschwüren zu lokalisieren. Andere wiederum finden mit ihrer Spürnase Sprengstoffe und Landminen.

DROGENHUNDE

Die besten Drogenhunde hießen Rocky und Barco. Die zwei Belgischen Schäferhunde (1984 geworfen) waren Mitglieder eines amerikanischen Suchtrupps, der am Rio Grande entlang der texanischen Grenze patrouillierte. Allein im Jahr 1988 waren sie an 969 Beschlagnahmungen von Drogen im Wert von 182 Millionen US-Dollar beteiligt. Sie waren so tüchtig, daß mexikanische Drogenschmuggler 30 000 US-Dollar auf ihren Kopf ausgesetzt hatten. Rocky und Barco wurden mit dem Ehrentitel „Hauptfeldwebel" ausgezeichnet und trugen bei der Arbeit immer ihre Streifen.

WACHHUNDE

Schon sehr früh haben Vierbeiner für den Menschen Wache gehalten. Wilde Hunde warnen das Rudel mit Gebell, wenn ein fremder Hund oder ein Raubtier in das Territorium des Rudels eindringt. Viele Haushunde haben diese Verhaltensweise beibehalten und verbellen Besucher und andere Eindringlinge, um den Hausherrn wissen zu lassen, daß das „Lager" verteidigt werden muß.

Theoretisch dürfen Haushunde nur das Kommen eines Eindringlings melden. „Rudelführer" ist der Mensch, da nur er das Recht hat zu entscheiden, wer wann ins Haus darf. Trotzdem betrachten es einige Hunde, besonders Wach- und Schutzhunde, als ihre Aufgabe, das Allerheiligste zu verteidigen. Diese Vierbeiner können mitunter sogar aggressiv reagieren, sobald eine fremde Person sich dem Grundstück nähert oder sie jemanden als Bedrohung empfinden.

Wenn Hunde außerhalb des Hauses Fußgänger und andere Hunde verbellen oder angreifen, nimmt man oft an, daß sie ihren Herrn verteidigen. Allerdings ist das nur selten der Fall. Meistens sind Hunde, die sich so verhalten, sehr ängstlich. Sie haben gelernt, Aggression als Ersatzhandlung für eine richtige Verteidigung zu inszenieren. Man könnte daher sagen, daß der Vierbeiner in erster Linie sich selbst verteidigt und nicht seinen Besitzer oder sein Territorium.

Unten: Die meisten Hunde sind ausgezeichnete Wächter: Sie nutzen ihren hervorragenden Geruchssinn und ihr gutes Gehör, um vor Gefahren zu warnen.

Lebenszyklus des Hundes

Welpen ✦ Jugend ✦ Alter

Vom Augenblick der Geburt an entwickeln sich die Welpen auf ganz unterschiedliche Weise. Auf die ersten hilflosen Tage folgen zwölf Monate entzückenden Welpenalters, in denen sie sehr schnell wachsen und reifen. Sie machen ständig neue Erfahrungen, lernen spielen, kommunizieren und die Welt um sich herum verstehen und überraschen uns jeden Tag mit neuen Ideen und Streichen.

Oben: Ein neugeborener Welpe ist blind, taub und hundertprozentig auf die Milch sowie den Schutz der Mutter angewiesen.

Der neugeborene Welpe

Welpen werden blind und taub geboren. Obwohl sie bereits ein Fell besitzen, sind sie von der Wärme und dem Schutz der Mutter abhängig. In diesem Alter ist der vorrangige Sinn der Geruchssinn. Am Gesicht eines Neugeborenen kann man dies gut erkennen, denn verglichen mit dem Rest des Körpers erscheinen Nase und Maul völlig überproportioniert.

Schon sehr kleine Welpen können sich fortbewegen. Sie kriechen zum Nest zurück, wenn sie sich davon entfernt haben, und schreien nach der Mutter, wenn sie hungrig sind.

Neugeborene Welpen können weder selbständig Urin oder Kot absetzen noch ihre Körpertemperatur regulieren. Sie sind auf das Lecken der Mutter angewiesen, durch das die Verdauung angeregt wird. Durch die Körperwärme der Hündin wird auch die Körpertemperatur der Welpen auf einem optimalen Niveau stabilisiert.

Welpen haben einige angeborene Fähigkeiten: Die Hirnnerven sind bereits bei der Geburt gut entwickelt. Sie steuern die Nahrungsaufnahme, die Empfindlichkeit der Schnauze, die Balance und den Aufrichtungsreflex. Wird der neugeborene Welpe am Nackenfell hochgehoben, zieht er instinktiv die Beine ein und bewegt sich nicht. Allerdings streckt er vier oder fünf Tage später in derselben Situation die Beine aus. Sehr junge Welpen können nicht gut sehen oder hören. Trotzdem reagieren sie auf laute Geräusche und können auch selbst Laute erzeugen. Wenn sie ganz allein gelassen werden, schreien oder kläffen sie, um die Mutter dadurch auf ihre mißliche Lage aufmerksam zu machen.

Links: Im Alter von drei Wochen steht der Kleine bereits auf eigenen Beinen und sieht sich die Umgebung der Wurfkiste an.

Erste bis dritte Woche

In dieser Zeit öffnen sich Augen wie Ohren, und die Welpen beginnen auf Geräusche zu reagieren. Obwohl sie bis zur vierten Woche nicht richtig sehen können, folgen sie mit den Augen dem Licht und Bewegungen. Mit drei Wochen können sie sich schon besser fortbewegen. Aktive Perioden werden von langen Schlafphasen abgelöst.

Dritte bis sechste Woche

Im Alter von fünf Wochen hat der Welpe bereits ein vollentwickeltes Gehör sowie die Augen und den Geruchssinn eines ausgewachsenen Hundes, seine Konzentrationsspanne ist allerdings erheblich kürzer. Die Entwöhnung beginnt mit drei Wochen und sollte spätestens bis zur sechsten Woche abgeschlossen sein. Die Mutter produziert immer weniger Milch, und auch ihre Toleranz läßt nach. In dieser Zeit lernen die Welpen ihre erste soziale Lektion: Sie müssen mit der Frustration fertig werden, nicht mehr auf Verlangen saugen zu können. Im Spiel mit den Wurfgeschwistern und der Mutter fangen sie außerdem zu begreifen an, was es heißt, ein Hund zu sein. Viele der elementaren Spielstellungen und Gesichtsausdrücke werden nun ausprobiert.

Oben: Mit drei bis vier Wochen zeigt ein Welpe die ersten Anzeichen von Unabhängigkeit und geht auf Entdeckungsreise.

Sechste bis zwölfte Woche

In dieser Zeit ist menschlicher Einfluß am wichtigsten. Ein großer Teil der Sozialisierung findet in diesem Stadium statt (siehe Seite 46). Der Hund gewöhnt sich an sein Zuhause und beginnt gleichzeitig, Ereignisse und Veränderungen in der näheren Umgebung wahrzunehmen. Gutsozialisierte Welpen finden sich in den unterschiedlichsten Situationen sowie Umgebungen zurecht und sind in der Regel selbstsicher und gehorsam.

Von diesem Augenblick an nehmen Welpen eine riesige Menge an Informationen über ihre Welt auf. Koordination und Bewegungsablauf sind in diesem Stadium schon gut entwickelt. Im Spiel mit anderen Hunden und Menschen wird der Ernstfall geprobt. Mit ihren sehr kleinen, spitzen Zähnen entdecken die Welpen, was lebendig ist und was nicht.

Die meisten Welpen sind ab der siebten Woche vollständig von der Mutter entwöhnt und müssen von da an mit festem Futter ernährt werden. Mit acht Wochen sind sie so weit, daß sie den Wurf und ihre Mutter verlassen können. Allerdings bleiben viele Welpen bis zum Alter von zehn Wochen bei der Hündin.

Links: Sechs Wochen alte Welpen haben bereits eine Menge gelernt. Es ist die Aufgabe des Besitzers, den Lernprozeß fortzusetzen.

Lebenszyklus des Hundes

Oben: Einige Hunde zeigen auch noch nach sechs Monaten die charakteristischen Verhaltensweisen und Eigenschaften eines Welpen.

Dritter bis sechster Monat

Welpen entwickeln in dieser Zeit ein ausgeprägtes Knochen- und Muskelwachstum. Zwischen dem vierten und dem sechsten Monat verlieren sie ihre Milchzähne. Dieser Vorgang markiert das Ende der eigentlichen Welpenzeit.

Viele Hunde demonstrieren in diesem Alter bereits sexuelle Verhaltensweisen, indem sie Kissen, andere Tiere oder sogar Menschen zu besteigen versuchen. Mit Hilfe von Macht- und Besitzspielen versuchen sie herauszufinden, wer der stärkere Hund ist. Durch das Spiel lernen Welpen außerdem, ihre Gefühle angemessen auszudrükken und ihren Rang zu bestimmen. Es ist ganz normal, daß sie in dieser Phase hin und wieder ein wenig fremdeln und beim Anblick bereits bekannter Menschen und Gegenstände Angst zeigen. Wie der Besitzer des Welpen auf dieses Verhalten reagiert, hat entscheidenden Einfluß darauf, ob der ausgewachsene Hund diesen Gegenständen und Menschen später furchtlos gegenübertritt oder nicht. Auf keinen Fall sollte man das Verhalten des Hundes tadeln, da dies nur das Gegenteil dessen zur Folge hätte, was man erreichen möchte.

Zweites Lebenshalbjahr

Diese Phase repräsentiert die „Teenager"-Jahre im Leben eines Hundes. Hündinnen werden zum ersten Mal läufig, Rüden geschlechtsreif. Eine zugleich aufregende und schwierige Zeit für Mensch und Tier, da nun ganz neue Verhaltensprobleme hinzukommen. Einige Hündinnen unterliegen heftigen Stimmungsschwankungen während oder nach ihrer Läufigkeit und reagieren in dieser Zeit mitunter auch sehr ungehalten auf die Annäherungsversuche anderer Hunde.
Rüden heben zwischen dem sechsten und zwölften Lebensmonat erstmalig

Unten: Ein sechs Monate alter Welpe kann manchmal die typischen Verhaltensweisen eines „Teenagers" aufweisen.

Rechts: Mit einem Jahr ist eine Hündin geschlechtsreif. Sie kann sich paaren und Nachkommen gebären.

ihr Bein an beim Urinieren. Sie können von nun an ihr Territorium markieren und Duftbotschaften absetzen. Die Begegnung mit anderen Hunden schließt jetzt auch soziale Rangstreitigkeiten ein. Zu physischen Attacken kommmt es dabei allerdings selten.

Das Wachstum der richtigen Zähne ist bis zum Ende des ersten Lebensjahres abgeschlossen. Viele Hunde kauen in dieser Zeit an allen möglichen Dingen herum, um die Schmerzen ein wenig zu lindern. Kauknochen und andere Spielsachen können sie davon abhalten, sich ungeeigneten Gegenständen zuzuwenden.

Ein bis vier Jahre

Obwohl die meisten Hunde zwischen dem sechsten und dem 14. Monat geschlechtsreif werden, dauert es meistens noch etwas länger, bis sie ihre volle Größe und ihre geistige Reife erreicht haben. Schoßhunde entwickeln sich in der Regel schneller als große Rassen, die oftmals erst nach drei Jahren ausgewachsen sind. Auch das Eintreten der geistige Reife ist von Rasse zu Rasse verschieden. So mancher Besitzer frägt sich vielleicht, ob sein Hund jemals erwachsen wird. Doch auch solche Vierbeiner lernen ständig dazu und festigen in dieser Zeit ihren sozialen Status innerhalb und außerhalb des Hauses.

Ältere Hunde

Die Lebensdauer eines Hundes hängt von verschiedenen Faktoren ab: von der Rasse, vom allgemeinen Gesundheitszustand des Vierbeiners und von den Gewohnheiten des Besitzers. Ein gesunder, Hund erlebt die letzten Lebensjahre oft einfach nur als allmähliches Nachlassen der Lebenskräfte.

Viele ältere Hunde lieben noch immer lange Spaziergänge, Spiele mit ihrem Besitzer und das Zusammensein mit der Familie. Sie schlafen länger und fester als früher und brauchen öfter kleine Ruhepausen. Die Nieren gehören gemeinsam mit der Leber zu den ersten Organen, deren Funktionstüchtigkeit nachläßt. Oft ist Gewichtsverlust die Folge.

Zu den Alterskrankheiten zählen auch Arthritis sowie Gelenk- und Wirbelsäulensteifheit. Übergewicht sollte vermieden werden, da sich dadurch die altersbedingten Probleme verschlimmern.

Einige Hunde entwickeln im Alter eine ungewöhnliche Anhänglichkeit: Sie jaulen oder heulen, wenn sie allein gelassen werden, und fühlen sich elend, sobald der Kontakt mit der Familie abbricht. Gewöhnlich ist Altersschwäche oder Schwerhörigkeit der Grund. Manchmal leiden Hunde auch an einer Art Altersdemenz: Sie verlieren die Orientierung und sind äußerst vergeßlich. Glücklicherweise gibt es mittlerweile Medikamente, die betroffenen Vierbeinern helfen. Konsultieren Sie auf jeden Fall ihren Tierarzt, um sicherzustellen, daß die letzten Lebensjahre ihres Hundes so freudvoll wie möglich verlaufen.

Verhalten

Rudel und Rudelführer ✦ Lernen und Intelligenz

Hunde sind Hunde! Das mag banal klingen, muß aber immer wieder betont werden. Vielen Menschen sind die Vierbeiner derart ans Herz gewachsen, daß es ihnen schwerfällt, sich deren Grenzen und Fähigkeiten bewußt zu machen. Hunde sind eine wundervolle Kombination aus Instinkt und Erziehung, angeborenem Verhalten und Erlerntem. Fast jede ihrer Verhaltensweisen hat in der Wildnis einen Sinn, sie ermöglicht die Fortpflanzung und das Überleben der Rasse. Leben Hunde jedoch mit Menschen zusammen, müssen sie begreifen lernen, wann und wo sie ihr natürliches Verhalten ausleben können.

Rudelverhalten

Hunde sind Gemeinschaftswesen: Sie wollen sich in das Rudel einfügen und Teil einer Gruppe sein. In der Wildnis würde ein einzelner Hund oder ein Wolf nur mit Mühe überleben, da er es nicht gelernt hat, allein zu jagen. Aus diesem Grund unterwirft sich ein freilebendes Rudel auch einer strengen sozialen Hierarchie; diese legt fest, welches Rudelmitglied Nachkommen zeugen und wer zuerst von der erlegten Beute fressen darf.

Selbstverständlich gibt es innerhalb eines Rudels auch Auseinandersetzungen. Für das Fortbestehen des Rudels wäre es sehr hinderlich, würden sich die Hunde dabei gegenseitig verletzen. Deshalb entwickelten sie eine Reihe von Ritualen, um Konflikte ohne Blutvergießen zu lösen. Diese theatralische Form der Körper- und Gesichtssprache ist ein wirksames Kommunikationsmittel, dem Gegenüber die gegenseitigen Absichten und Antworten zu übermitteln.

Lange Zeit war man der Ansicht, daß der größte und stärkste Wolf automatisch auch den höchsten Rang in

Unten: Hunde kämpfen selten und nur, wenn die ritualisierten Formen des Konkurrenzverhaltens bei der Konfliktlösung versagt haben.

Oben: Hunde lernen ähnlich wie Menschen. Sie reagieren auf Körpersprache, achten aufmerksam auf Zeichen und Signale und wiederholen belohntes Verhalten.

einem Rudel einnimmt. Heute jedoch weiß man, daß das Tier mit der besten Kommunikationsfähigkeit die größte Macht besitzt.

Rudelführer

In wildlebenden Rudeln paaren sich meist nur die Tiere, die von allem das Beste kriegen und deshalb auch den kräftigeren Nachwuchs erzeugen. Sie erhalten außerdem den sichersten Schlafplatz, werden von anderen gepflegt und können sich innerhalb des Rudels Verbündete für ihre Sicherheit schaffen. Hunde oder Wölfe, die ständig nur das Beste erhalten und Nachkommen zeugen, werden dominant oder Alphatiere genannt.

Die Ähnlichkeit zwischen den sozialen Strukturen des Hunderudels und jenen der menschlichen Gesellschaft begünstigt die positive Entwicklung der Beziehung zwischen Hund und Mensch. Im Grunde verstehen Haushunde sehr gut, daß wir das Beste und sie „nur" die Reste bekommen – diese Regelung verhindert im allgemeinen Konflikte. Die Ähnlichkeit beider Sozialsysteme unterstützt möglicherweise den ungeheuer großen Einfluß, den Ausbildung und Erziehung auf ein so anpassungsfähiges und zugleich intelligentes Wesen wie den Hund ausüben – die Lernkapazität mancher Hunde scheint in der Tat unbegrenzt.

Wie Hunde lernen

Hunde sind schnell lernende Opportunisten. Wenn sie merken, daß ein Verhalten belohnt wird, wiederholen sie es. Wird eine Handlung nicht belohnt, oder stößt sie sogar auf Ablehnung, werden sie sie wahrscheinlich nicht wiederholen.

Tatsächlich hat die Art, wie Hunde lernen, vieles mit der von Menschen gemeinsam. Auch Kinder wiederholen belohnte Handlungen. Klatscht ein Kleinkind in die Hände, und erhält es dafür Süßigkeiten, wird es die Handlung wiederholen. Nach nur wenigen Versuchen und weiteren Süßigkeiten wird das Kind bereitwillig in die Hände klatschen, um zu demonstrieren, was es gelernt hat. Wird das Kind für das Händeklatschen dagegen bestraft oder ignoriert, ist eine Wiederholung dieser Handlung unwahrscheinlich.

„Menschen trugen ihre Weisheit nach außen, verwahrten sie in Museen und Büchereien, als Wissen der Gelehrten. Die Weisheit des Hundes ruht in seinem Blut und in seinen Knochen."

DONALD MCCAIG

Wir sollten allerdings daran denken, daß eine für uns offensichtliche Bestrafung in der Tat für einen Hund oder ein Kind eine Belohnung darstellen kann. Zurechtweisung und Schläge können ein bestimmtes Verhalten mitunter sogar fördern – eine mögliche Erklärung dafür, weshalb sich Kleinkinder im Supermarkt und Hunde in der Gegenwart von Besuchern schlecht benehmen.

Intelligenz

Häufig scheinen domestizierte Hunde intelligenter zu sein als andere Tiere. Sie entdecken schneller als Katzen, wie sie erreichen, was sie wollen, und wiederholen belohnte Handlungen. Dennoch ist es schwierig zu beurteilen, wie intelligent ein Hund wirklich ist, da er es in der Regel ausgezeichnet versteht, sich verständlich zu machen.

Katzen, Schweine und sogar Hühner können genauso ausgebildet werden wie Hunde, sie brauchen nur eine andere Motivation und ein anderes Kommunikationssystem. Allerdings sind insbesondere Katzen viel unabhängiger und auf unsere Bestätigung nicht so stark angewiesen wie Hunde.

Unten: Während des gemeinsamen Spielens entdecken Hunde ihre Stärken und Schwächen und ihren sozialen Status.

Sozialisierung

Was passiert wann? ✦ *Wie kann man helfen?*

Sozialisierung ist jener Prozeß, durch den soziale Wesen lernen, wie man sich in der Welt zurechtfindet. Eltern wissen, daß Kinder die Begegnung mit anderen Menschen brauchen, um die Umgebung kennenzulernen. Gutsozialisierte Kinder passen sich als Erwachsene leichter an. Gleiches gilt auch für Hundekinder: Junge Hunde müssen ihre Erfahrungen mit Menschen, Kindern und anderen Hunden machen, damit sie später keine Angst vor ihnen haben und wissen, wie sie sich verhalten sollen.

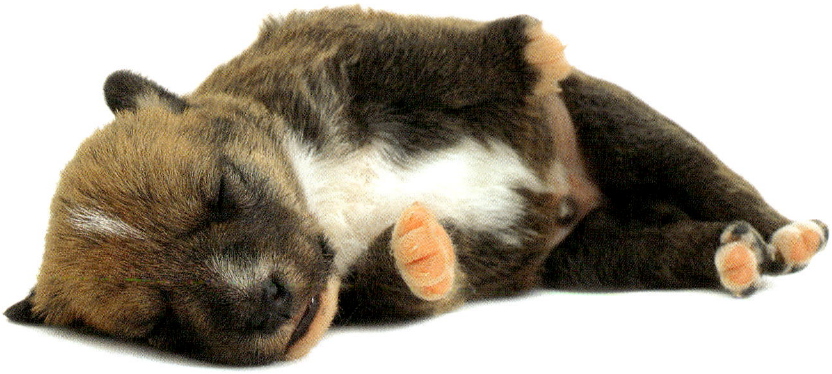

FRÜHPHASE

Die Neugeborenenperiode reicht von der Geburt bis zur zweiten Woche. Man könnte glauben, neugeborene Welpen kommen als unbeschriebenes Blatt auf die Welt und warten anschließend nur auf die Schlüsselinformationen, damit sie wissen, wie man sich anderen Hunden gegenüber und in der Welt außerhalb des Mutterleibes verhält. Auch wenn sie in (fast) jeder Hinsicht auf ihre Mutter angewiesen sind, täuscht ihr hilfloses Aussehen.

Maßnahme: Obwohl Welpen in diesem Alter taub und blind sind, sollte man sie anfassen. Sie leben in einer Welt der Gerüche und können eine Hand an deren Geruch und an der Art der Berührung erkennen.

ÜBERGANGSPHASE

In dieser Phase, die sich von der zweiten bis etwa zur vierten Woche erstreckt, entwickelt und verändert sich der Welpe unglaublich schnell. Die Ohren öffnen sich, er beginnt auf laute Geräusche zu reagieren. Außerdem fängt er nun an, Licht und Bewegung wahrzunehmen.

Links: Welpen sind ungeheuer neugierig und lernen ihre Umgebung begeistert kennen. Anregungen sind in dieser Phase sehr wichtig.

Maßnahme: Die Welpen nähern sich der Sozialisierungsphase und lernen viel über das häusliche Leben. Deshalb sollte man in dieser Zeit ihre Umgebung so abwechslungsreich wie möglich gestalten, damit sie später gut mit den sich ständig ändernden Situationen im Haus fertig werden.

SOZIALISIERUNGSPHASE

Im Alter von etwa vier Wochen treten die Welpen in die Sozialisierungsphase (vierte bis zwölfte Woche) ein; die nächsten zwei Monate sind die prägendste und wichtigste Zeit ihrer Entwicklung. In dieser Phase ist ihre Denk- und Konzentrationsfähigkeit bereits genauso stark ausgebildet wie die eines ausgewachsenen Hundes. Wissenschaftliche Untersuchungen haben gezeigt, daß Welpen, die zwischen der vierten und der zwölften Woche keinen Kontakt mit Menschen hatten, Angst vor ihnen entwickelten und später ohne fachmännische Hilfe nicht ausgebildet werden konnten.

Die meisten Welpen bleiben bis zur siebten oder achten Woche bei der Mutter. Anschließend beginnt die Entwöhnungsphase: Die Welpen machen erste Erfahrungen mit Konflikten und Frustration. Im Spiel mit den Wurfgeschwistern lernen sie soziales Verhalten. Sie probieren aus, wie stark man die anderen beißen kann, und messen sich im spielerischen Kampf. Bereits in diesem frühen Stadium lassen sich sexuelle Handlungen und räuberische

Oben: Die Mutter macht den neugierigen Welpen mit ihrer Welt bekannt und hat zugleich ein wachsames Auge auf ihn.

Unten: Auch wenn der Welpe noch nicht sicher auf den Beinen steht, beginnt er bereits, seine Umgebung zu erforschen.

Verhaltensweisen beobachten: Vier bis fünf Wochen alte Welpen beiderlei Geschlechts besteigen sich gegenseitig und machen sich über Dinge her, als wollten sie ein Beutetier töten.

Maßnahme: Normalerweise bleibt ein Welpe bei der Mutter, bis er die Sozialisierungsphase erreicht hat. Folglich liegt es in der Hand des Züchters, die kleinen Racker zu erziehen und sie an die verschiedenen Geräusche, Gerüche und Gegenstände zu gewöhnen. Vor dem ersten Verlassen der Wurfkiste sollte der Welpe schon von verschiedenen Menschen angefaßt worden sein. Außerdem sollte er bereits Bekanntschaft mit den unterschiedlichen häuslichen Reizen gemacht haben, bevor er in sein neues Heim gebracht wird (siehe Seite 48). Welpen, die nicht angemessen sozialisiert wurden, benötigen dringend die Hilfe eines Fachmanns.

Weitere Sozialisierung

Die Sozialisierung muß bis zum Alter von zwölf Wochen fortgesetzt werden. Hat man den Welpen bereits vor dieser Zeit erworben, muß man ihn während dieser wichtigen Entwicklungsphase sanft, doch entschlossen auf sein späteres Leben vorbereiten. Auch mangelhaft sozialisierte Welpen profitieren von regelmäßiger Bekanntschaft mit der Außenwelt. Dadurch gewöhnen sie sich an Menschen, Gegenstände und Ereignisse inner- und außerhalb des Hauses.

Welpen sollten vor der zwölften Woche soviel wie möglich ausgeführt werden, auch wenn die meisten Impfungen zu diesem Zeitpunkt noch nicht abgeschlossen sind und die unbeholfenen Winzlinge nicht mit anderen Hunden zusammenkommen dürfen. Man kann den Welpen tragen, ihn mit in die Wohnungen anderer Leute nehmen oder so viele Gäste wie möglich zu sich einladen. Auch eine Begegnung mit umgänglichen, gesunden und geimpften Hunden bietet sich an. Sobald der Welpe ausgeführt werden darf, lassen sich dann die verpaßten Gelegenheiten nachholen. Bis dahin sollte er mit den Geheimnissen des Hauses vertraut gemacht werden. Abwechslung ist dabei Trumpf.

Sozialisierung

Hunde lernen in jeder Sekunde, die sie wach sind. Unerfahrene Hundehalter sollten mit ihrem Welpen an einem Sozialisierungskurs teilnehmen (siehe Seite 86). Dort kann man sich die nötigen Kenntnisse und Techniken aneignen, um ihn von Anfang an erfolgreich auszubilden. So ein Kurs stellt jedoch keinen Ersatz für eigene Erfahrungen dar. Deshalb empfiehlt es sich, den Vierbeiner so oft wie möglich mit der Außenwelt bekannt zu machen.

Nach der zwölften Woche hören Hunde nicht plötzlich mit dem Lernen auf. Unter dem hormonellen Einfluß der Pubertät entdecken Vierbeiner die Welt völlig neu. Fachleute sind sogar der Ansicht, daß sich – abhängig von der Rasse und der Reife des Hundes – zwischen dem fünften und dem zwölften Monat eine zweite Sozialisierungsphase vollzieht. Hunde entwickeln in diesem Zeitraum ein ausgeprägtes Mißtrauen gegenüber ihrem eigenen und ein starkes Interesse für das andere Geschlecht.

Oft führt dies dazu, daß die „Teenager" im Park von anderen Hunden gemaßregelt werden. Dieser Vorgang ist völlig normal und Teil des Erwachsenwerdens. Manche Hunde reagieren in dieser Zeit jedoch ängstlich, nervös oder sogar aggressiv auf andere Vierbeiner und sollten daher mit besonderer Sorgfalt auf diese Begegnungen vorbereitet werden.

Unten: Sobald der Welpe auf eigenen Beinen stehen kann, sollte er so viele unterschiedliche Erfahrungen wie möglich machen.

Schlüsselreize

Im folgenden werden die wichtigsten „Schlüsselreize" aufgeführt, die der Welpe während der Sozialisierungsphase unbedingt kennenlernen muß.

Menschen

Alle Menschen sind verschieden. Der Welpe muß lernen, daß Personen, die ganz unterschiedlich aussehen, auch Menschen sind. Er sollte Männer und Frauen von unterschiedlichster Erscheinung und in der unterschiedlichsten Aufmachung kennenlernen: Brillen-, Hut- und Helmträger, Passanten mit einem Regenschirm, Gehbehinderte, Rollstuhlfahrer, Menschen verschiedener Hautfarbe etc. Ein Welpe unterscheidet bereits sehr genau zwischen Kindern und Erwachsenen, daher ist es ratsam, ihn mit Jungen und Mädchen jeden Alters zusammenzubringen. Je mehr Menschen der neue Erdenbürger kennenlernt, desto sicherer wird er sich später fühlen.

Andere Hunde

Fremde Hunde sind für einen kleinen Welpen ebenso furchteinflößend wie fremde Menschen. Es empfiehlt sich daher, ihn so früh wie möglich mit anderen Hunden in Kontakt zu bringen: großen und kleinen, jungen und ausgewachsenen, gleich- und fremdrassigen. Für einen Welpen gehört ein Hund mit einer anderen Farbe und Größe nicht zu seinem „Rudel". Lernt er jedoch von klein auf Hunde in verschiedensten Farben, Größen und Formen kennen, ist dies für den späteren Frieden nur förderlich.

Andere Tiere

Einem Stadthund wird auf seinem täglichen Spaziergang wohl kaum ein Huhn über den Weg laufen. Trotzdem ist es wichtig, daß er auf einem nahen Bauernhof oder im Zoo andere Tiere sieht, da man nie weiß, was die Zukunft bereithält. Vielleicht wird er einmal auf einem Bauernhof oder auf dem Land leben.

Reisen

Mit dem Reisen verhält es sich ähnlich wie mit den Tieren: Vielleicht fährt der Hund nur selten im Auto oder im Bus mit. Doch die Situation kann sich ändern, und später ist man froh, wenn man ihn frühzeitig an verschiedene Transportmittel wie Pkw, Bus, U- Bahn, Eisenbahn und Schiff, gewöhnt hat. Das Mitfahren im Auto lernt der Vierbeineram ehesten, wenn man ihn in einer Hundebox (siehe Seiten 100–101) unterbringt.

Erfahrungen mit der Umwelt

Wir haben uns an die Dinge gewöhnt, die Menschen in der Öffentlichkeit tun, und auch an die bunte Vielfalt

des täglichen Lebens. Für den Welpen ist alles brandneu. Behutsam muß er neuen Reizen und Situationen ausgesetzt werden. Auf einem Gang durch die Stadt lernt er Autos, Einkaufs- und Kinderwagen kennen. Er macht Bekanntschaft mit Lastwagen und Kränen, Radfahrern, Verkehrsampeln und Treppenaufgängen, großen Grünanlagen und belebten Fußgängerzonen. Außerdem sollte man den jungen Hund auch in fremde Häuser und Gärten mitnehmen, damit er lernt, daß dort die selben Regeln befolgt werden müssen, die auch im eigenen Heim gelten.

„Manchmal erwischt man den flüchtigen Blick eines Hundes, der nach Mitgefühl und Brüderlichkeit verlangt."

RALPH WALDO EMERSON

Im Haus

Auch Zuhause sollte der Welpe mit allen möglichen Reizen, Geräuschen, Gegenständen und Bewegungen, vertraut gemacht werden. Er muß sich sowohl an Waschmaschine und Trockner als auch an Staubsauger, Rasenmäher sowie das Klingeln des Telephons gewöhnen. Die Reizliste sollte darüber hinaus auch elektronische Geräte wie Mixer oder Entsafter enthalten. Am besten geht man einfach einmal selbst durch das Haus und stellt sich vor, wie verschiedene Geräusche auf einen kleinen Hund ohne Erfahrung wirken.

Oben: Durch die Begegnung mit anderen Hunden lernt der Welpe soziales Verhalten und findet neue Freunde.

Häusliche Situationen

In einem Haus ist immer viel los: Menschen kommen und gehen, klingeln an der Haustür, laufen zurück, weil sie etwas vergessen haben, und schlagen die Tür zu. Menschen lachen, weinen und streiten. Sie ziehen sich mit einem Buch in einen stillen Winkel zurück, gehen verschiedenen Hobbies nach oder wollen einfach nur in Ruhe gelassen werden. Ein andermal laden sie sich Gäste ein, feiern ausgelassene Feste, sind fröhlich und übermütig. Auch an unabsehbare Gepflogenheiten sowie an die Höhen und die Tiefen des täglichen Lebens muß sich ein kleiner Hund erst gewöhnen. Geduld und Zuspruch helfen ihm dabei.

Links: Wenn man die Kinder anhält, mit dem Welpen schonend umzugehen, kann sich zwischen beiden eine Freundschaft entwickeln, die oft ein Leben lang hält.

Intelligenz & Kommunikation

Sozialverhalten ✦ Lernen ✦ Körpersprache ✦ Lautäußerungen ✦ Durch Belohnung lernen

In der Wildnis würden sich Haushunde wie die Mitglieder eines Wolfsrudels verhalten. Eine strenge Hierarchie bestimmt Platz und Rolle jedes einzelnen Hundes innerhalb der Gemeinschaft. Rudelhunde kommen selten mit Hunden zusammen, die nicht dem eigenen Sozialverband angehören. Gewöhnlich ruft die Begegnung mit dem Mitglied eines fremden Rudels Mißtrauen hervor. Fühlen sich die Hunde durch den Eindringling bedroht, reagieren sie mit typischen Drohgebärden und Körperhaltungen.

Hundekommunikation

Wir erwarten, daß unsere Haushunde auf fremde Hunde ganz anders reagieren. Vierbeiner beiderlei Geschlechts, jeden Alters und jeder Größe sowie aus verschiedenen Familien sollten sich jeden Tag friedlich auf der Straße und im Park begegnen können.

Zwei Umstände machen es möglich, daß unsere Erwartungen tatsächlich erfüllt werden: Der erste Grund ist die „allgemeine Verjugendlichung" des Hundes (Konrad Lorenz). Als Folge der komplexen Domestikations- und Entwicklungsgeschichte konnten Vierbeiner nie das Verhaltensrepertoire eines ausgewachsenen Wolfes ausbilden. Ihrer (kindlichen) Anhänglichkeit gegenüber dem Menschen entspricht ihre flexible und mitunter sogar verspielte Einstellung anderen Hunden gegenüber. Der zweite Grund ist die frühe Sozialisierung der Welpen. Die Welpen lernen dabei, daß andere Hunde, auch wenn diese nicht

Oben: Das komplexe Kommunikationssystem der Hunde basiert auf Körpersprache und ihrer Fähigkeit, Sichtsignale zu „lesen".

Rechts: Wenn Hunde sich treffen, beschnüffeln sie sich gegenseitig. Sie erhalten dadurch Informationen und vermeiden Konflikte.

zum Wurf gehören, anders aussehen und und anders riechen, keine Bedrohung darstellen. Trotzdem findet man bei unseren Haushunden noch viele Spuren typisch wölfischen Verhaltens. Wenn Vierbeiner sich begegnen, befolgen sie bestimmte soziale Verhaltensregeln. Diese Regeln signalisieren die Bereitschaft, sich kennenzulernen, und dienen dazu, die soziale Rangordnung festzulegen.

Vierbeiner teilen ihre Existenz und ihre Absichten auf ganz verschiedene Weise mit, allerdings nicht immer von Angesicht zu Angesicht. Sie heben das Bein, um bestimmte Objekte mit ihrem Urin zu markieren, oder sie plazieren ihren Kot an ausgewählten Stellen (siehe Seite 30).

Duftsignale

Hunde benutzen Duftsignale, um ihr Territorium zu markieren; die Duftmarken anderer Hunde lesen sie wie Menschen ihre Morgenzeitung. Der abgesetzte Urin oder Kot enthält Duftinformationen über Geschlecht, Gesundheitszustand, soziale Stellung und den Hormonhaushalt des betreffenden Hundes. Hunde können am Duft sogar erkennen, ob ein anderes Tier Angst hat. Ängstliche Hunde produzieren chemische Substanzen, sogenannte Pheromone, wenn Gefahr im Verzug ist. Das erklärt auch, warum sich die meisten Tiere beim Tierarzt fürchten, obwohl sie nie zuvor ein traumatisches Erlebnis hatten. Aufgrund ihrer empfindlichen Nase wissen Hunde genau, welche Artgenossen im Park sind oder waren und ob es sich dabei um bekannte oder unbekannte Hunde handelt.

Sichtsignale

Sichtsignale treten an die Stelle der Duftinformation, sobald Hunde einander begegnen. Fremde Hunde taxieren sich gegenseitig von Kopf bis Fuß. Zuerst stehen sie regungslos da, anschließend gehen sie langsam und äußerst vorsichtig aufeinander zu. Oft machen sie dabei einen krummen Rücken, was auch als Drohgebärde aufgefaßt werden kann. Fällt der Augenschein positiv aus, beschnüffeln sie gegenseitig Kopf und Gesicht, bevor sie sich den Genitalien zuwenden: Hier sind die Duftdrüsen am deutlichsten ausgeprägt. Danach geht einer der beiden Hunde weiter, hebt das Bein oder läuft davon – die Begegnung ist beendet. Andere Hunde fangen an zu spielen: Sie springen mit den Vorderpfoten in die Luft und zeigen eine eindeutige Körperhaltung, die sogenannte Spielverbeugung. Dabei fallen sie auf die Vorderpfoten und bellen. Auch das gefährlich wirkende Kampfspiel wird nach präzisen Regeln gespielt, ohne Beißen und offenkundiges Dominanzverhalten.

Unten: Zu den nonverbalen Kommunikationsmitteln des Hundes gehören auch die sogenannten Duftsignale. Durch die Abgabe von Urin markieren Hunde ihr Territorium.

Körpersprache

Hin und wieder nehmen Hunde bei ihren Begegnungen ganz bestimmte Körperhaltungen ein, um Unterwerfung oder Dominanz zu bekunden. Entweder legt einer der Hunde eine oder beide Pfoten auf den Rücken des anderen, oder er versucht ihn zu besteigen. Seltener zeigt ein Hund seine Überlegenheit dadurch, daß er seinen Kopf auf den Rücken oder den Hals seines Gegenspielers legt. Meistens lenken beide Hunde ein und die Begegnung endet entweder im Spiel, oder sie gehen friedlich auseinander. Zum Kampf kommt es normalerweise nur, wenn die Besitzer eingreifen und das komplexe Ritual der Kommunikation aus Unkenntnis stören.

Intelligenz & Kommunikation

Ähnlich wie bei den meisten Säugetieren hat auch das Gehirn des Hundes die Fähigkeit entwickelt, zu denken, zu lernen und Erinnerungen zu speichern. Das Großhirn kontrolliert Lernen, Emotionen und Verhalten, das Kleinhirn steuert die Muskelbewegungen. Der Hirnstamm ist mit dem peripheren Nervensystem verbunden, das durch den gesamten Körper verläuft. Chemische Botenstoffe, sogenannte Neurotransmitter, die von zahlreichen körperlichen Faktoren wie Hormonen und Ernährung geregelt und beeinflußt werden, leiten die Informationen zum Gehirn weiter.

Lernen und Erinnerung

Ein Hund lernt auf zwei verschiedene Weisen: entweder durch Assoziationen, auch „klassische Konditionierung" genannt, oder durch Versuch und Irrtum, bekannt als „operande Konditionierung".

Die Forschungen des Physiologen Iwan Pawlow (1849–1936) über die konditionierten Reflexe des Hundes sind weltbekannt. Für seine Untersuchungen über die Verdauung mußte er seinen Versuchshunden Speichel abnehmen. Um den Speichelfluß zu stimulieren, fütterte er sie mit Trockenfleisch. Schon bald bemerkte er, daß die Vierbeiner bereits bei seinem Anblick, in Erwartung des Fleisches, zu sabbern begannen. Pawlow kombinierte daraufhin die Fleischzuteilung mit anderen Stimuli und stellte fest, daß die Hunde, etwa beim Klang einer Glocke, ebenfalls Speichel absonderten. Jeder Besitzer eines Hundes weiß, daß solche Assoziationen jederzeit entstehen können, besonders in der Küche.

Noch wichtiger ist die Arbeit des amerikanischen Verhaltensforschers Burrhus Frederic Skinner (1904–1990). Dem Harvard-Professor gelang der experimentelle Nachweis, daß Hunde aus Erfahrungen lernen und ihr Verhalten ändern und anpassen können. Nicht zuletzt aufgrund dieser Entdekkung wurde die Ausbildung von Hunden immer komplexer, denn nun wußte man, daß Hunde Entscheidungen treffen, Erinnerungen besitzen und ihre Absichten nonverbal kommunizieren können.

Oben: Wenn Hunde zum erstenmal miteinander Kontakt aufnehmen, umkreisen sie sich vorsichtig, ohne sich zu bedrohen.

Links: Dieser Golden Retriever versucht, größer zu erscheinen, um dadurch seine Überlegenheit zu demonstrieren. In dieser Phase vermeidet er direkten Augenkontakt.

Angst und Unterwerfung

Ängstliche Hunde demonstrieren ihre Unterwürfigkeit, indem sie sich klein machen und auf dem Boden zusammenkauern. Dabei liegen die Ohren dicht am Kopf, die Lefzen sind oft zu einem ergebenen „Grinsen“ zurückgezogen, die Augen zu einem Schlitz verengt. Die Rute wird tief getragen oder zwischen die Hinterläufe geklemmt. Will sich ein Hund ergeben, rollt er sich zur Seite oder auf den Rücken und läßt ein wenig Wasser, um seinen Gegner zu beschwichtigen.

Körpersprache

Die Körpersprache von Hunden und Wölfen ist sehr ähnlich. Dennoch bedarf es einer gewissen Erfahrung, sie zu verstehen, da sich Fell, Körpergröße, Aussehen und Gesichtsausdruck des Haushundes im Laufe seiner Entwicklung stark verändert haben.

Ein entspannter und zufriedener Hund zeigt dies durch eine entspannte Körperhaltung und einen neutralen Gesichtsausdruck an. Die Ohren befinden sich in der rassetypischen natürlichen Stellung, die Rute hängt nach unten, der Hund wird sich weder kleiner noch größer machen. Die Augen sind leicht geschlossen, Halsmuskeln und Schnauze entspannt.

Ein selbstbewußter Hund, der anderen seine Überlegenheit demonstrieren möchte, sieht ganz anders aus. Er wird so groß und kräftig wie möglich zu erscheinen versuchen. Die aufgestellten Ohren, der gebogene Rücken und der hocherhobene Kopf signalisieren Handlungsbereitschaft.

Die Bedeutung der Rute

Die Stellung der Rute ist ein wichtiges Anzeichen für die Stimmung und die Absichten eines Hundes. Ihr Kupieren sollte daher nach Möglichkeit vermieden werden, es sei denn, medizinische Gründe lassen es geraten erscheinen.

Ein selbstbewußter, freudiger oder auch überlegener Hund trägt seine Rute hoch erhoben. Es gibt aber auch Rassen, die eine permanent aufgestellte Rute besitzen. Das Wedeln demonstriert Freude und Erregung. Eine aufgestellte Rute, die aufgeregt hin- und herbewegt wird, zeigt Überlegenheit oder sogar Angriffslust an. Wird die Rute tief getragen und langsam hin- und hergeschwungen, ist das ein Zeichen von Unsicherheit. Viele Besitzer von aggressiven Hunden berichten, daß ihr Hund mit dem Schwanz wedelte, während er zugebissen hat.

Unten: Mit Jaulen oder Heulen teilt ein Hund Artgenossen seinen Standort mit. Außerdem kann er damit Gefühle wie Einsamkeit und Trauer zum Ausdruck bringen.

Jaulen, Knurren, Bellen

Hunden steht eine große Bandbreite an Tönen zur Verfügung, um sich auszudrücken. Dazu gehören kindliches Weinen, warnendes Knurren, tiefes, Selbstbewußtsein demonstrierendes Bellen, Aufmerksamkeit erheischendes Heulen, schmerzvolles Fiepen oder Jaulen und freudvolles Stöhnen. Einige Hunde „singen“ regelrecht, wenn sie heulen – und erinnern damit an ihre Vorfahren, die Wölfe. Jeder Wolf hat sein eigenes charakteristisches Jaulen. Hunde bellen mehr und nutzen diese Kommunikationsmethode auf sehr vielfältige Weise, um sich verständlich zu machen.

Intelligenz & Kommunikation

Mit seiner ungewöhnlich hohen Intelligenz und seiner schnellen Auffassungsgabe hat sich der Hund im Leben und in den Herzen der Menschen einen festen Platz gesichert. Die meisten Hunde lernen rasch und sind dadurch leicht zu trainieren; sie lieben Geselligkeit und gewöhnen sich in kurzer Zeit an Menschen und andere Haustiere.

Ihre Intelligenz ist mitunter allerdings auch der Grund dafür, daß viele Hundebesitzer glauben, Hunde seien vierbeinige Menschen und könnten auf dieselbe Art und Weise kommunizieren wie wir. Man sollte sich davor hüten zu glauben, der Hund verstünde jedes unserer Worte. Hunde sind zwar intelligent, aber sie sprechen nicht unsere Sprache. Dafür reagieren sie sehr sensibel auf Körperbewegungen sowie Schlüsselwörter und Töne, um uns zu verstehen.

> *„Woran sollte man sich von der endlosen Verstellung, Falschheit und Heimtücke der Menschen erholen, wenn die Hunde nicht wären, in deren ehrliches Gesicht man ohne Mißtrauen schauen kann?"*
>
> SCHOPENHAUER

Das allessehende Auge

Hunde sind Meister im Beobachten. Sie wissen, wann wir glücklich, traurig, ärgerlich oder müde sind, indem sie unsere Körpersprache und unseren Gesichtsausdruck betrachten. Sie lernen schnell, wie die Dinge miteinander zusammenhängen: Das Geräusch des Schlüssels im Schloß oder der Anblick der Laufschuhe können sie in ekstatische Freude versetzen, während der Anblick einer Aktentasche Frustrationen hervorruft.

Diese Fähigkeit ermöglicht es, die Hunde so auszubilden, daß sie sich wunschgemäß verhalten. Sie lernen zeitig, bestimmte Signale zu ihren eigenen Handlungen in Beziehung zu setzen. Dennoch bleiben die Befehle des Menschen eine Fremdsprache für den Hund, deren Erlernen sehr viel Geduld und Motivation erfordert.

Oben: Zuerst zeigt man seinem Hund, was er tun soll, anschließend ermuntert man ihn mit Belohnungssignalen und Lob. Gesprochene Anweisungen allein genügen nicht.

Erziehungsregeln

✦ Jahre dauert es, bis wir eine Fremdsprache fließend sprechen. Hunde benötigen Zeit und Übung, um unseren Worten folgen zu können.

✦ Der Hund muß ausreichend motiviert werden und braucht genau wie Menschen einen Anreiz zum Arbeiten.

✦ Die Signale sollten klar und eindeutig sein. Hunde fühlen sich wohler, wenn sie mit Konsequenz und Gerechtigkeit erzogen werden.

✦ Man kann seine Körpersprache und seinen Gesichtsausdruck bei der Kommunikation zu Hilfe nehmen. Hunde reagieren eher auf sichtbare als auf hörbare Signale.

Hin und wieder muß man Hunde daran erinnern, wie sie sich benehmen dürfen und wie nicht. Man sollte darauf achten, wann und warum der Hund sich richtig benimmt, und ihn durch Belohnung zu einer Wiederholung dieses Verhaltens bewegen. Benimmt er sich schlecht, wird er nicht belohnt. Bei den meisten Hunden ist

Links: Hunde lernen durch Beobachten. Ihr Verhalten gründet auf Handlungen, die eine Belohnung zur Folge hatten. Macht ein Hund seine Sache gut und wird er dafür belohnt, wird er sein Verhalten künftig wiederholen.

Oben: Hunde lernen schnell, auf einfache Kommandos zu reagieren. Sie verstehen besser, was man von ihnen will, wenn man den Befehl durch Körpersprache und Gesichtsausdruck verstärkt.

Nichtbeachtung oder zeitweilige Isolation ein wirksames Mittel, um unerwünschtes Verhalten abzustellen.

Hunde tun alles, um beachtet zu werden. Das bedeutet auch, daß sie in der Regel schnell begreifen, warum ihr Verhalten nicht belohnt wird. Seinem Hund ein Nichtbelohnungssignal beizubringen ist daher die wirksamste Methode, schlechtes Benehmen ohne Strafe oder Ärger abzustellen.

Belohnungssignale

Signale zur Belohnung oder Nichtbelohnung sind neutrale Signale, meistens Töne, die dem Hund zeigen, daß er gleich eine Belohnung erhält oder daß ihm eine Belohnung zwar zugedacht war, er sie aber wegen schlechten Benehmens oder falschen Verhaltens nicht bekommt. Ein Signal für Nichtbelohnung kann ein Stimmkommando sein wie „Ah-ha", ein einzelner Ton vom Trainingstonband oder ein Sichtsignal wie die flache Hand, die dem Hund vorgehalten wird.

Nichtbelohnungssignale

Seinem Hund ein Nichtbelohnungssignal beizubringen ist ganz einfach: Man nimmt eine Belohnung, die er gern hat. Mit einem kleinen Leckerbissen funktioniert es meist am besten.

✦ Zuerst gibt man ihm ein paar Bissen und legt anschließend ein Stück auf den Boden.

✦ Wenn der Hund es nehmen will, sagt man „Ah-ha" oder benutzt das gewünschte Signal und hebt das Futterstück schnell wieder auf.

✦ Dies wiederholt man so lange, bis der Hund beim Ausführen des Signals zurückweicht und den Leckerbissen liegenläßt. Dazu sind gewöhnlich fünf bis sechs Versuche notwendig.

✦ Schließlich wiederholt man die ganze Prozedur mit einer anderen Belohnung, zum Beispiel mit einem Spielzeug oder einem Auslauf im Garten, damit sich der Hund das Nichtbelohnungssignal einprägt. Sobald er etwas tut, was er nicht tun soll, kann das Signal zur Anwendung kommen. (siehe Seiten 86–87).

Motivation

Auch wenn man Hunden deutlich zeigen muß, was sie tun dürfen und was nicht, hat körperliche Bestrafung bei der Erziehung nichts zu suchen. Die Arbeit mit dem Hund sollte auf Vertrauen und Motivation basieren und nicht auf Zwang oder Angst.

Leider werden noch immer zu viele Vierbeiner bestraft. Nur ihrer großen Loyalität ist es zu verdanken, daß sie nicht verbittern und nach wie vor die Führerschaft des Menschen akzeptieren. Für die meisten Hunde ist sogar Schreien nicht akzeptabel, da es Angst und Unsicherheit verursacht.

Entscheidend ist die Motivation. Ohne das Wechselspiel von Lob, Belohnung und Ermunterung wird ein Vierbeiner nur sehr schwer zu überzeugen sein. Man sollte immer daran denken, daß man es mit einem Hund zu tun hat, und sich entsprechend verhalten.

TEIL 2

PRAKTISCHER RATGEBER

Seit Tausenden von Jahren lebt der Hund mit dem Menschen, teilt mit ihm dessen Lager, begleitet ihn auf seinen Wegen und steht ihm bei der Arbeit hilfreich zur Seite – als Jagdhund, Wächter oder einfach nur als Freund. Diese intensive Beziehung beruht auf gegenseitigem Verstehen und Vertrauen. Für sein neues Haustier sollte man sich daher viel Zeit nehmen, um dessen Temperament, dessen Persönlichkeit und dessen Eigenheiten kennenzulernen.

Entscheidet man sich für die Anschaffung eines Hundes, stellt man sich einer großen Verantwortung und zahllosen neuen Aufgaben. Dazu gehören die Erziehung des Hundes, die Auswahl des richtigen Zubehörs, die Fürsorge für seine Gesundheit und sein Gefühlsleben, genügend Auslauf, die richtige Ernährung, Pflege, Spiel sowie gegenseitiger Respekt. Ein liebevoller und verantwortungsbewußter Umgang ist die beste Garantie für ein langes und glückliches Hundeleben.

Warum einen Hund?

Begleitung ✦ Aufgaben ✦ Zugeständnisse ✦ Paßt ein Hund in die Familie?

Für viele Menschen ist es unvorstellbar, ohne Hund zu leben. Ganz besonders dann, wenn sie einen Blinden- oder einen Diensthund haben, der ihnen bei der Bewältigung des Alltags hilft. Solchen Menschen bedeutet ein Hund sehr viel mehr als nur ein angenehmes Haustier: Er wird zu einem lebenswichtigen Helfer.

In der Regel stehen bei der Anschaffung eines Hundes freilich ganz andere Gründe im Vordergrund: Hunde bieten Gesellschaft, Freundschaft und sind urteilsfreie Zuhörer. Ein Hund freut sich immer, wenn man ihm Aufmerksamkeit schenkt. Meistens ist er zum Spielen aufgelegt. Doch oft reicht es ihm auch schon, wenn er nur in der Nähe seines Besitzers sein darf. Viele Hunde passen sich den Stimmungen des Hundehalters an. Sie hören sich still die Klagen über den anstrengenden Tag an, springen aber schnell wieder fröhlich herum, wenn Dampf abgelassen wurde und der Ärger verraucht ist.

Ein idealer Begleiter

Auf die Seele und den Körper üben Haustiere eine positive Wirkung aus. Es wurde nachgewiesen, daß allein schon das Streicheln eines Hundes den Blutdruck und die Herzfrequenz beim Menschen senkt. Insgesamt sind Hundebesitzer gesünder als Nicht-Hundehalter: Sie leiden seltener unter Rückenschmerzen, Erkältungen oder anderen kleinen Infektionen. Zudem haben sie mehr Spaß am Leben, seltener Depressionen und verfügen in der Regel über ein besseres allgemeines Wohlbefinden. Besonders für alleinlebende Menschen ist ein Hund der ideale Begleiter, da er sie zur Einhaltung eines geregelten Tagesablaufs zwingt.

Oben: Hundehalter profitieren von den für den Hund notwendigen täglichen Spaziergängen. Sie halten sich dabei fit.

Unten: Kinder verbringen gern sehr viel Zeit mit einem Hund. Sie werden schnell zu seinem ständigen Begleiter und bauen eine ganz besondere Beziehung zu ihm auf.

Allerdings stehen diesen unbestreitbaren Vorzügen auch Nachteile gegenüber: Hunde kosten Zeit und Geld. Wenn man sich massiv dem Alltagsstreß ausgesetzt fühlt, also zuviel Arbeit, zuwenig Geld und zuwenig Freizeit hat, dann sollte man sich die Anschaffung eines Hundes noch einmal gut überlegen. Denn Hunde sind zwar wunderbare Begleiter, brauchen aber auch sehr viel Zuwendung. Sie benötigen gutes Futter und eine regelmäßige tierärztliche Versorgung, darüber hinaus täglichen Auslauf und geistige Anregung, unabhängig davon, ob das Wetter mitspielt oder der hektische Zeitplan es erlaubt. Eine Zeitung kann man zusammenfalten und zur Seite legen, Hunde nicht!

Zugeständnisse

Der tägliche Zwang, mit dem Hund spazierengehen, ihn füttern und pflegen zu müssen, darf nicht als notwendiges Übel betrachtet werden. Egal, wieviel Zeit man gerade übrig hat, den Bedürfnissen des Tieres ist immer Rechnung zu tragen. So haben Hunde einen großen Bewegungsdrang. Der tägliche Auslauf muß sein, gleichgültig, wie naß und kalt es draußen ist. Ein Hund soll sich auch wie ein Hund benehmen dürfen: Hunde wälzen sich beispielsweise mit Vorliebe in stark riechenden Substanzen – die sie keineswegs als solche empfinden –, hinterlassen Haare und graben Löcher im Garten. Ein Hund muß lernen, sich dem Lebensrhythmus in der Familie anzupassen. Wenn man für den Hund nur wenig Zeit findet, kann er früher oder später Verhaltensstörungen zeigen. Gelingt es jedoch, ein gutes Verhältnis zwischen dem Hund und seiner engeren Umgebung herzustellen, wird er das Familienleben sicherlich bereichern, dann bringt er Freude in den Alltag statt zusätzlichem Streß.

Wenn man sich nicht sicher ist, ob ein Hund zu einem paßt, kann man dessen Gesellschaft auch genießen, ohne dauerhaft Verantwortung für ihn zu übernehmen. Viele Tierheime suchen freiwillige Helfer, die mit ihren Hunden spazierengehen und bei der Eingewöhnung bzw. Erziehung helfen. Auf diese Weise erfährt man viel über die Tiere und vielleicht auch ein wenig über sich selbst. Später kann man sich immer noch für einen eigenen Hund entscheiden.

Links: Kein Hund verträgt es auf Dauer, wenn man ihn einsperrt, nur weil man keine Zeit für seine Bedürfnisse hat.

Links innen: Jeder Hund muß im Freien spielen und sich austoben dürfen. Während eines Spaziergangs kommt man sich näher und sammelt Erfahrungen.

HUNDSTAGE

Auf der nördlichen Halbkugel werden die heißesten Sommertage, etwa vom 23. Juli bis zum 23. August, Hundstage genannt. Diese Bezeichnung verdankt sich der Stellung des Sirius, des Hundssterns, der um diese Zeit in der Nähe der Sonne steht. Sein Aufgang bestimmt den Beginn dieser Periode. Bereits in der Antike machten die Griechen die Position des Sirius für die regelmäßig wiederkehrende sommerliche Hitzewelle verantwortlich. Besonders in die erste Hälfte fallen oft die heißesten Tage des Jahres.

Worauf man sich einläßt!

Verpflichtungen ✦ Entscheidungen ✦ Was man bedenken sollte ✦ Erziehung

Wer sich für einen Hund entschieden hat, den erwarten außer Freude und Spaß auch viel Arbeit und die mitunter nicht immer einfach zu tragende Last der Verantwortung. Hunde sind abhängige Lebewesen, abhängig von der Güte und der Zuwendung ihres Besitzers. Was aus ihnen wird, hängt davon ab, wie man sie behandelt.

Es gibt keinen Test, ob sich jemand als Hundebesitzer eignet oder nicht. Der Welpe kommt ohne Gebrauchsanweisung ins Haus, und niemand stellt einen Garantieschein aus, daß alles hundertprozentig klappt. Beim Kauf eines Autos sucht man sich aus einem breiten Angebot das Modell aus, das den Bedürfnissen, der Lebensweise und den Preisvorstellungen am ehesten entspricht. Bereits im voraus kann man abschätzen, welche Kosten für Wartung, Versicherung und Reparaturen später anfallen werden.

Ganz ähnliche Überlegungen sollte auch der künftige Hundebesitzer anstellen: Paßt das Tier, das ihm gefällt, zu seinen Wohnverhältnissen, seinem Lebensstil und seinem Geldbeutel? Ist die auserwählte Rasse anfälliger für Krankheiten als andere? Braucht sie mehr Pflege, um in Hochform zu bleiben? Langhaarige Hunde, wie der Afghane oder der Lhasa Apso, müssen täglich ausgiebig gebürstet werden. Die Haltung einiger Hundearten kann sehr teuer kommen: Große Hunde benötigen zum Beispiel sehr viel mehr Futter als kleine. Außerdem brauchen alle Hunde sowohl Schutzimpfungen als auch eine regelmäßige tierärztliche Betreuung.

Was Sie bedenken sollten, bevor Sie sich einen Hund zulegen

Wenn Sie sich für die Anschaffung eines Hundes entschieden haben, aber noch nicht wissen, welche Rasse zu Ihnen paßt, hilft Ihnen vielleicht die Beantwortung des folgenden Fragenkatalogs:

- ✦ Wieviel Zeit können Sie für Erziehung, Spaziergang und Pflege aufbringen?
- ✦ Wieviel Geld können Sie für den Kauf und die Haltung des Hundes ausgeben?
- ✦ Wieviel Platz steht zur Verfügung?
- ✦ Reisen Sie viel?
- ✦ Wie aktiv sind Sie und Ihre Familie?
- ✦ Wieviel Auslauf können Sie einem Hund täglich geben?
- ✦ Wie wichtig ist Ihnen Ihr Garten?
- ✦ Ist Ihr Gartenzaun in Ordnung?
- ✦ Haben Sie selbst kleine Kinder, oder kommen regelmäßig Kinder zu Besuch?
- ✦ Sind Sie sehr ordentlich?
- ✦ Leiden Sie unter Allergien?

Gegenseitiges Verstehen und Kommunizieren

Jeder, der einmal versucht hat, etwas Neues zu lernen, weiß, wieviel Zeit, Mühe und Konzentration dafür erforderlich sind. Auch die Verständigung und der Umgang mit dem neuen Mitbewohner verstehen sich keineswegs von selbst. Ein Hund braucht die enge Bindung zu seinem Halter und klare Regeln. Hunde sind durchaus in der Lage, die Körpersprache und die Stimme des Menschen zu verstehen sowie entsprechend darauf zu reagieren. Infolge des jahrtausendelangen Kontakts haben sie die Fähigkeit entwickelt, zwischen verschiedenen Stimmlagen, unterschiedlichen Lautstärken und dem besonderen Tonfall des Menschen zu differenzieren. Anfangs mag es etwas seltsam aussehen, wenn Mensch und Hund versuchen, via Körpersprache und Gesichtsausdrucks herauszufinden, was der eine dem anderen sagen möchte. Mit ein klein wenig Übung entsteht jedoch bald eine reibungslose Verständigung.

Unten: So verlockend ein größerer Welpe auch sein mag, er entwickelt sich schließlich zu einem großen Hund. Beim Kauf sollte man die Umgebung berücksichtigen, in der der Hund aufwächst. Große Hunde sind teurer im Unterhalt und passen nicht gerade ins Stadtzentrum, in eine Wohnung oder in einen Vorgarten. Kleine Hunde benötigen dagegen weit weniger Auslauf, verkraften dafür aber möglicherweise ein turbulentes Familienleben nicht ganz so gut.

Hundeschulen

Auch für Hunde gibt es Schulen, die dem Halter Gelegenheit bieten, möglichst viel über seinen Hund zu erfahren, eine gute Beziehung zu ihm aufzubauen sowie die Verständigung zwischen Hund und Besitzer zu erleichtern. Früher haben viele Hundeschulen mit Bestrafung und Züchtigung gearbeitet. Heute wird in den meisten Schulen in einer streßfreien Atmosphäre und mit sanften Lehrmethoden gegenseitige Achtung gelehrt. Obwohl es nicht immer ganz billig ist, lohnt sich der Besuch eines Ausbildungskurses. Für den Besitzer eines Rassehundes kann es sinnvoll sein, sich einem Verband für Rassehunde anzuschließen, da dort die rassetypische Veranlagung des Hundes besondere Berücksichtigung findet. Mit einem halben Jahr ist ein Vierbeiner alt genug, um an einem Junghundekurs teilzunehmen. Auch für ältere Hunde gibt es spezielle Schulungen. Wichtig ist, daß die Kurse von ausgewiesenem Fachpersonal geleitet werden.

Unten: Hundeerziehung reicht von der einfachen Grundausbildung für den Spaziergang im Park bis zur Hundedressur.

Unten: Spielen ist für die Erziehung eines Welpen ebenso wichtig wie für die eines ausgewachsenen Hundes.

Die Auswahl des Hundes

Welche Rasse? ✦ Welches Alter? ✦ Rasse oder Mischling? ✦ Rüde oder Hündin?

Für das künftige Zusammenleben ist es wichtig, daß Besitzer und Hund miteinander harmonieren. Da es sehr unterschiedliche Hundearten gibt, sollte man sich in Ruhe überlegen, welche Rasse am besten zu einem paßt. Wer in einem kleinen Apartment lebt, nimmt besser keine Dogge, und wer wenig Zeit für die Erziehung und den Auslauf aufbringen kann, sollte auf einen Hütehund wie den Border Collie verzichten.

Wenn ausgelassene Kinder in der Familie leben oder oft zu Besuch kommen, ist ein Chihuahua nicht unbedingt das richtige, da es leicht sein kann, daß er sich dem allgemeinen Trubel nicht gewachsen fühlt. Manche Hunde verlieren ständig Haare, andere, wie Pudel und Chow Chow, haaren kaum und sind daher besser geeignet, sollte ein Familienmitglied eine Staub- oder Haarallergie haben. Hunde wie der Dobermann brauchen weniger Körperpflege, ein wichtiger Aspekt, wenn man nur wenig freie Zeit zur Verfügung hat.

Wer sich noch nicht sicher ist, welche Rasse am besten zu ihm paßt, sollte die Fragen auf Seite 60 beantworten und sich auf den Seiten 168 bis 239 über die verschiedenen Rassen und ihre Eigentümlichkeiten informieren.

Bevorzugtes Alter

Ebenso wichtig wie die Wahl der richtigen Rasse ist auch die Frage, ob man einen Welpen oder einen ausgewachsenen Hund aufnimmt. Ein Welpe durchläuft in den ersten Monaten seines Lebens einige entscheidende Entwicklungsphasen. Die Erlebnisse und Erfahrungen, die der kleine Hund in dieser Zeit macht, prägen ihn für sein gesamtes Leben. Entscheidet man sich für einen Welpen, kann man sein Verhalten in dieser Schlüsselzeit gezielt beeinflussen und sich überdies sicher sein, daß der Hund so gut wie möglich aufgezogen wird.

Ein erwachsener Hund hat seine Entwicklung weitgehend abgeschlossen. Er ist bereits stubenrein und hat gelernt, sich auf Menschen, Kinder sowie andere Haustiere einzustellen.

Rechts: Wenn man einen Hund mit Stammbaum auswählt, weiß man bereits im voraus, wie groß, temperamentvoll und bewegungsfreudig er sein wird.

Unten: Hunde sind gesellige Tiere. Sie müssen in die Familie integriert werden und sollten von Anfang an zu Rücksichtnahme und Friedfertigkeit im Umgang mit Menschen und anderen Hunden erzogen werden.

Links: Bei der Auswahl des Hundes sollte man, sofern vorhanden, auch an die übrigen Haustiere denken. Bei manchen Rassen ist der Raubtierinstinkt noch so stark ausgeprägt, daß sie sich mit anderen Tieren nicht vertragen. Die meisten Welpen schließen jedoch mit Katzen und anderen Haustieren sehr schnell Freundschaft, vor allem in den ersten drei Lebensmonaten.

Unten: Wieviel Auslauf ein Hund benötigt, hängt von der Rasse, vom Alter und vom Gesundheitszustand ab. Ob groß oder klein, für einen folgsamen Hund bedeutet das tägliche Herumtollen ohne Leine an verkehrssicheren Plätzen das größte Vergnügen.

ERBKRANKHEITEN

Viele Rassen leiden an bestimmten, erblich bedingten Krankheiten wie Hüftgelenksdysplasie oder Herz- und Augenproblemen. Daher sind auch die Eltern des Welpen einem umfassenden Gesundheitscheck zu unterziehen. Einige Zuchtvereine haben ihre Mitglieder bereits verpflichtet, ihre Hunde vor Beginn der Zucht auf Erbkrankheiten untersuchen zu lassen. Die entsprechenden Gesundheitszeugnisse sollte man sich unbedingt zeigen und erklären lassen. Am besten ist es, man zieht dabei einen Tierarzt zu Rate.

Die Auswahl des Hundes

Rechts: Welpen besitzen natürlich eine besondere Anziehungskraft. Bei ihrer Anschaffung sollte man allerdings immer bedenken, daß sie sehr viel größer werden können. Manchmal muß man für kurze Zeit die Mutterrolle übernehmen , bis die kleinen Hunde etwas selbständiger geworden sind.

Oben rechts: Ob ausgewachsener Hund oder Welpe, Rassehund oder Mischling – in bestimmten Situationen kann jeder Hund ein typisches Rudelverhalten aufweisen.

Dafür weist er andererseits vielleicht gewisse Eigenheiten auf, die durch sein Vorleben bedingt sind. Allerdings ist es kein besonders großes Problem, einen älteren Hund umzuerziehen, auch wenn dies möglicherweise etwas Zeit erfordert.

Rasse oder Mischling?

Hat man sich nun für einen Welpen oder für einen ausgewachsenen Hund entschieden, bleibt noch zu klären, ob man einen Hund mit Stammbaum oder einen Mischling bevorzugt. Auch hier muß das Für und Wider gründlich abgewogen werden.

Es gibt inzwischen ungefähr 400 Hunderassen, die alle unterschiedlich aussehen und verschiedene Verhaltensweisen zeigen. Ob man sich für einen Rassehund oder einen Mischling entscheidet, ist weitgehend Geschmackssache. Bei einem Hund mit Stammbaum kann man in der Regel ziemlich genau abschätzen, mit wem man es später zu tun haben wird.

Bei der Überlegung, welcher Hund der richtige ist, sollte man auch bedenken, was man von seinem Haustier erwartet. Wer ganz genau wissen möchte, wie groß der Welpe einmal werden, welche Farbe er bekommen und welche Eigenschaften er voraussichtlich besitzen wird, für den empfiehlt sich sicherlich die Anschaffung eines Rassehundes.

Rechts: Hunde mit Stammbaum, wie diese Whippets, werden zwar wegen ihrer Gestalt bewundert, leiden aber möglicherweise unter unerwünschten Erbkrankheiten. Deshalb ist es wichtig, sich vorab über die besonderen Merkmale jeder Rasse zu informieren.

Diese Gewähr bietet ein Mischlingshund natürlich nicht, trotzdem kann man auch über ihn einiges in Erfahrung bringen, wenn man seine Vorfahren näher kennt. Sieht der Mischling einem Collie ähnlich, wird er später sehr wahrscheinlich ein ausgeprägtes Hüteverhalten zeigen und gern hinter Spielsachen herjagen. Daß Mischlinge gesünder oder klüger sein sollen, ist ein Vorurteil. Allerdings trifft es zu, daß auf Grund bestimmter Zuchtmethoden einige Rassehunde anfälliger für Krankheiten geworden sind. Letztendlich gilt es auch noch die Kosten zu berücksichtigen, denn ein Rassehund aus einer guten Zucht hat seinen Preis.

Ist die Entscheidung für eine bestimmte Rasse gefallen, sollte man versuchen, soviel wie möglich über diese Hunde in Erfahrung zu bringen. Die meisten verantwortungsbewußten Züchter gestatten den Kontakt mit erwachsenen Tieren und sind gern bereit, die Eigenheiten der ausgewählten Rasse zu erläutern.

Rüde oder Hündin?

Die Frage, ob Rüde oder Hündin, ist eine ganz persönliche Entscheidung. Allgemein läßt sich sagen, daß eine Hündin meist leichter zu erziehen ist und sich problemloser in einen Familienverband einordnet als ein Rüde. Dieser neigt überdies eher zu heftigen Auseinandersetzungen mit anderen Hunden.

Hündinnen vertragen sich meist besser mit anderen Hunden, sind dafür aber zweimal im Jahr etwa drei Wochen lang läufig, sofern sie nicht sterilisiert wurden. Während dieser Zeit benötigen sie besondere Aufsicht, da in diesem Zeitraum nicht nur das Interesse der Rüden an den Hundedamen wächst, sondern auch die Hündinnen verstärkt auf Partnersuche gehen. Hinsichtlich der tierärztlichen Betreuung und der allgemeinen Pflege bestehen keine nennenswerten Unterschiede.

Rechts: Manche Hundehalter sind der Ansicht, Rüden wären ausgeglichener als Weibchen, doch kann ihr gelegentliches Machoverhalten innerhalb der Familie Probleme aufwerfen.

Die richtige Entscheidung

Worauf man achten sollte ✦ Ein neuer Welpe ✦ Welcher Hund?

Sobald die Entscheidung für einen Welpen einer bestimmten Rasse gefallen ist, beginnt die Suche nach dem geeigneten Züchter. Am besten wendet man sich an den „Verband für das Deutsche Hundewesen" (VDH). Dort erhält man Adressen von seriösen Züchtern im In- und Ausland. Auch wenn die meisten der dem Verband angeschlossenen Züchter Privat- oder Hobbyzüchter sind, unterliegen sie Kontrollen und strengen Richtlinien.

Bei Zeitungsanzeigen ist Vorsicht geboten, insbesondere dann, wenn verschiedene Rassen angeboten werden. Auch vor einem Händler, der nicht selbst züchtet, sondern nur Welpen anbietet, nimmt man sich besser in acht. Zurückhaltung ist auch gegenüber Hunden aus einem Zoogeschäft angebracht, denn dort haben die Tiere oft schon schlimme Erfahrungen gemacht und charakterlich Schaden genommen.

Ebensowenig sollte man Welpen spontan kaufen, schon gar nicht von einem Verkäufer, der den jungen Hund gleich ins Haus liefert. Solche Welpen könnten von unregistrierten Züchtern stammen, die zu viele Hündinnen unter schlechten Bedingungen halten.

Ein junger Hund

Wenn man die niedlichen Hunde zum ersten Mal sieht, hat man oft die Qual der Wahl. Um den richtigen Welpen aus einem Wurf herauszufinden, ist es notwendig, die Kleinen möglichst oft zu besuchen. Während man sie beim Spielen beobachtet, kann man sich einen Eindruck vom Charakter der verschiedenen Tiere verschaffen. Außerdem lernt man auch noch ihre Mutter kennen. Dies ist wichtig, da sich Charakter und Verhalten der Mutter auch auf ihre Welpen auswirken. Eine guterzogene Hündin freut sich gewöhnlich über Besucher mit Kindern und gestattet im Vertrauen auf ihre Umgebung und ihren Besitzer, daß man die Welpen berührt und mit ihnen spielt. Eine Hundemutter, die zurückweicht, knurrt, sich aggressiv oder unterwürfig verhält, könnte diese Eigenschaften auch ihren Kindern vererbt haben. In diesem Fall sollte man von einem Kauf absehen.

Ganz oben: Die beste Adresse für reinrassige Welpen sind anerkannte Züchter. Dort kann man einen Blick auf die Kinderstube der Hunde und auf ihre Mutter werfen.

Oben: Beobachtet man den Welpen zusammen mit seiner Mutter und seinen Geschwistern, erhält man einen ersten Eindruck von seinem Temperament.

Rechts: Tierheime suchen immer nach einem neuen Zuhause für ihre Schützlinge. Solche Hunde brauchen etwas mehr Zeit zum Eingewöhnen, da sie oft ein wechselvolles Leben hinter sich haben.

Natürlich bestimmen auch die Gene des Vaters den Charakter der Welpen. Allerdings bringt der Züchter seine Hündin oft zu einem weit entfernt lebenden Rüden, so daß man nur selten Gelegenheit hat, den Vater der Kleinen kennenzulernen.

Die Anschaffung von zwei Welpen will wohlüberlegt sein, denn sie bedeutet auch doppelt soviel Arbeit. Meistens ist es besser zu warten, bis sich der erste Hund eingewöhnt hat und seine „Flegeljahre" vorüber sind. Lebt man bereits mit einem Hund zusammen, so sollte man sich darüber im klaren sein, daß man ihm mit der Anschaffung eines zweiten Hundes keineswegs immer einen Gefallen erweist. Er wird sich unter Umständen zurückgesetzt fühlen. Außerdem treten möglicherweise geschlechtsspezifische Probleme auf: Zwischen zwei gleichermaßen dominanten Rüden wird es sehr wahrscheinlich häufig zu Rangkämpfen kommen. Ein Rüde und eine läufige Hündin müssen voneinander getrennt werden.

Welcher Hund?

Oft wird erzählt, daß man sich den Welpen nicht selbst ausgesucht hat, sondern daß der Kleine direkt auf einen zugelaufen sei. Solch ein junger Draufgänger braucht auch später noch viel Aufmerksamkeit. In unerfahrenen Händen kann er sich leicht zum Haustyrannen entwickeln. Ungeeignet ist auch ein Welpe, der sich nicht anfassen läßt, sich ganz in die Ecke der Wurfkiste verkriecht oder hinter seiner Mutter versteckt. Wenn er sich dagegen gern aufnehmen läßt und man mit ihm spielen kann, wenn er bei plötzlichem Händeklatschen nicht erschrickt und fröhlich mit seinen Geschwistern herumtollt, ist er wahrscheinlich ruhig, ausgeglichen und ein ausgezeichneter Familienhund. Ausschlaggebend für den Kauf sollte daher nicht „Liebe auf den ersten Blick" sein, sondern ob der Kleine in die neue Familie paßt.

Wie sucht man einen Hund aus?

Welpen

Es ist gar nicht so schwer, einen gesunden Welpen auszusuchen. Wichtigste Voraussetzung: Lassen Sie nicht nur Ihr Herz, sondern auch Ihren Verstand entscheiden. Viele Welpen werden nur aus Mitleid gekauft und nicht, weil sie das geeignete Haustier sind.

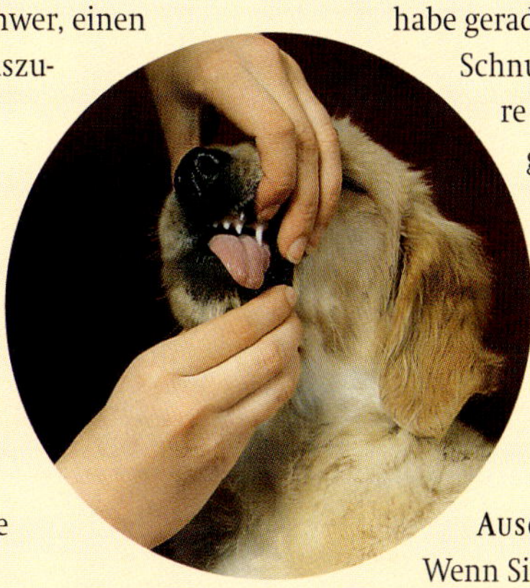

- ✦ Die Augen müssen klar und ohne Ausfluß oder Trübung sein.
- ✦ Die Ohren sollten sauber sein. Sehen Sie ganz tief ins Ohr hinein, man darf weder Ohrenschmalz noch übelriechenden Ausfluß erkennen.
- ✦ Geruch aus dem Ohr weist auf eine Infektion oder auf Milben hin.
- ✦ Das Fell muß sauber sein und glänzen. Wenn Sie mit der Hand gegen den Strich über das Fell fahren, können Sie auch die Haut prüfen.
- ✦ Das Fell darf keinerlei Anzeichen von Parasiten, wie Flöhen und Läusen, oder Schuppen und Schorf aufweisen.
- ✦ Der Welpe muß wohlgenährt, fest und rund sein. Er darf keinen aufgeblähten Bauch haben.
- ✦ Er soll ruhig atmen und keinerlei Anzeichen von Husten zeigen.
- ✦ Erklärt Ihnen der Züchter, der Welpe habe gerade Durchfall, einen Schnupfen oder eine andere leichte Erkrankung gehabt, ist Vorsicht geboten.
- ✦ Lassen Sie den Welpen von einem Tierarzt untersuchen, bevor Sie ihn kaufen.

Ausgewachsene Hunde

Wenn Sie einen ausgewachsenen Hund kaufen, informieren Sie sich auch über seine Krankheitsgeschichte.

- ✦ Wurde der Hund kastriert?
- ✦ Sind alle Impfungen vorgenommen worden? Wurde er durch einen Tierarzt behandelt?
- ✦ Leidet oder litt er an Verdauungsproblemen oder anderen Beschwerden?
- ✦ Gehen Sie mit dem Hund spazieren, am besten in einen Park oder auf die Straße, und beobachten Sie dort aufmerksam sein Verhalten.
- ✦ Kraulen Sie ihn sanft an Kopf, Hals und Maul, ein Leckerbissen versüßt dem Hund die „Prüfung".
- ✦ Viele Tierheime und Schutzvereine bestehen auf einer Platzkontrolle, bevor sie den Hund vergeben. Die meisten unterstützen Sie auch später noch, wenn Fragen oder Probleme auftreten.

Grundausstattung

Ernährung ✦ Schlafplatz ✦ Halsband und Leine ✦ Spielen ✦ Pflege

Jeder Hund braucht ein paar Gegenstände, um sich in seinem neuen Heim so richtig wohl zu fühlen. Alles, was das junge Familienmitglied benötigt, sollte vor seinem Eintreffen bereits vorhanden sein. Vor kostspieligen Anschaffungen ist gleichwohl abzuraten. Denn wer weiß schon vorher, ob der Hund nicht alles zerbeißt, was er zu fassen bekommt. Eine exklusive Hundedecke könnte da eine „exklusive" Geldverschwendung bedeuten.

Wahl des Futters

Jeder Hund braucht einen Freßnapf und eine Wasserschüssel aus Plastik, Porzellan oder einem rostfreien Stahl. Wichtig ist, daß das Gefäß rutschfest und leicht zu reinigen ist. Für Rassen mit besonders langen Ohren wie den Cockerspaniel gibt es besonders geformte Näpfe, die verhindern, daß die Ohren beim Fressen in das Gefäß hängen. Für große Hunde sollte man den Freßnapf erhöht aufstellen oder einen höhenverstellbaren Futternapf anschaffen. Auf diese Weise verschlucken sie nicht zuviel Luft, was anderenfalls zu Magenproblemen führen würde.

Wie der Mensch, so benötigt auch der Hund eine auf seine Lebensweise abgestimmte Ernährung. Und wie der Mensch reagiert auch der Hund ganz unterschiedlich auf bestimmte Bestandteile und Zutaten seines Speiseplans. Der Vorteil von Fertigfutter liegt darin, daß es mit allen nötigen Vitaminen und Spurenelementen angereichert ist. Hundefutter ist als Konservennahrung, halbfeste Vollnahrung oder Trockenfutter erhältlich. Preis und Bequemlichkeit sind bei der Wahl des Futters oft ausschlaggebend. Wichtig ist, daß man die Anweisungen auf der Verpackung beachtet. Konservenfutter gibt es in zwei Formen: als Vollnahrung und als reine Fleischration, der man zusätzlich Ballaststoffe wie Reis oder Hundeflocken beimischt. Trockenfutter besteht meist aus Vollnahrung. Hier ist kein Zusatzfutter mehr nötig, es kann sogar die Ausgewogenheit des Futters beeinträchtigen (siehe Seiten 110–111).

Unten: Jeder Hund braucht einen Schlafplatz. Die Ausstattung kann ganz einfach sein. Wichtig ist nur, daß er sich geborgen fühlt.

Schlafmöglichkeit

Auch der Hund braucht einen Platz, an dem er sich ungestört aufhalten kann. Manche Hundehalter verwenden eine Transportbox. Den meisten Hunden gefällt so eine Box, haben sie sich erst einmal daran gewöhnt. Sie bietet gleichzeitig Sicherheit und Bequemlichkeit und ist deshalb der geeignete Zufluchtsort. Für den Vierbeiner stellt sie eine Art Höhle dar, in die er sich vor den Kindern sowie anderen Hunden oder Haustieren zurückziehen kann. Transportboxen sind darüber hinaus ein tragbares „Zuhause für unterwegs". Sie werden als Aufbewahrungsort für längere Reisen, etwa im Auto, verwendet. Für Menschen mag die Kiste aussehen wie ein Käfig, für den Hund nicht!

Halsband und Leine

Halsband und Leine gehören selbstverständlich zur Grundausstattung. Für den Welpen genügt ein bequemes Halsband aus Leder oder Nylon mit

Unten: Mit acht Wochen kann man den Hund an ein Halsband gewöhnen, das er, zusammen mit seiner Hundemarke, ständig trägt.

einer passenden Leine. Stachel- und Würgehalsbänder werden heute nicht mehr benutzt. Sie gelten als Tierquälerei, außerdem gibt es längst bessere und weniger schmerzhafte Methoden, einen Hund zu erziehen. Statt eines Halsbandes kann man auch ein Hundegeschirr nehmen. Automatisch aus- und einziehbare Leinen sind besonders für die ersten Spaziergänge zu empfehlen: Der Hund erhält ein wenig Freiraum, ohne daß man ihn gleich frei laufen läßt.

Wichtig bei der Anschaffung eines Halsbandes ist, daß es der Größe des Hundes angepaßt wird. Darüber hinaus sollte die Weite verstellbar sein.

Spielzeug

Unabhängig von Rasse und Größe benötigen Hunde Zeit zum Spielen, denn im Spiel finden sie zu seelischer Ausgeglichenheit und stärken die Bindung an ihren Besitzer. Spielzeug ist auch für die Ausbildung des Hundes nützlich und ein hilfreicher Zeitvertreib, wenn man einmal keine Zeit für ihn hat (siehe Seiten 119–125).

Es gibt spezielles Hundespielzeug, das aus Vollgummi oder Büffelhaut hergestellt ist. Vorsicht bei kleinen Spielsachen: Diese können leicht im Hals steckenbleiben, wobei der Hund ersticken kann. Sogar Stöckchenwerfen birgt einige Gefahren: Schon oft mußte der Tierarzt ein Stöckchen, das sich im Maul oder im Rachen quergestellt hat, entfernen. Wurfringe sind dagegen absolut ungefährlich.

Fell- und Zahnpflege

Für die Pflege des Hundes reichen in der Regel Bürste, Kamm und Hundeshampoo aus. Es empfiehlt sich, bereits den Welpen an die tägliche Pflege zu gewöhnen.

Regelmäßige Zahnpflege ist wichtig: Eine weiche Zahnbürste und eine spezielle Hundezahnpasta verhindern vor allem bei älteren Hunden die Bildung von Zahnstein und Zahnverfall.

Rechts: Die meisten Hunde genießen die Pflegestunde. Sie fördert das gegenseitige Vertrauen und informiert den Besitzer über den Gesundheitszustand seines Hundes.

Links: Viele Hunde sind verrückt nach Bällen. Diese sollten so groß sein, daß der Vierbeiner nicht daran ersticken kann.

Unten: Eine Transportbox ist das „ideale Zuhause für unterwegs" – auf Reisen bietet sie dem Hund sowohl Sicherheit als auch Geborgenheit. Gewöhnt man ihn frühzeitig daran, wird der Vierbeiner die Box schon bald als seine Hütte betrachten.

Die Anfangszeit

Kennenlernen ✦ Das neue Zuhause ✦ Verständigung ✦ Hausordnung

Wer schon einmal einen Vierbeiner besessen hat, weiß, daß man sich bei einem neuen Hund wieder auf ein Abenteuer einläßt. Jeder Hund ist anders. Selbst Hunde der gleichen Rasse zeigen große Unterschiede in Persönlichkeit, Charakter und Verhaltensweisen. Es vergehen oft Wochen oder Monate, bevor Hund und Mensch das Verhalten und das Wesen des anderen richtig einzuschätzen gelernt haben. Trotzdem lassen sich Probleme und Mißverständnisse vermeiden, wenn man die Beziehung zu seinem Hund gezielt und systematisch aufbaut.

In den ersten Wochen sind Überraschungen auf beiden Seiten natürlich nicht zu vermeiden. Aber umsichtiges Handeln erspart Mensch und Hund viel Kummer.

Zuhause

Bereits die ersten Stunden des Zusammenseins sind für den Besitzer wie für den Hund ausschlaggebend. Wenn der Welpe in sein neues Zuhause kommt, ist die Trennung von seiner Mutter und seinen Geschwistern noch ganz frisch. Plötzlich sieht er sich mit einer vollkommen fremden Umgebung konfrontiert. Möglicherweise gibt es in seinem neuen Heim bereits einen älteren Hund, doch dessen Geruch und dessen Verhalten sind dem Welpen zunächst einmal fremd. Auf jeden Fall riecht und verhält sich alles anders als in seiner bisherigen Umgebung.

Ein erwachsener Hund kennt das Leben im Haus, ihm ist die neue Umgebung vertrauter – die neue Familie aber nicht.

In dieser Phase sind Ruhe, Nachsicht und konsequentes Handeln das Wichtigste. Wenn der Neuzugang etwas angestellt hat, sieht er sich oft unvermutet hektischen Bewegungen und lauten Stimmen ausgesetzt. Um den Hund nicht zu verstören, sollte man lieber einen Moment nachdenken, bevor man etwas tut. Der Hund braucht Zeit, die neue Umgebung und die Hausordnung kennenzulernen.

Rechts: Es gibt keinen Grund zur Beunruhigung, wenn sich der Hund ab und zu ein abgeschiedenes Plätzchen sucht. Jeder Hund braucht einen stillen Ort, wohin er sich zurückziehen und wo er sich ausruhen kann.

Kommunikation

Erst nach einer Weile beginnt der Neuankömmling, die verschiedenen Stimmen und die Feinheiten der Körpersprache zu begreifen. Geduld ist sehr wichtig, wenn man ihn nicht verängstigen möchte. Der Welpe ist noch nicht in der Lage, sich mitzuteilen, wenn er sich unsicher, hilflos oder einsam fühlt. Er kann keinen Brief schreiben, um auszudrücken, daß er einen ganz bestimmten Geruch, die-

Unten: Das gegenseitige Beschnüffeln ist Teil des Begrüßungsrituals unter Hunden. Dabei umkreisen und begutachten sie sich.

sen Anblick oder jenes Geräusch nicht erträgt. Hunde zeigen ihre Gefühle und Ängste nur durch ihre Körpersprache, ihr Verhalten und ihren Gesichtsausdruck. Ein Welpe, der sich vor einem größeren Hund fürchtet, verhält sich unterwürfig: Er kriecht flach über den Boden, legt die Ohren an, zieht die Rute ein und entleert möglicherweise sogar die Blase oder den Darm.

Auch ein älterer Hund kann sich in einer fremden Umgebung zunächst unpassend benehmen. Ihn in einem solchen Fall zu packen, hinauszuwerfen und für sein Handeln zu tadeln, erscheint logisch. Der Hund erlebt dies aber als Strafe, und es kann vorkommen, daß er sich mit Krallen und Zähnen zur Wehr setzt.

Die konsequente Einhaltung der Grundregeln vermittelt dem neuen Haustier eine gewisse Sicherheit. Wie Kinder müssen auch Hunde wissen, wo ihre Grenzen liegen. Manche probieren erst einmal aus, wie weit sie gehen können, andere akzeptieren die Regeln sofort. Der Grundgedanke in den ersten Wochen sollte lauten: Man muß den Hund von Beginn an in die gewünschten Bahnen lenken.

Hausordnung

Grundsätzlich ist es einfacher, gleich zu Beginn Regeln aufzustellen, die Probleme verhindern, als den Hund nachträglich korrigieren zu müssen. Es mag übertrieben erscheinen, die verschiedenen Regeln aufzuschreiben. Aber sobald ein Haushalt aus mehreren Personen besteht, ist es oft die einzige Möglichkeit zu gewährleisten, daß der Hund auch von allen gleich behandelt wird. Wird der Hund unterschiedlich diszipliniert oder belohnt, lernt er niemals begreifen, welche Regeln er befolgen soll und welche nicht. Ein Familienmitglied schenkt ihm Zuwendung, wenn er es sich auf dem Sofa bequem macht. Ein anderes wird darüber wütend. Wie soll der Hund sich richtig verhalten, wenn es keine einheitlichen Richtlinien gibt?

Rechts: Je behutsamer man mit den Welpen am Anfang umgeht, desto schneller fassen sie Zutrauen und fühlen sich wohl.

Verhaltensregeln

- ✦ Kein Anspringen: Drehen Sie sich um und ignorieren Sie es! Begrüßen und loben Sie Ihren Hund nur, wenn alle vier Pfoten auf dem Boden ruhen.
- ✦ Kein Füttern vom Tisch, sonst lernt Ihr Hund das Betteln!
- ✦ Räumen Sie auf! Schmutzwäsche, Kinderspielzeug und Zeitungen sind für Hunde unwiderstehlich.
- ✦ Bilden Sie Ihren Hund mehrmals täglich in kurzen Abschnitten aus!
- ✦ Platz nehmen! Vor dem Fressen, Bürsten oder Verlassen des Hauses und vor dem Aussteigen aus dem Auto.
- ✦ Jeder hilft beim Ausbilden, Füttern, Pflegen, Spazierengehen sowie beim Erziehen des Hundes mit!
- ✦ Kleine wie große Hunde gehören auf den Fußboden!
- ✦ Entscheiden Sie mit, wo der Hund schlafen soll, und bleiben Sie dabei!
- ✦ Verhindern Sie sofort jeglichen Versuch des Hundes, zu beißen oder ohne Grund anzuschlagen!

Rechts: Auf Spiele reagieren Hunde zumeist begeistert. Außerdem können sie dabei zusätzlich gutes Benehmen erlernen.

Den Hund verstehen

Persönlichkeit ✦ Eigenarten ✦ Erbanlagen ✦ Erfahrung und Einfluß

Links: Hunde sind äußerst sensible Lebewesen: Sie nehmen die feinsten Signale des Menschen wahr und folgen ihrem Besitzer auch dann noch, wenn sie erschöpft und ruhebedürftig sind.

Unten: Auch Hunde benutzen ihre Stimme, um sich mitzuteilen. Sie verfügen über eine große Bandbreite verschiedener Töne, mit denen sie sich verständigen.

Die Persönlichkeit des Hundes wird von vielen Faktoren beeinflußt. Was ererbt und was anerzogen ist, bleibt wohl immer eine Streitfrage. Fest steht, daß der Charakter des Hundes zum Teil von seinen Eltern vererbt, aber auch durch die Erfahrungen der ersten Tage sowie Wochen bestimmt wird.

Erblich bedingte Eigenschaften besitzen zweifelsohne einen großen Stellenwert. Welpen, die von einer nervösen, aggressiven oder gar ängstlichen Hündin abstammen, werden diese Verhaltensweisen eher zeigen als Junge, deren Mutter ruhig, freundlich und selbstbewußt ist. Das Verhalten eines Hundes hängt jedoch nicht zwangsläufig von der Zuchtlinie oder den Genen ab. In den ersten Wochen, die der Welpe bei seiner Mutter verbringt, wird er entscheidend von ihr geprägt. Er nimmt sie sich zum Vorbild, ahmt ihr Benehmen und ihre Reaktionen nach. Die so erlernten Verhaltensweisen behält er später bei.

ERFAHRUNG

Auch die eigenen Erfahrungen, die der Welpe in seinen ersten Lebenswochen macht oder nicht macht, beeinflussen sein späteres Verhalten. Negative Erlebnisse provozieren verständlicherweise Angst. Allerdings haben Untersuchungen gezeigt, daß selbst schlechte Erfahrungen in diesem Alter besser sind als überhaupt keine, weil sie die „Streßimmunisierung“ stärken helfen. Je mehr Erfahrungen der Welpe gemacht hat, desto besser wird er in seinem späteren Leben zurechtkommen. Das bedeutet allerdings keineswegs, daß die Welpen vor negativen Erfahrungen nicht bewahrt werden sollten. Der Einfluß schlechter Erfahrungen

Links: Dieser Hund hat großes Vertrauen zu seinem Besitzer. Sobald man seinen Hund gut kennt, entwickelt man auch ein besonderes Einfühlungsvermögen für ihn.

und problematischer Erbanlagen läßt sich minimieren, wenn man sie schon frühzeitig und einfühlsam mit ihrer Umwelt vertraut macht.

Erbanlagen

Natürlich üben auch die angeborenen Eigenschaften großen Einfluß auf den Welpen aus. Sie bestimmen in der Regel, wie leicht oder schwierig sich seine Erziehung und das Zusammenleben gestalten.

Im allgemeinen sind selbstbewußte Hunde selten aggressiv. Deshalb ist es wichtig, daß man das Selbstvertrauen des neuen Mitbewohners von Anfang an stärkt. Trotzdem treten manche Vierbeiner in der häuslichen Umgebung sehr fordernd auf und nehmen sich gewisse Freiheiten heraus. Im Grunde verhalten sie sich nicht anders als Menschen: Einige sind geborene Anführer, andere ordnen sich lieber ein. Ohne soziale Anpassungsleistungen können jedoch weder Mensch noch Hund im Leben bestehen.

Persönlichkeit

Vielleicht ist an dem alten Sprichwort „Wie der Herr, so der Hund" doch etwas Wahres dran, denn oft scheint der Hund in auffälliger Weise Eigenschaften und Verhaltensweisen seines Besitzers widerzuspiegeln.

Ein Hund, der in einem Haushalt mit Kindern aufwächst, entwickelt sich sehr wahrscheinlich eher zu einem ungestümen Tier als einer, der bei einem älteren Ehepaar lebt. Letzterer wird vermutlich dessen mehr beschauliche Lebensweise übernehmen. Man darf den Einfluß des Besitzers auf seinen Hund daher nicht unterschätzen. Viele wünschen sich eine „Kompromißlösung": einen Hund, der temperamentvoll und lebhaft ist, sich aber auch ruhig verhält, wenn die Situation es verlangt.

Links: Ein Hund kommuniziert durch seine Körpersprache. Mit dieser „Verbeugung" fordert er zum Spielen auf.

Seine Bedürfnisse

Grundbedürfnisse ✦ Intelligenz und Gefühlswelt

Oben: Dieser Hund hat große Freude am Ballspielen. Spielbälle in allen Größen und Farben sowie aus den verschiedensten Materialien gibt es im Fachhandel.

Unten: Alle Hunde wollen spielen. Ob das Spielzeug ungefährlich ist, hängt von der Rasse und der Größe des Hundes ab. Ein temperamentvoller Collie will allen beweisen, wie gut er die Frisbeescheibe fangen kann.

Fast jeder kennt die Grundbedürfnisse eines Hundes: Futter, Wasser, einen eigenen Platz und tierärztliche Versorgung. Das reicht zwar gerade zum Überleben, hat aber nichts mit artgerechter Haltung zu tun. Die meisten Menschen schaffen sich einen Hund an, weil er das Leben innerhalb der Familie bereichern soll; sie wollen, daß er glücklich und zufrieden ist. Dazu gehört allerdings ein wenig mehr, als nur seine Grundbedürfnisse zu erfüllen. Vor allem muß man seinen Gefühlen und seinem Gemeinschaftssinn Rechnung tragen. Auslauf, Beschäftigung, geistige Anregungen und Zuneigung sowie Einfühlungsvermögen und Verständnis seitens des Besitzers stehen auf der Wunschliste eines jeden Hundes. Zuwenig davon, und er verkümmert wie eine Pflanze, die man zu gießen vergessen hat.

Um einen Hund wirklich zu verstehen, muß man auch seine Abstammung berücksichtigen. Ein Hund, der seit Jahrhunderten zum Hüten von Schafen gezüchtet wurde, wird seine „Hüteeigenschaften" niemals völlig verlieren. Nur sind es heute Jogger oder Fahrradfahrer, die von ihm zu-

Oben: Welpen brauchen besonders viel Zuneigung und Aufmerksamkeit. Ständiges Alleinsein kann schnell zu dauerhaften Verhaltensstörungen führen.

sammengetrieben werden. Es ist unrealistisch, von einem Jagdhund zu erwarten, daß er den ganzen Tag ruhig vor dem Kamin liegt. Viele Verhaltensweisen sind im genetischen Code des Hundes gespeichert. Doch auch rassebedingten Charaktereigenschaften lassen sich beeinflussen, wenn sie nicht gewaltsam unterdrückt, sondern in andere Bahnen gelenkt werden.

Unten: Der Hund ist ein Rudeltier, das sich hin und wieder auch auf einen Kampf einläßt.

Richtig oder falsch?

Hunde verstehen nicht, was richtig oder falsch ist. Sie lernen vielleicht, sich den Reaktionen des Menschen auf ihr Verhalten anzupassen, teilen aber nicht dessen Wertvorstellungen oder Sichtweisen.

Sie begreifen nicht, daß es falsch ist, mit schmutzigen Pfoten über den Teppich zu laufen, oder verboten, den Sonntagsbraten zu stibitzen. In der unbewußten Annahme, daß sie unsere Wertvorstellungen teilen, interpretieren wir ihr Verhalten oft als „schuldig", wenn wir sie bei einer „Ungehörigkeit" erwischt und dafür zurechtgewiesen haben. Viele Hundehalter sind fälschlicherweise der Ansicht: „Er weiß, was er falsch gemacht hat", weil ihr Hund so aussieht, als hätte er ein schlechtes Gewissen – ein rein menschliches Gefühl. In Wirklichkeit versucht der Hund jedoch nur, durch seine unterwürfige Körperhaltung den Ärger seines Besitzers abzuschwächen. Aus der Sicht des Hundes sind Ohrenanlegen, Schwanzeinziehen, Niederkauern und Davonschleichen nur folgerichtige Signale und Reaktionen auf die für ihn unerklärliche Aggression seines Herrn.

Originalität

Es gibt keinen Zweifel darüber, daß Hunde Gefühle haben. Manchmal verhalten sie sich aggressiv, ein andermal wirken sie ziemlich gestreßt und frustriert. Auch wenn diese Zustände unseren eigenen sehr ähnlich zu sein scheinen, folgt daraus nicht, daß Hunde genauso fühlen wie wir. Die grundlegenden Kommunikationsprobleme

„Wunderliche Seele!
So nah befreundet
und doch so fremd ..."

Thomas Mann

zwischen Mensch und Hund verleiten so manchen dazu, seinen Hund für dumm zu halten – besonders dann, wenn es ihm nicht gelungen ist, seinem Hund ein paar einfache Befehle beizubringen. Verglichen mit unserer Begabung, neue Sprachen oder Fähigkeiten zu erlernen, nimmt sich die Intelligenz des Vierbeiners freilich bescheiden aus. Doch Vorsicht: Ein Hund, der nicht sofort dem Ruf seines Herrn folgt, sondern weiter herumschnüffelt und jede Minute in Freiheit genießt, verhält sich auch intelligent. Intelligenz ist eben relativ!

Abhängigkeit

✦ Ein neugeborener Welpe ist völlig von seiner Mutter abhängig. Er erhält Futter, Wärme und Schutz von ihr. Selbst zur Entleerung des Darms benötigt er ihre Hilfe.

✦ Jetzt sorgen Sie mit der Bereitstellung von Futter, Wasser und Schutz sowie tierärztlicher Betreuung für seine Grundbedürfnisse.

✦ Ihr Hund kann Ihnen nicht sagen, daß er krank ist. Beobachten Sie aufmerksam jede Veränderung seines Verhaltesn oder Aussehens.

✦ Soziale Kontakte sorgen für ein ausgeglichenes Gefühlsleben.

✦ Das künftige Verhalten Ihres Welpen liegt in Ihren Händen. Wenn Sie ihn sorgfältig erziehen, vermeiden Sie Verhaltensstörungen.

✦ Sie allein sind für die sorgfältige Ausbildung des Hundes verantwortlich! Er muß lernen, sich den Situationen entsprechend zu benehmen.

✦ Manche Hunde sind so abhängig von ihrem Besitzer, daß sie nicht allein zu Hause bleiben können. Dies ist keine Ungezogenheit oder Bosheit, sondern echte Not.

Der erste Tag

Vorbereitungen im Haus ✦ Sicherheit im Garten ✦ Steuermarke ✦ Die Ankunft des Hundes

Oben: Natürlich fühlt sich der kleine Neuankömmling zunächst fremd und ist daher oft ängstlich. Um so mehr benötigt er Zuwendung und Geborgenheit.

Ein frischgebackener Hundebesitzer sollte wissen, daß er sich für mindestens zehn bis fünfzehn Jahre an seinen neuen Hausgenossen bindet. In dieser ganzen langen Zeit trägt er die Verantwortung für die Gesundheit und das Wohlbefinden seines Hundes. Ganz besonders wichtig für beide sind daher die ersten gemeinsamen Stunden.

Der Einzug des Welpen in sein neues Heim will gut vorbereitet sein. Nur so kann man sicherstellen, daß die Begrüßung durch die Familie sowie die ersten Kontaktaufnahmen reibungslos und ohne böse Überraschungen vonstatten gehen.

DIE HÄUSLICHE UMGEBUNG

Oberstes Gebot sollte die Sicherheit des kleinen Neuankömmlings sein; ein junger Hund weiß noch nicht, was ihm schaden könnte. Am besten durchforstet man erst einmal das ganze Haus nach möglichen gefährlichen Gegenständen. Idealerweise sollte man dabei versuchen, die Dinge aus der Sicht des Welpen zu betrachten. Viele rein dekorative Dinge, wie zum Beispiel Grünpflanzen, sind für ihn höchst willkommene Forschungsobjekte. Er kann nicht wissen, daß viele Topfpflanzen hochgiftig sind. Auch vermeintlich harmlose Gegenstände können für den Welpen lebensbedrohliche Gefahren darstellen. Jedes Jahr entfernen Tierärzte aus Welpenmägen Gegenstände wie Büroklammern, Gummibänder, Kinderspielzeug oder Haarschleifen, die beim Spielen verschluckt wurden.

Wer ganz sichergehen möchte, daß dem kleinen Vierbeiner auf seinen Forschungsreisen nichts Gefährliches widerfährt, der sollte dafür sorgen, daß sich chemische Substanzen wie Putzmittel, Insektensprays, Rattengift und Ähnliches außer Reichweite befinden. Auch Medikamente müssen an einem für den Hund unzugänglichen Ort aufbewahrt werden (siehe Seiten 148).

Gefahren im Garten

Sind alle potentiellen Gefahren im Haus beseitigt, sollte man Hof und Garten seine Aufmerksamkeit schenken. Zuerst ist der Zaun auf eventuelle Schlupflöcher hin zu untersuchen. Welpen entkommen auch durch überraschend kleine Spalten und Löcher. Da sie noch unerfahren und mit dem Verkehr nicht vertraut sind, geschieht es schnell, daß sie überfahren werden oder nicht wieder nach Hause zurückfinden. Als nächstes überprüft man den Garten auf chemische Mittel. Für Hunde sind Insektizide und Unkrautvernichtungsmittel nicht nur schädlich, sondern manchmal sogar tödlich. Viele Gartenpflanzen erweisen sich für den Vierbeiner, der daran herumknabbert, als schlecht bekömmlich. Will man auf die Pflanzen nicht verzichten, umgibt man sie mit einem kleinen Zaun oder besprüht sie mit einem speziellen Spray, dessen Geruch den Hund abstößt.

Erkennungsmarke

Bevor der neue Mitbewohner einzieht, sollte das Nötigste bereits vorhanden sein. Zusätzlich zu Halsband und Leine benötigt man eine Steuermarke. Diese erhält man, sobald der Vierbeiner ordnungsgemäß bei der Gemeinde angemeldet ist. Das Tragen der Marke ist gesetzlich vorgeschrieben. Ein Anhänger mit Namen, Adresse sowie Telephonnummer des Besitzers stellt eine sinnvolle Ergänzung dar.

Die Ankunft

Zu Hause angekommen, darf der Vierbeiner sich erst einmal in Ruhe umsehen. Dabei zeigt man ihm den Schlafplatz, seine Spielsachen und den Ort, an dem er künftig gefüttert wird. Der Wassernapf sollte bereits gefüllt sein, bevor der Neuankömmling eintrifft, denn so lernt er von Anfang an, wo er fressen, trinken und schlafen kann, außerdem fühlt er sich auf diese Weise schneller heimisch. Der Züchter bzw. das Tierheim liefert gern Informationen über die bisherige Ernährung des Hundes. Auch wenn man die Futtersorte später wechseln möchte, sollte der Speiseplan zumindest in den ersten Tagen unverändert beibehalten werden. Die fremde Umgebung erzeugt Aufregung und Streß, kleinere „Unfälle" lassen sich aber schnell mit Zeitungspapier beseitigen.

Der Transport nach Hause

Wenn Sie Ihren Hund mit dem Auto abholen, ist es sinnvoll, noch eine Begleitperson mitzunehmen. Während der eine fährt, kann sich der andere um den Hund kümmern. Viele Hunde erbrechen sich auf ihrer ersten Autofahrt, meist vor Aufregung. Nehmen Sie daher Haushaltstücher und Plastikbeutel mit. Manche Hunde fühlen sich auf festem Boden sicherer als auf dem Schoß oder dem weichen Rücksitz. Zu diesem Zweck ist eine Hundebox nützlich. Sie kann auch abgedeckt werden, falls sich der Hund im Dunkeln wohler fühlt.

Begrüßung des Neuankömmlings

Die Familie ✦ Mehrere Hunde ✦ Katzen und andere Haustiere

Alle Hausbewohner freuen sich auf die Ankunft des neuen kleinen Hundes. Allerdings ist die überschwengliche Begeisterung für den Neuankömmling oft mit sehr viel Aufregung verbunden. Daher sollte die erste Kontaktaufnahme so ruhig und kurz wie möglich gehalten werden. Bekannte und Verwandte haben bestimmt Verständnis dafür, wenn sie sich noch einige Tage gedulden müssen, bevor sie den neuen Mitbewohner ebenfalls begrüßen dürfen. Der Vierbeiner sollte ausreichend Zeit zur Verfügung haben, einen Raum nach dem anderen gründlich zu erforschen. Dabei behält man ihn aus gebührender Entfernung im Auge. Keinesfalls darf man ihn bedrängen, hinter ihm herlaufen oder ihn sogar einfangen, wie es Kinder gerne machen, um ihm ihre Zuneigung zu beweisen. Bald wird er von sich aus Kontakt aufnehmen.

Oben: Die meisten Hunde vertragen sich mit der Hauskatze gut. Ausschlaggebend für das künftige Verhältnis ist auch hier die erste Begegnung.

Rechts: Der ältere Hund betrachtet den Neuling mißtrauisch. Zum Kennenlernen brauchen beide ein wenig Zeit.

Mehrere Hunde

Wenn man bereits einen Hund im Haus hat, müssen beide Hunde die Gelegenheit bekommen, sich in aller Ruhe und, wenn möglich, auf neutralem Boden ausgiebig zu beschnuppern. Anschließend führt man den Welpen ins Haus. Natürlich fordert man den älteren Hund auf mitzukommen. Vorher sollte man jedoch dessen Spielsachen auf seinen Schlafplatz legen. Auf diese Weise vermeidet man, daß der ältere Hund glaubt, sein Eigentum verteidigen zu müssen. Ist zu befürchten, daß er dennoch aggressiv werden könnte, nimmt man beide Tiere an die Leine. Bis sich beurteilen läßt, wie der „Chef" auf den Neuankömmling reagiert, kann dieser vorübergehend auch hinter einem Laufgitter oder in einem kleinen Zwinger gehalten werden.

In den folgenden Wochen und Monaten sollte man den älteren Hund bevorzugen, indem man ihn zuerst begrüßt oder füttert und ihm ebensoviel Aufmerksamkeit und Zuwendung schenkt wie vor der Ankunft des Neuzugangs. Das ist nicht immer leicht, denn ein Welpe ist ziemlich aufdringlich. Dennoch hilft es, Spannungen und Konkurrenzstreben abzubauen.

Katzen und Hunde

Hunde und Katzen können durchaus gute Freunde werden. Wichtig ist auch hier, daß die erste Begegnung positiv verläuft. Die meisten Schwierigkeiten entstehen dadurch, daß Hunde Katzen jagen. Während jene großen Spaß dabei haben, verliert die Katze jegliches Vertrauen. Wenn man eine Hundebox oder einen Hauszwinger besitzt, setzt man den Welpen hinein und schließt die Tür. Dann läßt man die Katze ins Zimmer. Sie wird sich auf einen höhergelegenen Platz begeben oder zurückziehen.

Auch wenn die Katze zunächst empört über den Familienzuwachs sein mag, wird sie dennoch bald merken, daß ihr der Welpe nichts anhaben kann. Bei der nächsten Begegnung genügt es, den Hund festzuhalten und ihn mit einem Leckerbissen abzulenken. Nach einigen Wiederholungen lernen die Tiere, sich gegenseitig zu tolerieren. Wasser- und Futternapf der Katze müssen für den Welpen ebenso unzugänglich sein wie die Katzentoilette. Bei Hunden wie dem Irischen Setter, die einen ausgeprägten Jagdinstinkt haben, kann es trotzdem zu Problemen kommen.

Oben: Bei seiner Ankunft führt man den Hund zuerst durch Haus und Garten und stellt ihm die Familienmitglieder einzeln vor. Bevor man ihn streichelt oder ihm einen Leckerbissen anbietet, geht man ruhig auf ihn zu und läßt ihn an der Hand schnüffeln. Keinesfalls darf er sich bedrängt fühlen.

Andere Haustiere

Welpen lernen rasch, andere Haustiere zu respektieren, besonders wenn sie beim ersten Kontakt noch jünger als zwölf Wochen sind. Dazu zählen auch Hamster, Meerschweinchen oder Kaninchen, die zu ihren klassischen Beutetieren zählen.

Kinder und Hunde

Für die Entwicklung der Kinder bietet die Betreuung eines Haustiers zahlreiche Vorteile. Allerdings bestehen Zweifel, ob Kinder unter acht Jahren dieser Aufgabe auch gewachsen sind. Denn selten ist das Interesse an dem neuen Hund von großer Dauer. Daher sollten die Eltern die Verantwortung für den Hund übernehmen.

✦ Lassen Sie die Kinder beim Füttern helfen. Sie können den Freßnapf füllen, ihn auf den vorgesehenen Platz stellen, für frisches Waser sorgen und den Hund herbeiholen.

✦ Kinder sind oft gute Lehrer. Suchen Sie eine Hundeschule aus, in der auch Kinder mit den Hunden arbeiten dürfen.

✦ Zeigen Sie Ihren Kindern, wie man mit dem Hund umgeht, so daß er auch ihnen gehorcht. Wenn die Kinder viel mit ihm spielen, ihm neue Tricks beibringen und ihn bürsten, entsteht eine tiefe Beziehung.

Eingewöhnung

Aufsicht ✦ Sicherheitszonen ✦ Schlafgewohnheiten ✦ Ältere Hunde

Hunde, die bereits beim Züchter das Zusammenleben in Haus und Garten kennengelernt haben, sind oft selbstbewußter und fühlen sich in ihrem neuen Heim schneller wohl. Sie haben schon erste Erfahrungen mit schwierigen Situationen in der häuslichen Umgebung gesammelt. Bei der Entdeckungsreise sollte man den Welpen ständig im Auge behalten. Denn kaum ist man einen Augenblick lang abgelenkt, kann der Kleine sowohl das Stromkabel durchgekaut als auch etwas verschluckt haben oder aus dem Fenster geklettert sein. Natürlich kann man einen Welpen nicht 24 Stunden lang beaufsichtigen. Deshalb ist es ratsam, den Hund an einem sicheren Ort spielen zu lassen.

Ein sicherer Hafen

In einem Käfig oder einem Zwinger ist der Welpe jederzeit gut untergebracht. Auch ein Babygitter, das man an der Tür montiert, erfüllt diesen Zweck. Welpen haben meist nur kurze, dafür aber intensive Spielphasen; dazwischen liegen ausgedehnte Ruhepausen, in denen sie tief schlafen. Wenn man den Kleinen daran gewöhnen möchte, auch einmal allein zu bleiben, wartet man am besten, bis er müde oder bereits eingeschlafen ist. Anschließend nimmt man ihn vorsichtig hoch und trägt ihn behutsam zu seinem Schlafplatz. In diesem „sicheren Hafen" bleibt er gern allein.

Wahl des Schlafplatzes

Wo der Hund schläft, ist nicht so wichtig. Allerdings sollte man bei der Wahl des Schlafplatzes bedenken, daß ein kleiner Labrador-Welpe zu einem großen schweren Pelztier heranwächst, das auch später seinen Platz im Bett behaupten wird. Hunde sind

Oben: Erlaubt man dem Welpen, immer bei sich im Bett zu schlafen, bleibt es meistens auch dabei. Denn ist er erst einmal ausgewachsen, wird er eine Umsiedlung weder verstehen noch widerstandslos akzeptieren.

Unten: In diesem Käfig ist der Welpe gut aufgehoben. Er kann ihm auch als Schlafplatz oder als Höhle dienen. Allerdings sollte man den Hund niemals als Bestrafung für schlechtes Benehmen in den Käfig verbannen!

ÄLTERE HUNDE

Für einen erwachsenen Hund können die ersten Stunden in seinem neuen Heim schnell zu einem traumatischen Erlebnis werden. Dies läßt sich vermeiden, indem Sie ihn gleich bei der Ankunft in den Garten begleiten und ihm erlauben, sein Revier zu markieren. Im Haus führt man ihn dann in aller Ruhe von einem Raum in den anderen. Dadurch verhindert man, daß der Hund in wilder Aufregung das neue Heim durchstreift und überall seine Duftmarken hinterläßt. Nimmt er die Gelegenheit im Garten nicht wahr, sollte man ihn von Zeit zu Zeit wieder hinauslassen.

Es ist wichtig, daß man den Hund schon in den ersten Tagen für kurze Zeit allein läßt. Richten Sie ihm an einem ruhigen Ort ein Lager ein, und legen Sie sein Spielzeug dorthinein. Hunde, die aus einem anderen Haushalt oder aus dem Tierheim kommen, bleiben nicht gern allein. Hier braucht man viel Geduld, um dem Hund Vertrauen und Geborgenheit zu vermitteln.

Rudeltiere, und es ist für einen Welpen sicherlich nicht leicht, die ersten Nächte in seinem neuen Zuhause allein zu bleiben. Sehr wahrscheinlich wird er versuchen, durch jämmerliches Weinen Gesellschaft und Geborgenheit zu bekommen. Das läßt sich verhindern, wenn man den Störenfried im Schlafzimmer unterbringt. Ein hochwandiger, mit einer Decke ausgelegter Karton kann ihm als Bett dienen. Ohne Hilfe kommt er nicht heraus, und man braucht sich daher auch keine Sorgen zu machen, daß er nachts auf Entdeckungsreise geht und etwas anstellt.

Soll der Hund nicht im Schlafzimmer wohnen, bereitet man ihm ein gemütliches Lager in der Küche oder in einer ruhigen Ecke und läßt ihn dort allein. Natürlich darf man nicht beim kleinsten Jaulen sofort aufspringen und nach ihm sehen, denn auf diese Weise „erzieht" der Hund seinen Halter. Nur wenn ein dringendes Bedürfnis besteht, sollte man kommen.

Welpen beschmutzen normalerweise nicht ihr Lager. Wenn sie sich melden, bleibt meist genügend Zeit, den Hund herauszunehmen und kurz mit ihm ins Freie zu gehen. Kaum ein Welpe kann die ganze Nacht an sich halten. Am besten stellt man sich den Wecker und führt ihn einmal hinaus.

Unten: Die vielen neuen Eindrücke, denen sich der Welpe in den ersten Tagen ausgesetzt sieht, überfordern und verunsichern ihn. Bis er stubenrein ist, sind „Unfälle" an der Tagesordnung. Auf alle Fälle sollte man den Boden mit Zeitungspapier auslegen. Kinder brauchen Monate, um sauber zu werden. Junge Hunde benötigen ebenfalls Zeit.

Der tägliche Umgang

Körperkontakt ✦ Wie hält man den Welpen? ✦ Wie nimmt man ihn hoch? ✦ Fremde Hunde

Auch Hunde genießen Körperkontakt. Allerdings gibt es deutliche Unterschiede zwischen dem, was Menschen, und dem, was Tieren gefällt. Eine kräftige Umarmung empfindet der Hund als Gefahr. Er fühlt sich bedroht und sieht darin eine Geste der Unterdrückung.

Obwohl Hunde sich als Zeichen der Unterwerfung gegenseitig das Maul lecken, ist es für den Menschen nicht ungefährlich, sein Gesicht der Hundeschnauze zu nähern. Denn der Hund könnte dies als Bedrohung auffassen, sich zur Wehr setzen und zubeißen. Deshalb ist es wichtig, daß alle Familienmitglieder – vor allem die Kinder – wissen, wie man einen Hund richtig anfaßt, streichelt und hochhebt.

Welpen richtig halten

Einen Arm legt man um die Brust des Welpen und den anderen um sein Hinterteil, dann hebt man ihn hoch. Hält man ihn ganz dicht an die eigene Brust, vermittelt ihm dies Sicherheit.

Unten: Jedes Familienmitglied sollte den Hund richtig halten können. Kinder vergessen dies häufig.

Einen Hund unter den Achselhöhlen hochzuheben ist für ihn schmerzhaft und deshalb zu vermeiden. Ebensowenig läßt man den Hund frei in der Luft hängen.

Wie hebt man den Hund richtig hoch?

Ausgewachsene Hunde wollen nicht hochgenommen werden, denn oft verbinden sie damit unerfreuliche Erlebnisse. Wenn man beide Arme um die Brust und das Hinterteil legt, kann man den Hund vorsichtig und in einer Bewegung auf den Untersuchungstisch des Arztes heben. Auf diese Weise verteilt man auch das Gewicht des Hundes gleichmäßiger und verhindert Befreiungsversuche.

Berührungen

Es ist für beide sehr wichtig, daß sich der Hund am ganzen Körper von seinem Besitzer berühren läßt. Am besten übt man dies, solange der Vierbeiner gesund ist. Denn sind verletzte Pfoten oder eine schmerzhafte Mittelohrentzündung zu behandeln, hat er sich bereits an Berührungen gewöhnt. Die tägliche Fellpflege oder das zärtliche Kraulen bieten dazu besonders gute Gelegenheiten.

Pfoten, Augen, Ohren, Zähne und Zahnfleisch gelten als empfindlich und werden daher sehr vorsichtig angefaßt. Der Hund mag es vielleicht nicht, wenn die eine oder andere Stelle berührt wird. Da er nicht sprechen kann, wird er sich wehren, indem er zappelt oder vorsichtig die Zähne auf die Hand legt. Nun sollte man deshalb

Oben: Sicher im Griff hat man den Hund, wenn man ihn sanft und fest zugleich hält. Dabei darf er sich nicht bedroht fühlen.

Unten: Hat sich ein Hund schon früh an das Anlegen eines Halsbands gewöhnt, wehrt er sich auch später nicht dagegen. Zur Sicherheit sollte er am Halsband seine Adresse tragen.

nicht gleich ärgerlich werden, sondern ein Spielzeug holen und erneut über diese Stelle streicheln. Sobald der Hund keine Abwehrreaktionen zeigt, erhält er einen kleinen Leckerbissen.

Fremde Hunde

Bevor man einen fremden Hund berührt, tut man gut daran, seinen Besitzer um Erlaubnis zu fragen. Auch wenn dieser zustimmt, muß es dem Hund noch lange nicht gefallen. Deshalb stellt man sich – ohne den Hund anzusehen – seitlich neben ihn. Dann hält man ihm die Hand so hin, daß er sie erst einmal beschnüffeln kann. Es ist ein gutes Zeichen, wenn er an ihr schnuppert.

Nähert sich der Hund oder zeigt er das übliche Begrüßungsverhalten, ist der Bann gebrochen. Tritt der Vierbeiner aber ein paar Schritte zurück und legt die Ohren an oder wirkt er auf andere Weise ablehnend, zieht man seine Hand besser zurück. Ein unaufgefordertes Streicheln könnte der Hund als Bedrohung auslegen.

Freut er sich jedoch über die Berührung, dann krault man ihn an der Brust oder unter dem Kinn. Die meisten Hunde drücken ihren Wunsch nach mehr Zuwendung dadurch aus, daß sie näherrücken oder einem ihr Hinterteil zuwenden, um sich dort streicheln zu lassen. Dies ist ein Hochgenuß für den Hund und ein Zeichen der freundlichen Annäherung.

Rechts: Das Tätscheln des Kopfs kann ein fremder Hund als Dominanzverhalten empfinden. Zur Begrüßung krault man einen Hund unter dem Kinn. Später darf man ihn am Kopf streicheln.

Ganz links und links: Bevor man einen Hund hochhebt, beruhigt man ihn durch gutes Zureden. Einen kleinen Hund trägt man, indem man eine Hand an dessen Brust legt und die andere unter den Bauch. Auf diese Weise kann er nicht wegspringen. Es ist sinnvoll, den Hund möglichst früh an das Hochheben zu gewöhnen. Dabei darf er nicht zappeln oder versuchen herunterzuspringen.

Ausbildung des Welpen

Verhalten beim Ausbilden ✦ Beißen ✦ Aufmerksamkeit suchen ✦ Schulen

Glücklicherweise hat sich die Hundeausbildung in den letzten zehn Jahren sehr gewandelt und ebenso die Ansicht, daß Welpen erst mit sechs Monaten einer umfassenden Ausbildung unterzogen werden dürfen. Nach heutigen Erkenntnissen kann das Training eines Welpen beginnen, sobald er in sein neues Zuhause eingezogen ist.

Einen Hund zu erziehen bedeutet, ihn in einer fremden Sprache – nämlich der des Menschen – zu unterrichten. Die meisten Hundebesitzer glauben, daß die Ausbildung eines Hundes darin besteht, ihm „Sitz!“ und „Platz!“ beizubringen. Das erlernt ein Welpe schnell.

BEISSEN

Bei der Ausbildung eines Welpen geht es vor allem darum, ihm den Unterschied zwischen tolerierbarem und nicht akzeptablem Verhalten beizubringen. Von klein auf haben Welpen strahlend weiße, spitze Zähnchen. Sie sind messerscharf und spielen bei der Entwicklung der Hundejungen bis etwa zur 20. Woche eine große Rolle. Das Beißen beim Spielen ist genauso wichtig für den kleinen Hund wie die orale Kontaktaufnahme

Oben: Springt ein Welpe hoch, wehrt man ihn sanft ab und ruft: „Nein!“ Alle Hunde möchten am Familienleben teilhaben. Bei konsequenter Anwendung lernen sie die Regeln schnell.

Links: Jede Übungsstunde wird durch Streicheln, Leckerbissen und verbale Aufmunterung belohnt. So behält der Hund den Unterricht in guter Erinnerung.

für Kleinkinder. Auch Hunde erforschen ihre Umwelt, indem sie alles ins Maul nehmen. Dinge, die auf den Druck ihrer kleinen, recht scharfen Zähne nicht reagieren, müssen leblos sein. Gegenstände, die auf kräftiges Zubeißen reagieren, sind folgerichtig lebendig.

Durch Beißen und Kauen erfährt der Welpe, wie stark er zubeißen darf. Das zeigt sich ganz deutlich, wenn man Welpen beim Spielen beobachtet. Rangeleien mit anderen Hunden sind so lange spielerisch und freundlich, bis einer der Hunde fester zubeißt. Der andere reagiert dann mit lautem Jaulen und spielt für eine Weile nicht mehr mit. Menschen sollen daher auf Beißen ähnlich reagieren wie Hunde, um zu demonstrieren, daß auch sie Schmerz empfinden und ein solches Benehmen nicht tolerieren.

Der kleine Draufgänger muß verstehen, daß es schmerzt, wenn er zuschnappt. Allerdings darf man nicht sehr ärgerlich reagieren, denn für den Hund bedeutet dies eine unverständliche Aggression. Wenn er beißt, stößt man einen spitzen Schrei aus und dreht sich um. Beim ersten Mal wird der Welpe überrascht sein. Allerdings darf man nicht erwarten, daß er sofort aufhört. In den nächsten Wochen wird er zunehmend sanfter zubeißen. Schließlich kann man schon bei der

Oben: Kinder dürfen an der Ausbildung teilnehmen, müssen aber die Regeln beachten. Hunde beißen im Spiel und verstehen nicht, wenn man sie deswegen tadelt.

Oben: Jeder Welpe braucht Lob und Belohnung, damit er weiß, daß er seine Sache gut gemacht hat. Ob der Hund ausgeglichen ist und mit fremden Menschen und Hunden gut auskommt, liegt allein in den Händen des Besitzers. Ein wohlerzogener Hund gehorcht seinem Herrn, der ihm dafür als Gegenleistung Sicherheit und Geborgenheit bietet.

Berührung seiner Zähne Schmerz zeigen. Auf diese Weise lernt der Welpe, daß er den Menschen niemals beißen darf, auch nicht im Spiel.

Aufmerksamkeit erregen

Manche Welpen sind über die Reaktionen, die ihr Beißen hervorruft, begeistert, da ihnen auf diese Weise viel Aufmerksamkeit zuteil wird. Ein beliebtes Ziel ihrer zumeist harmlosen Angriffe sind kleine Kinder, da diese sich sehr schnell aufregen und oft zu schreien beginnen, wenn der Hund an ihren Kleidern zupft. Natürlich eilt daraufhin ein Erwachsener an den Ort des Geschehens. Alles ist in heller Aufregung, und der Welpe freut sich über den von ihm verursachten Trubel – ganz nach dem Motto: Besser negative Schlagzeilen als gar keine! Die Situation kann aber entschärft werden, indem man den Hund mit einem Spielzeug ablenkt und dafür sorgt, daß sich alle Beteiligten beruhigen.

Welpenschule

Beim Spielen mit Altersgenossen entwickelt ein junger Hund, der noch keine achtzehn Wochen alt ist, seine Beißhemmung am schnellsten. Die Teilnahme an einem gutgeführten Sozialisierungskurs für Welpen kann diese Entwicklung beschleunigen. Gleichzeitig lernen Hundehalter die Grundlagen der Hundeausbildung kennen. Eine gute Hundeschule zu finden ist ebenso schwierig, wie die richtige Schule für Kinder auszuwählen. Aber die Mühe lohnt sich. Das Wichtigste bei der Ausbildung von Welpen sind Geduld und Ruhe. Unter der richtigen Anleitung wird der kleine Lehrling rasch Fortschritte machen.

Wodurch sich eine gute Welpenschule auszeichnet

- ✦ Hund und Mensch sollten ruhig und entspannt sein sowie Freude am Lernen haben.
- ✦ Der Hund darf nicht bestraft oder gezüchtigt werden.
- ✦ Der Geräuschpegel muß niedrig sein. Schreien hilft nicht weiter. Lautes Bellen ist ein Zeichen für Streß.
- ✦ Der Unterricht richtet sich nach dem Hund und nicht nach dem Ausbilder. Leckereien und Spielzeug motivieren den Hund, denn den meisten Hunden genügt ein verbales Lob nicht.
- ✦ Gute Schulen bieten sanftes Training und Spielen unter Aufsicht an.
- ✦ Welpen sollten zu Beginn des Kurses nicht älter als 18 Wochen sein.
- ✦ Bevor Sie an einem schlechten Kurs teilnehmen, ist es besser, keinen zu besuchen.

Der nächste Schritt

Belohnen ✦ Rufen und Kommen ✦ Locken mit Leckereien ✦ Sozialisierungsprobleme

Eine gewissenhafte Erziehung ist die Voraussetzung für ein harmonisches Zusammenleben. Ähnlich wie der Mensch will auch der Hund beim Lernen motiviert werden. Futter eignet sich nicht nur als Anreiz sondern auch dazu, den Vierbeiner zum Lernen zu animieren.

BELOHNEN

Die meisten Hundebesitzer möchten nicht immer auf Leckereien als Belohnung angewiesen sein. Dennoch sind Hilfsmittel zur Konditionierung des Hundes wichtig (siehe Seite 121). Jeder Hund möchte, wenn er sich gut verhalten hat, mit einem Leckerbissen, ausgiebigem Streicheln oder Spielen belohnt werden.

AUF ZURUF KOMMEN

✦ Dazu stellt man sich vor den Hund und ruft knapp, aber freundlich seinen Namen und „Komm!"
✦ Dann zeigt man ihm einen Leckerbissen und geht langsam rückwärts. Wenn der Hund darauf nicht reagiert, klatscht man in die Hände und macht ihn so auf sich aufmerksam.
✦ Sobald er kommt, erhält er einen kleinen Leckerbissen.
✦ Nach und nach wird die Entfernung erhöht.

PROBLEME BEIM SOZIALISIEREN

Rasches Handeln ist unumgänglich, wenn Ihr Welpe auf fremde Hunde und Menschen aggressiv oder ängstlich reagiert. Ihr Hund muß die grundsätzlichen Lektionen bis zur achtzehnten Lebenswoche gelernt haben. Schließen Sie sich einem Welpenkurs an. Wenn Ihr Hund Schwierigkeiten macht, können Sie dort Rat suchen.

„SITZ!"

✦ Zunächst wird dem Hund ein kleiner Leckerbissen unter die Nase gehalten. Dann tritt man einen Schritt zurück und hebt die Hand so hoch, daß der Hund nach oben sehen muß. Hebt er die Vorderpfoten vom Boden, wird der Leckerbissen zu hoch gehalten.
✦ Sobald der Hund sitzt, erhält er seine Belohnung.
✦ Wenn er diese Übung zuverlässig ausführt, fügt man, kurz bevor er sich hinsetzt, den Befehl „Sitz!" hinzu.
✦ Es ist wichtig, daß sich der Hund immer hinsetzt, bevor er sein Futter erhält oder ihm die Leine angelegt wird. Denn auf diese Weise lernt er, „Bitte!" und „Danke!" zu sagen.

Rechts: Guterzogene Hunde dürfen an geeigneten Plätzen ohne Leine herumtollen. Je folgsamer sie sich verhalten, desto mehr Freiheiten werden ihnen zugestanden.

Links: Der Futternapf wird so über den Kopf des Welpen gehalten, daß er sich hinsetzen muß. Erst dann kann er sehen, was der Napf beinhaltet.

„PLATZ!"

✦ Sobald der Welpe auf den Befehl „Sitz!" richtig reagiert, kann man mit der nächsten Übung beginnen.
✦ Zunächst zeigt man ihm wiederum einen Leckerbissen. Dann legt man die Hand, in der man die Leckerei noch immer hält, genau zwischen die Pfoten des Welpen. Für ihn ist die ersehnte Belohnung nun durch die Hand verdeckt.
✦ Wenn der Hund versucht, den Leckerbissen zu nehmen, muß er seinen Kopf und seinen Körper senken. Sobald er sich hinlegt, bekommt er die Belohnung.
✦ Wenn der Welpe es nicht gleich versteht, sollte man ein wenig Geduld mit ihm haben und es nach einer kleinen Pause noch einmal versuchen.

✦ Manchmal läßt er sich auch mit einem Trick überlisten. Dazu plaziert man Futter oder Spielzeug unter einen Sessel oder einen niedrigen Tisch. Um das begehrte Objekt zu erreichen, muß sich der Welpe nun auf den Boden legen.

✦ Übung macht den Meister! Allerdings sollte man ihm dabei genügend Ruhepausen gönnen.

✦ Legt er sich von allein hin, fügt man den Befehl „Platz!" hinzu.

✦ Sobald er folgt, erhält er eine Belohnung und seine Streicheleinheiten.

Einsatz von Leckerbissen

Im Laufe der Zeit erhöht man die Forderungen an den Hund, bevor dieser sein Lob oder eine Belohnung erhält. Das bedeutet, daß man den Hund länger in der Sitz- oder Platzposition verharren läßt, weiter weg geht und für mehr Ablenkung sorgt, bevor er gerufen wird. Führt der Hund alle drei Übungen zuverlässig aus, beginnt man, ihn lediglich für die schnellste Reaktion zu belohnen. Dabei wechselt man zwischen Leckerbissen, Spielzeug oder Lob ab. Auf diese Weise wird der Hund immer gespannt sein, welche Belohnung er bekommt, wenn er seine Sache gut gemacht hat.

Loben ist sehr wichtig. Sobald der Hund das gewünschte Verhalten gezeigt hat, sollte er zur Vertiefung des Lernziels ausgiebig mit Streicheleinheiten, Leckereien und in einem wohlwollenden Tonfall belohnt werden.

Oben links und oben: Manche Rassen sind gute Apportierer, die fast alles zurückbringen. Jede Übungsstunde wird mit einer Belohnung oder mit einem Spiel beendet.

Unten: Beim Spaziergang muß der Hund immer unter Kontrolle gehalten werden. Laufen an der losen Leine gehört zur Grundausbildung, denn erst ein Ausflug ohne Gezerre an der Leine macht wirklich Spaß.

Erziehung

Hundeschulen ✦ Übungen zu Hause ✦ An der Leine gehen ✦ „Laß das!"

Das Ziel einer artgerechten Erziehung ist, daß Mensch und Hund ein gutes Team bilden. Dies gelingt nur, wenn die Grundausbildung auf gegenseitigem Respekt und Verständnis basiert. Dann gehorcht der Schützling nicht aus Angst, sondern weil er seinem Besitzer vertraut. Für eine gute Ausbildung genügt es nicht, einmal pro Woche eine Hundeschule zu besuchen. Im täglichen Umgang, der geprägt ist durch konsequentes Handeln und die Freude am gemeinsamen Miteinander, lernt der Hund sich unterzuordnen. In einer Hundeschule erfährt der Besitzer darüber hinaus, wie er seinem Hund die nötigen Umgangsformen beibringt. Wie Menschen reagieren auch Hunde in Streßsituationen oft aggressiv. In einer Schule wird dem Halter gezeigt, wie damit umzugehen ist.

„Üben, üben, üben!", lautet das Motto auch bei erwachsenen Hunden. Allerdings sollten solche Befehle wie „Sitz!" und „Platz!" (siehe Seite 86) erst dann erarbeitet werden, wenn der Hund eine enge Beziehung zu seinem neuen Besitzer aufgebaut hat.

Übungen mit der Leine

Für Hunde jeden Alters ist das An-der-Leine-Gehen eine wichtige Grundlektion. Am besten beginnt man mit dieser Übung zu Hause, denn im Park ist der Hund viel zu aufgeregt, als daß er auf die neuen Befehle achten würde. Zunächst sollte man den Hund auffordern, einmal ohne Leine mit um das Haus zu gehen. Indem man ihn streichelt oder leicht drückt, lockt man ihn neben das linke Bein und gibt den

Links: Jede Unterrichtsstunde soll Spaß machen. Wichtigste Voraussetzungen für den gemeinsamen Lernerfolg sind gegenseitiges Vertrauen und Respekt.

WORAN ERKENNT MAN EINE GUTE HUNDESCHULE?

✦ Sehen Sie bei einer Unterrichtsstunde zu, bevor Sie sich anmelden.
✦ Der Abrichteplatz muß groß sein.
✦ Ein alltagsnaher Kurs findet nicht nur auf dem Übungsplatz statt.
✦ Pro Kursleiter genügen acht Hunde, auf keinen Fall dürfen mehr als zwölf in einer Gruppe sein.
✦ Die Ausbildung soll freundlich, verständnisvoll und eine angenehme Erfahrung für alle Beteiligten sein.
✦ Die Ausbilder sollten erfahren im Umgang mit älteren Hunden sein.
✦ Die Hunde dürfen nicht angeschrien werden.

Befehl „Bei Fuß!". Wenn er neben dem linken Bein steht, lobt man ihn, denn die Übung soll schließlich Spaß machen. Damit der Hund auch im Gehen neben dem linken Bein bleibt, lobt man ihn ständig weiter.
✦ Sobald der Hund brav „bei Fuß" geht, legt man ihn an die Leine. Auch dies übt man man erst zu Hause.
✦ Mit durchhängender Leine geht man langsam voraus, dann gibt man den Befehl. Sobald er wieder neben dem linken Bein steht, wird er gelobt.
✦ Spannt sich die Leine, stoppt man und geht erst dann weiter, wenn der Hund nicht mehr an ihr zieht.
✦ Bald beginnt er zu begreifen, daß er durch ruhiges Mitlaufen schneller in den Park kommt.
✦ Bei Hunden, die immer wieder ziehen, kann man statt des Halsbandes ein Brustgeschirr verwenden. Es muß gut sitzen und darf nicht scheuern.

„LASS DAS!" ODER „AUS!"

Dieser Befehl bedeutet, daß der Hund den Gegenstand nicht berühren darf. Hat er bereits etwas genommen, so muß er es sich jederzeit wieder aus dem Maul nehmen lassen. Innerhalb der Familie sollte man sich auf einen der beiden Befehle einigen.
✦ Man hält einen Leckerbissen zwischen den Fingern und zeigt ihn wortlos dem Hund. Will er ihn schnappen, sagt man „Laß das!"

✦ Sobald der Hund die Schnauze zurückzieht, und sei es auch nur für einen winzigen Augenblick, lobt man ihn und reicht ihm den Happen mit den Worten „Nimm!" oder „Danke!"
✦ Wie alle anderen Befehle muß auch dieser eine Zeitlang geübt werden, bis der Hund lernt, nicht nach jedem begehrten Leckerbissen zu gieren.
✦ Aus dieser Übung kann leicht ein lustiges Spiel entstehen, das die gute Beziehung zwischen Besitzer und Hund stärkt. Zudem wird der Hund dabei ausreichend belohnt. Für die

Oben: Positive Verstärkung kann das Verhalten des Hundes enorm beeinflussen. Lob und Leckereien zeigen ihm deutlich, daß er sich korrekt verhalten hat. Mit unterschiedlichen Belohnungen macht das Lernen Spaß.

Sicherheit des Hundes ist es von großer Bedeutung, daß er sich jederzeit etwas aus dem Maul nehmen läßt. Egal, ob es sich dabei um eine Leckerei oder eine hart erkämpfte Beute, wie etwa einen Ball, handelt. Nach der Übung erhält der Hund den Happen oder das Spielzeug zurück.

Rangordnung

Der Rudelinstinkt ✦ Aufmerksamkeit ✦ Machtkämpfe ✦ Rudelführung

Hunde sind Rudeltiere mit einem ausgeprägten Sinn für soziale Nuancen und Differenzierungen innerhalb ihrer Gemeinschaft. In einem Rudel wird das Zusammenleben der einzelnen Mitglieder von präzisen Regeln bestimmt. Wenn jedes Tier seinen Platz und seine Aufgabe kennt, fühlt es sich wohl und geborgen. Für einen Haushund ist die Familie sein Ersatzrudel. Um sich dort sicher zu fühlen, benötigt er viel Zuwendung und klare Regeln.

Die Rangordnung

Die Rangordnung ist bei Hunden relativ leicht erkennbar: Je höher der Rang, desto mehr Rechte hat das betreffende Individuum. Die Vorherrschaft hat in der Regel der physisch Stärkste. Doch körperliche Kraft und aggressives Verhalten allein reichen nicht aus, die soziale Rangordnung fest- und herzustellen. Hunde bedienen sich darüber hinaus einer subtilen Körpersprache. Einige dieser Signale sollten auch Hundebesitzer kennen.

Aufmerksamkeit

Je höher der Rang eines Individuums ist, desto mehr Aufmerksamkeit und Zuwendung kann es verlangen. Manche Hunde verhalten sich äußerst geschickt, wenn sie mehr Beachtung erlangen wollen. So drehen sie ihrem Besitzer ungeniert den Rücken zu, um gekrault zu werden. Nicht immer ist es ratsam, diesem Wunsch sofort Folge zu leisten, da die Achtung des Hundes vor seinem Halter steigt, wenn ihm dieser nach eigenem Gutdünken Aufmerksamkeit schenkt, zum Beispiel nachdem der Hund eine kleine Aufgabe erfüllt oder einen Befehl wie „Sitz!" ausgeführt hat.

Oben: Hunde, die sich gut ins „Familienrudel" einfügen, lassen sich auch leichter ausbilden. Ein glücklicher Hund freut sich, wenn sein Besitzer mit ihm zufrieden ist.

Unten: Tägliche Gehorsamsübungen vor der Mahlzeit wie zum Beispiel „Sitz!" festigen das Band zwischen Hund und Besitzer und verstärken zugleich dessen Führungsrolle.

Bewegungsfreiheit

Viele Hunde eignen sich problemlos für eine Erziehung, in der die Grenzen sehr weit gesteckt sind. Sie nützen ihren Freiraum, ohne ihn „auszunützen". Andere dagegen benötigen striktere Regeln. Sobald ein Hund ständig im Weg liegt oder seinen Besitzer vom Sofa schiebt, ist es höchste Zeit, das Verhältnis zwischen Halter und Hund neu zu überdenken. Bereiche und Regeln müssen klar definiert sein. So gibt es Räume im Haus, die der Vierbeiner nicht betreten darf, oder man macht ihm klar, daß er auf den Sesseln nichts verloren hat. Auch hier gilt: Je höher der Sitzplatz, desto höher der Rang.

Machtkämpfe

Einige Hunde benutzen Spielsachen, um ihren Besitzer herauszufordern. Ein Hund, der ständig spielen will, aber mit dem Spielzeug davonrennt, ohne es zurückzubringen, muß daran erinnert werden, wer die Oberhand hat. Hin- und herziehen ist ein beliebtes Spiel, aber nur solange der Hund am Ende das Spielzeug auch wieder herausgibt. Oft hilft es, wenn man ein Spielzeug durch ein anderes ersetzt. Dabei lernt der Hund, den jeweiligen Gegenstand ohne größere Auseinandersetzungen wieder herzugeben.

Oben: Bevor die meisten Hunde gelernt haben, ordentlich an der Leine zu gehen, ziehen sie ständig daran, auch wenn sie dabei fast ersticken. Motivation ist auch hier der Schlüssel zum Erfolg.

Der Anführer

Ein Spaziergang im Park ist für viele Hunde genauso aufregend wie eine richtige Jagdexpedition. Der Besitzer führt als „Leithund" die Jagd an, sobald er aus der Haustür tritt. Ganz klar, daß ihm deshalb auch der Vortritt an der Tür gebührt. Versucht der Hund jedoch, zuerst durch die Tür zu stürmen, schließt man sie schnell, aber vorsichtig und versperrt ihm dadurch den Weg. Nach einigen Wiederholungen tritt der Hund ganz von selbst einen Schritt zurück und gibt den Weg frei.

Wenn der Vierbeiner von klein auf weiß, was von ihm erwartet wird, was er tun darf und was er unterlassen muß, wird es auch später kaum Probleme geben. Feste Regeln vermitteln ihm das Gefühl von Sicherheit und Geborgenheit. Falls er diese jedoch nicht respektiert oder allzu forderndes Verhalten zeigt, sollte man einen Tierarzt zu Rate ziehen. Nur er kann beurteilen, ob ein Spezialist für Verhaltensstörungen konsultiert werden sollte. Bis dahin jedoch ist es ratsam, sich nicht auf eine direkte Konfrontation mit dem Hund einzulassen. Hunde sind sehr wohl in der Lage, eine Auseinandersetzung mit Hilfe ihrer Zähne zu gewinnen, die sie auch einsetzen, wenn sie sich bedrängt fühlen.

Unten: Haustiere bestimmen ihre Rangordnung selbst. Anschließend entwickelt sich meistens eine gute und dauerhafte Beziehung.

Unten: Ein Welpe knabbert gern an Schuhen. Wenn man ihn mit etwas Leckerem ablenkt, wird er ihn bald auf Befehl loslassen.

Schlechte Angewohnheiten

Gerechtigkeit muß sein! ✦ Körperliche Züchtigung und Aggression ✦ Wie man Agressivität und Unarten vermeidet

Obwohl Hunde unsere Körpersprache sowie einfache Worte „verstehen“, sind unsere Wertvorstellungen für sie ein undurchdringliches Geheimnis.

Gerechtigkeit muss sein

Ein Hund, der zur Begrüßung freudig an seinem Herrn hochspringt, kann nicht zwischen Sonntags- und Arbeitskleidung differenzieren. Unterschiede wie neu oder alt, festlich oder alltäglich kennen nur Menschen. Ein Hund weiß weder, was der Sonntag für den Menschen bedeutet, noch, woran er einen guten Anzug erkennen soll. Einen Hund zu bestrafen, nur weil er sich wie ein Hund benimmt, ist das Dümmste, was man machen kann.

Züchtigung und Aggression

Auch in der Hundeerziehung führt körperliche Züchtigung nicht zum Erfolg. Physische Gewaltanwendung hat gravierende Nachteile: Wird ein Hund bestraft, weil er erst nach mehrmaligem Zurufen kommt, gehorcht er das nächste Mal nur ungern. Zudem duckt er sich oder verharrt in einer unterwürfigen Haltung, wenn man ihn streicheln möchte. Gezüchtigte Hunde entwickeln ein Verhalten, das man als „handscheu“ bezeichnet.

Normalerweise lernt ein Hund, Verhaltensweisen zu wiederholen, wenn sie mit einer positiven Reaktion verbunden sind. Allerdings befolgt er nur ungern Befehle, mit denen er negative Folgen assoziiert. Hunde bringen eine körperliche Bestrafung nicht mit der „Übeltat“, sondern mit der strafenden Person in Verbindung. Der Hund hält den Menschen für die Ursache seiner Schmerzen und glaubt deshalb auch, daß er sich gegen ihn zur Wehr setzen müsse. Oft werden sehr selbstbewußte Hunde schon bei der Androhung von Schlägen aggressiv und fangen in vermeintlicher Notwehr zu beißen an.

Oben: Hunde, die sich anderen Hunden gegenüber aggressiv verhalten, haben nicht rechtzeitig gelernt, friedlich mit Artgenossen umzugehen. Spätere Disziplinierungsmaßnahmen erfordern Geduld und Engagement.

Aggressivität vermeiden

Hunde reagieren auf körperliche Züchtigung oft aggressiv und beißen. Bißwunden vom eigenen Hund treten häufiger auf als Verletzungen, die durch fremde Hunde verursacht werden. Der Grund dafür liegt oft in unangemessener Bestrafung.

Die meisten Hundebesitzer lehnen körperliche Gewalt gegen Hunde ab, da sie wissen, daß Schläge die Unarten nur noch verschlimmern. Auch unbeherrschtes Handeln stürzt den Hund in Verwirrung: Wie soll der Hund auf einen Rudelführer reagieren, der ihn mit Geschrei oder lautem Schimpfen überschüttet, sobald dessen Anweisungen falsch ausgeführt werden. Da Hunde stark auf den Ton-

Links: Ein wohlerzogener Hund ist selbstbewußt und fühlt sich auch in Gegenwart anderer Hunde und Menschen sicher.

Oben: Bellen wird oft mit Anschreien „belohnt". Der Hund interpretiert diese Reaktion als Aufmunterung und bellt fröhlich weiter, da er glaubt, sich vollkommen richtig verhalten zu haben.

Oben: Zeigt ein Hund Aggressionen oder gerät er schnell außer Kontrolle, ist dies ein ernstzunehmendes Problem. Dann scheint es angebracht, einen Fachmann aufzusuchen.

fall achten, kann es sein, daß sie das Gebrüll als Aufforderung zum Bellen betrachten. Manche Hunde legen es darauf an, ihren Besitzer wütend zu machen, denn so haben sie ihr Ziel erreicht, Aufmerksamkeit zu erregen.

Unarten verhindern

Hunde lernen hauptsächlich durch Lob und Anerkennung. Strafe ist nur dann sinnvoll, wenn sie unmittelbar auf den Ungehorsam folgt. Die meisten Hunde springen zur Begrüßung gerne hoch, auch an fremden Personen. Dieses Verhalten ist zwar freundlich gemeint, kann aber sehr lästig sein. Anstatt den Hund durch aufgeregtes Getue mit Aufmerksamkeit zu belohnen, wendet man sich von ihm ab, bis er wieder mit allen Vieren auf dem Boden steht. Für eine Begrüßung ohne Anspringen erhält er dagegen viel Lob und Streicheleinheiten.

Abneigung erzeugen ist eine weitere Methode, dem Hund sein schlechtes Benehmen abzugewöhnen. Dabei unterbricht man sein Fehlverhalten, indem man ihm etwas Unangenehmes zufügt, ihn zum Beispiel mit Wasser bespritzt oder durch einen lauten Ton erschreckt. Fühlt man sich wurfsicher, so kann man auf Spaziergängen leichte Wurfgeschosse wie Eicheln oder Kastanien mitnehmen. Sobald der Vierbeiner auf den Befehl „Komm!" nicht herbeieilt, wirft man eine Eichel nach ihm. Das Geräusch erschreckt ihn. Der Hund erfährt also im Moment des Ungehorsams etwas Unangenehmes. Man soll mit dieser Art der Disziplinierung allerdings sehr vorsichtig umgehen, da sie den Hund ängstigen kann. Strafen dienen nicht dazu, Aggressionen abzubauen, sondern sollten als Lernhilfe verstanden werden. Je konsequenter, verständnisvoller und geduldiger man ist, desto mehr Erfolg hat man in der Erziehung des Hundes.

Stubenreinheit

Sauberkeitserziehung ✦ Richtiges Lernen ✦ Urinieren als Unterwerfung

Da ein Welpe seine Körperfunktionen nicht sicher beherrscht, sind gelegentliche „Mißgeschicke" nicht ganz zu vermeiden. Je genauer man ihn während der ersten Zeit beobachtet, desto schneller wird er stubenrein.

Lernt der Welpe, von Anfang an, am richtigen Platz sein „Geschäft" zu verrichten, werden Probleme mit der Sauberkeit schon bald der Vergangenheit angehören.

Richtiges Lernen

✦ Zunächst sucht man einen Ort im Freien, an dem der Hund ungestört sein „Geschäft" verrichten kann, ohne Passanten oder Nachbarn zu belästigen.
✦ Nach dem Aufwachen, Spielen oder Fressen sowie nach jeder Art von Aufregung führt man den Hund hinaus.
✦ Geduld ist auch bei nassem und kaltem Wetter erforderlich.
✦ Wenn man beim Hinausgehen ein bestimmtes Wort, wie etwa „Gassi", verwendet, verbindet der Kleine dieses bald mit seinem Bedürfnis.
✦ Sobald er draußen anfängt herumzuschnüffeln oder sich im Kreis zu drehen, ermutigt man ihn.
✦ Hat er sein „Geschäft" am vorgesehenen Platz erledigt, wird er belohnt.
✦ Der Welpe muß alle ein bis zwei Stunden hinausgeführt werden. Höchste Zeit ist es, wenn er beginnt auffällig herumzuschnüffeln oder sich um sich selbst zu drehen.
✦ War eine Unternehmung einmal nicht mit Erfolg gekrönt, behält man den Hund bis zum nächsten Ausgang

Oben rechts und rechts: Erzieht man den Welpen so, daß er sein „Geschäft" nur auf Zeitungspapier macht, kann er draußen und drinnen nicht auseinanderhalten. Für den Notfall ist Zeitungspapier sehr nützlich, im Normalfall jedoch nicht.

Ganz links: Welpen schnüffeln und drehen sich im Kreis, bevor sie sich erleichtern. Meistens bevorzugen sie einen bestimmten Platz.

Links: Ein verantwortungsbewußter Hundehalter läßt seinen Hund niemals den Gehweg für dessen „Geschäft" benützen. Er führt eine Plastiktüte und eine kleine Pappschaufel mit, um den Haufen aufzunehmen und zu Hause zu entsorgen.

Unten: Rüden heben das Bein und hinterlassen durch Urinieren ihre Duftmarke.

im Auge. Wer wenig Zeit hat, sperrt ihn in einen mit Zeitungspapier ausgelegten Laufstall.

✦ Die meisten Hunde sind keine Bettnässer. Der Vierbeiner wird sein „Geschäft" nicht auf seinem Schlafplatz verrichten, sondern sein Bedürfnis in der Regel rechtzeitig mitteilen.

✦ Ertappt man den Welpen auf frischer Tat, sollte man ihn schnell nach draußen an seinen Toilettenplatz bringen und mit Bestimmtheit „Raus!" sagen.

✦ Mißgeschicke können passieren. Statt den Hund zu tadeln, führt man ihn hinaus und lobt ihn dort für jeden Tropfen, den er an der richtigen Stelle hinterläßt.

Nur keinen Ärger!

Wenn man auf ein Malheur ärgerlich reagiert, bringt das die Erziehung zur Stubenreinheit nicht weiter. In der Regel beziehen Hunde diese Reaktion auf das, was sie hinterlassen haben, und nicht auf ihre Handlung. Sie wissen demnach nicht, warum sie bei einer Pfütze im Haus ausgeschimpft werden, vielmehr empfinden sie Angst, sobald man den Haufen oder die Pfütze findet. Strafmaßnahmen, wie die Hundenase in den Kot oder Urin zu stecken, sind sinnlos und sollten daher vermieden werden.

Viele Hundebesitzer richten ihre Vierbeiner darauf ab, das „Geschäft" auf Zeitungspapier zu verrichten. Da bei dieser Methode zwei Erziehungsschritte zu bewältigen sind, dauert es länger, bis der Hund stubenrein ist.

Begrüssung mit Folgen

Manche Hunde urinieren bei der Begrüßung, obwohl sie längst stubenrein sind. Dergestalt bringen sie ihre Ehrerbietung zum Ausdruck. Welpen legen sich auf den Rücken, strecken beim Sitzen ein Bein weg oder ducken sich auf den Boden, wenn sie auf einen Ranghöheren treffen.

Macht der kleine Racker bei der Begrüßung vor Freude eine Pfütze, so ist dies kein Unglück, da es nichts anderes bedeutet als eine freiwillige Unterwerfung, die man am besten ignoriert. Indem man wieder aus dem Haus geht und ihn seinen Begrüßungstanz draußen aufführen läßt, umgeht man die Gefahr.

Darüber hinaus kann man sich neben ihn auf den Boden setzen und freundlich mit ihm sprechen, ohne ihn dabei direkt anzusehen. Das beruhigt den Rangniedrigsten der Familie, der nun weiß, daß er nichts Schlimmes zu befürchten hat.

Der eigene Bereich

Schlaf- und Futterplatz ✦ Schutz vor Flöhen ✦ Freßverhalten

Jeder Hund braucht seinen eigenen Bereich in der Wohnung. Dorthin kann er sich zurückziehen, wenn er sich ausruhen möchte oder ihm der Trubel im Haus zuviel wird. Ebensowichtig ist ein fester Futterplatz, an dem er seine Mahlzeiten und etwas zu trinken vorfindet.

Links: Welchen Hundekorb man auch wählt, ob geflochten oder aus Kunststoff, spielt keine Rolle, wenn er nur bequem, warm und groß genug für den Vierbeiner ist. Die Liegefläche muß soviel Platz bieten, daß er sich gut ausstrecken kann und nicht vom Korbrand eingeengt wird.

TRÄUME SÜSS!

Die Suche nach einem geeigneten Schlafplatz stellt dann kein Problem dar, wenn der Hund ihn sich allein aussuchen kann. Ist dies nicht der Fall, entscheidet der Besitzer, welchen Platz er für den richtigen hält. Einige Hundehalter lassen den Vierbeiner nachts gern im Schlafzimmer übernachten. Der Hund liegt dann entweder unter oder auf dem Bett des Besitzers, oder er macht es sich im eigenen Körbchen gemütlich.

Wenn der Hausgenosse mit im Bett schlafen darf, muß er sich auch gut benehmen können. Sobald er beginnt, das Bett des Halters als sein eigenes zu verteidigen, oder bestimmt, wer ins Bett darf und wer nicht, sollte man sofort etwas dagegen unternehmen. Auf jeden Fall muß der Vierbeiner umgehend Platz machen, wenn man ihn dazu auffordert, denn sonst hat man im eigenen Bett bald nichts mehr zu melden. Wer allerdings Wert auf blütenweiße Bettlaken legt und eine Aversion gegen Schnarcher zeigt, bietet seinem Hund besser einen eigenen Schlafplatz an. Diese Lösung ist auch hygienischer.

Jeder Hund benötigt einen festen Platz in der Wohnung, an dem er sich ausruhen kann. Um sich dort auch so

Rechts: Ein bequem ausgelegtes Hundebett spendet Wärme und vermittelt ein Gefühl von Sicherheit. Für Welpen, die alles anknabbern, ist eine billige Einlage zu empfehlen.

richtig wohlzufühlen, benötigt er einen Hundekorb. Im Fachhandel sind Körbe in verschiedenen Formen und Größen und mit unterschiedlichen Einlagen erhältlich. Für Hunde, die zu Erkältungen neigen, gibt es beheizbare Komfortkissen.

Bei der Anschaffung eines Hundekorbs sind zwei Kriterien besonders wichtig: Zum einen muß der Korb mit einer Unterlage ausgestattet sein, die man herausnehmen und waschen kann. Geflochtene Hundekörbe sind hübsch anzusehen, lassen sich aber nur sehr schlecht reinigen, außerdem knabbern die meisten Hunde gern an dem Flechtwerk. Deshalb ist ein Hundebett aus Kunststoff mit einer waschbaren Einlage wahrscheinlich die bessere Lösung. Zum anderen muß das Bett der Größe des Hundes entsprechen. Er hat dann ausreichend Platz, wenn er sich auf der Seite liegend ausstrecken kann.

Keine Flöhe im Haus

Flöhe sind nicht nur für den Hund, sondern auch für seinen Besitzer eine Plage, da sich diese lästigen Parasiten nicht nur auf ihrem Wirt, sondern auch in dessen unmittelbarer Nähe aufhalten. Sie bevorzugen gutbeheizte Räume und vermehren sich relativ schnell. Deshalb muß der Korb samt Einlage sorgfältig gereinigt werden.

Unten: Hunde werden häufig von Flöhen geplagt. Regelmäßig angewandtes Flohpulver oder -shampoo kann einen Ungezieferbefall verhindern.

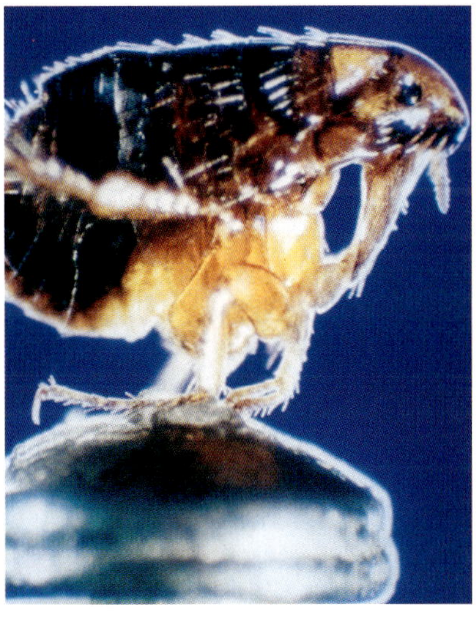

Im Fachhandel sind zahlreiche Mittel gegen diese Plagegeister erhältlich. Beim Kauf eines bestimmten Präparats sollte nicht der Preis ausschlaggebend sein, sondern die Qualität, da Flöhe schnell gegen Chemikalien resistent werden. Deshalb ist auch eine Beratung durch den Tierarzt, der die neuesten Produkte kennt, sinnvoll (siehe Seite 139).

Futterplatz

Hunde gewöhnen sich schnell und mühelos an den für die Mahlzeiten vorgesehenen Platz. Natürlich sind die Freßnäpfe getrennt vom eigenen Geschirr aufzubewahren und auch separat zu reinigen. Da schmutzige Freßnäpfe Ungeziefer anziehen, müssen sie stets gründlich gesäubert werden. Übriggebliebenes Futter darf nicht zu lange stehenbleiben, es sei denn, der Hund bekommt Trockenfutter, das er den ganzen Tag über zu sich nehmen kann. Bei der Wahl des Futterplatzes sollte man auch die Beschaffenheit des Bodens berücksichtigen, da dieser oft gewischt werden muß. Sobald das Futter aus großen Fleischstücken besteht, nehmen die Hunde die Brocken aus dem Napf und legen sie auf den Boden, bevor sie sie zerkauen. Das macht auf Dauer natürlich kein Perserteppich mit.

Oben: Hunde brauchen ihren eigenen Futternapf, der immer am selben Platz stehen sollte. Man darf sie nicht aus dem Geschirr des Besitzers fressen lassen. Für Rassen mit sehr langen Ohren gibt es Näpfe, die verhindern, daß die Ohren in die Mahlzeit hängen.

Vergraben

Noch heute gehen viele Verhaltensweisen der Hunde auf deren Vorfahren, die Wölfe, zurück. Diese vergruben ihre überschüssige Nahrung in der Erde, um sie vor Aasfressern oder, in heißen Klimazonen, vor Fliegen zu schützen. In der Regel verscharrten sie die Reste in der Nähe der Beute.

Ähnlich wie seine Vorfahren frißt ein hungriger Hund alles Eßbare. Die Reste der Mahlzeit werden, sofern vorhanden, in den Garten getragen und dort vergraben.

Wenn der Hund einen Knochen eingräbt, obwohl er noch hungrig ist, folgt er einem archaischen Urinstinkt: In füheren Zeiten bewahrte er alles auf, was er nicht sofort verzehren konnte.

Sicherheit zu Hause

Haus und Garten ✦ Kauknochen ✦ Graben ✦ Hundezwinger

Bevor ein kleiner Hund ins Haus kommt, sollte man sicherheitshalber einige Vorsichtsmaßnahmen ergreifen. Welpen sind neugierig und absolut unbefangen, sie nehmen alle möglichen Gegenstände ins Maul. Außerdem überwinden sie bemerkenswerte Höhen und Hindernisse.

Kauzwang

Hunde haben gute und zweckmäßig geformte Zähne, mit denen sie alles, vom harten Stöckchen bis zum Knochen, klein kriegen. Da Kauen für den Vierbeiner ein natürliches Bedürfnis ist, braucht er Gegenstände, an denen er ungestraft nagen darf. Hundespielzeug oder Kauknochen sind nicht teuer und halten den Welpen erfolgreich davon ab, sich an der Wohnungseinrichtung zu vergreifen. Außerdem lernt der Hund auf diese Weise leichter, daß bestimmte Dinge für ihn tabu sind. Beim Kauf ist darauf zu achten, daß die Materialien ungefährlich sind.
Kauknochen: Dieser besteht meist aus getrockneter Büffelhaut und hält relativ lange. Wenn der Knochen weich und glitschig wird, kann der Hund ihn ganz auffressen. Allerdings muß man bei einem sehr jungen Tier darauf achten, daß es an dem allerletzten Stückchen nicht erstickt.
Gekochte oder rohe Knochen: Am besten eignen sich Mark- oder Rinderknochen, die man beim Metzger günstig erstehen kann. Von Hühnerknochen ist abzuraten, weil sie splittern und schlimme Verletzungen des Verdauungstrakts hervorrufen können.
Gummispielzeug und Kunststoffknochen: Dieses Kauspielzeug ist absolut ungefährlich. Hohles Spielzeug kann man mit Futter füllen und den Hund damit überraschen.

Der kleine Beisser

In einem Haus herrschen für Welpen meist paradiesische Verhältnisse. Überall finden sie interessante Dinge, die sie erforschen und an denen sie ihre Beißkraft erproben können. Mitunter ist dies nicht ganz ungefährlich.

Eine ganz besondere Vorliebe entwickeln die Kleinen für Kugelschreiber, Schuhe, Socken und Haarbürsten. Auch Stromkabel, Sofaecken und Teppichfransen nagen sie gern an. Beißen die Vierbeiner auf einem unbekömmlichen Gegenstand herum, bietet man ihnen einen Leckerbissen zum Tausch an. Es ist wichtig, auch dann ruhig zu bleiben, wenn die Welpen das begehrte Objekt nicht sofort wieder hergeben.

Welpen stibitzen gern Dinge, um die Aufmerksamkeit auf sich zu lenken. Wenn das entwendete Stück für den Hund ungefährlich ist, genügt es, sich umzudrehen und wegzugehen. Läßt er von seiner Beute jedoch nicht ab, kann man ihn durch verschiedene Geräusche, wie zum Beispiel mit dem Freßnapf klappern oder an der Haustür klingeln, leicht ablenken. Sobald der Hund das begehrte Objekt fallen läßt, nimmt man es ihm sofort weg. Je weniger Aufhebens um die Angelegenheit gemacht wird, desto besser. Denn der Schlauberger begreift schnell, was er tun muß, um sich nicht mehr zu langweilen.

Apportierhunde

Einige Rassen, wie der Golden Retriever, der Cockerspaniel oder weitere Jagdhunde, wurden extra zum Apportieren gezüchtet. Solche Hunde bringen zur Begrüßung meistens ein kleines Geschenk mit. Wenn man verhindern möchte, daß der Vierbeiner jeden beliebigen Gegenstand durch das Haus zerrt, gibt man ihm ein Spielzeug, das er schnell findet und herbringen kann. Einen Apportierhund für sein natürliches Verhalten zu bestrafen kann unter bestimmten Umständen zu ganz erheblichen und möglicherweise dauerhaften Verhaltensstörungen führen.

Unten: Im Garten kann ein Auslaufgitter für den Hund sehr nützlich sein.

Unten: Jeder Hund freut sich, wenn er auf einem alten Schuh herumkauen darf.

Oben: Zwinger können für Hunde geeignet sein, die sich ungern im Haus aufhalten. Um sie nicht ständig allein zu lassen, verwahrt man sie dort aber nur vorübergehend.

Unten: Löcher im Garten zu graben ist nur in der Hundeecke erlaubt.

Löcher graben

Hat der Hund erst einmal Spaß am Graben von Löchern gefunden, ist es fast unmöglich, ihm diese Unart wieder abzugewöhnen. Am besten weist man dem Vierbeiner von Anfang an eine eigene Ecke im Garten zu. Dort darf er nach Herzenslust buddeln. Besonders interessant wird diese Stelle, wenn man dort zusätzlich ein Spielzeug für ihn versteckt.

Hundezwinger

Hunde sind Rudeltiere. Sie benötigen nicht nur Futter und Wasser, sondern auch Gesellschaft und Zuwendung. Die Haltung von Hunden in Zwingern ist artwidrig, da sie eines ihrer vitalen Grundbedürfnisse ignoriert: nämlich Kontakt mit der neuen Familie aufzunehmen. Hunde, die im Zwinger aufgewachsen sind, zeigen oft massive Verhaltensstörungen, wenn sie einen großen Teil ihrer Zeit ganz allein und unbeachtet in ihrem Zwinger verbringen müssen.

Manchmal bellen Hunde aus Langeweile sehr lange und ausdauernd, was verständlicherweise nicht besonders förderlich für gutnachbarliche Beziehungen ist. Wenn der Vierbeiner dennoch im Zwinger gehalten wird, muß man dafür sorgen, daß er ausreichend Gesellschaft und Beschäftigung hat. Auf jeden Fall sollte der Hund immer nur für einen beschränkten Zeitraum im Zwinger gehalten werden.

Eine sichere Umgebung

✦ Zu Beginn halten Sie Haustür und niedrige Fenster verschlossen, so daß Ihr Hund nicht weglaufen und herumstreunen kann.
✦ Bewahren Sie zerbrechliche und gefährliche Gegenstände außerhalb der Reichweite des Hundes auf.
✦ Entfernen Sie alle wertvollen Dinge, bis Ihr Hund die Hausordnung gelernt hat.
✦ Ziehen Sie alle Stromkabel aus der Steckdose, und legen Sie die Kabel in unerreichbare Höhe.
✦ Schützen Sie Ihren Hund vor giftigen Pflanzen in Ihrem Garten. Ihr Tierarzt kann Ihnen sicher eine Liste der Gewächse geben, die für Ihren Hund gefährlich sind.
✦ Versehen Sie das Gartentor mit einem Riegel, und verschließen Sie eventuelle Schlupflöcher in der Hecke oder im Zaun.

Mit dem Hund verreisen

Autofahren ✦ Öffentliche Transportmittel ✦ Auslandsreisen ✦ Hundepension

Hunde wollen am Familienleben und an Freizeitaktivitäten teilnehmen. Reisen mit dem Vierbeiner werden in der Regel problemlos verlaufen, wenn man ihn frühzeitig mit den verschiedensten Transportmitteln vertraut macht.

AUTOFAHREN

Da Wildhunde keinerlei Erfahrung mit Verkehrsmitteln haben, kann ein Haushund auch nicht auf natürliche Instinkte zurückgreifen. Man muß ihm also behutsam über die Anfangsschwierigkeiten hinweghelfen und das richtige Benehmen im Auto beibringen. Wichtig ist dabei, daß die ersten Erlebnisse keine unangenehmen Erinnerungen hinterlassen.

Bevor man losfährt, plaziert man den Hund auf dem Rücksitz und befiehlt ihm, stillzusitzen. Hat er sich etwas beruhigt, unternimmt man die erste Fahrt. Wie Menschen können auch Hunde reisekrank werden. Das Unwohlsein wird durch das ständige Hin- und Herlaufen auf der Rückbank verstärkt. Sobald der Hund sich an das Autofahren gewöhnt hat, verschwinden meist auch die Symptome der Reisekrankheit.

Aus Sicherheitsgründen sollte der Vierbeiner während der Fahrt in seiner Bewegungsfreiheit eingeschränkt werden. Ein Gitter, das den Kofferraum oder die Rückbank von den vorderen Sitzen trennt, oder eine Hundebox eignen sich hierfür gut. Beide Einrichtungen verhindern, daß der Hund beim Abbremsen des Kraftfahrzeugs nach vorn geschleudert wird oder aus dem Auto springt und dabei von einem Fahrzeug erfaßt wird.

Manche Hunde bellen vor Freude oder vor Aufregung im Auto, weil sie die Fahrt mit einem Spaziergang oder einem Besuch bei Bekannten verbinden. Ein solches Verhalten kann man ihnen abgewöhnen, indem man die Fahrtstrecken öfters variiert oder eine Spritztour mit dem Schreihals unternimmt, ohne unterwegs anzuhalten.

VORSICHT, HITZSCHLAG!

Auf gar keinen Fall dürfen Hunde an heißen Tagen im Auto gelassen oder in den Kofferraum gesperrt werden. Entsteht im Auto ein Hitzestau, können Hunde in kürzester Zeit an Hitzschlag sterben.

BAHN- UND BUSFAHRTEN

Damit sich der kleine Weltenbummler nicht vor dem Schaukeln und dem Rattern sowie vor den Menschenmen-

Oben: Bei langen Autofahrten braucht der Hund immer wieder Pausen, damit er sich entleeren oder Wasser trinken kann, besonders dann, wenn es sehr heiß ist.

Unten: Im Fachhandel sind Sicherheitsgurte für Hunde erhältlich. Hundegeschirr sollte in die Verschlüsse des Sicherheitsgurtes passen.

gen fürchtet, macht man ihn behutsam mit Bahn- und Busfahren vertraut. Selbstverständlich sind dabei die Vorschriften der Verkehrsbetriebe zu beachten. Man hält den Hund an der Leine und nimmt Rücksicht auf die anderen Fahrgäste. Auch wenn für den Hund der halbe Fahrpreis zu entrichten ist, hat er keinen Anspruch auf einen Sitzplatz und gehört stets auf den Fußboden.

Flugreisen

Die Einreisebestimmungen für Tiere unterscheiden sich von Land zu Land. Fliegt man zum Beispiel in eines der tollwutfreien Länder wie Japan, Großbritannien oder Australien, muß man das Tier vor Reisebeginn für eine längere, gesetzlich geregelte Zeit in Quarantäne halten. Andere Staaten verlangen lediglich einen Impfpaß, in dem vom Tierarzt bestätigt wird, daß der Hund tollwutfrei ist und alle nötigen Impfungen fristgerecht erhalten hat. Es ist ratsam, sich rechtzeitig und eingehend über die Vorschriften der jeweiligen Länder, in die man mit dem Vierbeiner reisen möchte, zu informieren. So erspart man sich später unliebsame Überraschungen.

Der Hund bleibt zu Hause

Wenn der Hund nicht mit verreisen kann, sollte man sich rechtzeitig nach einer guten Unterbringungsmöglichkeit für ihn umsehen. Die Zwinger der Tierheime sind meist überfüllt; oft mit Tieren, die von unverantwortlichen Besitzern einfach ausgesetzt oder an der Tür des Tierheims angebunden wurden, um Unterbringungs- und Verpflegungskosten zu sparen.

Eine gute Hundepension ist Gold wert. Adressen erhält man in einer Hundeschule oder bei einem Tierarzt. Allerdings sollte man sich die Hundepension vorher genau ansehen, da es den meisten Hunden schwerfällt, sich auf die fremde Umgebung einzustellen. Um dem Hund die Trennung zu erleichtern, ist es ratsam, ihn schon vorher einige Male dorthin zu bringen und für kurze Zeit allein zu lassen. Will man den Hund nicht weggeben, empfiehlt es sich, einen Hundesitter zu engagieren, der das Tier in seiner vertrauten Umgebung betreut.

Oben: In einer Hundebox ist der Vierbeiner auch während der Fahrt gut aufgehoben. Sie bedeutet sowohl für den Fahrer als auch für den Hund Sicherheit. Die meisten Tiere fühlen sich in der Box schnell wohl.

Unten: In den meisten Ländern darf man Hunde in Bussen, Straßenbahnen und Zügen mitnehmen.

Eine gute Hundepension

✦ Es gibt einfach und luxuriös ausgestattete Hundepensionen.
✦ Die Pension muß einen sicheren und warmen Schlafplatz sowie genügend Freilauf bieten. Außerdem sollte man sich dort nach dem Impfpaß, dem Alter und dem gegenwärtigen Gesundheitszustand des Hundes erkundigen.
✦ Fragen Sie, wie oft Ihr Hund gefüttert und spazierengeführt wird.
✦ Der Geräuschpegel darf ein bestimmtes Maß nicht überschreiten. Anhaltendes Bellen deutet auf Streß, Langeweile oder gefühllose Behandlung hin.
✦ Hinterlassen Sie für den Notfall immer eine Kontaktadresse und Ihre Telefonnummer.

Problemhunde

Was ist normal? ✦ Verteidigungsstrategien ✦ Probleme lösen ✦ Professionelle Hilfe

Die meisten Verhaltensweisen, wie Bellen, Graben oder das Zerkauen von Gegenständen, werden von Hundehaltern oft als problematisch angesehen, sie sind jedoch arttypisch und stellen keinen Grund zur Besorgnis dar. Ob das Verhalten des Hundes zum Problem wird, hängt meist vom Besitzer ab. Wenn der Vierbeiner mitten in der Nacht bellt, im gepflegten Rasen nach Mäusen gräbt oder Sonntagsschuhe und Samtvorhänge ruiniert, hört das Verständnis bei den meisten Menschen auf.

Allerdings gibt es Verhaltensweisen wie Angriffslust, Beißen oder permanenter Ungehorsam, die sofortiges Eingreifen erfordern. Zunächst muß man jedoch den Grund für ein solches Verhalten herausfinden, bevor man es ändern kann.

Unten: Manche Hunde knurren und fletschen die Zähne, um Fremde oder andere Hunde zu warnen oder mitzuteilen, daß sie sich bedroht fühlen.

VERTEIDIGUNG

Der Hund kann in bedrohlichen Situationen auf vier verschiedene Weisen reagieren: mit Flucht, Kampf, Erstarren oder Unterwerfen. Bei einer Bedrohung wird er zunächst versuchen wegzulaufen. Gelingt ihm dies nicht oder ist es dafür schon zu spät, geht er in Kampfposition. Dabei bleibt er völlig bewegungslos stehen in der Hoffnung, die Situation werde sich entspannen. Geschieht dies nicht und ist er der Schwächere, unterwirft er sich. Zu diesem Zweck legt er sich auf den Rücken oder holt ein Spielzeug herbei, um die Lage zu entschärfen und den Angreifer friedlich zu stimmen. Welche Strategie er auswählt, hängt von seiner Rasse, der Situation und früheren Erfahrungen ab.

Im allgemeinen werden diese Strategien erst dann zum Problem, wenn sie übertrieben stark ausgeprägt sind. Ständige Angriffslust oder regelmäßiges Kampfgebaren geben begründeten Anlaß zur Sorge.

AGGRESSION AUS ANGST

Jeder normale Hund wird nur dann aggressiv, wenn er sich bedroht fühlt. Bevor er tatsächlich angreift, zeigt er erst einmal Imponiergehabe und versucht, den Gegner auf diese Art und Weise einzuschüchtern.

Knurren: Dies bedeutet fast immer eine Warnung. Meistens fordert der Hund dadurch seinen Gegner auf, sich zurückzuziehen.

Zähnefletschen: Gelingt es dem Vierbeiner nicht, seinen Gegner durch Knurren zu vertreiben, fletscht er die Zähne. Ein ängstlicher Hund legt die Ohren an und zieht die Lefzen weit

Oben: Hunde bellen meistens aus Freude, Aufregung oder beim Spielen. Allerdings sollte man ihnen frühzeitig beibringen, wann und wo sie nicht bellen dürfen.

zurück, um so viele Zähne wie möglich zu zeigen; dabei läßt er die Rute hängen oder zieht sie ein. Ein entschlossener und selbstbewußter Hund dagegen richtet die Ohren nach vorn,

Oben: Hunde erproben im Spiel die Regeln des Kampfes. Um mit anderen Hunden auszukommen, müssen sie diese Regeln verstehen und befolgen. Hunde, die sich ihren Artgenossen gegenüber immer wieder aggressiv verhalten, haben in ihrer Jugend nicht gelernt, angemessen zu reagieren.

stellt die Rute kerzengerade auf und zieht nur Nase und Lippen hoch, um die vordere Zahnreihe zu entblößen.

Schnappen: Als nächstes schnappt der Hund nach dem Angreifer. Typisch für ihn ist, daß er sich nach einer Attacke sofort wieder zurückzieht.

Beißen: Erst wenn sämtliche Versuche, den Angreifer zu vertreiben, fehlgeschlagen sind, beißt der Hund zu. Wie stark dies geschieht und welche Stelle er dafür auswählt, hängt davon ab, wie oft er seinen Gegner gewarnt hat und für wie bedrohlich er die Situation hält. Außerdem kommt es auf seinen Charakter und die Stärke seiner Beißhemmung an.

Aggressives Verhalten

Zeigt sich der Vierbeiner Menschen gegenüber aggressiv, beruht das oftmals auf Verhaltensstörungen. Diese können sowohl durch die Erziehung als auch durch eine nicht artgerechte Haltung verursacht sein.

Wenn der Schützling seinen Besitzer oder andere Menschen anknurrt, nach ihnen schnappt oder sie gar zu beißen versucht, ist Vorsicht dringend geboten und unbedingt der Rat eines Fachmanns, sei es Tierarzt oder Hundetrainer, einzuholen.

Solange dieses Verhalten nicht korrigiert ist, darf der Hund auf keinen Fall mit Kindern zusammenkommen. Sicherheitshalber sollte man ihm in einem solchen Fall vorübergehend auch einen Maulkorb anlegen.

Ein Hund, der knurrt, will damit erreichen, daß sich sein Gegenüber zurückzieht. Da Hunde scharfe Zähne haben, ist es klüger, nachzugeben und wegzugehen, anstatt sich eventuell eine Bißverletzung zuzuziehen.

Allerdings ist es ratsam, darüber nachzudenken, warum der Vierbeiner plötzlich so aggressiv reagiert. Häufig tauchen Probleme auf, wenn in der Erziehung nicht konsequent vorgegangen wurde. Vielleicht ist der Hund aber auch einfach nur verunsichert, fühlt sich bedroht oder ist krank. Findet man keinen Grund für sein verändertes Verhalten, sollte man sich umgehend an den Tierarzt wenden. Nur dieser kann feststellen, ob der Hund unter einer Krankheit leidet.

Oben: Hunde beißen sich beim Spielen hin und wieder, grundsätzlich ist aggressives Verhalten jedoch nicht akzeptabel und sollte von einem Fachmann untersucht werden.

Aggression unter Hunden

Für einen ausgewachsenen Hund ist es ganz selbstverständlich, einen ungestümen Welpen zurechtzuweisen. Auch eine Rauferei um die Rangordnung ist normal. Bei ständigen Auseinandersetzungen sollte man jedoch einen Fachmann zu Rate ziehen.

Problemhunde

Verhaltensprobleme

Die meisten unerwünschten Verhaltensweisen des Hundes lassen sich vermeiden oder leichter beheben, wenn man die Ursachen dafür kennt.

An- und Hochspringen

Wenn Hunde an Menschen hochspringen, dann geschieht dies, weil sie sich freuen und den Neuankömmling begrüßen wollen. Sie versuchen damit, so nah wie möglich an dessen Gesicht heranzukommen, um es zu lecken.

Vorbeugen: Der Hund kann lernen, sich zu setzen, wenn jemand zur Tür hereinkommt, oder ein Spielzeug als Begrüßung bringen.

Abhilfe: Wenn der Hund hochspringt, bittet man die Besucher, sich abzuwenden und ihn nicht zu beachten. Dem Tier wird erst dann wieder Aufmerksamkeit geschenkt, wenn es mit allen Pfoten auf dem Boden steht.

Oben: Wenn sich ein Hund freut, springt er an seinem Besitzer hoch. Empfindet man dieses Verhalten als Unart, ignoriert man ihn, sobald er es tut.

Nach Freßbarem stöbern

Wenn der Hund alles frißt, was er findet, und sogar den Müll durchsucht, kann dies an einer mangelhaften Ernährung oder an einer Unart liegen.

Unten: Herumstöbern ist ein natürliches Verhalten, kann aber mitunter zu Gesundheitsschäden führen. Hunde mit dieser Vorliebe müssen ständig beaufsichtigt werden.

Vorbeugen: Eßbares sollte nie offen herumliegen, vor allem dann nicht, wenn der Hund unbeaufsichtigt ist.

Abhilfe: Wenn der Hund regelmäßig stöbert, fordert man ihn auf, das Nahrungsmittel auf Kommando sofort wieder fallen zu lassen (siehe Seite 89).

Futter bewachen

Instinktiv verteidigt der Hund alles, was in seinen Besitz gelangt.

Vorbeugen: Von Anfang an muß man den Welpen daran gewöhnen, sein Futter nur vom Besitzer oder von einem anderen Familienmitglied anzunehmen. Während der Hund frißt, darf man ihm den Freßnapf auf keinen Fall entwenden. Auf diese Weise versteht er, daß er das Futter von seinem Besitzer erhält und daß niemand es ihm wegnehmen möchte.

Abhilfe: Wie schnell man dem Hund die Unart, sein Futter zu verteidigen, abgewöhnen kann, hängt auch davon ab, wie aggressiv er sich verhält.

Knurrt er erst, wenn man nach seinem Freßnapf greift, stellt man den leeren Napf auf den Boden und gibt das Futter löffelweise hinein; dann läßt man den Hund die winzige Portion fressen. Sobald er diese verspeist hat und mehr verlangt, legt man nach. Dadurch zeigt man dem Hund eindeutig, daß man nicht sein Feind ist. Mit der Zeit wird der Hund beim Fressen weniger aggressiv werden.

Unten: Fühlt sich der Hund verunsichert oder bedroht, verteidigt er auch sein Futter. Man vermeidet dies, indem man ihm immer wieder Leckerbissen in den Napf legt.

An der Leine ziehen

Wenn Hunde an der Leine ziehen, wollen sie das Rudel anführen. Allerdings steht dies nur dem Leithund zu. Es kann aber auch sein, daß der Hund festgestellt hat, daß er schneller im Park ist und frei laufen kann, sobald er kräftig genug an der Leine zieht.

Vorbeugen: Der Welpe muß von Beginn an lernen, nicht an der Leine zu ziehen. Spannt diese sich, bleibt man sofort stehen und geht erst dann weiter, wenn die Leine wieder Spiel hat. Das Weitergehen selbst ist die eigentliche Belohnung, eine zusätzliche Leckerei kann jedoch nicht schaden.

Abhilfe: Zuerst sollte man eindeutig klarstellen, wer der Rudelführer ist (siehe Seite 90). Bei einem kräftigen Hund empfiehlt sich die Anschaffung eines speziellen Halsbands oder eines Geschirrs, um ihn ohne große eigene Kraftanstrengung halten zu können.

Besuch kommt

Hunde sind gesellige Tiere und häufig übertrieben aufgeregt, wenn Besuch eintrifft, denn oft schenkt man ihnen in solchen Augenblicken mehr Aufmerksamkeit als sonst.

Vorbeugen: Wichtig ist, daß man bereits den Welpen zur Ruhe erzieht, wenn Besucher kommen. Mit einem Kauknochen oder einem Spielzeug lenkt man den Hund von den Gästen ab. Auf diese Weise ist er glücklich und beschäftigt. Jetzt kann man sich selbst den Freunden widmen.

Abhilfe: Gute Manieren beim Begrüßen lernt der Hund, wenn man ihn in einiger Entfernung von der Tür sitzen läßt, diese öffnet und sofort wieder schließt, sobald er sich in Bewegung gesetzt hat. Bleibt er sitzen, erhält er eine Belohnung.

Reagiert der Hund auf Besucher abweisend oder gar bösartig, muß ein Fachmann konsultiert werden.

FACHMÄNNISCHE HILFE

Wenn Sie dem Vierbeiner von Anfang an gute Manieren beibringen, verhindern Sie rechtzeitig die Entwicklung vieler schlechter Eigenschaften. Trotzdem kann es passieren, daß auch ein guterzogener Hund Verhaltensweisen an den Tag legt, die selbst von sehr großzügigen Hundehaltern nicht mehr geduldet werden können. Wenn der Hund nicht gehorcht oder beharrlich ein schlechtes Benehmen zeigt, finden Sie Unterstützung bei Hundeschulen und Hundefachleuten.

Oben: An der Leine zu ziehen ist ein weitverbreitetes Übel. Strafft sich die Leine, bleibt man stehen, bis der Hund nachgibt, und geht erst dann wieder weiter, wenn die Leine sich entspannt. Das wiederholt man so lange, bis der Hund verstanden hat, was von ihm erwartet wird. Dabei darf die Belohnung natürlich nicht vergessen werden.

Wohlbefinden des Hundes

Ernährung ✦ Hygiene ✦ Auslauf ✦ Tierärztliche Untersuchung

Die speziellen Bedürfnisse eines Hundes werden im wesentlichen durch die Rasse, das Alter und seinen allgemeinen Gesundheitszustand bestimmt. Generell kann man sagen, daß Hunde, die eine ausgewogene Ernährung sowie täglichen Auslauf erhalten, überdies regelmäßig vom Tierarzt untersucht werden und in einem stabilen Sozialgefüge leben, in der Regel ein glückliches und langes Leben führen werden.

Das richtige Futter

Das Hundefutter sollte ausgewogen und auf die individuellen Bedürfnisse des Hundes abgestimmt sein (siehe Seiten 110–111).

Erwachsene Hunde erhalten zwei Mahlzeiten pro Tag. Dadurch wird sowohl eine regelmäßige Verdauung unterstützt als auch eine gewisse Stabilität des Blutzuckerspiegels erreicht. Ein deutliches Absinken bzw. Ansteigen des Blutzuckerspiegels kann zu Stimmungsschwankungen führen.

Gewürzte Speisen sind für Hunde nicht geeignet. Süßigkeiten erhöhen die Kalorienzufuhr und schaden den Zähnen. Im Fachhandel erhält man Kekse, Schokolade und zahlreiche andere Leckereien, die gesundheitlich unbedenklich sind und als Belohnung gefüttert werden dürfen.

Besonders wichtig ist, daß der Vierbeiner immer frisches Wasser hat!

Freilauf

Für das Wohlbefinden des Hundes ist der tägliche Auslauf eine Notwendigkeit. Fehlt eine ausreichende körperliche und geistige Beschäftigung, kann es leicht vorkommen, daß überschüssige Energien sich in unerwünschtes Verhalten umwandeln. Bei einem ausgewachsenen Hund genügen zwei ausgedehnte Spaziergänge pro Tag. Wie lange und wie weit man geht, hängt von Rasse und Alter des Hundes ab.

Führen die Spaziergänge zu unterschiedlichen Orten, haben Hund und Besitzer die nötige Abwechslung. Der Vierbeiner hört neue Geräusche, lernt eine andere Umgebung kennen und kann sein Selbstvertrauen entwickeln.

Unten: Für alle Hunde ist Auslauf ohne Leine im Freien wichtig. Sobald der Welpe gelernt hat, auf Befehl zu kommen, sollte man ihn so oft wie möglich frei laufen lassen. Das gleiche gilt für den bereits ausgewachsenen Hund. Denn auch er braucht Abwechslung und möchte seine Freiheit genießen.

Rechts: Regelmäßige Spaziergänge sorgen für das physische und das psychische Gleichgewicht des Hundes. Manche Rassen wie der Irische Setter toben gern im Wasser. Retriever und Neufundländer wurden sogar für die Arbeit im Wasser gezüchtet und freuen sich, wenn sie häufig schwimmen können.

Unten: Ein gelegentliches Bad schadet nicht, denn es hält die Haut sauber und das Fell glänzend. Dabei darf man jedoch nur Produkte verwenden, die speziell für Hunde geeignet sind.

Oben: Der Hund wird nach dem Bad gründlich abgetrocknet. Dabei kann man den Körper nach Anzeichen für Krankheiten oder Parasiten abtasten.

Körperhygiene

Im allgemeinen sind Hunde saubere Tiere, die gern ein Bad im Fluß oder im See nehmen. Es gibt aber auch wasserscheue Vierbeiner. Bei einem normal verschmutzten Hund genügt eine Dusche oder gründliches Bürsten. Vollbäder lieben Hunde weniger.

Die regelmäßige Fellpflege stärkt das Vertrauensverhältnis und festigt die Rangordnung zwischen Besitzer und Hund (siehe Seiten 112–117).

Untersuchung

Der Hund muß eine gründliche Untersuchung am ganzen Körper widerstandslos zulassen, auch eine Prüfung der Augen, der Ohren, der Pfoten, des Genitalbereichs und des Fangs. Es ist wichtig, daß er frühzeitig lernt, dabei still stehen zu bleiben. Das erreicht man durch häufiges Üben, viel Lob und eine gelegentliche Belohnung (siehe Seiten 86–89).

✦ Bei der Untersuchung stellt man den Hund vor sich hin und betrachtet jedes Auge, um festzustellen, ob es entzündet ist. Anschließend hebt man die Ohrlappen hoch und sieht nach, ob der Gehörgang verstopft ist.

✦ Als nächstes kommt der Fang dran. Man hebt die Lefzen zuerst auf der einen, dann auf der anderen Seite an und prüft die Zähne auf Zahnstein. Anschließend öffnet man den Fang und inspiziert Zunge, Gaumen und Rachen des Hundes.

✦ Nun tastet man an Hals, Schultern und Vorderpfoten die Haut auf weiche Stellen oder Entzündungen ab. An den Vorderpfoten überprüft man die Länge der Nägel und die Fußballen auf mögliche Risse oder Schnitte. Man sollte auch zwischen den Ballen und den einzelnen Zehen nach eventuell vorhandenen Fremdkörpern suchen.

✦ Mit den Händen tastet man sich entlang der Wirbelsäule zu den Hüften, dann über die Rippen bis zu den Hinterbeinen. Man hebt die Hinterpfoten hoch und prüft sie wie die Vorderpfoten. Schließlich streicht man dem Hund über den ganzen Körper, vom Kopf bis zur Rutenspitze. Den Analbereich untersucht man auf Parasiten, indem man die Rute am Ansatz sanft anhebt. Mit der zweiten Hand faßt man unter den Bauch und prüft dort die Haut. Bei Rüden betrachtet man sich auch den Genitalbereich.

✦ Hat der Hund alles brav über sich ergehen lassen, wird er mit einer kleinen Aufmerksamkeit belohnt.

Gesundheitscheck

Gesundheitstest ✦ Wann ist ein Tierarztbesuch nötig?

Wenn man sichergehen will, daß der eigene Hund gesund ist, sollte man in regelmäßigen Abständen einen umfassenden Gesundheitstest durchführen lassen. Es gibt eindeutige Anzeichen für eine mögliche Beeinträchtigung des Gesundheitszustandes. Wie man diese erkennen und entsprechend darauf reagieren kann, zeigt das folgende Kapitel. Die einzelnen Krankheiten werden detailliert auf den Seiten 129 bis 151 behandelt.

DIE AUGEN

Die Augen müssen klar sein. Schleier, ständige Veränderungen der Pupillengröße oder Rötungen der Bindehaut sollten vom Veterinär untersucht werden. Auch Hunde können unter einer Bindehautentzündung leiden, die vom Tierarzt behandelt werden muß.

Hunde besitzen ein sogenanntes drittes Augenlid. Es handelt sich dabei um eine Membran. Wenn diese sichtbar wird, bedeutet das, daß der Hund nicht gesund ist oder sich gerade von einer Krankheit erholt.

Einige Rassen leiden häufig unter einer Krankheit namens *Entropium*, einer Einwärtsstülpung des Augenlids, die zu einer Reizung des Augapfels führt. Diese Mißbildung läßt sich oft nur durch eine Operation beheben.

DIE OHREN

Die Ohrmuschel des Hundes muß sauber sein. Braune Ablagerungen oder schlechter Geruch deuten auf eine Infektion oder auf Ohrmilben hin.

DIE NASE

Die Nase darf keine Absonderungen zeigen. Eine feuchte Hundenase bedeutet nicht unbedingt, daß das Tier

Rechts: Wirkt der Hund apathisch, hat er keinen Appetit und stumpfes Fell, so ist er nicht gesund. Aber auch wenn der Schützling gesund erscheint, ist eine sorgfältige Untersuchung zur Vorbeugung und rechtzeitigen Behandlung von Krankheiten unerläßlich.

gesund ist. Temperatur und Feuchtigkeit dieses Organs hängen vom Wetter und den körperlichen Belastungen des Schützlings ab. Trotzdem darf die Nase weder heiß noch trocken sein.

DER FANG

Wie beim Menschen werden auch die Zähne des Hundes mit zunehmendem Alter anfälliger. Ein Welpe hat normalerweise saubere und schneeweiße Zähne. Allerdings kann es auch vorkommen, daß er sich einmal einen Zahn ausbricht. Regelmäßiges Zähneputzen ist wichtig, um Infektionen des Zahnfleisches vorzubeugen.

Unten: Die Zähne müssen sauber und weiß sein und dürfen nicht verfault aussehen. Die makellose Zunge zeigt eine rosa Färbung.

Das Zahnfleisch muß weich und rosa sein. Es darf nicht bluten. Wenn man mit dem Finger darauf drückt, wird es heller. Läßt man wieder los, sollte die normale Farbe zurückkehren. Anhaltender Mundgeruch deutet oft auf verfaulte Zähne oder falsche Fütterung hin.

Haut und Fell

Hundehaut ist hellrosa, sie darf keine schorfigen Stellen oder Schuppen aufweisen. Bestimmte Rassen haben Pigmentflecken: Das ist normal und kein Grund zur Beunruhigung.

Das Fell muß frei von Flöhen und anderen Parasiten sein. Flöhe entleeren ihren Darm auf dem Hundefell. Dabei lassen sie gutsichtbare Häufchen zurück. Ob der Hund Flöhe hat, kann man feststellen, indem man etwas Schmutz aus seinem Fell auf ein weißes Blatt Papier kämmt. Der Flohkot ist rot, da er unter anderem aus getrocknetem Blut besteht.

Die Pfoten

Die Ballen an der Unterseite der Pfoten sind sehr widerstandsfähig. Allerdings können sich auch Hunde beim Laufen Blasen oder Schnittwunden an den Ballen zuziehen. Zahlreiche Hunde haben Wolfsklauen an der Innenseite der Vorderläufe, einige Rassen, wie der Pyrenäenberghund, auch an den Hinterläufen, die Afterklauen. Werden sie bei der Geburt nicht entfernt, können sie später beim Herumtollen Verletzungen hervorrufen.

Der Bauch

Hat der Hund einen geblähten Bauch, ist dies ein deutliches Anzeichen für innere Krankheiten oder Wurmbefall.

Alle Hunde besitzen acht Brustwarzen an der Bauchunterseite. Bei einer Hündin sollte man die Brustwarzen in regelmäßigen Abständen auf Knoten oder Schwellungen überprüfen. Brustkrebs kommt auch bei Hunden vor.

Welpen leiden häufig unter Nabelbruch, deshalb sollte auch dieser Bereich untersucht werden.

Der Analbereich

Bei den meisten Hunden verdeckt die Rute den Analbereich. Um diese problematische Körperregion auf Verschmutzungen oder wunde Stellen hin zu überprüfen, muß die Rute hochgehoben werden. Wenn der Hund wiederholt mit seinem Hinterteil über den Boden rutscht oder sich dort leckt, müssen die Analdrüsen ausgedrückt werden. Dieses Verhalten kann aber auch auf Wurmbefall hindeuten. Ein Besuch beim Tierarzt ist in diesem Fall unumgänglich.

Der Genitalbereich

Zum regelmäßigen Gesundheitscheck gehört auch die Untersuchung der Genitalien. Veränderungen in diesem Bereich müssen möglichst früh entdeckt werden, auch wenn diese Prozedur für beide, Patient wie Halter, nicht sehr angenehm ist. Bei einem Hund, der nicht kastriert wurde, müssen beide Hoden gut sichtbar aus der Bauchhöhle heraustreten. Anderenfalls wird ein chirurgischer Eingriff nötig.

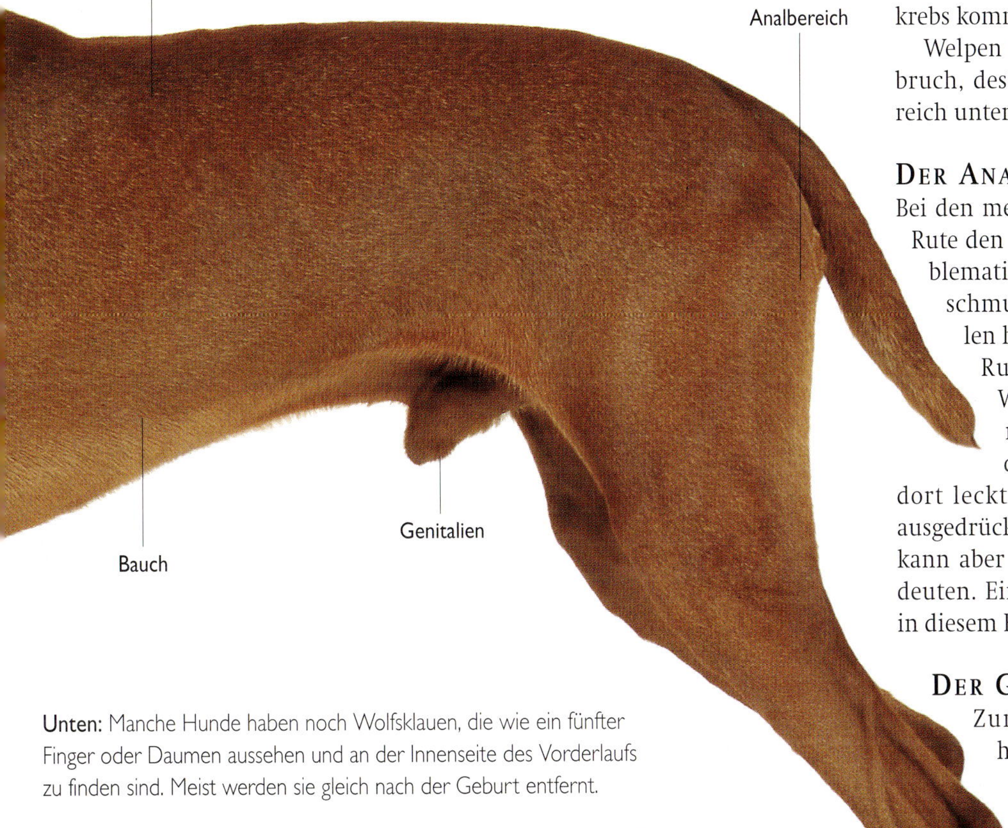

Unten: Manche Hunde haben noch Wolfsklauen, die wie ein fünfter Finger oder Daumen aussehen und an der Innenseite des Vorderlaufs zu finden sind. Meist werden sie gleich nach der Geburt entfernt.

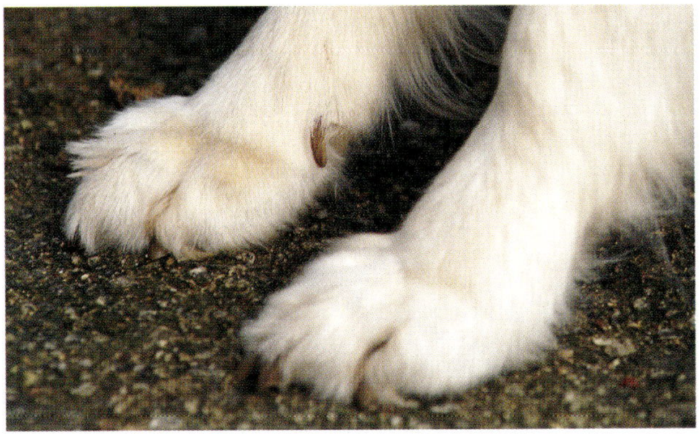

Ernährung

Was der Hund benötigt ✦ Futter ✦ Energiebedarf ✦ Verpackungsangaben

Ein gesunder Hund braucht eine nahrhafte und zugleich ausgewogene Kost. Die Art der Ernährung hängt wesentlich vom Alter des Hundes ab: Ein Welpe erhält anderes Futter als ein ausgewachsener Hund.

Hundefutter wird in zahllosen Sorten angeboten: unterschiedlich zusammengesetzt und unterschiedlich teuer. Bevor man seine Wahl trifft, ist es sinnvoll, den Züchter zu fragen, was dem Welpen bisher gefüttert wurde. Für einen älteren Hund erhält man entsprechende Angaben vom Tierarzt.

Oben: Hat man einen schlechten Esser, bietet man ihm mehrmals am Tag etwas kleinere Portionen an.

Was der Hund braucht

Für eine gute Entwicklung und eine regelmäßige Verdauung braucht der Hund nahrhafte Kost. Zuviel Futter führt zu Fettsucht. Um zu verhindern, daß der Hund zu dick wird, ist es wichtig, daß man sowohl die Zusammensetzung als auch den Nährwert des Futters kennt. Die Tabelle zeigt den Energiebedarf und das Idealgewicht einiger repräsentativer Rassen. Weitere Informationen liefert auch das Etikett auf der Verpackung des Hundefutters.

Nahrhaftes Futter muß folgende Bestandteile enthalten: Eiweiß, Fett, Kohlenhydrate, Vitamine, Mineral- und Ballaststoffe. Flüssigkeit ist für Hunde lebenswichtig und sorgt dafür, daß die Nahrung durch den Verdauungstrakt transportiert und richtig absorbiert wird. Deshalb braucht der Hund jederzeit frisches Wasser.

Der Nahrungsbedarf hängt von Alter, Gewicht und Lebensgewohnheiten des Vierbeiners ab. Ein Hund, der sehr viel Auslauf und Bewegung hat, benötigt bedeutend mehr Futter als ein Schoßhund. Welpen und trächtige Hündinnen haben ganz spezielle Bedürfnisse.

Die meisten Fertigfutterhersteller begnügen sich zumeist mit Empfehlungen, die sich ausschließlich nach dem Gewicht richten. Trotzdem muß man sehr genau beobachten, wieviel der Hund wirklich braucht. Denn es gibt Vierbeiner, die sehr viel Energie verbrauchen und deshalb mehr Futter benötigen. Tragende Hündinnen fressen etwa eineinhalbmal soviel wie üblich. Sind die Jungen geboren und werden sie gesäugt, frißt die Mutter sogar die vierfache Ration.

IDEALGEWICHT NACH RASSEN

Gewicht (kg)	Kalorien (kcal) pro Tag	Rasse (Beispiele)
2	230	Papillon, Chihuahua
5	450	Zwergpudel
10	750	Corgi, kleiner Terrier
15	1010	Beagle, Bullterrier
20	1250	Basset
25	1470	Collie, Samojede
30	1675	Labrador, Boxer, Airedale Terrier
35	1875	Altenglischer Schäferhund (Bobtail)
40	2070	Greyhound, Irischer Wolfshund

Futtersorten

Da sich jede Marke anders zusammensetzt, bietet es sich an, hin und wieder abzuwechseln. Auf diese Weise findet man mit der Zeit heraus, welches Futter der Hund bevorzugt und sich für ihn am besten eignet.

Trockenfutter: Dies ist die preiswerteste Art, einen Hund zu ernähren; außerdem kann es in großen Mengen gelagert werden. Es enthält reichlich Ballaststoffe und hilft bei Verdauungsproblemen.

Halbfestes Futter: Heikle Fresser und viele Hundehalter ziehen halbfestes Futter dem Trockenfutter vor. Da es meist in fest verschweißten Plastikbeuteln geliefert wird, kann es auch länger als andere Hundenahrung aufbewahrt werden, allerdings ist es relativ teuer und aufgrund seines hohen Zuckeranteils für Hunde, die unter Diabetes leiden, nicht geeignet.

Konservenfutter: Davon gibt es zwei verschiedene Sorten. Die eine stellt eine ausgewogene Vollnahrung aus Fleisch, Kohlenhydraten, Fett, Mineralstoffen und Vitaminen dar, die andere enthält lediglich Fleisch und muß mit Ballaststoffen und Kohlenhydraten in Form von Hundeflocken angereichert werden.

Konservenfutter ist nicht nur etwas teurer, sondern man benötigt auch mehr Platz zum Lagern. Dafür ist es in zahlreichen Geschmacksrichtungen und Zusammensetzungen erhältlich,

Unten: Oft wird empfohlen, dem Hund keine Fleischknochen mehr zu geben, da ein Kunststoffknochen weniger riskant zu kauen ist.

Oben: Bei einer ausgewogenen Ernährung fühlen sich Hunde am wohlsten.

ein Vorteil, wenn man sich über die richtige Sorte nicht im klaren ist.

Hundekuchen: Füttert man den Hund mit Konservenfutter, das aus Fleisch besteht, muß man Hundekuchen zugeben. Auf diese Weise sorgt man dafür, daß dem Futter die für eine ausgewogene Kost notwendigen Mineralien, Ballaststoffe und Kohlenhydrate zugeführt werden.

Was enthält das Futter?

Der Trend, sich gesund zu ernähren, hat mittlerweile auch den Hundefuttermarkt erreicht. Es ist bekannt, daß Farb- und Konservierungsstoffe, Geschmacksverstärker und andere Zusätze langfristig gesundheitliche Schäden hervorrufen können. Wenn der Hund eines der unten aufgeführten Symptome zeigt, liegt dies möglicherweise auch an der Zusammensetzung des Futters. In folgenden Fällen sollte man zu anderen Sorten greifen:

- Unregelmäßige Verdauung, Verstopfung oder Durchfall
- Blähungen
- Allergische Reaktionen oder Reizungen, die nicht auf äußere Einflüsse wie Flöhe oder Gräser zurückzuführen sind.
- Häufiger, übelriechender Stuhlgang
- Hyperaktivität oder Apathie
- Fressen von Erde, Gras, Pflanzen, Papiertüchern, Stoff oder Holz.
- Fressen des eigenen Kots.
- Reiben, Knabbern oder Kratzen an Pfoten, Bauch oder Schwanzwurzel.

Verpackungsangaben

Vollnahrung enthält alles, was der Hund zum Fressen braucht. Eine ausgewogene Ernährung für den Vierbeiner sollte zu einem Drittel aus Pflanzenkost und zu zwei Dritteln aus tierischen Bestandteilen bestehen. Frisch- oder Dosenfleisch muß man Vollkorn- oder Gemüseflocken hinzufügen.

Bei Fertigfutter sollte man auf die Zusammensetzung achten, um sicherzugehen, daß genügend Proteine enthalten sind. Huhn, Pute, Kalb, Lamm und Eier sind gute Eiweißquellen und überdies leicht verdaulich. Wenn jedoch auf der Verpackung nur „Fleisch und andere tierische Produkte“ oder „Getreide“ steht, ist unklar, woraus sich das Futter zusammensetzt.

Finden sich auf der Verpackung Hinweise, für welche Hunderasse das Futter geeignet ist, sollten diese auch befolgt werden. Eine Diätkost kann bei einem normalen Haushund möglicherweise zu einer Unterernährung führen, während das Futter für Leistungshunde entschieden zuviel energiefördernde Substanzen enthält und bei einem Durchschnittshund sogar Hyperaktivität hervorrufen kann.

Unten: Hundekuchen enthalten Vitamine und Mineralstoffe und können ein wichtiger Bestandteil der Ernährung sein.

Körperpflege

Fellpflege ✦ Baden ✦ Trimmen ✦ Analdrüsen leeren ✦ Krallen schneiden ✦ Zähne putzen ✦ Ohren und Augen reinigen

Die Pflege des Fells wertet nicht nur das äußere Erscheinungsbilds des Hundes auf, sondern ist auch für die Hygiene und zur Bekämpfung von Parasiten nötig.

Da sich die meisten Hunde die Krallen nicht mehr genügend abwetzen, muß man diese regelmäßig schneiden. Die Fellpfege verstärkt auch die Beziehung zwischen dem Halter und seinem Schützling.

Zwergrassen

Zu den Zwergrassen werden Hunde mit kurzem Fell wie der Chihuahua gerechnet oder Luxushunde, deren Fellpflege mehr Aufwand erfordert. Dazu zählen beispielsweise der Yorkshire Terrier und der Malteser.

✦ Sehr in Mode gekommen sind Yorkshire Terrier und Bichon Frisé. Bei der Zucht wurde auf ein leicht zu pflegendes Fell geachtet. Dennoch muß das Fell dieser Hunde regelmäßig ausgedünnt oder getrimmt werden, da die Pflege anderenfalls sehr viel Zeit in Anspruch nimmt.

✦ Der Cavalier King Charles Spaniel hat langes, seidiges und glänzendes Haar, das manchmal leicht gewellt ist. Es muß täglich gebürstet werden.

✦ Der Chinesische Schopfhund wird entweder nackt oder mit einem feinen Flaum geboren. Die Variante ohne Fell weist lediglich auf dem Kopf einen Haarschopf auf, hier ist also mehr Haut- als Fellpflege nötig.

Oben: Mit einem Borstenhandschuh poliert man das Fell und entfernt die abgestorbenen Haare.

Jagdhunde

Die meisten Jagdhunde müssen kräftig gebürstet und gekämmt werden. Bei manchen Rassen wird das Fell auch getrimmt.

✦ Der Labrador gehört zu den Jagdhunden, deren Fell relativ wenig Pflege benötigt. Allerdings hat er eine dichte Unterwolle, die während des Haarwechsels oft büschelweise ausfällt. Da dies sehr ungepflegt aussieht, bürstet man den Labrador möglichst mehrmals täglich.

✦ Magyar Viszla, Weimaraner, der englische Pointer und der Deutsch-Kurzhaar haben kurzes Fell und brauchen daher wenig Pflege. Sie müssen auch nicht getrimmt werden.

✦ Die meisten Retriever, Setter und Spaniels haben seidiges, halblanges Fell. Die Fellpflege ist deshalb nicht sehr intensiv und beschränkt sich auf Bürsten, Kämmen und das gelegentliche Ausziehen der abgestorbenen

Links: Bürsten entfernt Schmutz sowie abgestorbene Haare und sorgt dafür, daß das Fell nicht so leicht verfilzt und glänzend bleibt.

Haare. Bei manchen Hunden, wie Golden Retrievern und Settern, sollte man die abgestorbenen Haare am Nacken regelmäßig entfernen und die Rute in Fasson schneiden.

Viele Jagdhunde benötigen jedoch kaum Fellpflege.

✦ Basset, Beagle und Greyhound ziert ein weiches und kurzes Fell.

✦ Der Deutsch-Drahthaar und der Irische Wolfshund zählen zu den drahthaarigen Hunden, die zwar regelmäßig gebürstet, aber selten gebadet oder getrimmt werden müssen.

✦ Eine Ausnahme bildet der Afghane, dessen Fell viel Pflege benötigt. Sein Markenzeichen ist das lange, feine Haarkleid, das nur dann so weich und seidig bleibt, wenn man den Hund badet und mehrmals täglich sorgfältig bürstet.

Terrier

Auch die meisten Terrier sind leicht zu pflegen. Je nach Fell werden sie der Gruppe der Kurzhaarhunde mit relativ weichem oder der der Langhaarhunde mit drahtigem Fell zugeordnet.

✦ Bei einigen Terriern muß man das Fell allerdings „trimmen", sprich: das abgestorbene Haar aus dem Unterfell herauszupfen, da diese Hunde kaum einen Haarwechsel haben. Der West Highland White Terrier und der Schottische Terrier sind Kandidaten für diese Art der Fellpflege.

✦ Irish Soft Coated Wheaten Terrier und Skye Terrier haben ein langes, seidiges Haarkleid, das regelmäßig ausgiebig gebürstet und gekämmt werden muß.

✦ Bullterrier, Staffordshire Bull Terrier, Glatthaar-Foxterrier und Manchester Terrier sehen mit ihrem kurzen, glatten Fell sehr apart aus. Man benötigt für ihre Pflege lediglich eine weiche Bürste und einen speziellen Borstenhandschuh.

Haushunde

Zwerg- und Kleinpudel benötigen relativ wenig Fellpflege. Sie sind dafür bekannt, daß ihr Haarkleid in verschiedenen Formen geschnitten wird.

✦ Pudel müssen nur geschoren werden. Allerdings tut es ihnen auch gut, wenn man sie regelmäßig bürstet.

Oben: Hunde mit drahtigem Fell, wie Terrier und Schnauzer, müssen alle paar Monate getrimmt werden. Dabei werden ihnen die abgestorbenen Haare ausgezupft. Am besten läßt man dies von einem Fachmann machen.

Daß sie wenig Haare verlieren, macht sie zu idealen Hunden für Allergiker oder Menschen, die keine Hundehaare in der Wohnung ertragen können.

✦ Zu den kurzhaarigen Rassen, die nur minimale Fellpflege benötigen, gehören Boston Terrier, Dalmatiner, Shar Pei und Bulldoggen. Allerdings muß man bei den letzteren Gesicht und Schnauze reinigen, damit sich kein Schmutz in den Hautfalten festsetzen kann.

Unten: Die regelmäßige Fellpflege fördert die Beziehung zwischen Mensch und Hund. Je früher man ihn daran gewöhnt, desto besser.

Arbeits- und Hütehunde

Zu den Gruppen der Arbeits- und der Hütehunde gehören unterschiedliche Rassen mit verschiedenen Fellarten und Pflegebedürfnissen. Die Dänische Dogge hat ein sehr weiches, kurzes Fell, der ungarische Puli dagegen besitzt ein dichtes Fell, das zu dicken, langen Schnüren verfilzt und keinesfalls ausgekämmt werden darf.

✦ Border Collies, Langhaar-Collies, Bearded Collies und Altenglische Schäferhunde (Bobtails) müssen ausgiebig gebürstet werden, damit sich keine Matten bilden und das Fell nicht verfilzt und glänzt.

✦ Alle Glatthaarrassen machen in puncto Fellpflege wenig Mühe. Bei Dobermann, Bullmastiff und Boxer muß man die Krallen feilen und schneiden, da diese sich durch die Pfotenform nicht genügend ablaufen.

Körperpflege

Badespass

Wie oft man einen Hund badet, hängt von der Rasse, dem Tagesablauf und davon ab, ob man den Hund bei Ausstellungen präsentieren möchte.

Bevor man den Vierbeiner badet, legt man sich alle Utensilien zurecht, die man dafür benötigt:

- ✦ Watte
- ✦ Hundeshampoo und einen Behälter, in dem man es auflösen kann.
- ✦ einen großen Schwamm
- ✦ eine Plastikwanne oder ähnliches, falls man den Hund im Garten wäscht.
- ✦ eine Badematte für den Wannenboden, damit der Hund nicht ausrutscht.
- ✦ Handtücher
- ✦ Bürste und Kamm
- ✦ eventuell einen Fön

Folgendes sollte beachtet werden, wenn man den Hund baden möchte:

- ✦ Zuerst steckt man Watte in die Ohrmuscheln des Hundes, damit kein Wasser hineinlaufen kann.
- ✦ Dann hebt man den Hund in die Wanne und gibt ihm einige Minuten Zeit, sich an die Situation zu gewöhnen. Verhält er sich ruhig, belohnt man ihn.
- ✦ Anschließend übergießt man ihn ganz langsam mit Wasser, entweder mit einer Handdusche, einem Eimer oder einem großen Schwamm. Das Wasser darf nicht zu heiß sein; lauwarmes Wasser ist für den kleinen Schmutzfink am angenehmsten. Danach gießt man das bereits in einem Gefäß aufgelöste Shampoo über den Hund.
- ✦ Wichtig ist, daß man den Hund mindestens zweimal abspült.
- ✦ Dann wickelt man ihn fest in ein Handtuch, hebt ihn aus der Wanne und trocknet ihn gut ab. Anschließend kann man die restliche Feuchtigkeit mit einem weichen Waschledertuch aus dem Fell ziehen.
- ✦ Bereits beim Fönen beginnt man mit dem Bürsten und Kämmen. Fürchtet sich der Hund vor dem Getöse des Föns, läßt man ihn an der warmen Luft trocknen. Vorsicht vor Zugluft, auch ein Hund kann sich erkälten!

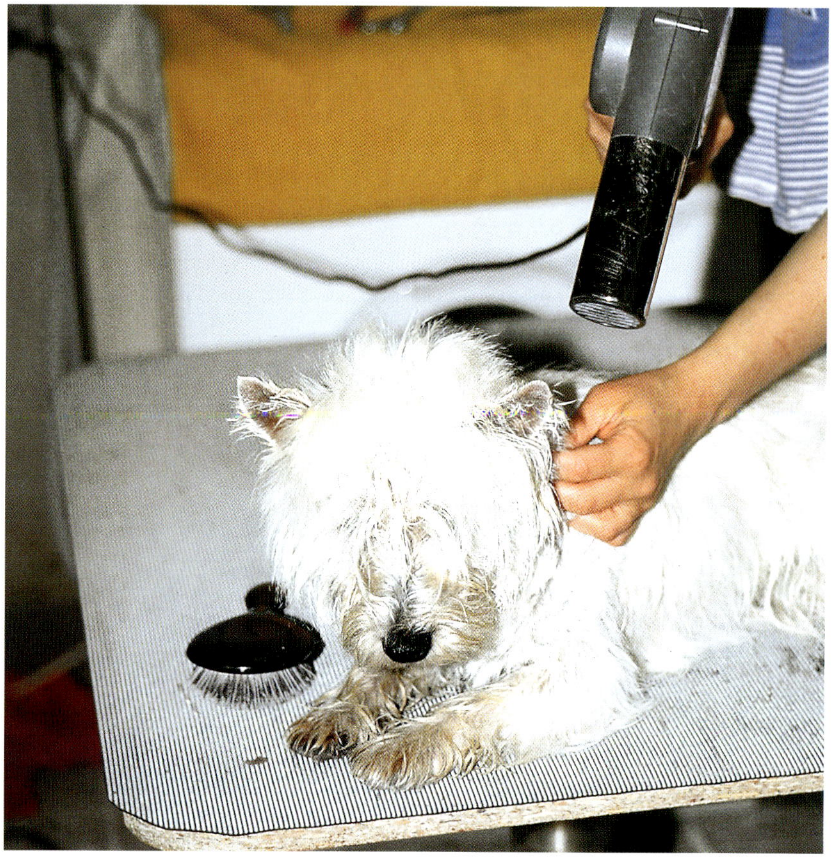

Oben: Im Winter fönt man den Hund trokken, da er sich sonst erkältet. Am besten gewöhnt man ihn schon früh daran. Der Fön darf nicht zu heiß eingestellt sein und nicht zu nahe an den Hund gehalten werden.

Unten: Hunde sind an den Ohren besonders empfindlich. Will man dort Haare entfernen, benutzt man am besten eine abgerundete Schere und schneidet die Haare nicht zu dicht über der Haut ab.

Haar-Styling

Wenn der Hund getrocknet und gebürstet ist, sind die Stellen gut zu erkennen, die geschnitten werden müssen. Man benutzt dazu eine spezielle Schere, die zur Sicherheit des Hundes abgerundet ist. Mit langhaarigen Hunden besucht man einen Hundesalon.

Bei einigen Hunden sollte man die Haare zwischen den Zehen ausschneiden, damit sich dort keine Schmutzklümpchen festsetzen können. Oft ist es auch nötig, die Haare unter der Rute, um den Anus herum, zurückzuschneiden, damit der Kot dort nicht so leicht hängenbleibt.

Der Hund muß sich beim Haareschneiden oder Trimmen ruhig verhalten. Zu Beginn schneidet man nur wenige Haare weg, da ein Nachschneiden jederzeit möglich ist. Wer sich selbst nicht als Frisör betätigen möchte, konsultiert einen Hundesalon.

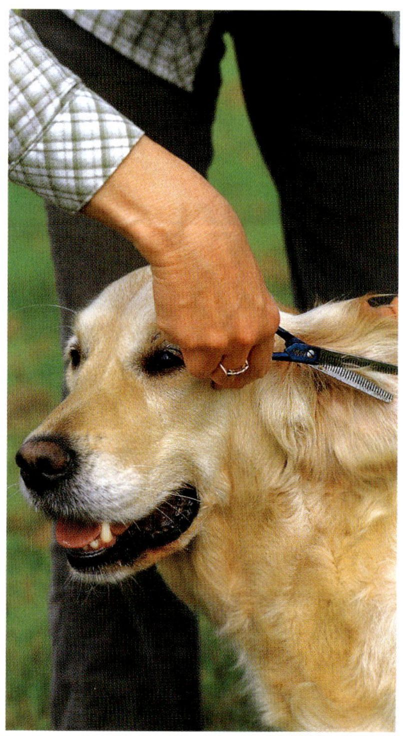

Entleeren der Analdrüsen

Die Analdrüsen entleeren sich von selbst. Sie dienen dazu, dem Kot einen Duftstoff zuzusetzen, mit dem der Hund sein Territorium markiert. Eindeutige Symptome für volle Analdrüsen sind ständiges Lecken des Anus, Sich-im-Kreis-drehen oder auf dem Hinterteil herumrutschen.

Wenn sie häufig ausgedrückt werden müssen, sollte man mit dem Tierarzt sprechen, da eine Ernährungsumstellung das Problem beheben könnte. Geschwollene Drüsen müssen unbedingt entleert werden, da sie anderenfalls heftige Beschwerden hervorrufen können. Sind die Analdrüsen entzündet, helfen nur noch Antibiotika. Bei chronischer Entzündung ist ein operativer Eingriff notwendig.

Die Analdrüsen werden wie folgt ausgedrückt:

✦ Den Schwanz biegt man nach oben.

✦ Am besten trägt man dabei Gummihandschuhe und hält einen Wattebausch oder ein Papiertuch bereit, um die Flüssigkeit aufzufangen.

✦ Die Drüsen liegen rechts und links neben dem Anus, wie die Vier und die Acht auf der Uhr. Mit Daumen und Zeigefinger drückt man die Drüsen vorsichtig nach innen zusammen.

✦ Nun spritzt eine braune, übelriechende Flüssigkeit heraus.

Möchte man diese Prozedur nicht selbst durchführen, kann man sie getrost dem Tierarzt überantworten.

Krallen kürzen

Die meisten Hunde lassen sich ihre Krallen nicht gern schneiden, da die Pfoten sehr empfindlich sind.

Im Inneren einer Hundekralle verlaufen Blutgefäße und empfindliche Nerven, die man von außen nicht erkennen kann. Schneidet man nun versehentlich zuviel ab und verletzt dabei einen Nerv oder ein Blutgefäß, ist das äußerst schmerzhaft für den Vierbeiner, und die Stelle blutet heftig.

Natürlich kann man das Schneiden der Krallen dem Tierarzt oder einem Hundesalon überlassen, allerdings ist dies für den Vierbeiner in der Regel mit Streß verbunden. Gewöhnt man ihn frühzeitig daran, meistert man diese Aufgabe schon bald problemlos.

Hundesalon

Wenn Sie einen Rassehund besitzen, der fachmännisches Schneiden, Trimmen oder Pflegen benötigt, oder keine Zeit für die ausgiebige Pflege haben, sollten Sie sich nach einem Hundepfleger, der ins Haus kommt, oder einem Hundesalon umsehen. Einen guten Pfleger oder Hundesalon erkennt man an folgenden Kriterien:

✦ Der Umgang mit dem Hund muß stets freundlich und geduldig sein.

✦ Beruhigungsmittel sind die Ausnahme und dürfen nur nach tierärztlicher Verordnung verabreicht werden.

✦ Der Pfleger muß sich nach Ihren Wünschen richten und sich mit den rassespezifischen Eigenarten Ihres Hundes auskennen.

✦ Der Pflegeraum muß sauber und ruhig sein. Lautes Bellen anderer Hunde bedeutet zusätzlichen Streß für Ihren Vierbeiner.

Unten: Bei den meisten langhaarigen Hunden schneidet man die Haare mit einer abgerundeten Schere an den Pfoten zurück, um ein Verfilzen zu vermeiden. Die Ballen untersucht man auf eingetretene Steinchen sowie Schmutz. Dann säubert man sie mit feuchten Baumwolltüchern oder einem Waschlappen. Mit der Krallenzange entfernt man nur den äußeren Rand der Krallen, um Nerven und Blutbahnen nicht zu verletzen.

Körperpflege

KRALLEN

Vorsicht beim Krallenschneiden! Verletzen Sie das Nagelbett oder den inneren Kern der Kralle nicht, der Nerven und Blutadern enthält (siehe unten). Wenn Sie sich das Kürzen nicht zutrauen, konsultieren Sie einen Tierarzt.

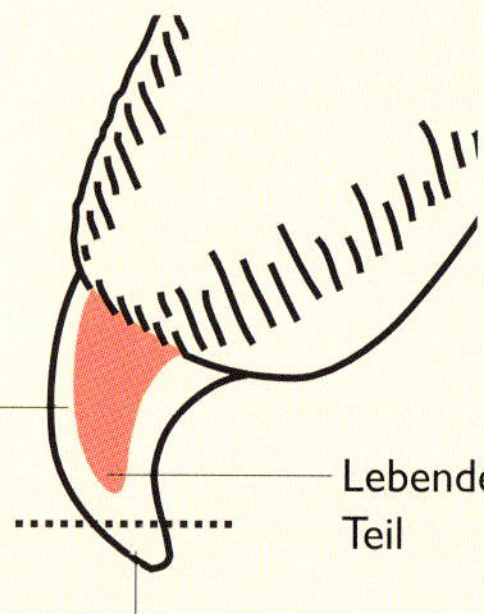

Krallenschneiden

✦ Zunächst gewöhnt man den Hund daran, daß seine Pfoten behandelt werden. Man hebt dazu einen Fuß nach dem anderen hoch und dreht ihn um. Dann gibt man dem Hund eine Belohnung. Diesen Vorgang wiederholt man einige Male.

✦ Jetzt zeigt man dem Hund die Krallenzange und gibt ihm einen Leckerbissen. Das macht man so lange, bis der Hund sich freut, wenn er die Zange sieht.

✦ Jetzt kann man mit dem Zuschneiden beginnen. Allerdings sollte man jede Kralle nur um einen Millimeter kürzen. Es empfiehlt sich, später lieber noch einmal nachzuschneiden, statt den Hund durch zu großzügiges Kürzen zu verletzen.

✦ Wenn man die Krallen immer wieder geringfügig kürzt, zieht sich der lebende Teil etwas von der Krallenspitze zurück, und die Verletzungsgefahr wird dadurch geringer.

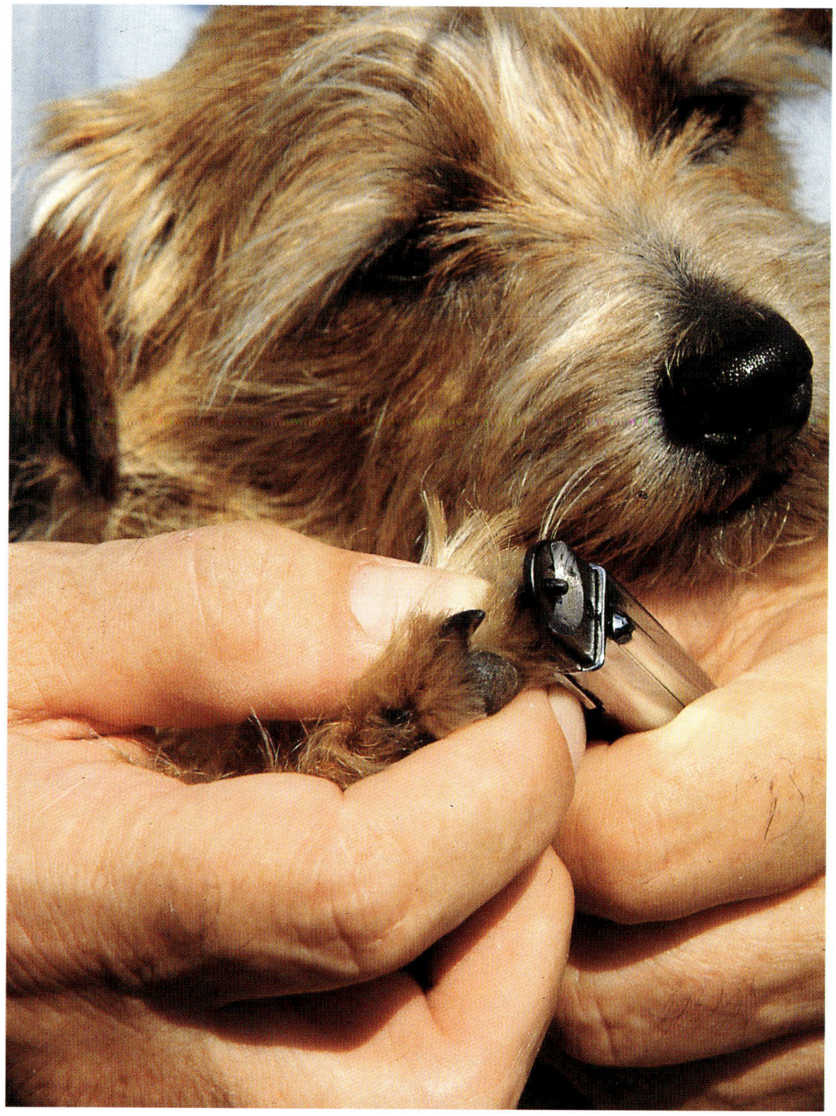

Oben: Krallenschneiden gehört zur Körperpflege. Man kann die Krallen entweder selbst, beim Tierarzt oder in einem Hundesalon schneiden lassen. Beim Kauf einer Krallenzange sollte man darauf achten, daß sie scharf ist und die Krallen nicht zerquetscht.

Unten: Die Pfoten werden zwischen den Zehen auf Schmutz untersucht, um Druckstellen und Infektionen zu vermeiden.

Unten: Man kann den Hund schon früh an das tägliche Zähneputzen gewöhnen. Hierfür gibt es spezielle Zahnbürsten und -pasten.

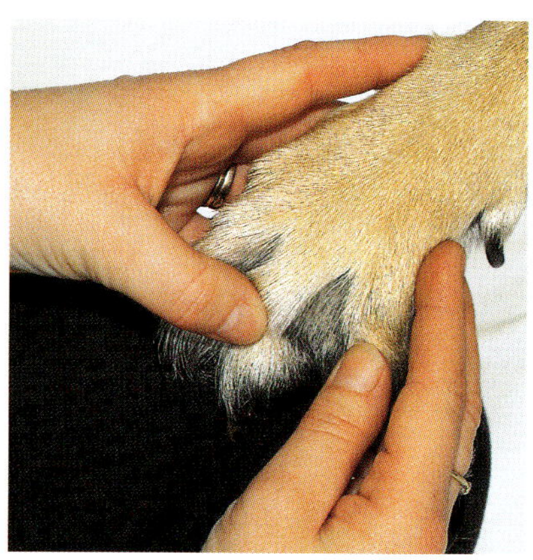

Zähneputzen

Hunde, die artgerecht ernährt werden, haben in der Regel kaum Probleme mit den Zähnen. Trotzdem sollte man die Zähne regelmäßig putzen, denn auch Vierbeiner können unter Zahnverfall und Zahnfleischentzündungen leiden. Wenn der Hund sich im Zahnwechsel befindet, sollte man darauf achten, daß alle Milchzähne ausfallen, sobald die neuen nachkommen. Kauknochen reinigen zwar die Zahnoberfläche, ersetzen aber nicht die tägliche Pflege. Dabei geht man wie folgt vor:

✦ Nur für Hunde entwickelte Zahnbürsten und Zahnpasta verwenden.

✦ Man hebt eine Lefze hoch und läßt die Zahnbürste von vorn nach hinten über Zahnfleisch und Zähne kreisen. So entfernt man Essensreste und massiert das Zahnfleisch sanft.

✦ Eine spezielle Zahnpasta mit Lebergeschmack hilft dem Hund, seine Abneigung gegen das Zähneputzen zu überwinden.

Säubern der Augen

Sobald sich etwas Sekret in den Augenwinkeln angesammelt hat, wischt man dieses mit einem feuchten, fusselfreien Tuch weg. Entzündete oder trübe Augen sowie eitriger Ausfluß deuten auf eine Krankheit hin, die vom Tierarzt behandelt werden muß.

Reinigen der Ohren

Auch die Ohren sollten regelmäßig überprüft werden. Dazu klappt man die Ohrlappen sanft nach außen, so daß der Gehörgang sichtbar wird und man ihn auf braune Ablagerungen oder etwaige Infektionen hin untersuchen kann. Anschließend wischt man mit einem feuchten Tuch, einem Wattebausch oder speziellen Ohrtüchern den Schmutz aus. Die Ohrlappen reinigt man auf die gleiche Weise.

Vorsicht beim Verwenden von Wattestäbchen: Sie können unter Umständen das Trommelfell des Hundes verletzen! Hat der Hund braune Ablagerungen in den Gehörgängen, die sich nur schwer entfernen lassen, sollte man einen Tierarzt konsultieren, da es sich um Milbenbefall oder um eine Ohrenentzündung handeln könnte.

Oben: Man vermeidet ein Verschmutzen des Analbereichs, wenn man das Haar dort regelmäßig schneidet. Möglicherweise muß man auch die Haare an den Genitalien etwas kürzen, um diesen Bereich sauberzuhalten und Infektionen vorzubeugen.

Unten: Das Auge wird mit einem feuchten Wattebausch oder einem fusselfreien Tuch immer von innen nach außen gereinigt.

Unten: Die Ohren untersucht man auf Pfropfen und Ohrenschmalz und entfernt beides mit einer Reinigungslotion und Watte.

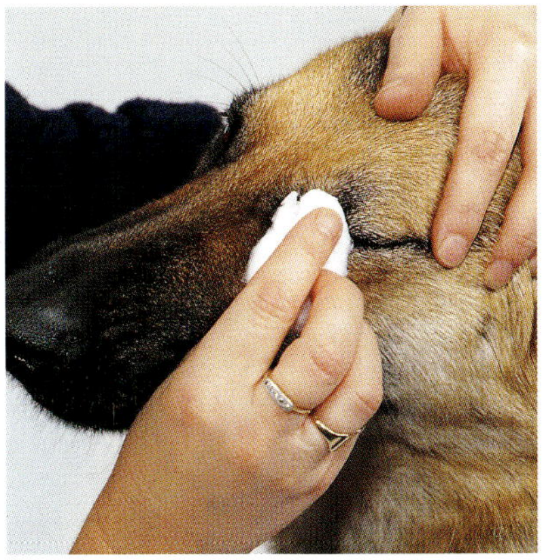

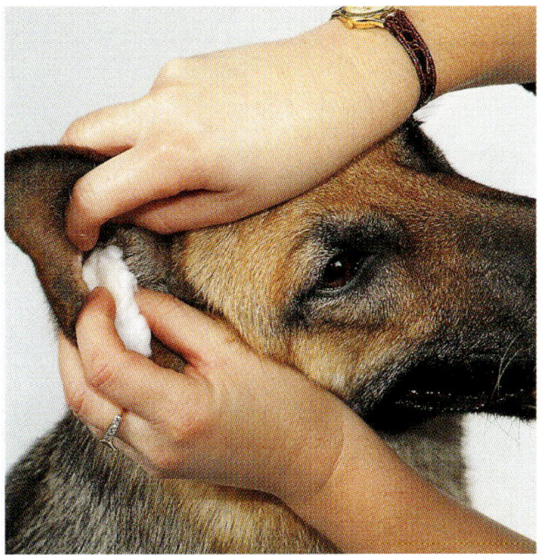

Alles für die Pflege

Notwendiges Zubehör ✦ Luxusartikel

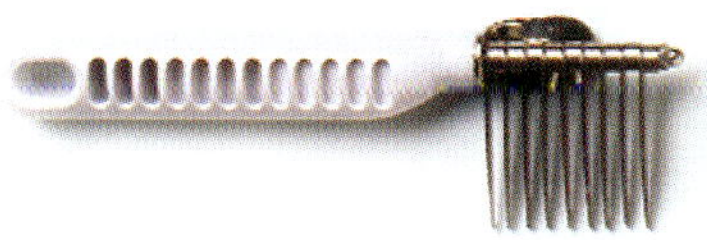

Entfilzungskamm

Drahtbürste

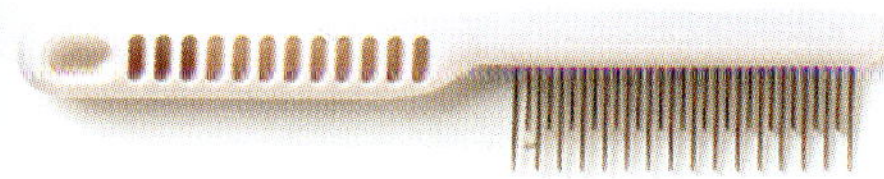

Breiter Kamm

Die einschlägigen Fachgeschäfte bieten eine breite Palette an Hundezubehör an. Nicht alle Produkte sind nützlich. Die folgenden Artikel sollten allerdings bereits vorhanden sein, damit sich der Vierbeiner bei seinem Einzug auch von Anfang an wohl fühlt.

BÜRSTE

Es gibt Borsten-, Stachel- und Drahtbürsten sowie Bürsten mit Gumminoppen. Für kurzhaarige Rassen wie den Boxer verwendet man am besten eine weiche Bürste mit Naturborsten. Bei Hunden wie dem Dobermann, die ein dünnes, feinhaariges Fell besitzen, ist ein Borstenhandschuh besser geeignet, damit das Fell seidig glänzt.

Die Fellpflege ist wichtig, da das Fell des Hundes dabei von abgestorbenen Haaren und von Schmutz befreit wird. Bei der Pflege sollte man darauf achten, daß man eine dem Haarkleid des Hundes entsprechende Bürste verwendet und ihn beim Bürsten nicht ziept. Für alle Rassen sind Bürsten oder Handschuhe mit Gumminoppen geeignet. Es gibt sie, je nach Fell, in unterschiedlicher Ausführung. Sie fördern die Durchblutung und verleihen dem Fell Glanz.

KAMM

Bei Hunden mit langen Haaren wie dem Setter, deren Fell leicht verfilzt, sollte man einen Entfilzungskamm verwenden. Am häufigsten werden Metallkämme benutzt. Es gibt sie in allen Größen und Zahnbreiten.

KRALLENSCHNEIDER

Krallenschneider gibt es als Scheren oder auch als Klipper. Wichtig ist der Sicherheitsanschlag, der verhindert, daß zuviel von der Kralle abgeschnitten wird (siehe Seiten 115–116).

SCHEREN

Von der Hunderasse hängt es ab, ob man eine stumpfe, gekrümmte Schere oder eine zum Ausdünnen verwendet.

WATTE ODER PAPIERTÜCHER

Zum Säubern der Augen, der Ohren, der Nase und des Analbereichs verwendet man Zellstofftücher und Watte. Wichtig: Für jeden Körperbereich immer ein frisches Tuch nehmen, um die Übertragung von Infektionen zu verhindern!

ZAHNBÜRSTE

Die Hundezahnbürsten haben sehr weiche Borsten und sind leicht abgewinkelt, damit man auch die Backenzähne gut erreichen kann.

Mit den Fingerbürsten kann man die Zähne reinigen und gleichzeitig das Zahnfleisch massieren.

ZAHNPASTA

Da herkömmliche Zahnpasta Substanzen beinhaltet, die für Hunde nicht verträglich sind, sollte man eine spezielle Hundezahnpasta verwenden. Diese gibt es in verschiedenen Geschmacksrichtungen wie Natur, Huhn oder Leber (siehe Seite 117).

Krallenschneider

Schere

Fingerzahnbürste

Oben: Auch Trink- und Freßnäpfe sind modischen Trends unterworfen.

Unten: Hundehalsbänder gibt es in unterschiedlichen Variationen. Sicher findet man im Fachgeschäft etwas, das zur Größe und Haarfarbe des Vierbeiners paßt.

Shampoo

Die normalen Haarshampoos sind für Hunde ungeeignet, da sie einen pH-Wert aufweisen, der dem Fell und der Haut des Hundes schadet.

Futter- und Wassernäpfe

Jeder Hund braucht einen Napf für das Futter und einen für das Trinkwasser (siehe Seite 68).

Halsband

Es empfiehlt sich, neben der Steuermarke auch eine Erkennungsmarke am Halsband anzubringen. In einigen Ländern sind Angaben über den Eigentümer sogar vorgeschrieben. Auch Tätowierungen oder das Einsetzen eines Mikrochips unter die Haut sind zulässig (siehe Seite 129).

Spielzeug

Hunde brauchen Sachen, mit denen sie spielen können. Die meisten begnügen sich mit ausgedienten Kinderspielsachen, Bällen oder alten, zu Knoten gebundenen Socken.

Beim Kauf von Hundespielzeug ist auf gute Qualität zu achten. Denn wenn das quiekende Gummitier nicht solide verarbeitet ist, kann der Hund Teile herausbeißen und verschlucken. Interaktive Spielsachen gibt es in Form von Bällen oder Würfeln. Sie geben während des Spiels kleine Mengen Futter frei.

Hundebetten

Hundebetten gibt es in jeder Form, Farbe, Größe und Preislage. Im Fachgeschäft erhält man Bohnenkissen, Federbetten, synthetische Bettdecken und sogar Hängematten. Normalerweise reicht allerdings eine weiche Decke aus (siehe Seite 96).

Oben: Dieser Ball ist mit Leckerbissen gefüllt, die der Hund beim Spielen herausholen kann.

Links: Hunde spielen gern mit weichen Stofftieren, wie etwa mit diesem Frosch.

Das gewisse Extra

Für Hundeliebhaber, die ihren Hund so richtig hübsch ausstaffieren möchten, gibt es eine breitgefächerte Palette an Luxusartikeln.

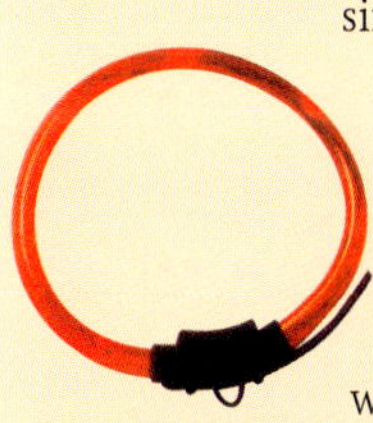

✦ Halsbänder und Leinen sind in allen modernen Farben und Formen erhältlich. Warum nicht für jeden Wochentag eine andere Farbe wählen?

✦ Mit blinkenden Halsbändern können Sie Ihren Hund auch im Dunkeln sehen.

✦ Das Picknick bekommt Ihr Liebling in einer Lunchbox serviert, die Wasser wie Futter kühl und frisch hält.

✦ Man kann Hüte, Pullis und Unterhosen kaufen. „Schlüpfer" sind zwar nicht besonders hübsch, schützen Möbel und Teppiche aber in der Zeit, in der die Hündin läufig ist.

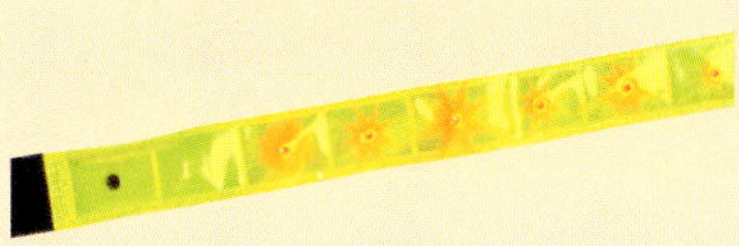

✦ Hundeklappen – eine größere Form der Katzenklappen – verschaffen dem Hund die nötige Unabhängigkeit.

Auslauf & Spiel

Kontrolliertes Spielen ✦ Probleme ✦ Spielzeug apportieren

Je mehr Besitzer und Hund miteinander spielen, desto besser ist ihre Beziehung. Das gemeinsame Spielen unterstützt die physische wie die psychische Entwicklung des Vierbeiners. Es fördert Verständnis, Respekt und Gehorsam. Da der Hundehalter Zeitpunkt, Ort sowie Regeln und Dauer des Spiels bestimmt, stärkt er darüber hinaus auch seine Autorität gegenüber dem Schützling.

Für Welpen bedeutet Spielen auch eine Vorbereitung auf das Leben ohne Mutter und Geschwister. Wenn man mit dem Hund allerdings nur herumtobt und dessen Kräfte erprobt, hat das möglicherweise fatale Folgen. So kann es schnell geschehen, daß der Vierbeiner sich spielfreudig auf ein Kind stürzt, wenn er es im Park hinfallen sieht. Woher soll der Hund wissen, wann er sich so richtig austoben darf und wann nicht? Wichtig ist, daß man beim Spielen immer die Kontrolle behält und kein Verhalten fördert, das von anderen als Bedrohung empfunden werden kann.

Spielzeug und Probleme

Hunde lieben Zieh-, Lauf-, Bring- und Versteckspiele. Es macht ihnen nicht nur viel Spaß, sondern sie lernen dabei auch wichtige Verhaltensregeln. Allerdings weiß nicht jeder Vierbeiner mit Spielzeug etwas anzufangen. Dies kann von der Rasse abhängen oder ein erlerntes Verhalten sein. So hat der Chihuahua zum Beispiel kein Interesse daran, Gegenstände aufzunehmen und zu bringen. Jedem Hund, sogar dem Labrador, kann man das Spielen verleiden, wenn es mit Schmerzen

Links: Man sollte sich Zeit nehmen, mit dem Hund zu spielen. Es macht nicht nur viel Spaß, sondern fördert darüber hinaus auch die gemeinsame Beziehung.

oder Maßregelungen verbunden ist. Oft sind die Vierbeiner von ihrem Spielzeug so fasziniert, daß sie es nicht wieder hergeben wollen. Dieses Verhalten beruht meist darauf, daß sie dann mehr Aufmerksamkeit erhalten. Ein solches Verhalten darf man auf keinen Fall akzeptieren.

Förderndes Spielen

Es gibt auch Hunde, die von sich aus nicht gern spielen. Mit einem Spielzeug aus weichem Material kann man sie zum Spielen anregen.

Hunde sind von Natur aus neugierig. Legt man das Spielzeug auf die Erde und bewegt es ein bißchen, eilen sie bestimmt schnell herbei, um das neue Ding zu beschnüffeln. Sobald der Vierbeiner es berührt hat, belohnt man ihn mit einer Leckerei oder läßt statt dessen den Clicker ertönen, mit dessen Benutzung der Hund den Erhalt eines Lekkerbissens verbindet. Diesen Vorgang wiederholt man so lange, bis das neue Spielzeug angenommen wurde.

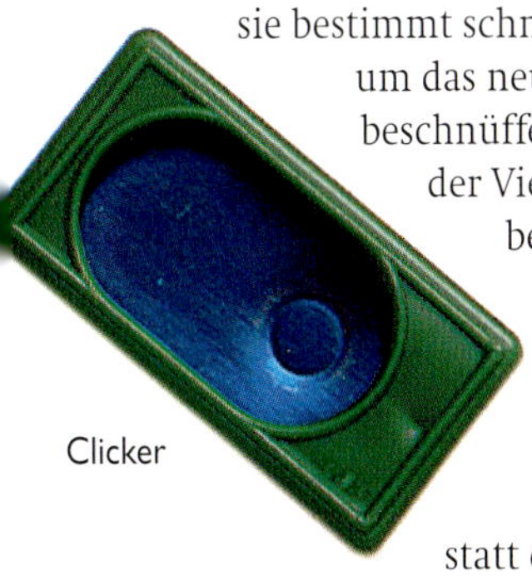

Clicker

Dann ändert man seine Vorgehensweise. Der Hund erhält nun keine Lekkerbissen mehr, wenn er das Spielzeug berührt. Sobald der Vierbeiner das Spielzeug ins Maul genommen hat, wird er ausgiebig dafür gelobt.

Apportieren

Wenn es dem Hund zwar Freude macht, hinter einem Spielzeug herzujagen, er es aber nicht mehr herausgibt, wendet man den Trick mit den zwei Spielzeugen an.

✦ Man kauft von einem Spielzeug, das der Hund gern mag, zwei identische Stücke.

✦ Dann nimmt man das Spielzeug und geht mit dem Hund in den Garten. Zuerst läßt man ihn mit einem der beiden Spielzeuge herumtollen. Dann ruft man ihn herbei. Kommt er ohne das Spielzeug zurück, wirft man das andere in die Luft und fängt es wieder auf, ohne dabei weiter auf den Vierbeiner zu achten.

✦ Die Hunde kommen meist schnell herbei, weil sie neugierig sind. In der Regel lassen sie dabei ihr Spielzeug unterwegs fallen. Sobald der Vierbeiner vor einem steht, lobt man ihn und wirft anschließend das andere Spielzeug. Während er diesem nachjagt, hebt man das fallengelassene auf. Diesen Vorgang wiederholt man so lange, bis auch dem Hund klar geworden ist, daß nicht er, sonden der Halter Besitzer des Spielzeugs ist.

✦ Langsam erhöht man die Anforderungen an den Hund. So befiehlt man ihm zum Beispiel, daß er das Spielzeug erst vor den Füßen des Halters fallen lassen darf oder er es so lange behalten muß, bis man es ihm aus dem Maul nimmt. Hält der Hund sich an die neuen Spielregeln, wird er dafür auch belohnt. Auf diese Weise lernt der Vierbeiner schnell, richtig zu apportieren.

Oben: Viele Hunde sind richtige „Wasserratten" und stürzen sich mit großer Begeisterung ins kühle Naß. Auch dabei kann man sie zum Apportieren anregen.

Unten: Spiele im Freien ermöglichen dem Hund, sich nach Belieben auszutoben und seinen Körper zu trainieren.

Hunde brauchen Auslauf

Wieviel Auslauf ist nötig? ✦ Wann verwendet man die Leine?

Alle Hunde brauchen Bewegung an der frischen Luft, damit sie gesund bleiben und sich wohl fühlen. Die Länge des Spaziergangs hängt von der Rasse, dem Alter und dem Gesundheitszustand ab. Wichtig ist auch die Kontaktaufnahme sowie das gemeinsame Spielen und Toben mit anderen Hunden.

Verhaltensmuster

Hunde, die in der Wildnis leben, verschlafen einen großen Teil des Tages, da sie fast ihre gesamte Energie für Futtersuche, Jagen und Fressen benötigen. Dies bedeutet, daß Hunde sehr viel Zeit damit verbringen, sich auszuruhen. Sind sie aber wach, verspüren sie einen unbändigen Drang zum Laufen, Springen und Spielen.

Dieses Verhalten harmoniert ausgezeichnet mit dem Lebensrhythmus des Menschen und ist wahrscheinlich auch der Grund dafür, warum Vierbeiner schon seit langer Zeit dessen beste Freunde sind. Es empfiehlt sich, den Hund frühzeitig an einen bestimmten Rhythmus zu gewöhnen, der den eigenen Vorlieben und dem persönlichen Tagesablauf am besten entspricht.

Mit oder ohne Leine?

Ob man den Hund an der Leine führt oder ihn frei laufen läßt, hängt von verschiedenen Faktoren ab. In vielen Stadtparks und auf Kinderspielplätzen ist es verboten, Hunde von der Leine zu lassen. Denn selbst wenn der Hund gehorcht und man ihn gut im Griff zu haben glaubt, kann es passieren, daß er vor Kindern oder Pferden erschrickt und aggressiv reagiert.

Rechts: Hunde, denen das Apportieren im Blut steckt, haben Freude an einer simulierten Jagd. Ein sorgfältig ausgebildeter Hund bringt nahezu alles auf Befehl wieder zurück.

Auch das Verhalten anderer Hunde kann einen Risikofaktor darstellen. Besonders an verkehrsreichen Orten sollte man ihn aus Sicherheitsgründen deshalb immer anleinen. Praktisch ist es, wenn auf dem täglichen Spazierweg Behälter für Hundekot zur Verfügung stehen.

Auf keinen Fall darf man seinen Hund im Wald frei herumlaufen lassen, da sowohl der Jäger als auch der Jagdaufseher autorisiert sind, ihn zu erschießen, um einer möglichen Wilderei vorzubeugen. Auch auf einer Weide sollte man den Hund nicht unbedingt toben lassen. Zwar mag es ihm viel Spaß bereiten, bellend zwischen den Kühen herumzulaufen, die Freude dabei ist jedoch nur auf seiner Seite. Sollte sich ein Stier unter den Tieren befinden, kann aus dem harmlosen Vergnügen sehr schnell gefährlicher Ernst werden. Außerdem reagiert jeder Bauer ungehalten, wenn ein fremder Hund seine Herde aus Spaß zusammentreibt.

Rechts: Joggen ist das ideale Fitneßprogramm für den Besitzer und seinen Hund. Allerdings sollte man zuvor sicherstellen, daß die Route für den Vierbeiner keine Gefahren birgt.

Unten: Jeder Hund freut sich über die Begegnung mit anderen frei laufenden Hunden. Allerdings sollte er gut erzogen sein und sich friedlich verhalten. Ist er aggressiv, muß sich ein Fachmann um ihn kümmern. Bis dahin darf man ihn nicht von der Leine lassen.

WIEVIEL AUSLAUF BRAUCHT EIN HUND?

Wieviel Auslauf ein Hund braucht, hängt von Größe, Rasse und Alter ab. Zuviel Auslauf kann sowohl für die Gelenke als auch für die Knochen des Welpen schädlich sein. Dies trifft vor allem auf sehr große und schwere Hunde zu. Als Faustregel gilt: Gehen Sie lieber kurze Strecken, dafür aber öfter mit Ihrem Schützling spazieren!

Wenn der Welpe müde wirkt, zu lahmen anfängt oder nicht mehr weiterlaufen will, hat man ihn wahrscheinlich überfordert. In diesem Alter dienen Spaziergänge vor allem dazu, eine Beziehung aufzubauen, und weniger als Auslauf. Das kann auch für einen älteren Hund gelten, der sich in die neue Umgebung erst einleben muß und vorher wenig Auslaufmöglichkeiten hatte.

Nach den ersten neun Monaten können Sie mit allen Rassen, außer den sehr großen und schweren, lange Spaziergänge unternehmen. Die Beschaffenheit des Weges ist dabei unwichtig.

Hunde, die noch kein Jahr alt sind, darf man während des Trainings nicht springen lassen. Bei Geschicklichkeitswettbewerben sollten Kontrolle und Vertrauen im Mittelpunkt der Übungen stehen und nicht hohe Sprünge.

Oben: Hunde wollen rennen und spielen. Dies macht ihnen viel mehr Spaß, als angeleint spazierenzugehen.

Spiele im Freien

Spaziergänge ✦ Spielideen ✦ Kotschaufel

Links: Beim Tauziehen messen Hund und Besitzer ihre Kräfte. Es ist wichtig, daß der Hund das Seil auf Befehl sofort losläßt.

Für viele Hunde ist der Spaziergang der Höhepunkt des Tages. Sie können sich nach Herzenslust austoben, neue Gegenden, fremde Geräusche sowie exotische Gerüche erforschen oder mit anderen Vierbeinern herumtollen.

Allerdings geschieht es manchmal, daß der Halter seinen sonst so ruhigen und gehorsamen Hund während eines Spaziergangs nicht mehr kontrollieren kann. Sobald der Vierbeiner im Freien ist, rennt er weg und zeigt sich taub gegenüber allen Rufen und Befehlen seines Besitzers. Bevor dieses Verhalten zu einem Problem wird, schafft man Abhilfe, indem man das Interesse seines Hundes auf sich lenkt. Am besten versucht man ihn zum Spielen zu bewegen. Geschicklichkeitsspiele fordern seine Konzentration und festigen zugleich die Bindung zwischen Hund und Halter.

Spielen im Park

In Fachgeschäften hat man eine große Auswahl an Spielsachen:

Bälle an der Schnur: Dieses Spielzeug ist für den Park geradezu ideal. Man kann mit den Bällen das Apportieren üben oder Jagdspiele veranstalten. Durch die Schnur bleibt man immer mit dem Spielzeug verbunden. Wenn man diesen Ball nur im Freien und zu bestimmten Zeiten benutzt, hält das Interesse des Hundes länger an. Beim Kauf sollte man auf die Größe des Balls achten, damit der Vierbeiner ihn nicht verschlucken kann.

Leckerbissen: Es ist sicher nützlich, wenn man beim Spazierengehen eine kleine Leckerei mit sich führt, da sich immer wieder eine Gelegenheit ergibt, den Hund für sein Wohlverhalten und seinen Gehorsam zu belohnen. Wenn man bei der Erziehung des Welpen Leckerbissen und Spiele abwechselnd als Belohnung einsetzt, weiß der Hund im voraus nie, was er als „Dank" für sein gehorsames Verhalten erhält. Es ist durchaus sinnvoll, den Hund nicht jedesmal mit einem Spiel oder einer Leckerei zu belohnen, sobald er etwas „richtig" gemacht hat. In der Regel genügt auch ein verbales Lob. Generell jedoch spornt es jeden Vierbeiner an, wenn er weiß, daß er eine Belohnung oder ein Lob erhält, sobald er den Befehl ausgeführt hat.

Spielzeug suchen: Mit ihrer Nase erschnüffeln sich die Hunde wesentliche Informationen. Über die Ausscheidungen anderer Hunde erhalten sie Hinweise über Geschlecht, hormonelle Befindlichkeit und Gesundheitszustand. Aus der Geruchsintensität folgert der Vierbeiner, wann der Artgenosse diese Stelle passiert hat oder um welches Tier es sich handelt. Am Jagdspiel können sowohl der Besitzer als auch der Hund aktiv teilnehmen. Der

Oben: Ein Gummiball sollte so groß sein, daß er nicht verschluckt werden kann, dann ist er ein ideales Spielzeug für aufwachsende Welpen. Sie können gefahrlos darauf herumbeißen und lernen mit der Zeit, den weggeworfenen Ball wieder zurückzubringen.

Vierbeiner setzt seinen Spürsinn ein, und der Besitzer überlegt sich immer wieder neue Spielregeln. Zunächst läßt man ein Spielzeug während des Spaziergangs unauffällig ins Gras fallen. Dann ruft man den Hund herbei und fordert ihn auf, dieses zu suchen. Sobald er es gefunden hat, wird er ausgiebig gelobt.

Wenn dieses Spiel beiden viel Spaß bereitet, kann man es zur Spurensuche ausbauen. Dabei versteckt man bereits vor dem Spaziergang einige dem Hund gut bekannte Gegenstände. Sobald man in ihre Nähe gelangt ist, fordert man den Vierbeiner auf, nach den versteckten Dingen zu suchen. Hat er die Fährte gewittert, feuert man ihn an, sie aufzunehmen und die Gegenstände herzubringen. Dieses unterhaltsame Spiel funktioniert auch dann, wenn der Hund an der Leine geht.

KOTSCHAUFEL

Hundekot auf Gehwegen oder in öffentlichen Anlagen ist kein schöner Anblick. Allerdings läßt sich die spontane Verrichtung der Notdurft nicht immer vermeiden. Um sich Ärger wegen verunreinigter Wege zu ersparen, sollte man immer eine Plastiktüte oder eine speziell für diesen Zweck entwickelte Schaufel mit sich führen. Denn auch wenn der Hund regelmäßig entwurmt wird und deshalb für die Öffentlichkeit keine Gefahr darstellt, kann ein Passant auf dem Kot ausrutschen und sich dabei verletzen. Daher ist es besser, die Notdurft mit der Kotschaufel zu beseitigen.

Teil 3

Gesunde Hunde

Trotz artgerechter Haltung kann ein Hund einmal krank werden. Sobald man bemerkt, daß sich der vierbeinige Freund ungewöhnlich benimmt oder sich sein Aussehen verändert, sollte man einen Tierarzt konsultieren. Trägheit, Unlust zum Spazierengehen, Appetitlosigkeit oder Mattigkeit können erste Anzeichen für eine ernsthafte Erkrankung sein. Die meisten Krankheiten sind leicht zu behandeln, wenn man sie rechtzeitig erkennt.

Tierärzte muß man für ihre Leistungen meist bar oder mit einem Scheck bezahlen. Steht eine längere Behandlung an, ist es sinnvoll, den Preis vorab zu erfragen, damit man weiß, welche Ausgaben anfallen können. Abgerechnet wird nach einer speziellen, für alle verbindlichen Gebührenordnung.

Wenn man nicht jedes Wehwehchen gleich mit Antibiotika bekämpfen möchte, kann man auch einen Veterinär aufsuchen, der sich auf alternative Heilmethoden (Seiten 146–147) spezialisiert hat.

Gesundheitsvorsorge

Schutzimpfung ✦ Erkrankungen vorbeugen ✦ Parasiten ✦ Zahnpflege ✦ Kennzeichnung des Hundes

Trotz artgerechter und liebevoller Haltung kann man nicht verhindern, daß der Hund ab und zu krank wird. Allerdings lassen sich vorbeugende Maßnahmen ergreifen. Dazu gehören vor allem die regelmäßigen Untersuchungen beim Tierarzt, eine gute Ernährung (siehe Seite 110) und viel Auslauf.

Obwohl es verständlich ist, daß man den Welpen vor einer möglichen Ansteckungsgefahr schützen möchte, sollte man dafür sorgen, daß er Kontakt zu anderen Hunden hat. Denn nur im Umgang mit seinesgleichen lernt er, sich angstfrei und angemessen zu verhalten. Für diesen Prozeß ist das Alter zwischen sechs und zwölf Wochen besonders wichtig.

Falls der Hund trotz aller Fürsorge doch einmal krank werden sollte, isoliert man ihn so lange von den anderen Hunden, bis man weiß, woran er erkrankt ist.

Erste Impfungen

Der genaue Zeitpunkt der Schutzimpfungen hängt von der Art der Impfung und von den spezifischen Krankheitsrisiken innerhalb der jeweiligen Wohngegend ab. Welpen erhalten ihre erste Injektion meistens zwischen der achten und der zehnten Lebenswoche, die zweite erfolgt einen Monat später. Der volle Impfschutz tritt eine Woche nach der zweiten Impfung ein.

Die meisten Tierärzte ziehen es vor, Welpen erst dann zu impfen, wenn sie sich an ihr neues Zuhause gewöhnt haben. Dennoch sollte man sie so bald wie möglich dem Veterinär vorstellen, da man den Arzt bei dieser Gelegenheit auch gleich um Rat fragen kann, wie sich eventuelle Pflege- oder Erziehungsprobleme lösen lassen.

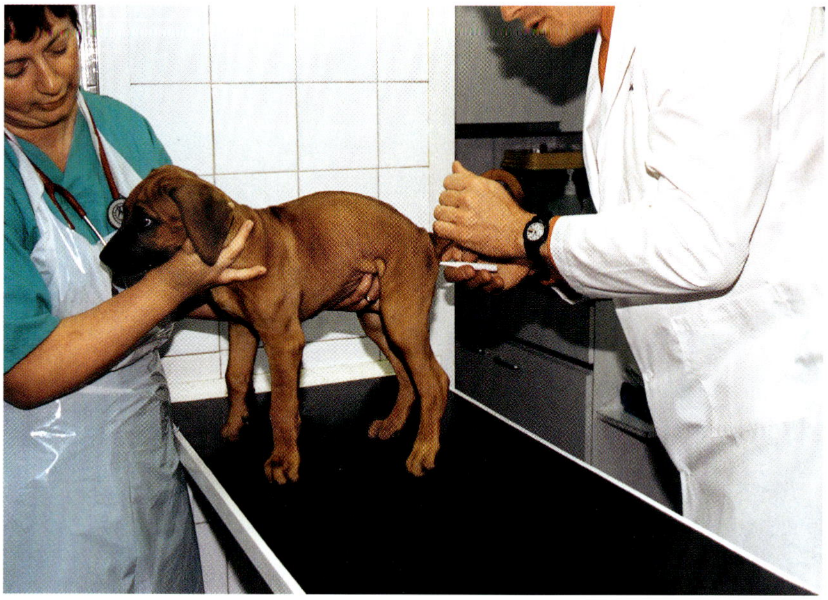

Oben: Die Körpertemperatur mißt man rektal. Das Thermometer wird etwas eingeölt und dann vorsichtig in den After geschoben. Die meisten Hunde lassen diesen Vorgang widerstandslos über sich ergehen, da er nicht schmerzhaft ist.

Unten: Das Zahnfleisch und die Zähne werden auf Verfall oder Krankheiten hin untersucht. Dabei kann man sie auch zählen.

Unten: Der Tierarzt untersucht alle Körperteile sorgfältig auf Krankheitsanzeichen. Genauso geht man auch zu Hause vor.

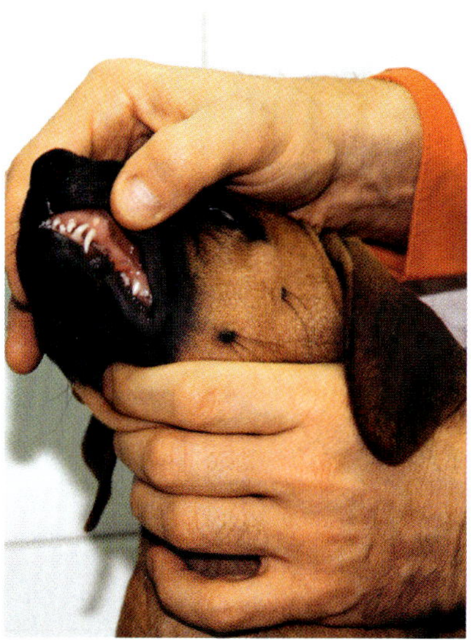

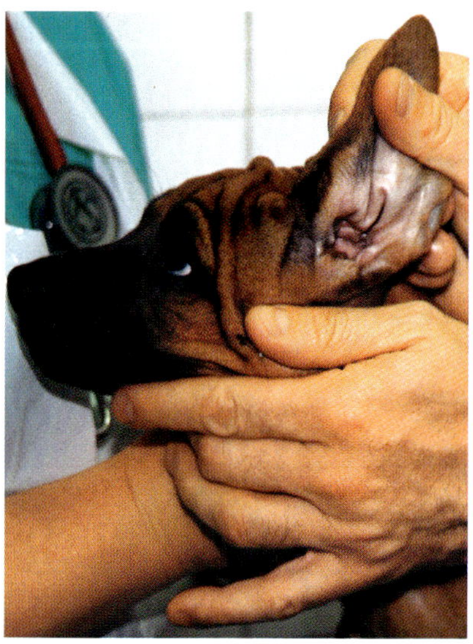

Krankheiten und Vorsorge

Gegen folgende Krankheiten kann man Vorsorgemaßnahmen ergreifen:

Hundestaupe: Das Krankheitsbild zeigt Husten, Absonderungen aus der Nase, Muskelkrämpfe und Durchfall. Staupe ist eine Viruserkrankung, die ohne Impfung meist tödlich endet.

Parvovirose: Die durch das Parvovirus hervorgerufene Erkrankung wurde in den späten siebziger Jahren erstmals bei Hunden diagnostiziert. Damals traten epidemieartig schwere Magen- und Darmerkrankungen auf. Mittlerweile gibt es gegen dieses Leiden einen Impfstoff.

Infektiöse Hundehepatitis: Diese Krankheit entsteht durch ein Virus, das Blutzellen in der Leber angreift.

Leptospirose: Zwei Arten von Bakterien zeichnen für diese Krankheit verantwortlich: Die eine greift die Leber an und führt zu Gelbsucht, die andere verursacht eine Erkrankung der Nieren. Beide Bakterienarten werden mit dem Urin ausgeschieden und so von Hund zu Hund übertragen. Allerdings besteht auch die Möglichkeit, daß das Tier die Bakterien über den Urin von Nagetieren aufnimmt. Da diese Krankheit auch auf den Menschen übertragen werden kann, ist eine Impfung für Mensch wie Tier gleichermaßen wichtig.

Tollwut: Diese Viruserkrankung ist in weiten Teilen Europas besonders unter den freilebenden Tieren verbreitet. Der Fuchs ist der Hauptüberträger des Virus. Die Tollwut bedeutet sowohl für Tiere als auch für Menschen eine große Gefahr, denn hat das Virus erst einmal das Nervensystem befallen, endet die Krankheit in der Regel tödlich. Da Großbritannien als einziges europäisches Land tollwutfrei ist, müssen sich alle Tiere vor der Einreise sechs Monate lang in Quarantäne begeben.

Zwingerhusten: Dieses Virus, *Bordetella bronchiseptica*, erzeugt einen trockenen und ansteckenden Husten. Ein gewöhnlicher Husten wird mit Nasentropfen oder anderen verschreibungspflichtigen Medikamenten behandelt.

Unten: Brust, Rippen und Unterleib werden abgetastet und auf Auftreibungen, Fettleibigkeit oder andere Symptome untersucht.

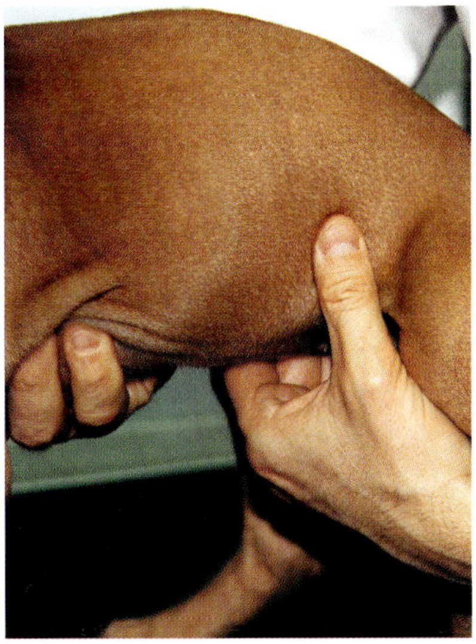

Kennzeichnung des Hundes

Laut Vorschrift muß jeder Hund ein Halsband und eine Hundemarke besitzen, darüber hinaus ist aber auch ein Anhänger mit Ihrer Telefonnummer und Ihrer Adresse sinnvoll. Alternative Kennzeichnungsmöglichkeiten stellen die Tätowierung oder die Injizierung eines Mikrochips dar. Beide Methoden sind für den Hund völlig schmerzfrei. Die Daten auf dem Mikrochip können von Tierärzten oder Tierheimen elektronisch gelesen werden.

Parasitenkontrolle

Viele Welpen werden von Band- und vor allem von Spulwürmern geplagt. Aus diesem Grund unterzieht man den Hund bereits im Alter von zwei Wochen einer ersten Wurmkur, der bis zur zehnten Woche im Abstand von zwei bis drei Wochen weitere folgen. Ausgewachsene Hunde entwurmt man alle drei bis sechs Monate. Da die Dauer von der Art des Präparats abhängt, sollte man vorab den Tierarzt befragen. Eine Wurmkur ist nicht nur effektiv, sondern auch einfach durchzuführen.

Spulwürmer rufen sowohl eine Magen- als auch eine Darmverstimmung hervor und sind auf den Menschen übertragbar. Bandwürmer haben keine Beschwerden zur Folge. Mit Ausnahme des Fuchsbandwurms sind sie für den Menschen ungefährlich.

Da Flöhe weit verbreitet sind, empfiehlt es sich, das Übel bereits frühzeitig zu bekämpfen. Wie man seinen Hund vor Flöhen schützt, ist auf den Seiten 97 und 138 nachzulesen.

Der Fachhandel hält verschiedene Mittel gegen Flöhe bereit, die allesamt einfach anzuwenden sind. Allerdings sollte man vor Gebrauch die beiliegende Information durchlesen.

Zahnerkrankungen

Obwohl die meisten Zahnerkrankungen erst bei älteren Hunden, zumeist als Folge von Mineralstoffablagerungen auf den Zähnen, auftreten, sollte man bereits den Welpen an regelmäßiges Zähneputzen gewöhnen. Auch der Tierarzt prüft, ob sich das Gebiß dem Alter entsprechend entwickelt. Junge Hunde verlieren ihre Milchzähne ungefähr mit fünf Monaten. Allerdings kann es vorkommen, daß die zweiten Zähne nachwachsen, bevor die Milchzähne ausgefallen sind. In diesem Fall müssen die ersten Zähne gezogen werden, um bleibende Schäden am Gebiß zu vermeiden.

Unten: Die Augen werden regelmäßig auf Rötungen oder Ausfluß hin untersucht, um einer Erkrankung vorzubeugen.

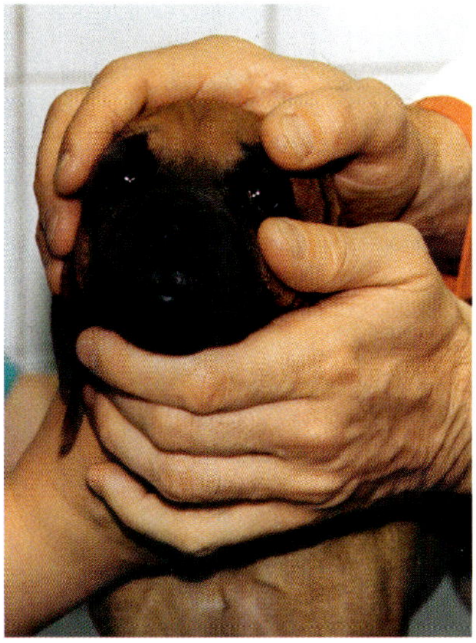

Erbkrankheiten

Zuchtwunsch ✦ Erbgut ✦ Testverfahren ✦ Gentechnik

Auch wenn man nicht vorhat, mit seinem Hund zu züchten, ist es sinnvoll, sich über die verschiedenen Probleme, die innerhalb einer Rasse auftreten können, zu informieren.

Um bestimmte Charaktermerkmale besonders hervorzuheben, paaren die Züchter gelegentlich Hunde aus einem Wurf miteinander. Dabei wird in Kauf genommen, daß bestimmte Krankheiten dadurch häufiger auftreten können. Dies ist vor allem dann der Fall, wenn beide Eltern die entsprechenden Gene besitzen.

Reinrassige Welpen

Wenn man gezielt eine bestimmte Rasse züchten möchte, sollte man sich einen Welpen aus einem anerkannten Zuchtverein holen und Mitglied in dem entsprechenden Rassehundeverband werden. Zuvor ist jedoch zu klären, ob man den Welpen zurückgeben kann, falls ernsthafte Gesundheitsprobleme auftreten.

Unten: Bei jüngeren Hunden kann eine Augentrübung oder der Graue Star entweder vererbt sein oder durch Verletzungen des Auges verursacht werden.

Erbkrankheiten

Zuchthunde müssen absolut gesund sein. Dieser Grundsatz gilt auch für kleinere Mängel wie Nabelbruch oder etwaige Fluchtungsfehler der Zähne. Hoden, die nicht aus der Bauchhöhle treten, sind kein Schönheitsfehler, sondern müssen operativ korrigiert werden. Zuchthunde dürfen außerdem keine problematischen Eigenschaften besitzen, da diese ebenfalls vererbt werden können.

Einige Krankheiten sind vermutlich erblich bedingt, da sie nur bei ganz bestimmten Rassen auftreten. Allerdings weiß man noch nicht genau, wie diese Krankheiten vererbt werden. So scheinen einige Rassen beispielsweise für Hautallergien, spezielle Tumore und Formen der Epilepsie anfälliger zu sein als andere.

Oben: Jeder Welpe sollte auf Krankheiten hin untersucht werden. Es ist wichtig, daß man über mögliche Erbkrankheiten der Rasse Bescheid weiß, bevor man einen Welpen kauft. Der Tierarzt kann nach einer sorgfältigen Untersuchung auf den Hund individuell abgestimmte Ratschläge erteilen.

Da manche Krankheiten bei Welpen noch nicht erkannt werden können, ist man auf die Sachkenntnis und die Integrität des Züchters angewiesen. Dieser darf für seine Zucht keinesfalls Hunde einer Linie verwenden, von der bekannt ist, daß unter ihren Mitgliedern bestimmte Erkrankungen später überproportional häufig auftreten. Strenge Zuchtauflagen sollen dies gewährleisten.

Kontrollverfahren

In letzter Zeit sind spezielle Untersuchungsmethoden entwickelt worden, um die Züchter bei der Erkennung und Ausschaltung erblich bedingter Krankheiten zu unterstützen.

Eine wichtige Kontrollmethode wurde für Augenkrankheiten wie den grauen Star (Trübung der Linse) und die Progressive Retina-Atrophie (PRA) entwickelt, die häufig zum Erblinden des Hundes führen (siehe Seite 134). Dabei werden die Augen der Hundeeltern von Spezialisten untersucht. Diese stellen anschließend eine Bescheinigung aus, daß der Patient zum Zeitpunkt der Untersuchung frei von jeglichen Anzeichen einer Krankheit ist.

Die meisten europäischen Länder besitzen auch ein Kontrollsystem für die Früherkennung der bei Hunden weitverbreiteten Hüftgelenksdysplasie (siehe Seite 140). Fast jeder Hund kann unter dieser Krankheit leiden, jedoch tritt sie häufiger bei größeren Hunderassen auf. Die Vererbung spielt bei der Deformation des Hüftgelenks eine bedeutende Rolle.

Zu den Kontrollmaßnahmen gehören Röntgenaufnahmen von den Hüftgelenken der Hundeeltern und eine Bewertung der Hüften. Erst wenn die Diagnose jeden Zweifel ausschließt, werden die Tiere zur Zucht zugelassen.

Ähnliche Verfahren finden bei der Früherkennung der Ellbogendysplasie (Lahmheit der Vorderläufe) Anwendung (siehe Seite 140).

Genmanipulation

Die Molekularbiologie ist ein rasch wachsender Forschungszweig, in ethischer Hinsicht allerdings nicht ganz unumstritten. Mit Hilfe von Bluttests wird die DNS der Hunde auf defektes Genmaterial hin untersucht. Hunde, bei denen entsprechendes Erbgut festgestellt wurde, werden dann von der Züchtung ausgeschlossen. Ziel ist es, nicht nur die Gesundheit künftiger Hundegenerationen zu gewährleisten, sondern das defekte Genmaterial langfristig vollständig auszurotten. Viele Forscher erhoffen sich von der künstlichen Manipulation der Genstruktur die endgültige Ausschaltung sämtlicher Erbkrankheiten.

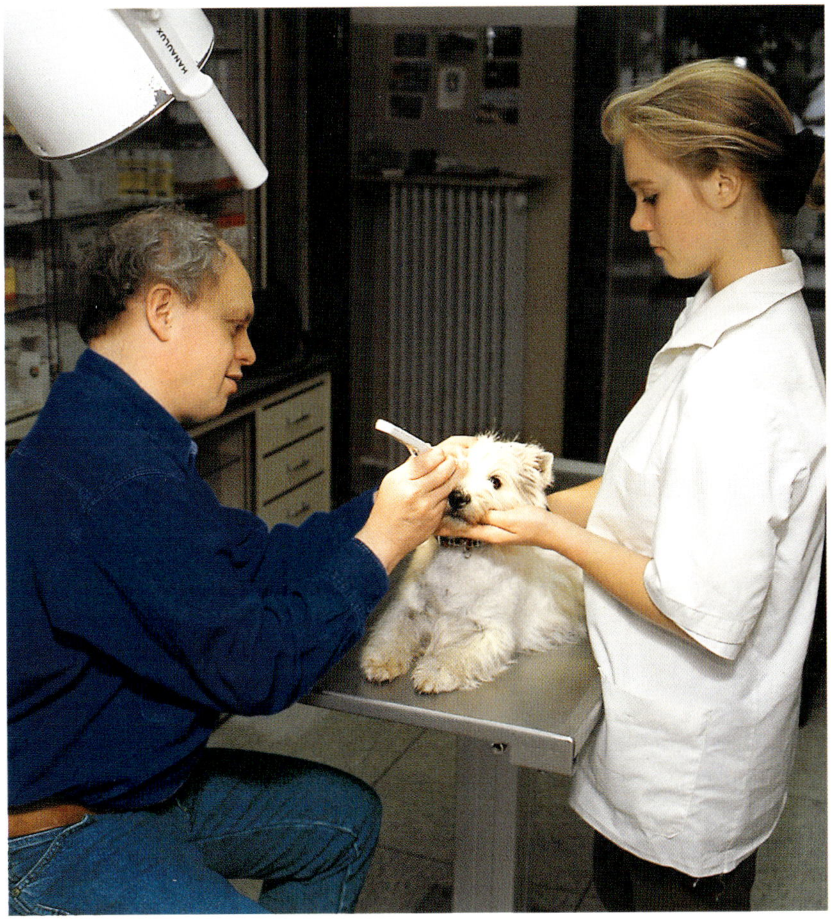

Oben: Es ist wichtig, die Augen des Hundes frühzeitig auf Krankheitssymptome untersuchen zu lassen, damit diese rechtzeitig behandelt werden können. Die progressive retinale Atrophie findet im Augeninneren statt und ist nur im fortgeschrittenen Stadium zu sehen.

Unten: Besteht ein Verdacht auf Hüftdysplasie oder andere Gelenkerkrankungen, wird der Hund geröntgt. Die gesunde Hüfte zeigt keine Anzeichen einer Deformation.

Unten: Eine Hüftdysplasie liegt vor, wenn das Gelenk so deformiert ist, daß Gelenkkopf und Gelenkpfanne nicht zusammenpassen. Sie tritt insbesondere bei großen Rassen auf.

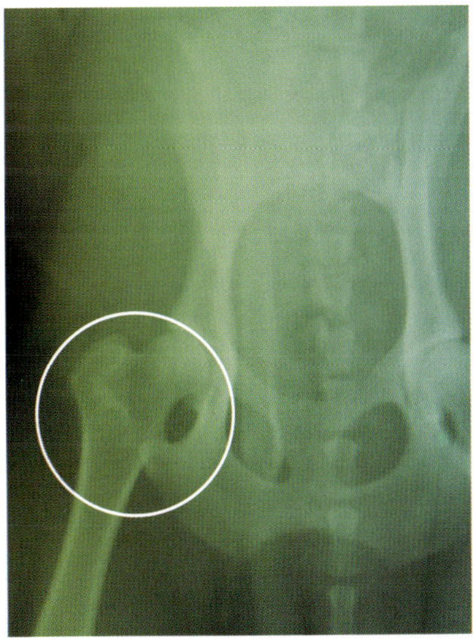

Gesunde Hüfte

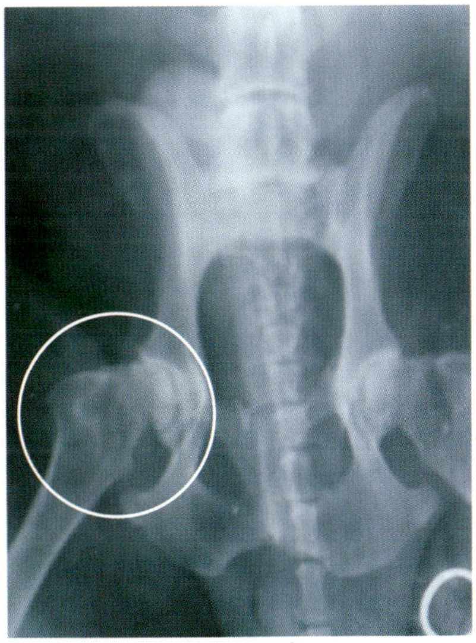

Hüftgelenksdysplasie

Kastration

Kastration ✦ Sterilisation ✦ Kastrierte Rüden

Hündinnen sind zweimal im Jahr läufig; während dieser Zeit sind sie empfängnisbereit. Die Schwangerschaft dauert etwa zwei Monate, danach werfen sie ungefähr sechs Junge. Will man nicht überrascht werden und auch in Zukunft nicht mehrere Hunde besitzen, bietet sich eine Kastration an. Führt man diese frühzeitig durch, lassen sich sogar unerwünschte Verhaltensweisen, besonders bei Rüden, vermeiden.

Sterilisation

Um eine Schwangerschaft der Hündin zu verhindern, entscheiden sich die meisten Besitzer für eine Sterilisation. Dabei werden beide Eileiter durchtrennt; da die Eierstöcke aber noch funktionsfähig sind, kann die Hündin weiterhin läufig werden. Erst nach einer Kastration, bei der der Tierarzt beide Eierstöcke und manchmal auch die Gebärmutter entfernt, ist auch damit Schluß. Der optimale Zeitpunkt für einen Eingriff ist umstritten. Normalerweise läßt man die Hündin kastrieren oder sterilisieren, sobald sie das erste Mal läufig geworden ist. Hat sie bereits geworfen, sterilisiert oder kastriert man sie, sobald sie keine Milch mehr produziert. Das Risiko bei dieser Operation ist gering, und meist erholt sich die Hündin sehr schnell.

Die Kastration hat mehrere Vorteile:

✦ Geschlechtsreife Hündinnen sind sehr anfällig für Gebärmutterentzündungen, besonders wenn sie noch nicht geworfen haben. Eine Kastration verhindert dies ziemlich sicher.

✦ Bei kastrierten Hündinnen treten Scheinschwangerschaften nur höchst selten auf.

✦ Rüden interessieren sich nicht für kastrierte Hündinnen, da diese nicht mehr läufig werden. Außerdem gibt es keine ungewollten Nachkommen.

✦ Eine Kastration ist die effektivste Art, die Läufigkeit unter Kontrolle zu bekommen. Viele einschlägige Medikamente erhöhen das Risiko einer Gebärmutterentzündung, besonders dann, wenn die Hündin älter wird.

✦ Für ältere Hündinnen kann eine ungewollte Begattung schwerwiegende Folgen haben.

✦ Das Risiko, Brustkrebs zu bekommen, ist erheblich geringer, wenn die Hündin frühzeitig sterilisiert wird.

Neben all diesen Vorteilen gibt es aber auch einige Nebenwirkungen:

✦ Nach der Kastration kann sich das Verhalten der Hündin ändern, was ihr jedoch selten zum Nachteil gereicht.

✦ Einige – besonders ältere – Hündinnen leiden als Folge der Kastration an

Links: Nach einer Operation muß der Hund vielleicht einen Kragen tragen, damit er sich nicht die Schnittwunde leckt oder aufbeißt. In diesem Fall wird der Kragen erst abgenommen, wenn die Wunde völlig verheilt ist.

Ganz links: Eine Kastration kann das aggressive Verhalten eines Rüden abschwächen. Sie hilft jedoch nicht bei Charakterschwäche oder Unausgeglichenheit, die durch Vernachlässigung hervorgerufen werden.

Links: Neben vielen anderen Vorteilen verhindert eine Kastration das Aufreiten und eine ungewollte Trächtigkeit der Hündin.

einer Schwäche des Blasenschließmuskels, daß heißt, sie haben Schwierigkeiten, das Wasser zu halten. Diese Inkontinenz tritt relativ häufig auf, läßt sich aber gut medikamentös behandeln.

Kastration von Rüden

Die folgenden Verhaltensstörungen und Auffälligkeiten lassen sich durch eine Kastration abgeschwächen:

✦ Streunen: Unkastrierte Rüden versuchen in der Regel mit aller Gewalt auszureißen, um dem Geruch einer läufigen Hündin zu folgen.

✦ Dominantes und aggressives Verhalten: Ein unkastrierter Rüde spielt sich gern als Leithund der Familie auf.

✦ Aggression unter Hunden: Rüden, die dazu neigen, andere Hunde anzugreifen, verlieren durch die Kastration einen Teil ihrer Angriffslust.

✦ Sexuelle Überreaktion: Viele Rüden besteigen nichtläufige Hündinnen, Beine, Stofftiere oder weiche Möbel. Eine Kastration schwächt dieses Verhalten ab oder verhindert es ganz.

✦ Gesundheitliche Vorteile: Kastrierte Hunde leiden nicht unter Hodenkrebs, Prostataerkrankungen und verschiedenen Arten von Wucherungen.

✦ Markieren: Rüden haben einen starken Drang, ihr Territorium mit Urinspritzern zu markieren. An diesem Verhalten wird sich auch nach einer Kastration nichts ändern.

Durch eine Kastration können bei Rüden ähnliche Nebenwirkungen wie bei Hündinnen auftreten. Dennoch oder gerade deshalb sind die Vor- und Nachteile einer Kastration gründlich abzuwägen, zumal sie weder bei Charakterschwäche noch bei verhaltensgestörten Hunden Abhilfe schafft. Keinesfalls sollte man seinen Hund kastrieren lassen, nur weil dieser aus Langeweile streunt.

Versorgung nach der Operation

Nach dem operativen Eingriff erhalten Sie genaue Anweisungen, wie Sie den Patienten versorgen müssen. Zögern Sie nicht, Ihren Tierarzt anzurufen, wenn Sie zu Hause sind und merken, daß Sie etwas nicht verstanden haben, oder Unvorhergesehenes passiert.

Hier einige allgemeine Hinweise:

✦ Verabreichen Sie Ihrem Schützling die Medikamente genau nach Anweisung! Nehmen Sie sofort Kontakt mit Ihrem Tierarzt auf, wenn Ihr Hund die Medikamente nicht annimmt oder ungewöhnlich darauf reagiert!

✦ Füttern Sie den Hund nicht, bevor er wieder aus der Narkose erwacht ist! Geben Sie ihm leichtverdauliche Kost wie weißes Fleisch mit Reis, oder füttern Sie ihn nach den Anweisungen des Tierarztes!

✦ Überprüfen Sie regelmäßig die Verbände! Sie dürfen nicht zu fest sitzen und müssen häufig gewechselt werden. Achten Sie dabei auf ungewöhnliche Gerüche oder Ausflüsse!

✦ Bei einer sichtbaren Wunde ist es normal, wenn sie etwas entzündet aussieht und ein wenig Blut abgesondert wird. Sollte sie sich jedoch röten, anschwellen, heiß werden und stark bluten, müssen Sie auf jeden Fall sofort den Tierarzt verständigen.

✦ Manchmal ist es nötig, dem Hund einen Kragen anzulegen. Dieser wird so um dessen Hals befestigt, daß er die Wunde mit seiner Schnauze nicht berühren kann.

✦ Abhängig von der Schwere der Operation kann sich der Hund anschließend in einer schlechten Verfassung befinden. Nach einem kleineren Eingriff darf dieser Zustand aber nicht länger als zwei oder drei Tage anhalten.

✦ Fäden werden üblicherweise zehn Tage nach der Operation gezogen, in manchen Fällen auch später. Unter der Haut werden zumeist selbstauflösende Fäden vernäht.

Alternative Nachsorge

Zur Unterstützung des Heilungsprozesses können Sie auch alternative Mittel und Methoden anwenden. Allerdings sollten Sie jede Behandlung vorher mit Ihrem Tierarzt besprechen.

✦ Rescue-Tropfen: eine Mischung aus mehreren Bach-Blütenessenzen, die man dem Hund ins Maul träufelt, um die Heilung zu beschleunigen und eventuelle Traumata abzuschwächen.

✦ Homöopathische Heilmittel wie Arnica, Secale und Staphisagria können bereits kurz nach der Operation verabreicht werden. Calendulacreme vermag die Heilung der Wunde zu beschleunigen.

✦ Das Heilkraut Schwarzwurz, auch Beinwell (*Symphytum officinale*) genannt, ist reich an Allantoin und wird seit Jahrhunderten zur Wundheilung eingesetzt. Es ist als Creme erhältlich. Sorgen Sie dafür, daß Ihr Hund es nicht ableckt!

Vorsicht!

Verabreichen Sie Ihrem Patienten keines dieser Mittel, ohne vorher mit dem Tierarzt gesprochen zu haben!

Augen-, Ohren-, Maul- & Zahnerkrankungen

Augenliderkrankungen ✦ Bindehautentzündung ✦ Hornhautschäden ✦ Ohrenentzündungen ✦ Infektionen im Fang

Infektionen oder Krankheiten an Augen, Ohren und im Fang können zu schweren Gesundheitsproblemen führen, wenn sie nicht rechtzeitig erkannt werden. Die häufigsten Krankheitssymptome werden im folgenden angesprochen.

Augenkrankheiten

Deformationen der Augenlider sind häufig erblich. Dazu gehören: *Entropium*, eine krankhafte Einstülpung der freien Lidrandfläche zum Augapfel hin; *Ektropium*, eine Auswärtsstülpung des Augenlids; und *Distichiasis*, eine doppelte Wimpernreihe, die nach innen wächst und Binde- oder Hornhaut reizt.

Einige Rassen, wie der Shar Pei mit seinen tiefen Hautfalten im Gesicht oder der Bernhardiner mit den herabhängenden unteren Augenlidern, sind infolge der Züchtung sehr anfällig für Augenkrankheiten. Deformierte Lider zeichnen häufig für Augenentzündungen und eine übermäßige Tränenproduktion verantwortlich. Eine Vernarbung der Hornhaut ist die Folge: Sie verliert ihre Transparenz, und das Sehvermögen wird dadurch eingeschränkt. Solche Deformationen sollten operativ behandelt werden, bevor sie zu chronischen Schäden führen.

Bindehautentzündung

In diesem Fall ist die Membrane entzündet, die das Auge und die Innenseite des Lids abdeckt. Diese Krankheit (*Konjunktivitis*) kann sowohl durch körperliches Unwohlsein und allergische

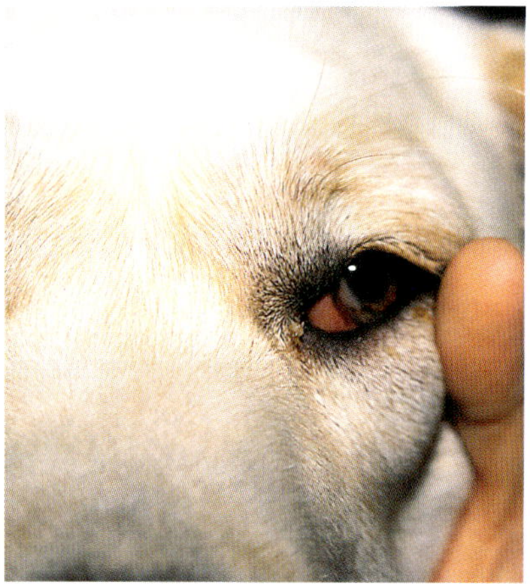

Oben: Die Bindehautentzündung kann durch Fremdkörper oder Infektionen entstehen.

Unten: An den Härchen im Ohrkanal sammelt sich Ohrenschmalz, was zu Infektionen führen kann. Daher sollte man diese Haare regelmäßig schneiden.

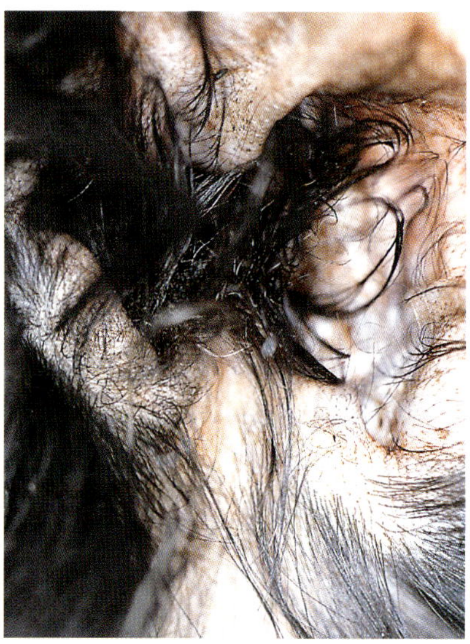

Reaktionen als auch durch Infektionen, die nur das Auge befallen, verursacht werden. Allerdings tritt sie auch als Nebenerscheinung auf, zum Beispiel bei der Hundestaupe. Auf das Vorliegen einer Bindehautentzündung verweisen Rötungen sowie wäßrige oder eitrige Absonderungen.

Hornhaut

Die transparente Oberfläche des Auges nennt man Hornhaut. Chronische Entzündungen können zu ihrer Vernarbung führen. Bei ungenügender Tränenproduktion leidet der Hund unter einem trockenen Auge (*Keratoconjunctivitis sicca*). Mit Medikamenten regt man die Tränendrüsen wieder an.

Hornhautgeschwüre sind schmerzhaft. Sie können zum Bruch der Hornhaut und zur Erblindung führen, werden sie nicht rechtzeitig behandelt.

Netzhaut

Beim grauen Star liegt eine sichtbare Trübung der Linsen vor. Durch einen Austausch der Linsen erhält der Vierbeiner sein Augenlicht wieder. Bei fortschreitendem Netzhautschwund (PRA) erkrankt die Retina (Netzhaut). Die Tiermedizin hat gegenwärtig noch kein Mittel gefunden, eine verletzte Netzhaut wiederherzustellen.

Ohrenkrankheiten

Eine der am weitesten verbreiteten Erkrankungen ist die *Otitis externa*, eine Entzündung des äußeren Gehörgangs. Sie tritt besonders bei Rassen auf, die, wie der Cockerspaniel, lange behaarte

Hängeohren haben. Anzeichen sind Reizungen, Rötungen, Absonderungen und Gerüche aus den Ohren.

Beschwerden können durch allgemeine Hautkrankheiten, Fremdkörper im Ohr oder Ohrmilben (eierlegende Tiere, die im Ohrkanal leben und sich von Ohrenschmalz ernähren) auftreten. Bei dichtbehaarten, langen Ohren wird der Ohrkanal oft schlecht belüftet, dort kann es schnell heiß und feucht werden – ein ideales Klima für die Entwicklung von Mikroorganismen wie Bakterien und Pilzen.

Wenn der Hund häufig im Ohrenbereich erkrankt, ist es wichtig, die Ohren mindestens einmal pro Woche zu reinigen. Bleibt diese Maßnahme wirkungslos, sollte ein chirurgischer Eingriff zur besseren Belüftung des Ohrkanals erwogen werden.

Mittelohrentzündung

Diese schmerzhafte Krankheit tritt meist dann auf, wenn sich eine Infektion durch das Trommelfell in das Mittelohr oder in die innere Ohrkammer hinein ausbreitet. Diese Entzündung (*Otitis media*) ist meist mit Fieber, Schwindelanfällen und einer Verminderung der Hörfähigkeit verbunden.

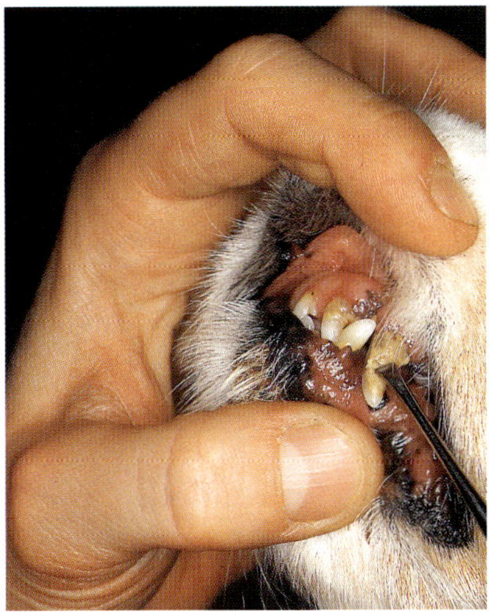

Oben: Regelmäßiges Kauen verhindert Zahnbelag. Bevor sich das Zahnfleisch entzündet, muß der Belag vom Tierarzt entfernt werden.

Beschwerden im Fang

Hat der Hund häufig Schmerzen im Fang, ist die Ursache dafür meist bei den Zähnen zu suchen. Zahnerkrankungen sind oft eine Folge von weichen Ablagerungen oder Zahnstein. Entzündetes Zahnfleisch (*Gingivitis*) bildet Taschen, in denen sich die Infektion festsetzen kann. Dabei wird die Wurzelhaut, die die Zähne im Kiefer hält, angegriffen. Wenn man diesen Entzündungsherd nicht behandeln läßt, sind schmerzvolle Abszesse und Zahnverlust unvermeidlich.

Auch Krankheiten wie Nierenversagen verursachen manchmal Probleme im Maul, da sie häufig schmerzhafte Geschwüre zur Folge haben. Außerdem können sich Fremdkörper festsetzen oder Verwachsungen bilden.

Zahnschmerzen

Eine unangenehme Zahnbehandlung läßt sich durch regelmäßiges Zähneputzen mit einer eigenen Zahnpasta für Hunde und durch eine gesunde Ernährung umgehen oder hinauszögern. Ist das Zahnfleisch jedoch entzündet, muß der Zahnstein unter Narkose mit manuellem Werkzeug und Ultraschall entfernt werden. Anschließend werden die Zähne poliert, um eine glatte Oberfläche zu erhalten. Wird diese Behandlung nicht rechtzeitig durchgeführt, kann das Ziehen der Zähne unter Umständen der einzige Ausweg sein, der Hund und Besitzer in dieser Situation noch bleibt.

Unten: Zähne und Zahnfleisch werden auf Abszesse oder Entzündungen überprüft.

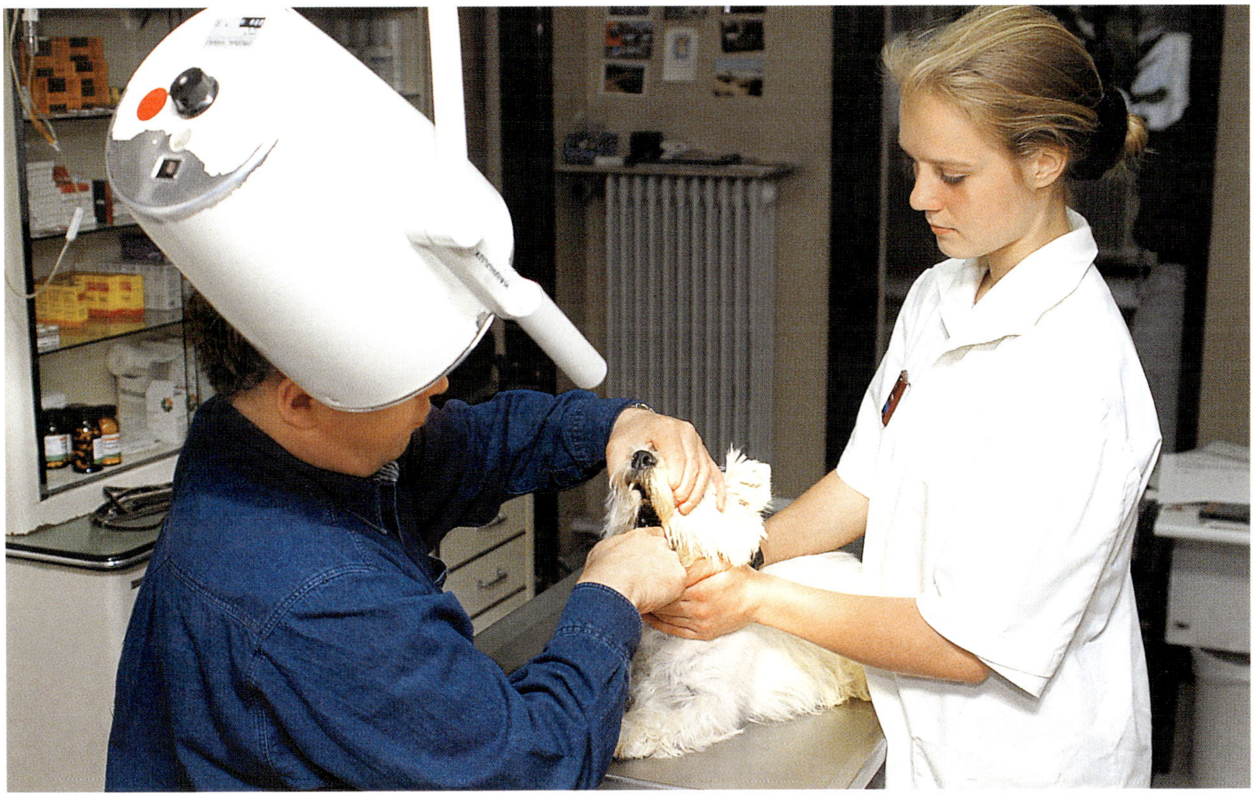

Störungen des Nerven- & Kreislaufsystems

Wirbelsäule und Nerven ✦ Anfälle ✦ Ataxie ✦ Herzerkrankungen ✦ Blutkrankheiten

Viele Herzprobleme entstehen als Folge langwieriger Krankheiten. Die Symptome kann man mit Medikamenten behandeln. Erkrankungen des Nervensystems und des Blutes werden oft durch Infektionen oder Verletzungen hervorgerufen.

Unten: Tierärzte hören mit dem Stethoskop die Herztöne ab. Wird die Krankheit rechtzeitig erkannt, können Medikamente die Symptome mildern.

Das Nervensystem

Einige Erkrankungen des Nervensystems führen zu Stoffwechselstörungen und beeinflussen das Verhalten des Hundes. Man darf diese krankheitsbedingten Symptome nicht mit Verhaltensstörungen verwechseln.

Anfälle

Es gibt viele Ursachen für krankhafte Anfälle bei Hunden: Gehirntumore, Vergiftungen und Infektionen, wie Staupe und Meningitis (Hirnhautentzündung), die das Gehirn angreifen. Epileptische Anfälle können sowohl durch Gehirnverletzungen hervorgerufen werden als auch erblich bedingt sein. Die Hunde erhalten, abgesehen von Medikamenten, die die Symptome bekämpfen, krampflösende Mittel, die die regelmäßig auftretenden Anfälle unterdrücken sollen.

Ataxie

Manchmal führt eine Mittelohrentzündung zum Verlust des Gleichgewichtssinns und der Koordinationsfähigkeit (siehe Seite 135). Allerdings kann auch ein Gefäßverschluß diese Störungen hervorrufen. Dabei wird die Blutzufuhr zu einem Teil des Gehirns unterbrochen, der Kopf neigt sich, die Bewegungen des Körpers werden unkoordiniert. Im Laufe der Zeit verstärken sich diese Symptome.

Rückenmark

Von Nervenerkrankungen können das Rückenmark oder die Hauptnerven, die dort zusammentreffen, befallen sein. Eine häufig auftretende Wirbelsäulenerkrankung ist der Bandscheibenvorfall. Normalerweise werden die weichen Knorpelscheiben, die die einzelnen Wirbel der Wirbelsäule voneinander trennen, von einem elastischen Band in der richtigen Position gehalten. Verliert dieses Band seine Elastizität, gleiten die Scheiben hinaus und drücken gegen die Wirbelsäule. Dies

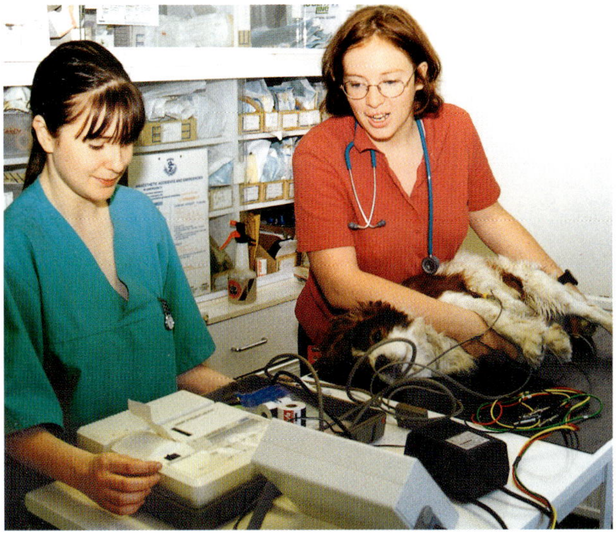

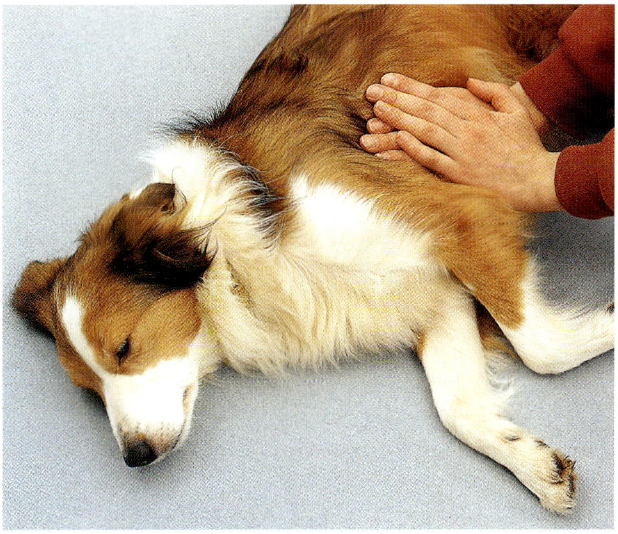

führt meistens zu Rückenschmerzen und zu Lähmungen der Hinterbeine. Leichte Bandscheibenerkrankungen werden mit entzündungshemmenden Medikamenten und viel Ruhe behandelt. Bei schwerer erkrankten Tieren kann nur eine kostspielige Operation die Lähmung verhindern.

Herzkrankheiten

Anders als der Mensch können Hunde keinen Herzanfall als Folge einer Koronarthrombose bekommen. Allerdings leiden sie hin und wieder unter anderen Herzerkrankungen. Eine genaue Diagnose ist nur durch Röntgen und das Erstellen eines Elektrokardiogramms (EKG) möglich.

Herzgeräusche

Endokarditis nennt man die Verdickung der Herzklappen. Vor allem einige kleinere Rassen sind davon betroffen.

Kardiomyopathie

Von dieser Herzmuskelerkrankung sind ganz besonders große Hunde betroffen. Sie äußert sich zumeist in Gestalt von Ohnmachtsanfällen und kann mitunter sogar zum plötzlichen Tod führen.

Blutkrankheiten

Blutkrankheiten treten bei Hunden im allgemeinen in zwei Formen auf:

Anämie

Wenn die Anzahl der roten Blutkörperchen zu gering ist, nennt man das *Anämie*. Blutarmut bedingt eine Störung des Sauerstofftransports. Tatsächlich handelt es sich dabei meist nicht um eine eigenständige Krankheit, sondern um ein Symptom, das durch viele verschiedene Krankheiten verursacht wird. Anämie entsteht als Folge innerer Blutungen. Die roten Blutkörperchen werden durch Parasiten zerstört, oder es werden zu wenige rote Blutkörperchen produziert. *Hämolytische Anämie* liegt vor, wenn die körpereigenen Abwehrzellen die roten Blutkörperchen angreifen und zerstören (Autoaggressionskrankheit).

Herzwurm

So nennt man die winzigen Parasiten, die in den Venen und in den Arterien leben und dem Hund Energie entziehen. Tote Herzwürmer im Blutkreislauf können sowohl Blutgerinnsel als auch Thrombosen hervorrufen.

Oben links: Bei einem Cavalier King Charles Spaniel wird ein EKG durchgeführt.

Oben rechts: Ein Border Collie erhält eine dringend notwendige Herzmassage.

Links: Dobermänner leiden oft an einer erblichen Blutgerinnungskrankheit.

Hautkrankheiten

Parasiten ✦ Hautallergien ✦ Hormonstörungen ✦ Analdrüsen ✦ Flohkontrolle

Rechts: Pyodermia kann bei Welpen durch eine bakterielle Infektion entstehen. Eine schnelle Behandlung verhindert Narbenbildung.

Hunde leiden an den verschiedensten Hautkrankheiten, die vom Tierarzt leicht diagnostiziert werden können. Mit einer qualitativ hochwertigen Ernährung und regelmäßigem Entflohen beugt man einigen von ihnen vor.

PARASITEN

Viele Hautbeschwerden werden durch Parasiten hervorgerufen. Die meisten sind leicht zu entfernen.

Flöhe

Diese blutsaugenden Insekten zählen zu den bekanntesten Hundeparasiten. Sie rufen zahlreiche Hautkrankheiten hervor und lösen allergische Dermatitis (Hautentzündung) aus.

Krätzmilbe

Mit den Spinnen verwandte Tiere, die sich in die Haut eingraben, um dort ihre Eier abzulegen. Ständiges Kratzen, besonders hinter den Ohrlappen und unter den Ellbogen, kann ein Indiz für die Existenz dieser Plagegeister sein. Mit bestimmten, rezeptpflichtigen Shampoos ist diesem Problem beizukommen.

Haarbalgmilbe

In der Regel werden die meisten Hunde nur von einer geringen Anzahl dieser langen dünnen Tiere heimgesucht, die in den Haarwurzeln leben. Von Zeit zu Zeit vermehren sie sich und erzeugen kahle Flecken, vor allem am Kopf. Erst beim Eintreten einer bakteriellen Infektion kann es zu Juckreiz kommen. Mit Antibiotika, richtiger Ernährung und einem speziellen Haarshampoo hält man seinem Hund diese Parasiten vom Leib.

Unten: Jeder Hund kratzt sich von Zeit zu Zeit. Ständiges Kratzen ist jedoch ein Anzeichen für Hautparasiten.

Cheyletiella-Milbe

Hunde mit kurzen Haaren sind für diese ebenfalls mit den Spinnen verwandten Milben besonders anfällig. Sie leben auf der Hautoberfläche und verursachen Reizungen sowie Schuppen. Mit einem speziellen Shampoo werden sie ausgewaschen.

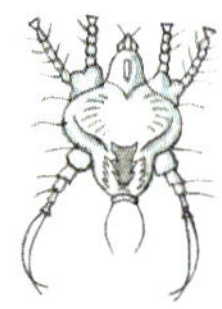

Zecken

Diese flügellosen, blutsaugenden Tiere sind nahe Verwandte der Milben. Sie ernähren sich nur einmal im Jahr. Wenn sie ihren sackähnlichen Körper mit Blut gefüllt haben, lassen sie sich fallen, um im Erdboden zu brüten. In manchen Gebieten übertragen Zecken tödliche Krankheiten. Zecken darf man nicht einfach aus dem Fell herausziehen, da die Gefahr besteht, daß der Kopf in der Haut stecken bleibt. Sie müssen zuerst mit einem speziellen Insektizid behandelt und dann sorgsam entfernt werden.

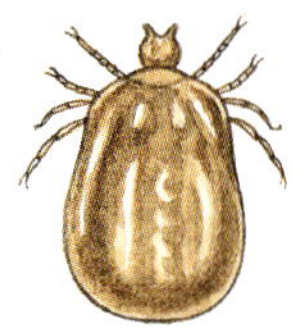

Läuse

Mit bloßem Auge können diese flügellosen Insekten erkannt werden, die ihre Eier, Nissen genannt, auf den Haaren ablegen und einen sehr starken Juckreiz verursachen. Um sowohl die Läuse als auch deren Eier zu entfernen, badet man den Hund mit einem Parasitenshampoo.

Hautflechte
Diese Pilzerkrankung ruft Schuppen und Haarausfall hervor. Sie tritt im Bereich des Kopfs und der Vorderbeine auf und ist leicht auf andere Tiere oder den Menschen übertragbar.

Allergische Dermatitis

Bei Dermatitis (Hautentzündung) leidet der Hund häufig unter starkem Juckreiz. Einige Rassen, wie der Labrador-Retriever und der West-Highland-White-Terrier scheinen öfters davon betroffen zu sein als andere Hunde. Aufgrund des sehr heftigen Juckreizes kratzt sich der Hund unaufhörlich. Dies kann nicht nur Infektionen der Haut, sondern auch ernsthafte Traumata zur Folge haben.

Am häufigsten werden allergische Reaktionen durch den Speichelfluß von Flöhen erzeugt. Findet man den Erreger nicht sofort, kann man den Juckreiz durch desensibilisierende Injektionen mildern.

Hauttumore

Obwohl die meisten Hauttumore völlig harmlos sind, sollte man alle ab-

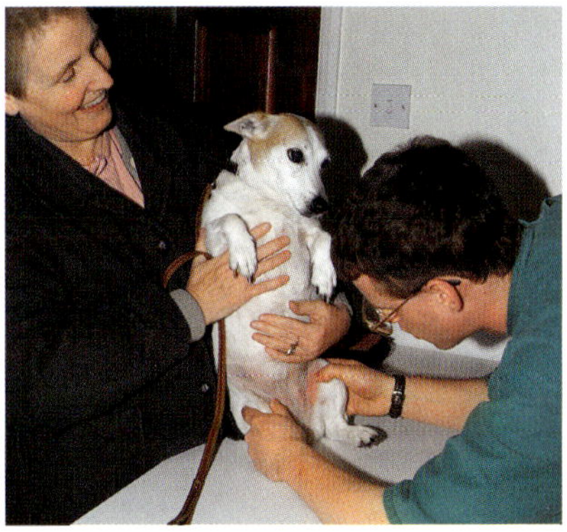

Oben: Entzündete oder kahle Stellen müssen vom Tierarzt untersucht werden.

normalen Knoten oder Schwellungen von einem Tierarzt untersuchen lassen. Sobald ein Verdacht besteht, wird eine Probe entnommen und zur Untersuchung ins Labor geschickt.

Hormonstörungen

Auch Hormonstörungen können Hauterkrankungen hervorrufen. Sie ziehen meist Haarausfall und schlechte Fellqualität nach sich. Oft sind hormonell bedingte Hauterkrankungen die Folge einer Unterfunktion der Schilddrüse oder einer Überfunktion der Nebenniere. In einem solchen Fall werden Blutuntersuchungen durchgeführt, um die Ursache der Hormonstörung genauer zu bestimmen.

Analbeutelentzündung

Hunde haben zwei Analdrüsen, die links und rechts vom Anus unter der Haut sitzen. Durch den Drüsenkanal wird beim Koten eine stark riechende Flüssigkeit abgesondert, die zur Kennzeichnung des Territoriums (Reviermarkierung) dient.

Bei einigen Hunden zeichnen eingeklemmte Hodensäcke für die Verstopfung dieses Kanals verantwortlich. Starke Reizungen im Analbereich sind die Folge. Um die Verstopfung zu lösen, rutscht der Vierbeiner mit dem Gesäß auf dem Boden herum. Abhilfe schafft man, indem man die Analdrüsen mit der Hand ausdrückt (siehe Seite 115). In schweren Fällen ist jedoch eine medikamentöse Behandlung notwendig. Tritt die Verstopfung der Analdrüsen öfter auf, muß der Tierarzt die Säckchen möglicherweise operativ entfernen.

Flohkontrolle

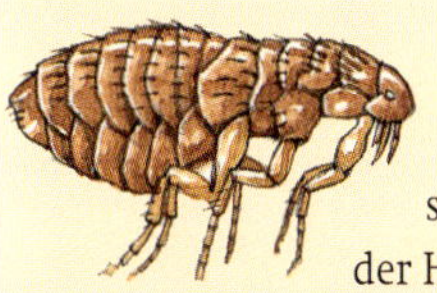

Zu den in Mitteleuropa bekanntesten Floharten zählt der Hundefloh. Er ist flügellos und hat einen langen, dunkelbraunen Körper. Die Hinterbeine benutzt er zum Springen.

Lebenszyklus

Erwachsene Flöhe leben auf einem Wirt. Sie saugen dessen Blut, paaren sich und sterben dort. Ein Weibchen legt in einer Lebenszeit von einer Woche ungefähr 200 Eier.

✦ Die Eier fallen auf den Boden, wo sie sich nach einer bestimmten Zeit zu Larven entwickeln, die sich dann in Decken und Teppichen einnisten. Larven ernähren sich von den toten Hautzellen ihrer Wirte und dem Kot erwachsener Flöhe, der getrocknetes, unverdautes Blut enthält.

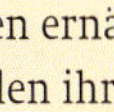

✦ Nach etwa zwei Wochen entwickeln sich in einem schützenden Kokon aus den Larven Puppen, die für Monate oder sogar Jahre inaktiv sind, sofern sie ungestört bleiben.

✦ Der unreife Floh schlüpft aus dem Kokon, sobald er Erschütterungen oder Kohlendioxid wahrnimmt, da dies auf einen potentiellen Wirt hindeutet. Ein ausgeschlüpfter Floh kann bis zu acht Wochen lang auf einen Wirt warten.

Präventivmassnahmen

Um die Anzahl der Flöhe auf ein Minimum zu reduzieren, behandelt man den Hund und seine unmittelbare Umgebung mit besonderen Flohpräparaten. Diese Mittel sind zwar nicht in der Lage, die Puppe zu zerstören, sie vernichten aber Eier, Larven und junge Flöhe. Einige dieser Präparate können direkt am Hund angewendet werden, da sie die toten Hautzellen vergiften, von denen sich die Larven ernähren.

✦ Mittel, die eine Entwicklung dieser Tiere hemmen, kann man dem Hund einmal im Monat verabreichen. Sie werden von den ausgewachsenen Flöhen aufgenommen und verhindern, daß sich deren Nachkommen über das Kokonstadium hinaus entwickeln können. Die Wirkung der meisten Insektizide besteht darin, die auf dem Hund lebenden Flöhe zu töten.

Insektizide, die aus organischen Phosphaten aufgebaut sind, wurden weitestgehend durch modernere Mittel ersetzt. Ein Präparat, von dem nur einmal im Monat wenige Tropfen auf den Nacken des Hundes geträufelt werden, ist besonders gefragt.

Knochen-, Muskel- & Gelenkerkrankungen

Muskeldystrophie ✦ Erbkrankheiten ✦ Arthritis ✦ Tumore ✦ Verletzungen

Muskeldystrophie tritt häufig bei großen Hunderassen auf. Sie wird vererbt, kann aber auch durch zu schnelles Wachstum entstehen. Nach neuesten Erkenntnissen sollte die Nahrung junger Hunde, die großen Rassen angehören, einen niedrigen Energie- und Kalziumanteil enthalten.

Muskel- und Gelenkkrankheiten äußern sich meist durch Lahmheit. Warum der Hund lahmt, läßt sich mit Sicherheit erst nach einer Röntgendiagnose feststellen. Dazu muß der Patient entweder durch eine Narkose oder eine Betäubungsspritze ruhiggestellt werden.

Erbkrankheiten

Gelenkerkrankungen sind oft erblich bedingt und äußern sich ganz unterschiedlich. Dabei spielen Ernährung und Umweltfaktoren eine große Rolle.

Hüftgelenksdysplasie

Bei dieser Erkrankung handelt es sich um eine Deformation des Hüftgelenks (siehe Seite 131), die bei älteren Tieren zu schweren Knochenentzündungen führen kann. Leichte Fälle lassen sich in der Regel durch Ruhe und entzündungshemmende Medikamente kurieren. Bei schweren Erkrankungen muß operiert und eventuell ein künstliches Hüftgelenk eingesetzt werden.

Wenn der Hund unter Ellbogendysplasie leidet, zeigen sich im Alter von fünf bis sechs Monaten Abnormitäten in den Ellbogengelenken. Dabei können die Vorderbeine lahm werden.

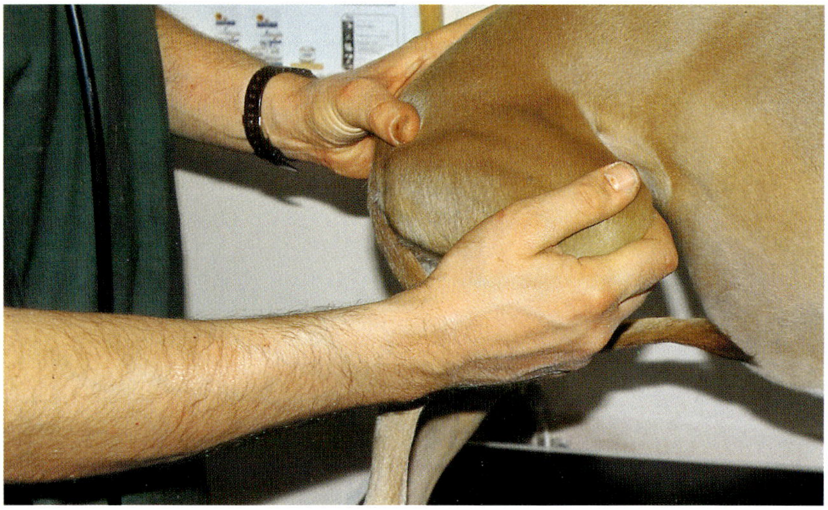

Oben: Die Hüfte wird auf Hüftdysplasie hin untersucht, eine Erbkrankheit, die mit entzündungshemmenden Mitteln behandelt wird.

Kniescheibenluxation

Diese Deformation trifft häufig kleinere Hunde. Dabei rutscht die Kniescheibe aus der Grube am Ende des Oberschenkelknochens heraus. Der Hund lahmt so lange an einem Hinterbein, bis die herausgesprungene Kniescheibe wieder zurückspringt. Sind die Bänder, die die Kniescheibe an ihrem Platz halten, instabil, muß die Kniescheibengrube vertieft werden. Allerdings kann eine Verrenkung der Kniescheibe auch durch Gewalteinwirkung entstehen.

Pertheskrankheit

Diese Krankheit äußert sich in Gestalt starker Schmerzen im Hüftgelenk, die durch eine ungenügende Blutversor-

Unten: Knochenverletzungen muß man oft operieren. Beim Border Collie wird die Fraktur des Femurkopfs mit Stahlnägeln fixiert.

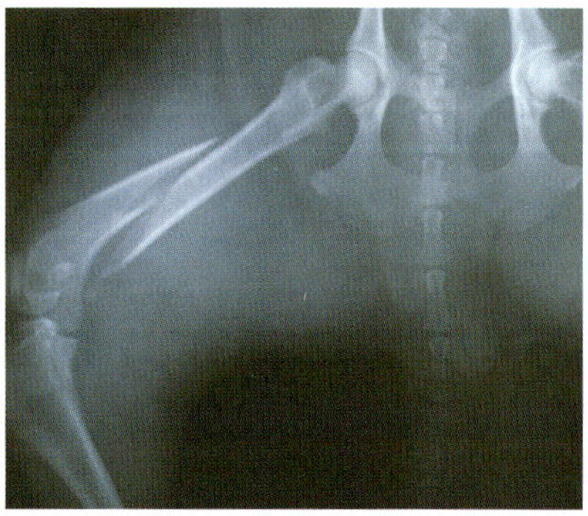

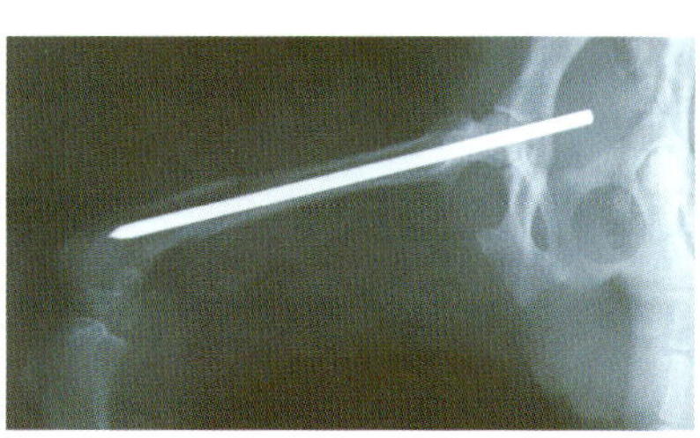

gung des Femurkopfes, der am Ende des Oberschenkelhalsknochens sitzt, hervorgerufen werden. Am häufigsten sind von dieser Krankheit kleine Terrierrassen betroffen. Ist die Einsetzung eines neuen Gelenks nötig, muß der Femurkopf entfernt werden.

Arthritis

Unter Arthritis versteht man die Entzündung eines oder mehrerer Gelenke, die deren normale Struktur und Funktion beeinträchtigt und sich häufig nach Erkrankungen, Verletzungen oder bei angeborenen Abnormitäten einstellt. Die degenerative Osteoarthritis ist insbesondere unter großen Hunderassen und bei älteren Hunden weit verbreitet. Sie wird durch Übergewicht stark gefördert. Gegen Arthritis gibt es ein breitgefächertes Angebot an konventionellen wie alternativen Behandlungsmethoden:

Entzündungshemmende Medikamente: Sie dienen dazu, Schmerzen und Entzündungen in den Gelenken zu lindern. Allerdings verursachen sie auch Nebenwirkungen wie Verdauungsstörungen.

Kortisonhaltige Medikamente: Diese entzündungshemmenden Mittel sind sehr stark und werden nur bei schweren Leiden verabreicht.

Alternative Heilmethoden: Es gibt auch Mittel, die den Aufbau der Knorpelschicht zwischen den Gelenken unterstützen. Herkömmliche Medikamente werden vom Tierarzt injiziert, alternative Produkte verabreicht man oral. Ebenso verfährt man mit Medikamenten, die Haiknorpel, Fischlebertran oder pflanzliche Öle enthalten. Vorsicht ist bei zuviel Lebertran angebracht, da dieser sehr viel Vitamin A enthält! Für arthritisgeplagte Hunde gibt es Kupferhalsbänder zu kaufen.

Akupunktur: Da diese Heilmethode Schmerzen lindert, wird sie vor allem bei chronischer Arthritis angewandt.

Massagen, Physiotherapie und Unterwasserbehandlungen: Körpertherapien, die die erkrankten Gelenke beweglich halten sollen.

Homöopathische Mittel: Dazu zählen Rhus toxicodendron und Bryonia sowie die Kräuter Angelika und Teufelsklaue (siehe Seiten 146–147).

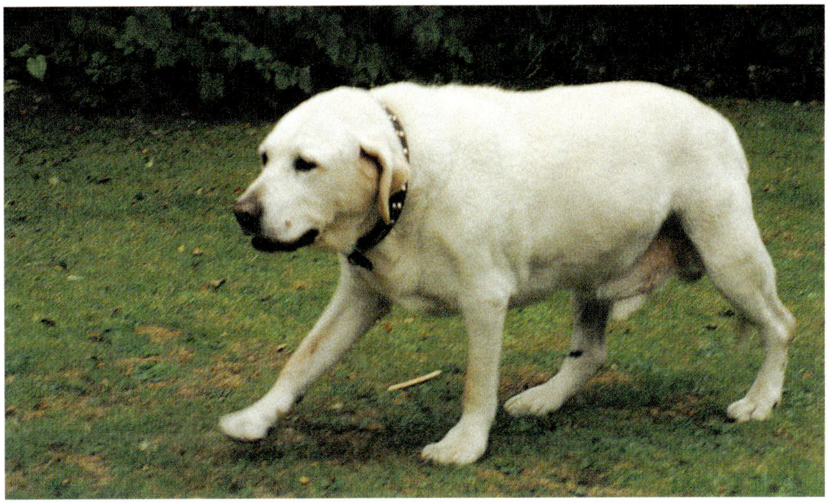

Ganz oben und oben: Ältere Hunde leiden oft unter Arthritis. Ein Anzeichen ist Steifheit, nachdem der Hund längere Zeit gelegen ist.

Tumore

Der Muskel- und der Knochenbau können auch durch Tumore geschädigt werden. Es gibt bösartige und gutartige Tumore. *Osteomyelitis*, eine Entzündung des Knochenmarks, kann man trotz Röntgenaufnahmen nur schwer von Knochenkrebs unterscheiden. Diese Erkrankung erfordert meistens eine lange Behandlung mit Antibiotika.

Verletzungen

Sehr häufig treten auch Verletzungen von Knochen, Bändern und Gelenken auf. Knochenbrüche müssen möglicherweise in Gips gelegt oder operativ mit rostfreien Implantaten oder externen Klammern behandelt werden. In den meisten Fällen wird bei Tieren die operative Methode bevorzugt, damit sie ihre Beine schneller wieder normal belasten können. Allerdings nehmen die meisten Hunde den Fremdkörper Gips nicht an. Sie versuchen, ihn so schnell wie möglich wieder loszuwerden, indem sie ihn systematisch herunterbeißen.

Das Kniegelenk wird durch das vordere und das hintere Kreuzband stabilisiert. Bei größeren Hunden kann es reißen, wenn sie hochspringen und das Bein dabei verdrehen. Dies ist sehr schmerzhaft. Meistens muß ein Kreuzbandriß operativ behandelt werden, er verheilt jedoch schnell.

Unten: Die Borke der Weide wurde lange als Heilmittel gegen Arthritis genutzt, da sie aspirinähnlich wirkende Substanzen enthält.

Verdauungsorgane & Atemwege

Obere und untere Atemwege ✦ Verdauungsstörungen ✦ Parasiten im Darmkanal

Da sowohl die Verdauungsorgane als auch die Atemwege des Hundes sehr krankheitsanfällig sind, muß eine Behandlung durch den Tierarzt auch besonders vorsichtig durchgeführt werden.

Die oberen Atemwege

Die oberen Atemwege bestehen aus Nase, Kehle und Luftröhre, die in die Lunge hinabführt. Es gibt eine Reihe von Krankheiten, die diese Körperteile befallen können.

Unten: Gegen Zwingerhusten, eine hochansteckende Krankheit der oberen Atemwege, kann man den Hund impfen lassen. Bei Erkrankung wird er mit Antibiotika behandelt.

Zwingerhusten

Dieser sowohl trockene als auch harte Husten kann den Schützling sehr plagen. Bei leichtem Zwingerhusten versucht man, den Vierbeiner ruhig zu halten, damit der Anfall durch Aufregung und Bewegung nicht noch heftiger wird. Erkrankte Hunde müssen isoliert werden, da der Husten hochansteckend ist (siehe Seite 129). Behandelt wird mit Antibiotika.

Fremdkörper

Wenn der Hund hustet, ohne erkältet zu sein, besteht die Gefahr, daß sich ein Fremdkörper im Schlund befindet. Ist das der Fall, versucht der Vierbeiner den Gegenstand herauszuwürgen. Sieht man den Fremdkörper noch von außen, dann kann man ihn leicht entfernen. Sitzt er aber tiefer, so ist eine Betäubung notwendig.

Probleme mit der Nase

Verschiedene Krankheiten, wie Tumore, bakterielle Infektionen, Virusinfektionen, Pilzbefall, Allergien oder in die Nase eingedrungene Fremdkörper, verursachen Niesen und Absonderungen aus einem oder beiden Nasenlöchern. Nasentumore treten häufig bei älteren Hunden auf und sind oft bösartig.

Kehlkopflähmung

Eine Schädigung der Nerven ist verantwortlich dafür, daß die Stimmbänder geöffnet werden,

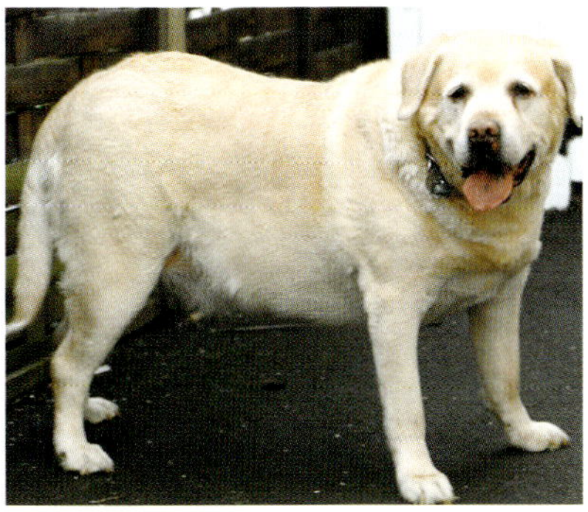

Oben: Auch für Hunde ist Übergewicht ein großes Problem. Bei manchen Rassen wie etwa dem Labrador führt Fettleibigkeit nicht selten zur Erkrankung der Atemwege.

sobald der Vierbeiner einatmet. Davon betroffene Hunde leiden unter Husten und Atemproblemen und haben Schwierigkeiten zu bellen. Außerdem besteht die Gefahr, daß sie kollabieren, wenn sie sich aufregen und dadurch zu wenig Luft bekommen. Von diesem Leiden ist besonders der übergewichtige Labrador betroffen. Schafft auch eine Abmagerungskur keine Abhilfe, müssen die Stimmbänder operativ entfernt werden.

Verlängerter, weicher Gaumen

Der Kehlkopf kann durch einen verlängerten, weichen Gaumen blockiert werden. Dies tritt vor allem bei Rassen mit kurzen Nasen wie Mops und Bulldogge auf. Das weiche Gewebe im hinteren Teil des Rachens hat wenig Platz und wird deshalb in den Kehlkopf hineingezogen. In schweren Fällen muß das lästige Gewebe operativ verkürzt werden.

Die unteren Atemwege

Wenn die kleineren Atemwege und das Lungengewebe von Krankheiten befallen werden, sind meist Husten, mangelnde Leistungsfähigkeit, Kurzatmigkeit oder Atemschwierigkeiten die Folge. Um dem Erreger auf die Spur zu kommen, wird der Hund narkotisiert und sein Brustkorb geröntgt.

Lungen- und Rippenfellentzündung

Bei einer Lungenentzündung ist die Lunge selbst betroffen, während bei einer Rippenfellentzündung die sie umgebenden Membranen befallen sind. Flüssige Medikamente sollten geschluckt und nicht eingeatmet werden, da eingeatmete Flüssigkeit Lungenentzündung verursachen kann.

Lungenödeme

Bei Herzkrankheiten sammelt sich häufig Wasser in den Lungen. In diesem Fall müssen harntreibende Mittel verabreicht werden.

Lungenkrebs

Diese häufig tödlich endende Krankheit entsteht entweder durch sekundäre Tumore, die andere Körperteile befallen haben, oder durch primäre Tumore, die sich im Lungengewebe entwickeln.

Das Verdauungssystem

Eine plötzliche Ernährungsumstellung oder das Fressen von unverdaulichen oder verdorbenen Substanzen können eine Störung des Verdauungssystems hervorrufen.

Magen- und Darmleiden

Harte Gegenstände, die in der Speiseröhre, im Magen oder im Darmtrakt feststecken, müssen operativ entfernt werden. Hunde, die sich wiederholt übergeben, verlieren an Kraft und leiden unter Flüssigkeitsverlust (Dehydration). Mit Bluttests oder einer Magenspiegelung ermittelt der Veterinär die Ursache.

Durchfall

Bei Durchfall muß man darauf achten, daß der Hund genügend Flüssigkeit zu sich nimmt. In leichten Fällen hilft eine gutverdauliche Kost. Nach einigen Tagen kehrt man zur normalen Ernährung zurück. Ein schwerer Durchfall mit blutigem Stuhl ist lebensbedrohend und muß daher sofort tierärztlich behandelt werden.

Unten: Werden dem Hund Kontrastmittel verabreicht, bevor er geröntgt wird, sind Krankheiten im Darmtrakt leichter feststellbar.

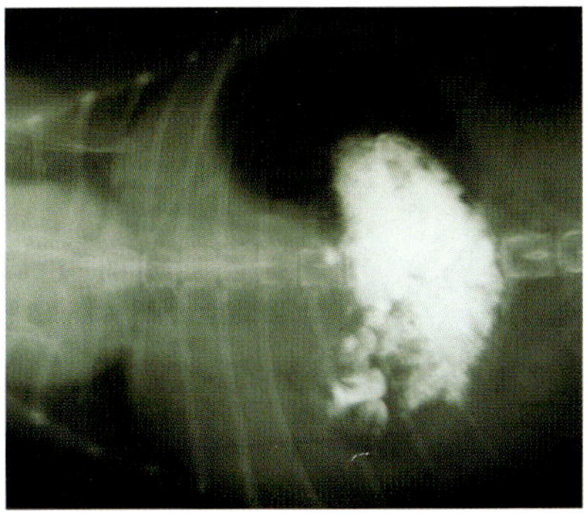

Kolitis

Diese Entzündung des Dickdarms verursacht einen weichen, mit Blut und Schleim durchsetzten Stuhl. In der Regel ist eine medikamentöse Behandlung notwendig. Wenn Kolitis durch eine Lebensmittelallergie hervorgerufen wird, sollte die Ernährung umgestellt werden.

Parasiten im Darmkanal

Zu den bekanntesten Parasiten, die sich im Darmkanal des Hundes aufhalten können, gehören:
Spul- oder Fadenwürmer: Diese Parasiten sehen wie dünne, blasse Regenwürmer aus und können bis zu 10 cm lang werden. Ihre Eier werden im Stuhl abgelegt, einige Wochen später schlüpfen die Larven. Da die Eier eine Gefährdung für das Augenlicht kleiner Kinder darstellen, die sie zufällig in die Hand nehmen, müssen alle Hunde zweimal im Jahr, Welpen und tragende Hündinnen sogar öfter, entwurmt werden.
Bandwürmer: Diese weitverbreiteten Parasiten des Darmtraktes sind lang und flach. Vom hinteren Teil des erwachsenen Wurms brechen Teile ab, die man dann im Stuhl oder an den Haaren rund um den Anus findet. Bandwürmer werden von Flöhen übertragen. Die meisten Wurmkuren töten sowohl Faden- wie auch Bandwürmer.
Peitschen- und Hakenwürmer: Diese Blutsauger sind vor allem in warmen Gegenden weit verbreitet und können zu einem großen Blutverlust führen.
Besteht ein Verdacht auf Wurmbefall, benötigt der Tierarzt auf jeden Fall eine Stuhlprobe.

Fortpflanzungs- & Ausscheidungsorgane

Scheinträchtigkeit ✦ Gebärmutter- und Brustleiden ✦ Hoden- und Prostataprobleme ✦ Nieren- und Blasenkrankheiten ✦ Inkontinenz

Einige Hundehalter freuen sich sehr, wenn sich bei ihrer Hündin Nachwuchs einstellt. Die meisten sind jedoch darauf bedacht, eine Fortpflanzung auszuschließen (siehe Seite 132). Auch wenn man mit seinem Vierbeiner nicht züchten will, sollte man doch einige grundlegende Kenntnisse über die Fortpflanzungsorgane besitzen, da bei diesen Organen verschiedene Probleme auftreten können, die zumeist sofort behandelt werden müssen.

Scheinträchtigkeit

Obwohl sie nicht gedeckt sind, verhalten sich einige Hündinnen manchmal so, als ob sie trächtig wären. Sie werden unruhig, das Gesäuge schwillt an, und Milch wird abgesondert. Häufig kann man auch beobachten, daß die Hündin Spielzeug an den für die Welpen vorbestimmten Platz trägt und dort sorgsam pflegt und bewacht. Allerdings bedeutet dies nicht, daß sich die Hündin nach Nachwuchs sehnt oder gar krank wird. Empfindet man dieses Verhalten als störend, läßt man sie von einem Tierarzt behandeln und eventuell kastrieren.

Gebärmuttervereiterung

Wenn die Gebärmutter vereitert ist, füllt sie sich mit einer eitrigen Flüssigkeit, die durch die Vagina austreten kann oder sich im Organ selbst bildet. Dieses Leiden tritt bei älteren Hündin-

Unten: Großköpfige Hunde wie dieser Chihuahua haben bei der Geburt oft Probleme.

nen häufiger auf als bei jüngeren. Fast immer hat diese Erkrankung eine sofortige operative Entfernung der Gebärmutter zur Folge, da das Gift von der Infektion in die Blutbahn geraten kann und dann andere Organe angreift. Eine läufige Hündin, die nicht kastriert ist und mehr als üblich trinkt, könnte möglicherweise darunter leiden. Sie muß sofort zum Tierarzt gebracht und untersucht werden.

Brustkrebs

Abnormale Schwellungen oder Knoten in der Brust müssen ebenfalls vom Tierarzt untersucht werden. Bei Krebsverdacht wird eine Gewebeprobe entnommen und im Labor analysiert. In manchen Fällen muß die Brust abgenommen und die gesamte Milchleiste entfernt werden. Bei kastrierten Hündinnen tritt dieses Problem in der Regel nicht mehr auf, da die Knoten für ihr Wachstum vermutlich weibliche Hormone benötigen.

Hoden- und Prostataprobleme

Viele Krankheiten treten nur bei Vierbeinern auf, die nicht kastriert wurden. Darunter fallen Hodenkrebs, Prostataerkrankungen und einige Arten von Geschwüren, die sich in engem Zusammenhang mit der Produktion männlicher Hormone entwickeln. Sollte der Hund sehr schwer leiden, kann es sein, daß der Tierarzt während einer Behandlung zur Kastration des Hundes rät.

Die Vergrößerung der Prostata tritt vor allem bei älteren Rüden auf. Sie verursacht Unterleibsschmerzen, und der Hund hat Schwierigkeiten, sich zu bewegen. In manchen Fällen treten auch Blutungen an der Vorhaut auf. Allerdings kommt eine Behinderung beim Wasserlassen nur selten vor.

Unten: Bei einem Welpen wird überprüft, ob die Hoden normal entwickelt sind.

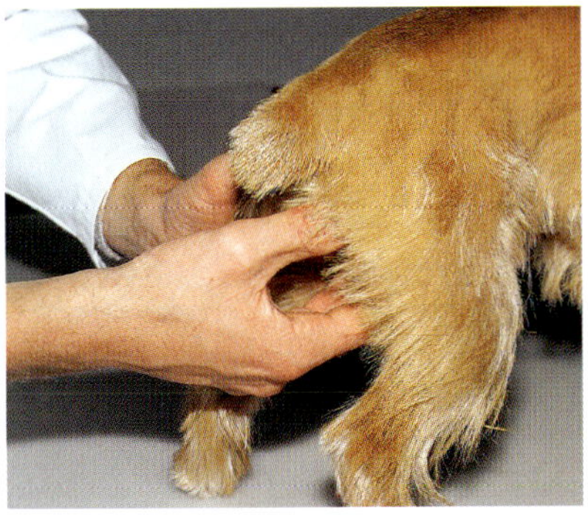

Oben: Inkontinenz tritt bei älteren Hunden oder bei einer Nierenerkrankung auf.

Alle Hunde haben von Zeit zu Zeit einen gelblichen Ausfluß an der Vorhaut. Wenn die Bakterien, die diesen Ausfluß verursachen, sich stark vermehren, muß der Hund mit Antibiotika behandelt werden.

Niere und Blase

Folgende Krankheiten können die Nierenfunktion bei Hunden beeinträchtigen: Infektionen, Nierensteine, Tumore, Verletzungen, Vergiftungen und Autoaggressionskrankheiten (Angriff körpereigener Abwehrstoffe)

Die meisten Nierenprobleme hängen mit den natürlichen Folgen des Alterns zusammen und äußern sich als chronische Nierenentzündung.

Erste Anzeichen für eine Nierenerkrankung sind großer Durst, gefolgt von Appetitlosigkeit, Gewichtsverlust, und schlechtem Atem. In sehr schweren Fällen kommt es zu Erbrechen, Dehydration und Tod. Hunde mit Nierenproblemen leiden unter internen Ablagerungen von Phosphor und Abfallstoffen, die bei der Verdauung der Proteine entstehen. Diese Ablagerungen führen in der Regel zu einer weiteren Schädigung der Niere.

Mit Blut- und Urintests kann man Nierenerkrankungen schon in einem frühen Stadium nachweisen. Dann ist eine Behandlung auch am wirksamsten. Eine phosphatarme Ernährung mit wenig Proteinen dämmt das Fortschreiten dieser Krankheit ein.

Blasenkrankheiten können Inkontinenz (Harndrang) und blutigen Urin verursachen. Sie treten oft als Folge einer Blasenentzündung auf, für die Hündinnen besonders anfällig sind. Wenn der Vierbeiner auf eine Behandlung mit Antibiotika nicht reagiert, wird er geröntgt, damit nach weiteren Ursachen wie Blasensteinen oder Wucherungen geforscht werden kann.

Inkontinenz

Es gibt viele Ursachen für die Inkontinenz von Rüden und Hündinnen, unter anderem Prostata- und Blasenerkrankungen. Häufig sind ältere Hunde von der Inkontinenz betroffen. Sie entsteht in der Regel aufgrund einer Schwäche der Schließmuskeln oder infolge kognitiver Störungen (Altersschwachsinn).

Ein schwacher Schließmuskel ist besonders bei kastrierten Hündinnen weit verbreitet, läßt sich jedoch wirksam behandeln. Senilität kann jeden älteren Hund befallen. Mittlerweile gibt es zahlreiche Medikamente, die die zunehmende Altersschwäche kontrollieren helfen. Hunde, die auf eine derartige Behandlung nicht oder nur ungenügend ansprechen, brauchen eine kontinuierliche Betreuung.

Naturheilkunde

Alternative Medizin ✦ Heilkräuter ✦ Akupunktur ✦ Körpertherapie ✦ Homöopathie ✦ Bach-Blütentherapie

Bei vielen Hundehaltern wächst das Interesse an alternativen Heilmethoden. Die Naturheilverfahren zielen im Unterschied zur Schulmedizin auf eine Stärkung der allen Lebewesen innewohnenden Naturheilkräfte ab. Ausgangs- und Angelpunkt der alternativen medizinischen Behandlung ist die ganzheitliche Betrachtung des Patienten. Anstatt sich nur auf die aktuelle Krankheit zu konzentrieren, wird das gesamtes Befinden des Vierbeiners in Augenschein genommen und in die Untersuchung mit einbezogen.

Alternative Medizin wird von den Hundehaltern oft deshalb bevorzugt, weil sie ohne chemotherapeutische Substanzen wie Antibiotika auskommt, die meist Nebenwirkungen zur Folge haben. Allerdings haben sich nicht alle alternativen Behandlungsmethoden als wirksam erwiesen. Naturheilmittel sind meist nicht rezeptpflichtig und somit jederzeit in Apotheken erhältlich. Dies darf jedoch keinesfalls ausschlaggebend dafür sein, den Vierbeiner selbst zu behandeln. In jedem Fall sollte man vorher den Tierarzt konsultieren, auch um sicherzugehen, daß keine ernsthafte Erkrankung vorliegt.

Es gibt inzwischen viele approbierte Tierärzte, die neben der konventionellen Medizin auch alternative Heilmethoden anwenden.

Rechts: Naturheilverfahren berücksichtigen das Gesamtbefinden des Vierbeiners, anstatt nur die Symptome einer Krankheit zu behandeln.

Heilende Kräuter

Schon seit Tausenden von Jahren werden Heilkräuter eingesetzt. Auch sind viele moderne Medikamente aus Komponenten zusammengesetzt, die aus Pflanzenextrakten isoliert werden. Die konventionelle Medizin verwendet eine reine Zusammensetzung, die in einer präzisen Dosierung verabreicht wird. Verfechter der Alternativmedizin behaupten dagegen, daß bei der Benutzung der ganzen Pflanze (im Gegensatz zur Verwendung des reinen Wirkstoffs) viel weniger Nebeneffekte auftreten und der Körper stärker zur Selbstheilung angeregt wird. Bevor man seinen Schützling mit Heilkräutern behandelt, sollte man allerdings einen Heilpraktiker zu Rate ziehen.

Schmerzen lindern

Die Akupunktur wird seit etwa vier Jahrtausenden in China angewandt. Sie beruht auf der Hypothese, daß Krankheiten oft durch eine Stagnation des Energieflusses in bestimmten Bereichen des Körpers ausgelöst werden. Um den Energiefluß wieder anzuregen, werden spezielle Nadeln in den Körper gestochen. Es gibt mehr als 360 Einstichstellen, die auf 14 Meridiane oder Energiekanäle verteilt sind. Die unterschiedlich tief eingestochenen Nadeln sollen bewirken, daß das durch die Krankheit gestörte Energiegleichgewicht wiederhergestellt wird. Die Wirkung der Akupunktur kann durch unterstützende Maßnahmen wie die Akupressur oder das Abbrennen bestimmter Heilkräuter noch verstärkt werden.

Dieses Heilverfahren wird hauptsächlich bei Krankheiten mit chronischen Schmerzen eingesetzt, etwa bei Hunden, die unter Arthritis leiden.

Physiotherapie

Physiotherapie sowie andere Formen der Körpertherapie sind anerkannte Heilverfahren, die unter anderem bei Rückenschmerzen praktiziert werden. Obwohl die Anwendung dieser Therapie bei Tieren schwierig ist, wurden bereits gute Ergebnisse erzielt.

Selbstheilung

Die Homöopathie beruht auf der Ähnlichkeitsregel, derzufolge Ähnliches durch Ähnliches geheilt wird. Dies bedeutet, daß nur solche Medikamente in winziger Dosierung verabreicht werden, die in höherer Dosis beim Gesunden ein ähnliches Krankheitsbild hervorrufen würden. Viele Hundehalter haben ihre Schützlinge erfolgreich mit homöopathischen Medikamenten behandeln lassen.

Manchmal werden homöopathische Mittel mit Heilkräutern verwechselt, da die verwendeten Wirkstoffe oft die gleichen sind. Allerdings sind die Prinzipien der beiden Heilmethoden sehr unterschiedlich. Heilkräuter sollen speziellen Krankheiten entgegenwirken und werden in meßbaren Mengen verabreicht.

Da der Körper bei der Homöopathie zur Selbstheilung angeregt wird, ist sie auch nur wirksam, wenn das korrekte Heilmittel Anwendung findet. Der Rat eines qualifizierten Homöopathen ist daher unumgänglich.

Blütenessenzen

Zu den bekanntesten Naturheilverfahren gehört die von Dr. Ewald Bach entwickelte Blütentherapie, die heute auch bei Hunden angewandt wird. Blüten bekommen Energie, wenn die Pflanze durch das Sonnenlicht sowie durch Osmose Wasser aufnimmt. Dieses Wasser enthält wichtige Substanzen. Falls ein Hund unter seelischen Problemen oder Verhaltensstörungen leidet, stehen ihm verschiedene Pflanzenessenzen zur Verfügung, die die negativen Zustände wieder in positive verwandeln können. Bach-Blütenessenzen erhält man in der Apotheke. Allerdings sollte man sie nur auf den Rat eines Tierarztes hin verabreichen.

Naturheilmittel

Homöopathische Heilmittel

Arnica: Dieses traditionsreiche Heilmittel wird aus der Pflanze *Arnica montana* gewonnen und vor allem bei Verletzungen gegen Wundfieber, Schwellungen und Blutergüsse eingesetzt, um die Heilung zu beschleunigen. Arnica ist in Form von Tabletten oder als Heilsalbe erhältlich.

Schwefel: Bei Tieren wendet man Schwefel häufig an, wenn Hautkrankheiten zu behandeln sind, besonders dann, wenn die Haut gerötet und entzündet ist.

Rhus toxicodendron: Dieses homöopathische Mittel wird zur Heilung des Muskelgewebes verabreicht sowie Hunden, deren Knochen nach längerer Ruhepause (Krankheit) steif geworden sind.

Heilkräuter

Calendula oder Ringelblume: Die antiseptische Wirkung dieser Pflanze kann sich bei nässenden Wunden oder bestimmten Hautkrankheiten entfalten.

Pfefferminze oder mildere Grüne Minze: Als Aufguß wird sie Hunden bei Magen- und Darmverstimmungen zur Beruhigung des Verdauungstrakts eingeflößt.

Löwenzahn: Diese Pflanze hat eine harntreibende Wirkung. Da ihre Blätter reich an Kalium sind, benutzt man sie auch im Falle von Kaliumverlust. Dieser kann vor allem bei der Anwendung synthetischer, harntreibender Medikamente auftreten, die den Körper entwässern helfen sollen.

Knoblauch: Er hat eine antiseptische Wirkung auf den Darm, hemmt die Blutgerinnung und hält Parasiten wie Würmer und Flöhe fern.

Nachtkerze: Das Öl dieser Pflanze hilft Tieren, die unter bestimmten Hautallergien leiden. Der Grund ist die Gammalinolensäure, eine Substanz, die in großen Mengen in der Pflanze vorkommt.

Brennessel: Da diese weitverbreiteten Pflanzen Eisen enthalten, werden einer Brennesselkur Hunde unterzogen, die unter Anämie leiden. Außerdem haben sie eine lindernde Wirkung bei Arthritis. Zuerst kocht man die Blätter, um die brennenden Nesseln zu neutralisieren, die Histamine enthalten. Normalerweise wächst in der Nähe von Brennesseln auch Ampfer. Er besitzt Antihistamine, hat aber eine andere therapeutische Wirkung.

Calendula

Nachtkerze

Bach-Blütenessenzen

Rescue-Tropfen: Diese Tropfen enthalten eine Mischung aus fünf verschiedenen Blütenessenzen. In Notfällen lindern sie die Wirkung bei Schock, Traumata und Zusammenbrüchen.

Mimulus: Diese Substanz hilft bei Angst vor Geräuschen, dem Alleinsein, bei Unsicherheit sowie allgemeiner Verängstigung.

Impatiens: Dieses Mittel übt besonders auf Hunde, die auf verschiedene Stimuli gereizt, ungeduldig oder übermäßig reagieren, eine positive Wirkung aus.

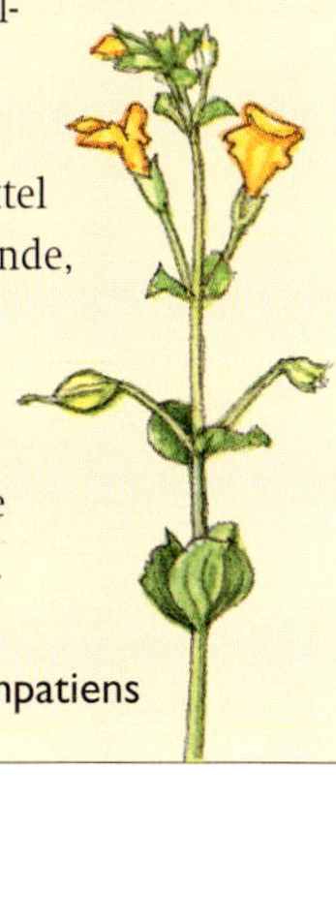
Impatiens

Pflege & Erste Hilfe

Pflege zu Hause ✦ Ernährung ✦ Verabreichen von Medikamenten ✦ Krebs

Die meisten Hundekrankheiten sind leicht zu behandeln, sofern man sie rechtzeitig erkennt. Deshalb ist es notwendig, den Vierbeiner gut zu beobachten und darauf zu achten, ob sich sein Verhalten ändert oder er sich unwohl fühlt.

Krankennahrung

Hunde sind oft sehr wählerisch, was das Futter betrifft, besonders wenn sie krank sind. Rezeptpflichtige Krankenkost kann den Heilungsprozeß unterstützen. Für Vierbeiner, die das Futter verweigern, gibt es energiespendende Flüssignahrung.

Die folgenden Tips könnten sich als hilfreich erweisen:

✦ Frische Nahrung ist wichtig. Das Öffnen einer Futterdose wirkt auf die meisten Hunde stimulierend. Sie fressen es daher lieber als das Futter vom Vortag.

✦ Diätkost ist zumeist als Dosen- oder als Trockenfutter erhältlich. Wenn der Hund eine bestimmte Sorte ablehnt, kann man in Absprache mit dem Tierarzt andere Marken, die in der Regel auch aus anderen Elementen bestehen, ausprobieren.

✦ Ist es nötig, die Kost umzustellen, sollte man dabei schrittweise vorgehen. Wenn der Hund das neue Futter ablehnt, kann man ihn möglicherweise überlisten, indem man ihm zunächst die Diätkost unter seine gewohnte Mahlzeit mischt.

✦ Aus der Hand füttern regt oft den Appetit des kranken Hundes an. Flüssige Nahrung kann mit einer Injektionsspritze in den Fang verabreicht werden.

Unten: Manchmal ist es nach einer Operation nötig, dem Hund vorübergehend eine Infusion zu verabreichen.

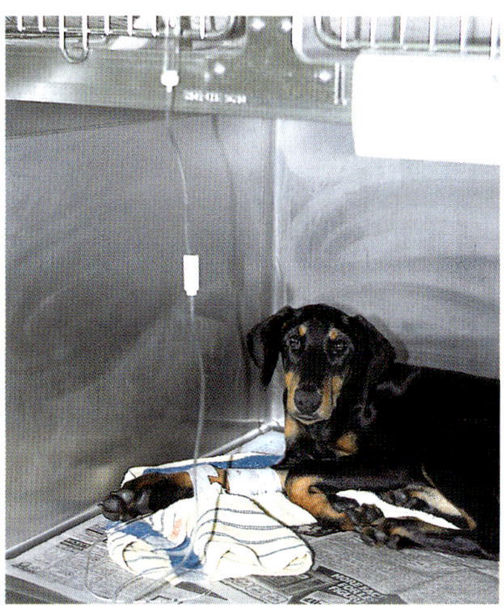

Postoperative Versorgung

Wenn man den Hund nach einer Operation mit nach Hause nimmt, sollte man sich unbedingt an die Anweisungen des Tierarztes halten:

Medikamente: Tabletten werden an einem für den Hund unzugänglichen Ort aufbewahrt und nur wie vom Tierarzts verschrieben verabreicht. Der Veterinär muß sofort kontaktiert werden, wenn der Hund die Einnahme verweigert oder wenn er negativ auf die Mittel reagiert. Auf keinen Fall darf der Patient gefüttert werden, solange er noch nicht aus der Narkose erwacht ist. Erst danach erhält er eine leicht verdauliche Mahlzeit wie weißes Fleisch oder Fisch mit Reis.

Verbände: Diese müssen regelmäßig daraufhin überprüft werden, ob sie gut sitzen. Beim Wechseln auf starken Geruch oder Ausfluß achten!

Entzündungen: Der Tierarzt muß sogleich verständigt werden, wenn sich die Wunde rötet, anschwillt oder heiß wird und wenn sie näßt oder blutet. Leckt der Hund seine Wunde, kann es mitunter geschehen, daß er sich dabei die Fäden herauszieht oder daß sich die Stelle erneut entzündet. Eine Halskrause verhindert dies.

Fäden ziehen: Die Fäden werden etwa sieben Tage nach der Operation gezogen, in manchen Fällen kann es auch etwas länger dauern. Unter der Haut werden meistens Fäden benutzt, die sich von selbst auflösen und daher nicht entfernt werden müssen.

Eingabe von Medikamenten

✦ **Tabletten:** Hat der Hund Tabletten verschrieben bekommen, verabreicht man sie ihm am besten bei der Mahlzeit. Dazu zerbricht man sie in kleine Teile und mischt sie unter stark riechendes Futter, das man dem Hund erst dann gibt, wenn er sehr hungrig ist. Vielleicht läßt der Patient sich auch überlisten, wenn die Tablette in einem Leckerbissen versteckt ist. Wird die Tablette im Ganzen verabreicht, schmiert man sie mit etwas Butter ein und steckt sie tief in den Rachen des Hundes. Anschließend hält man seinen Kopf hoch und schließt das Maul. Wenn nötig, tröpfelt man so lange Wasser nach, bis man sicher ist, daß der Hund die Tablette geschluckt hat. Falls die Gefahr besteht, gebissen zu werden, benutzt man einen speziellen Tablettenhalter.

✦ **Flüssige Medikamente:** Man hält den Kopf des Patienten und läßt die Flüssigkeit langsam von der Seite ins Maul laufen. Vorsicht: Wenn der Hund die Flüssigkeit nicht schluckt, atmet er sie vielleicht versehentlich ein!

✦ **Augensalben und -tropfen:** Bevor die Augen behandelt werden, säubert man sie vorsichtig mit einem feuchten Wattebausch. Dann zieht man das untere Augenlid mit dem Finger so weit herunter, daß die Salbe oder die Tropfen zwischen Auge und Lid verteilt werden können. Keinesfalls darf dabei das Auge berührt werden. Die Tropfen müssen spätestens sechs Wochen nach Öffnen der Packung weggeworfen werden.

✦ **Ohrentropfen:** Um die Tropfen zu verabreichen, nimmt man den Ohrlappen in die eine Hand und läßt die Tropfen mit der anderen in den Ohrkanal laufen. Dabei kann es leicht geschehen, daß nicht die ganze Flüssigkeit ins Ohr gelangt. In einem solchen Fall das Ohr etwas massieren und die danebengelaufenen Tropfen am Eingang des Ohrkanals wieder abwischen. Um einen reibungslosen Ablauf zu gewährleisten, sollte eine zweite Person den Hund am Halsband festhalten.

Unten: Ohrentropfen, die nicht vom Tierarzt verschrieben werden, können die Hörfähigkeit beeinträchtigen.

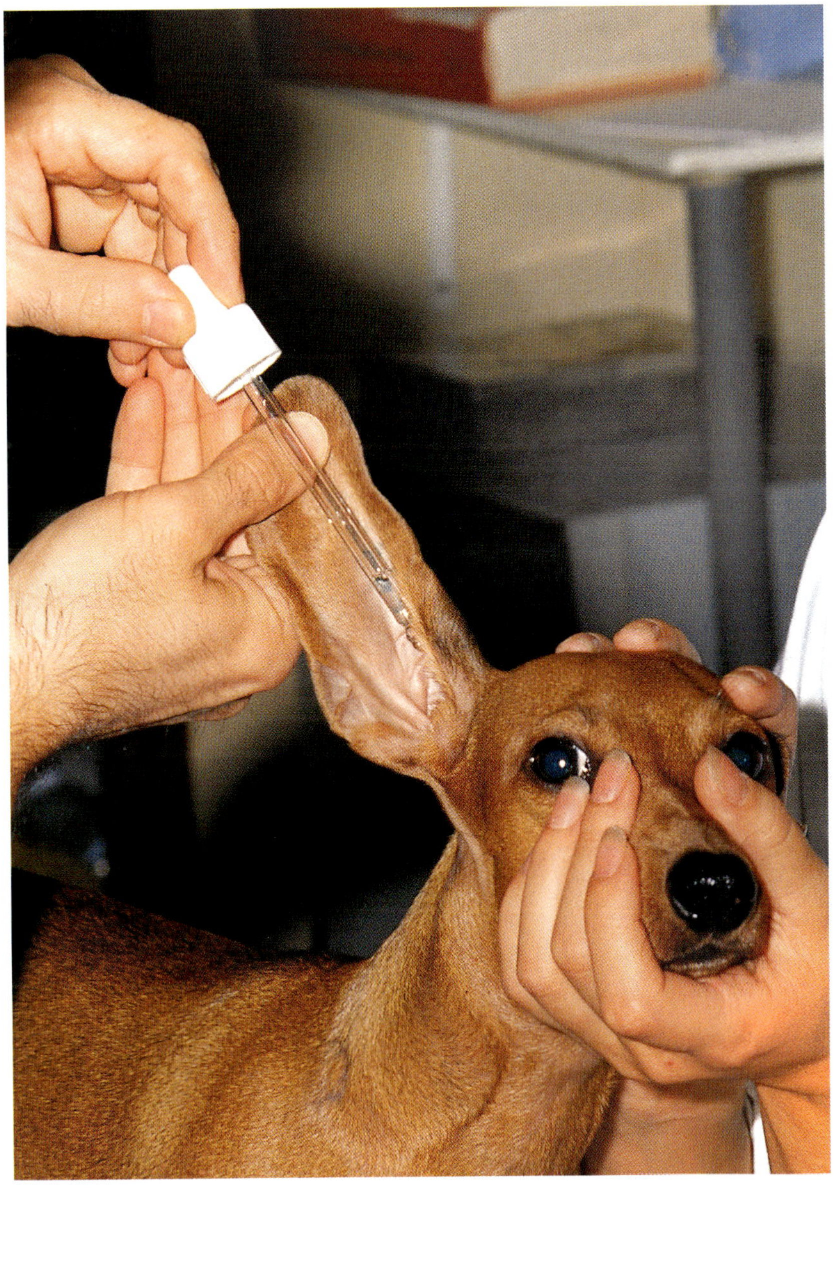

Krebskranke Hunde

✦ Die Diagnose eines bösartigen Tumors ist nicht immer gleichbedeutend mit einem Todesurteil. Es gibt viele Behandlungsmethoden, mit deren Hilfe der Krebs entweder geheilt oder dem Hund ein lebenswertes Dasein ermöglicht werden kann.

✦ Wenn sich die Krankheit im Körper bereits ausgebreitet hat oder bei der Operation nicht das ganze erkrankte Gewebe entfernt werden konnte, sollte die Behandlung fortgesetzt werden.

✦ Bei der Chemotherapie werden starke Medikamente in einer ganz bestimmten Zusammensetzung und mit relativ geringen Nebenwirkungen eingesetzt, um das Wachstum der Krebszellen zu hemmen beziehungsweise vollständig zu verhindern. Diese Art der Behandlung hat sich besonders beim Lymphosarkom als erfolgreich erwiesen.

✦ Bestrahlungstherapie wirkt bei bestimmten Hautkrebsarten und kann nur in Tierkliniken durchgeführt werden.

✦ Alternative Heilmethoden können die Lebensqualität des Hundes erhöhen.

Pflege & Erste Hilfe

Erste Hilfe für Hunde

In einem Notfall müssen die folgenden drei Schritte beachtet werden:

✦ Den Hund schnell aus der Gefahrenzone bringen, ohne sich selbst dabei zu gefährden.

✦ Sofort Erste Hilfe leisten, um Leben zu retten.

✦ Einen Tierarzt zur weiteren Behandlung oder Beratung konsultieren.

Das ABC der Ersten Hilfe

A: Zunächst stellt man sicher, daß die Atemwege frei sind, besonders dann, wenn der Vierbeiner ohne Bewußtsein ist. Dazu zieht man die Zunge heraus und entfernt Flüssigkeit oder Festkörper aus dem Rachen des Hundes. Vorsicht: Man könnte gebissen werden!

B: Atmet der Hund nicht mehr, muß er künstlich beatmet werden, indem man ihm in Sekundenabständen auf den Brustkorb drückt, um Luft aus den Lungen zu pumpen.

C: Es ist wichtig, daß man den Blutkreislauf aufrechterhält. Ernsthafte Blutungen werden mit Druckverbänden zum Stillstand gebracht.

Fang-Schlinge

Da verletzte Hunde manchmal beißen, bindet man ihnen den Fang zu. Treten Atmungsprobleme auf, muß man die Schlinge wieder entfernen.

✦ Als erstes formt man eine Schlinge und legt sie um den Fang des Vierbeiners.

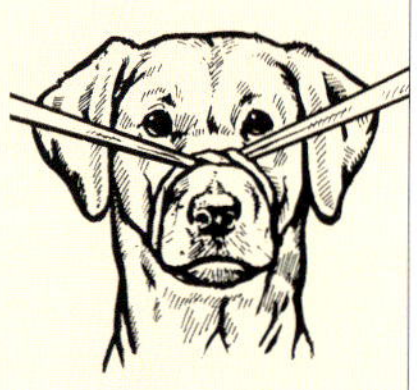

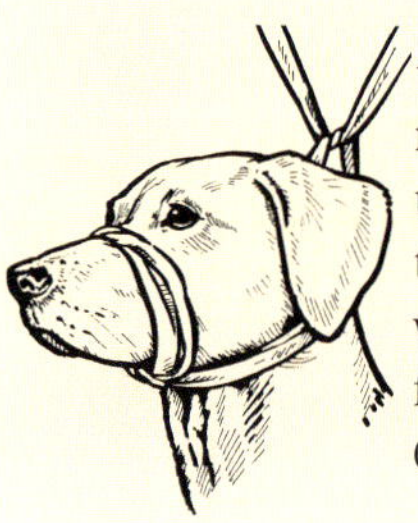

✦ Dann kreuzt man die Enden unter dem Unterkiefer und verknotet sie fest hinter den Ohren.

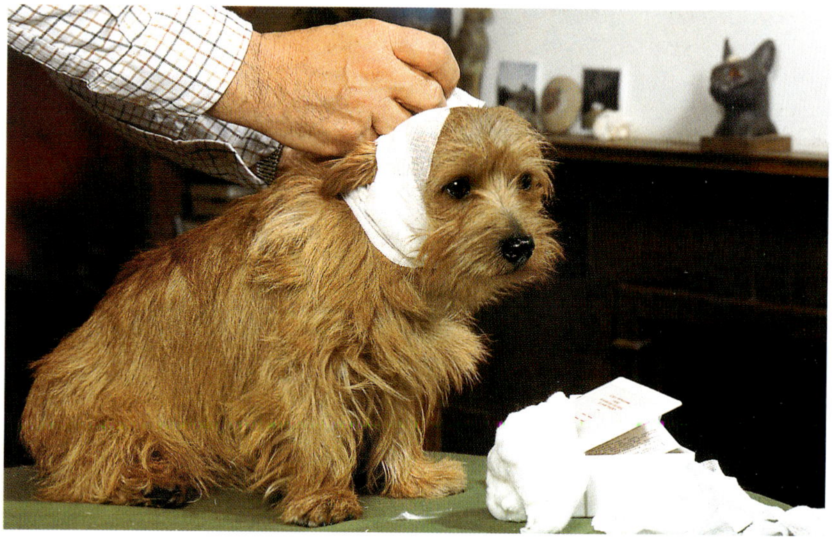

Oben: Glatte Schnitte und Schürfwunden können zu Hause verarztet werden. Man behandelt sie mit Salzwasser und verbindet sie mit einer sterilen Mullbinde.

Die im folgenden aufgeführten Verletzungen erfordern eine tierärztliche Versorgung des Hundes. Allerdings vergrößert die Erste Hilfe die Überlebenschance des Vierbeiners:

Blutungen: Blutungen können mit Hilfe von Druckverbänden gestoppt werden. Dafür verwendet man sterilen Verbandsmull, den man zu einem Polster faltet, auf die Wunde legt und mit einem Verband aus demselben Material locker fixiert.

Verbrennungen: Diese können durch Hitze, Elektrizität oder den Kontakt mit ätzenden Chemikalien verursacht werden. Bevor man einen elektrisierten Hund berührt, unterbricht man den Stromkreis durch Ausschalten der Hauptsicherung. Anschließend läßt man reichlich kaltes Wasser über die Wunden laufen, damit das verbrannte Gewebe sich abkühlt und eventuell vorhandene Chemikalien abgespült werden. Bei Verbrennungen durch Chemikalien muß der verletzte Hund daran gehindert werden, sich die kontaminierten Stellen abzulecken.

Erstickungsanfälle: Wenn der Hund bewußtlos ist, kann man die Zunge aus dem Maul ziehen und den Fremdkörper aus dem Rachen entfernen. Ist er dagegen bei Bewußtsein, muß man den Brustkorb zwischen den Händen zusammendrücken. Durch das schnelle Ausatmen der Luft läßt sich der störende Fremdkörper aus der Kehle des Vierbeiners drücken.

Ertrinken: Ist der Hund bewußtlos, hält man ihn mit dem Kopf nach unten und schwingt diesen hin und her. Auf diese Weise kann das Wasser aus den Lungen fließen. Es besteht die Gefahr einer Lungenentzündung.

Links: Nach einem Anfall läßt man den Hund so lange an einem ruhigen Ort liegen, bis er sich wieder erholt hat.

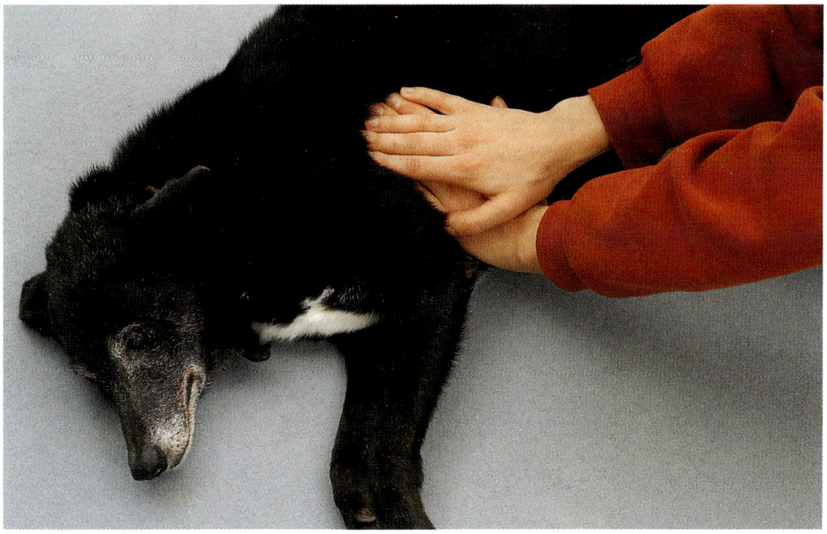

Oben: Kollabiert der Hund, Erste Hilfe leisten und danach sofort den Tierarzt informieren.

Ohnmachtsanfälle: Einen ohnmächtigen Hund bringt man an einen ruhigen Ort, ohne ihn dabei aufzuwecken. Sobald er aufgewacht ist, nähert man sich vorsichtig, da er möglicherweise desorientiert ist und vorübergehend aggressiv werden könnte. Dauert die Ohnmacht länger als fünf Minuten oder wiederholt sie sich, muß der Tierarzt verständigt werden.

Knochenbrüche, Verrenkungen und Verstauchungen: Bis zum Eintreffen des Veterinärs sollte sich der Hund so wenig wie möglich bewegen. Auf keinen Fall Medikamente verabreichen! Ein verrenktes Gelenk kann man mit Kompressen kühlen.

Verletzungen: Kleinere Wunden badet man in einem halben Liter warmem Wasser, in das man einen gehäuften Teelöffel Salz gibt.

Vergiftungen: Falls die Substanz nicht ätzend ist, versucht man den Hund innerhalb der ersten halben Stunde, nachdem er das Gift geschluckt hat, zum Erbrechen zu bringen. Dabei gibt man dem Patienten ein in Wasser aufgelöstes Stück Kernseife oder Salzwasser zu trinken. Anschließend ruft man den Tierarzt und informiert ihn über den Vorgang.

Ist das Fell des Vierbeiners mit einer giftigen Substanz in Berührung gekommen, darf er sich so lange nicht lecken, bis das Gift sorgfältig abgewaschen wurde.

Der Tierarzt muß in folgenden Fällen unbedingt zu Rate gezogen werden:

✦ Die Wunde klafft weit auf.
✦ Sie dringt tief in kritische Körperteile wie Unterleib oder Brust ein.
✦ Die Wunde entzündet sich oder beginnt zu riechen und zu eitern.
✦ Der Hund fühlt sich unwohl oder verweigert das Futter.

Links: Einen zusammengebrochenen Hund hält man mit Decken warm.

ABSCHIED FÜR IMMER

Für den Besitzer ist es nicht leicht, eine Entscheidung zu fällen, wenn eine unheilbare Krankheit diagnostiziert wurde. Mehrere Faktoren müssen berücksichtigt werden: die Kosten, die Länge der Behandlung oder die Belastung innerhalb der Familie. Eines sollte bei den Überlegungen immer im Vordergrund stehen: das Wohlergehen des Hundes.

Wenn der Hund noch problemlos Nahrung zu sich nehmen kann, auf Zuwendung reagiert und nicht zu sehr unter den Folgen der Krankheit leidet, stellt das Verbleiben im Familienverband die beste Hilfe dar, die man ihm in dieser Situation angedeihen lassen kann. Ist jedoch das Gegenteil der Fall, sollte man ihm ein qualvolles Ende ersparen.

Das Einschläfern des Hundes nimmt der Tierarzt mit Hilfe einer intravenösen Injektion vor, die aus einer konzentrierten Barbituratlösung besteht. Innerhalb von Sekunden ist der Vierbeiner eingeschlafen, noch bevor das Herz zu schlagen und er zu atmen aufgehört hat. Normalerweise kann man dem Hund in dieser Situation zur Seite stehen und sich so auch gleich vergewissern, daß er keine Schmerzen empfunden hat.

Natürlich dauert es einige Zeit, bis dieser Verlust verkraftet ist. Manche Hundehalter finden Trost, indem sie sich umgehend einen neuen Hund zulegen. Andere ziehen es vor, Abstand zu gewinnen, oder verzichten ganz auf die Anschaffung eines neuen Vierbeiners.

Fortpflanzung

Allgemeine Ratschläge und Tips ✦ Überlegungen zur Aufzucht des Wurfs

Ein aufregendes Erlebnis steht bevor: Die Hündin soll Welpen bekommen. Besonders für die Kinder des Hundehalters bedeutet dies eine wertvolle Erfahrung. Zum einen lernen sie etwas über die Fortpflanzung, zum anderen erfahren sie, was es heißt, Verantwortung für die jungen Vierbeiner zu übernehmen.

Geburt und Entwicklung der Welpen beobachten zu können ist mit viel Freude, aber auch mit harter Arbeit verbunden. Besonders in den ersten Lebenswochen muß man sorgfältig auf die Hündin und ihren Nachwuchs aufpassen. Außerdem sind Zeit und Geld erforderlich, um der Hundefamilie die bestmögliche Pflege zukommen zu lassen.

Unabhängig davon, ob man einem Zuchtverband beitreten oder nur einen Welpen erwerben möchte, sollte man vorher einige Punkte bedenken:

✦ Die Hündin muß gesund sein und einen ausgeglichenen Charakter besitzen, damit sie den Belastungen der Trächtigkeit, der Geburt und der Aufzucht der Jungen gewachsen ist. Ein verantwortungsbewußter Besitzer läßt die Hündin von einem Tierarzt gründlich untersuchen, bevor sie gedeckt wird. Außerdem kann der Tierarzt den optimalen Paarungszeitpunkt bestimmen und eventuell auch einen geeigneten Deckrüden vermitteln.

✦ Die Hündin muß einen tadellosen Charakter aufweisen. Aggressivität oder andere Verhaltensstörungen können entweder vererbt oder durch ihr Vorbild an die Welpen weitergegeben werden.

✦ Nicht jede Hündin muß Nachwuchs bekommen. Verhaltensprobleme lassen sich damit nicht beheben!

✦ Die Hündin muß voll ausgewachsen sein. Allerdings sollte sie beim ersten Wurf auch nicht zu alt sein. Nach der ersten Läufigkeit deckt man in der Regel noch nicht, auch zwischen jedem Wurf ist eine Pause einzulegen. Oft akzeptieren die Zuchtvereine die Welpen einer Hündin, die älter als acht Jahre ist, nicht mehr.

✦ Mit der Hundezucht läßt sich kaum Geld verdienen, da sich die Decktaxe, gesundes Futter, die Ausstellung der Zuchtpapiere, Impfungen und andere Tierarztkosten am Ende zu einem ganz erheblichen Betrag summieren.

„Wer sagte, man könne Glück nicht kaufen, vergaß junge Hunde."

GENE HILL

Rechts: Bevor man mit seinem Hund züchtet, sollte man sich über rassetypische Krankheiten informieren. Der japanische Akita Inu ist ein robustes Tier, das kaum Erbkrankheiten kennt.

✦ Die häusliche Umgebung sollte vor der Geburt welpengerecht (um-)gestaltet werden.
✦ Will man die Welpen später mit Abstammungspapieren verkaufen, muß die Hündin im Hundeverein als Zuchthündin eingetragen sein.
✦ Welpen, die zu Hause aufgezogen werden, entwickeln sich meistens auch zu guten Familienhunden.
✦ Bei der Auswahl eines Zuchthundes sollten dessen Wesen und dessen Zuverlässigkeit ausschlaggebend sein.
✦ Da bei gewissen Rassen Erbkrankheiten auftreten, unterliegen die für Zuchtzwecke vorgesehenen Hunde einer ständigen Kontrolle. Diese dient in erster Linie dem Schutz künftiger Würfe. Deshalb sollte man auch darauf achten, daß die Hündin und der Deckrüde vorher von einem Tierarzt untersucht wurden.
✦ Wichtig ist, daß man sich Zeit für die Lektüre der Testergebnisse nimmt und bei Unklarheiten einen Fachmann zu Rate zieht.
✦ Es ist nicht unbedingt empfehlenswert, einen Haushund als Deckrüden einzusetzen. Denn sobald er an dieser Rolle Vergnügen gefunden hat, sucht er häufiger nach läufigen Hündinnen. Oft verhält er sich dann auch aggressiver gegenüber anderen Rüden.

Oben: Schönheit allein sollte bei einem Hund nicht ausschlaggebend sein, wichtig ist sein Wesen. Ein Zuchthund darf kein aggressives oder nervöses Verhalten zeigen.

Aufzucht des Wurfs

Vor der Geburt sollte man sich gut überlegen, an welchem Ort die Welpen auf die Welt kommen, wo man sie aufzieht und wieviel Zeit man für ihre Pflege aufwenden kann? Ein ruhiger Platz im Haus eignet sich gut, da die Welpen so von Beginn an in das Familienleben integriert werden. Es kann vorkommen, daß die Kleinen alle paar Stunden von Hand gefüttert werden müssen. Nach vier bis fünf Wochen können die Welpen auf feste Nahrung umgestellt werden. Auch wenn alles planmäßig verläuft, ist diese Umstellung mit einem erheblichen Aufwand an Zeit, Arbeit und Geld verbunden.

Erbkrankheiten

Viele reinrassige Hunde leiden unter Erbkrankheiten. Die meisten Anomalien lassen sich bei Kontrolluntersuchungen feststellen. Deshalb ist es wichtig, den Deckrüden und die Hündin testen zu lassen. Sie dürfen keine Anzeichen einer Erbkrankheit oder einer Anomalie zeigen.

Krankheit	Häufig betroffene Rassen	Kontrollverfahren
Hüftgelenksdysplasie	Golden Retriever, Deutscher Schäferhund, Labrador Retriever	Von jeder Hüfte werden Röntgenbilder angefertigt. Je niedriger die Werte, desto besser.
Augenkrankheiten wie PRA (Progressive Retina-Atrophie), Entropium, Ectropium, grauer und grüner Star	Deutscher Schäferhund, Border Collie, Shar Pei, Cockerspaniel Cavalier King Charles Spaniel	Jeder Zuchtverein hat sein Kontrollverfahren. Besonders die Augen dürfen keine Mängel zeigen.
Herzerkrankungen	Cavalier King Charles Spaniel, Boxer	Eltern und beide Großeltern dürfen niemals unter Herzbeschwerden gelitten haben. Außerdem sollten vom Tierarzt weder bei dem zur Deckung vorgesehenen Rüden noch bei der Hündin anormale Herzgeräusche festgestellt worden sein.

Wahl des Partners

Rüde und Hündin ✦ Zuchthunde

In der Wildnis wählen Wölfe, Kojoten und Schakale ihre Partner sorgfältig aus. Häufig leben sie solange zusammen, bis sie nicht mehr für ihre Nachkommen sorgen müssen. Da domestizierte Hunde meist nicht so wählerisch sind, sucht der Besitzer einen Partner aus und plant das entscheidende Zusammentreffen. Auf diese Weise lernt er auch den anderen Elternteil der Welpen kennen.

Bei der Auswahl des richtigen Partners für seinen Hund ist folgendes zu berücksichtigen: Rassehunde paart man nur mit Hunden der selben Rasse, sofern sie als Ausstellungs- oder Gebrauchshunde dienen sollen. Ein erfahrener Züchter entscheidet sich für Rüden, deren Verhaltens- und Körpermerkmale die der Hündin ergänzen oder ausgleichen. „Zuchtlinie" bedeutet, daß beide Hunde mindestens einen gemeinsamen Vorfahren haben.

Oben: Basenji-Hündinnen werden nur einmal im Jahr läufig. Für viele Hundehalter ist dies der ausschlaggebende Grund, sich für diese Rasse zu entscheiden.

Oft geht man bis zu den ersten Generationen des Stammbaums zurück, vor allem dann, wenn ein bestimmtes Aussehen erzielt werden soll.

Erfahrene Züchter verwenden viel Zeit und Mühe darauf, das optimale Paar zusammenzustellen. Zuchthunde sollten immer von einem angesehenen Züchter stammen, auf keinen Fall jedoch von einer Welpenfarm oder einem Händler. Es ist üblich, eine Decktaxe an den Besitzer des Deckrüden zu entrichten. Die Höhe des Betrages variiert, sie entspricht aber annähernd dem Preis eines Welpen.

Der passende Zuchtrüde muß vorher auf Charakter und Gesundheit geprüft werden. Denn so schön er auch sein mag, sobald er Verhaltensstörungen oder Erbkrankheiten zeigt, ist er für die Zucht ungeeignet.

MISCHLINGE

Wohlüberlegte Paarungen zwischen Hunden verschiedener Rassen bringen oft wunderschöne Kreuzungen hervor. Der „Labradudel" ist die erste Kreuzung eines Labradors mit einem Pudel. Intelligenz und Ausdauer beider Rassen wurden hier erfolgreich kombiniert. Ein weiterer Vorteil verdankt sich einem Pudel-Gen: Der Mischling verliert kaum noch Haare. Tatsächlich war von Anfang an beabsichtigt, einen Führhund für Blinde zu züchten, die unter einer Hundehaarallergie leiden. Allerdings kann es auch geschehen, daß sich unerwünschte Merkmale verdoppeln, wenn unverträgliche Rassen miteinander gepaart werden. So vereint der „Choweiler" – eine Kreuzung zwischen Rottweiler und Chow Chow – sowohl die Entschlossenheit des Chow Chows als auch die Furchtlosigkeit des Rottweilers. Diese Kreuzung eignet sich daher nur für Besitzer, die im Umgang mit Hunden bereits sehr erfahren sind.

Der Läufigkeitszyklus

Hündinnen werden in der Regel zweimal im Jahr läufig. Das erste Mal zeigt die Geschlechtsreife an. Diese kann in Einzelfällen schon nach einem halben Jahr eintreten, stellt sich normaler-

weise aber erst im zweiten Lebenshalbjahr, zwischen dem siebten und dem zwölften Lebensmonat, ein.

Nicht immer sind die ersten Anzeichen der Läufigkeit sofort zu erkennen. Die Vulva schwillt leicht an und die Blutung setzt ein. Obwohl die läufige Hündin bereits einen Geruch verbreitet, der Rüden anlockt, wehrt sie zu diesem Zeitpunkt noch alle Annäherungsversuche ab. Etwa zehn bis 15 Tage nach Beginn der Blutung gelangen die Eier in den Eileiter. Jetzt ist sie empfängnisbereit. Dieses Stadium dauert zwischen fünf und zwölf Tagen. Die größte Chance für eine erfolgreiche Befruchtung liegt in den ersten Tagen. Um sicherzugehen, sollte die Paarung 48 Stunden später noch einmal wiederholt werden.

Rechts: Nach der Paarung hängt der Rüde noch an der Hündin. Sie stehen Rute an Rute zusammen. Dabei verhindert er, daß sie sofort wieder durch andere Rüden befruchtet wird.

Ungewollte Trächtigkeit

Es kommt immer wieder vor, daß Hündinnen gedeckt werden, ohne daß der Besitzer dies wollte. Dies geschieht entweder, weil viele Halter ihre läufige Hündin frei herumlaufen lassen, oder weil es der läufigen Dame auszubüchsen gelingt. Will man verhindern, daß sie die Jungen austrägt, läßt man ihr vom Tierarzt Tabletten oder eine Injektion verabreichen, die die Trächtigkeit beenden. Diese Medikamente wirken wie „die Pille danach".

Ein potenter Ahnherr

Der Greyhound-Champion „Low Pressure", auch „Timmy" genannt, kam 1957 auf die Welt und zeugte zwischen Dezember 1961 und seinem Tod im November 1969 2414 eingetragene und mindestens 600 nicht registrierte Welpen.

Links: Im Gegensatz zu Wölfen werden domestizierte Hündinnen wie diese Retrieverdame nur zweimal im Jahr läufig. Dies ist ein Hauptunterschied zwischen Hund und Wolf.

Das Paarungsritual

Die meisten Hündinnen wissen selbst am besten, wann sie empfängnisbereit sind. Zwingt man eine Hundedame zur Befruchtung, führt dies oft zu einer problematischen Tragezeit.

Bei der ersten Begegnung beschnüffeln und belecken sich die Hunde ausgiebig. Finden sie Gefallen aneinander, spielen sie zunächst ein wenig. Auch wenn der Rüde die Hündin besteigt, entscheidet sie allein, wann es soweit ist. Ist der Moment gekommen, stellt sich ruhig hin, hebt den Po an und dreht ihre Rute zur Seite. Nun gestattet sie dem Rüden aufzureiten.

Dabei umklammert er die Hündin mit den Vorderbeinen im Lendenbereich. Obwohl die Ejakulation der Samenflüssigkeit bereits nach etwa einer Minute stattfindet, ist die Paarung noch nicht beendet. Nach der Ejakulation füllt sich der Schwellkörper des Rüden mit Blut, was zur Folge hat, daß sich die Hunde für eine Weile nicht voneinander lösen können: Sie hängen sozusagen aneinander. Manchmal dauert dieser Vorgang nur einige Sekunden lang, oft benötigt der Rüde aber mehr Zeit, bis er von der Hündin absteigen kann. Wehrt sie sich und wird sie von ihrem Besitzer nicht sofort beruhigt und festgehalten, kommt es beim Rüden zu Verletzungen. In der Regel trennen sich die Hunde selbst, wenn es soweit ist. Sie ziehen sich dann zurück, um sich sauber zu lecken.

Trächtigkeit

Trächtigkeit ✦ Entwicklung des Fötus ✦ Vorbereitungen für die Geburt

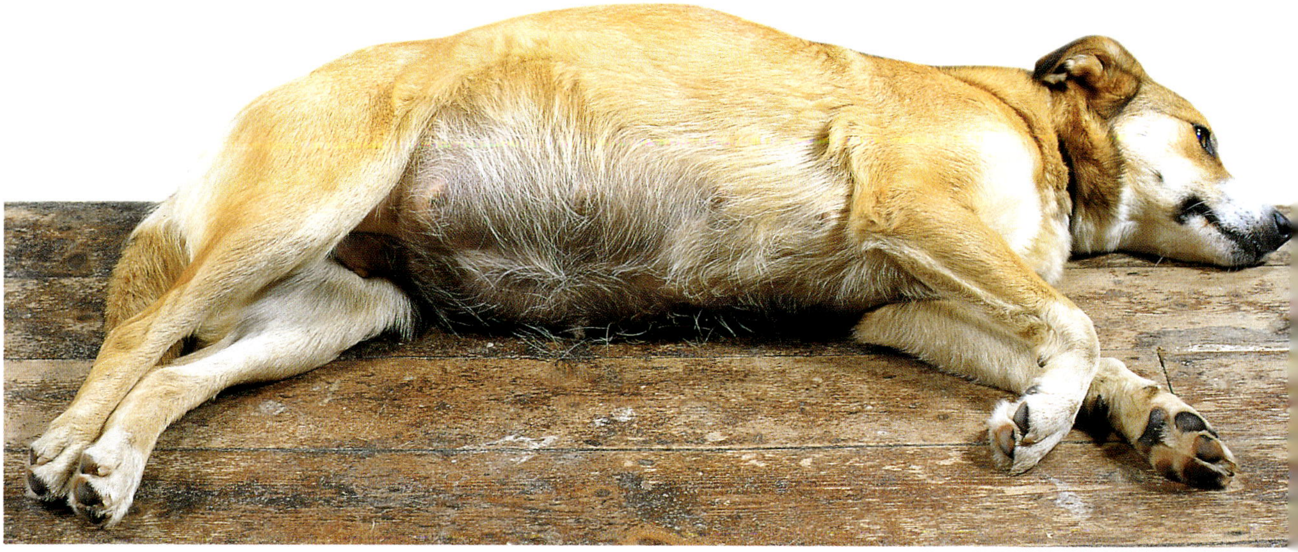

Sobald die Hündin erfolgreich gedeckt worden ist, bringt sie nach ungefähr 63 Tagen Junge zur Welt. Allerdings bemerkt man bis zur fünften Woche kaum eine Veränderung an ihr, und auch danach läßt sich noch einige Zeit lang nicht mit Sicherheit bestimmen, ob die Hündin wirklich trächtig ist. Mithilfe eines Ultraschallgeräts kann man feststellen, ob und wie viele Welpen sie trägt.

Ab der fünften Woche schwellen die Zitzen an, gleichzeitig verfärben sich die Milchdrüsen rosa. Die werdende Mutter ist jetzt vielleicht ein wenig ruhiger als sonst, doch abgesehen davon zeigt sie bis zur sechsten oder siebten Woche keine sichtbaren körperlichen Veränderungen. Erst danach erkennt man eine Vergrößerung des Abdomens. Bedingt durch das Wachstum der Welpen muß sich die Hündin nun öfter entleeren.

Etwa ab der achten Woche werden ihre Milchdrüsen größer. Wenn man sie leicht drückt, sondern sie ein wäßriges Sekret ab. Außerdem kommt aus der Vulva etwas Ausfluß. Dies ist kein

Oben: In den letzten Tagen vor der Geburt benötigt die werdende Mutter sehr viel Ruhe und Schlaf.

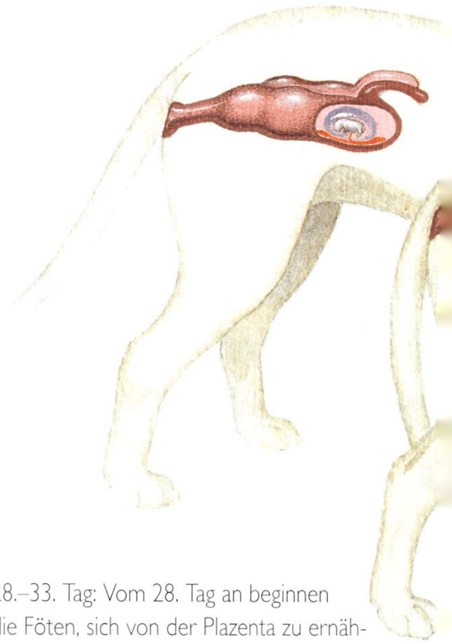

28.–33. Tag: Vom 28. Tag an beginnen die Föten, sich von der Plazenta zu ernähren. Kopf, Augen und Vorderbeine fangen an sich zu entwickeln. Vom 33. Tag an bilden sich die inneren Organe aus, und der Fötus wächst sichtlich. Hormonelle Veränderungen beeinflussen jetzt das Verhalten der Hündin.

EINE BUNTE MISCHUNG!

Manchmal haben die Welpen eines Wurfs verschiedene Väter. Dies ist dann der Fall, wenn die Hündin mehrere Paarungen zuläßt und dabei von verschiedenen Rüden gedeckt wird. Deshalb sollte man seine Hündin, nachdem man sie einem Zuchtrüden zugeführt hat, so lange von anderen Rüden fernhalten, bis die Gefahr einer Zweitbefruchtung vorüber ist. Geschieht dies nicht, kann es zu einer bunten Mischung innerhalb des Wurfs kommen. Einige Welpen sehen vielleicht der Mutter, andere wiederum dem Zuchtrüden ähnlich. Die übrigen weisen Merkmale der anderen Väter auf.

Grund sich zu beunruhigen. Denn solange er sich nicht verfärbt, ist dies ganz normal.

Wenn die Hündin schon vor ihrer Trächtigkeit sehr gut ernährt wurde, ist kein zusätzliches Futter erforderlich. In den letzten Wochen vor der Geburt benötigt sie allerdings deutlich mehr Nahrung. Die Hündin sollte daher mehrmals täglich mit eiweißreicher Kost versorgt werden. Das Futter darf jedoch nicht sehr kohlenhydrat- oder fettreich sein, da dies nur dazu führen würde, daß sie zunimmt. Wichtig ist, daß sie die Welpen nach deren Geburt gut ernähren kann.

Letzte Vorbereitungen

Zwei Wochen vor der Geburt muß entschieden werden, wo die Hündin werfen soll. Alle notwendigen Dinge sollten jetzt bereitstehen (siehe Seite 158). Obwohl die 63-tägige Tragzeit ziemlich genau zu bestimmen ist, gibt es immer wieder Ausnahmen. Manchmal kommen Welpen mitten in der Nacht oder sogar eine Woche zu früh auf die Welt.

Scheinträchtigkeit

Hin und wieder kommt es bei Hündinnen, die während ihrer Läufigkeit nicht gedeckt wurden, acht bis neun Wochen später zu einer Scheinträchtigkeit. Der Körper hat sich dann auf das Austragen von Welpen eingestellt, obwohl gar keine Befruchtung stattgefunden hat. Die Hündin trägt möglicherweise Stofftiere oder allerlei andere Dinge auf ihren Schlafplatz und verteidigt diese wie Welpen. Manchmal produziert sie auch Milch.

Scheinträchtigkeit führt zu keiner körperlichen Beeinträchtigung und dauert normalerweise nur zwei Wochen lang. Trotzdem ist dieser Zustand für die Hündin unangenehm, zumal er sich bei jeder Läufigkeit wiederholt. Ein Tierarzt kann Abhilfe schaffen.

Entwicklung des Fötus

Die Tragzeit beträgt im Durchschnitt 63 Tage, also gut zwei Monate. In dieser Zeit wachsen die Jungen in der Gebärmutter heran. Wenn die Hündin nur ein oder zwei Junge trägt oder von Natur aus etwas rundlicher ist, sind während dieser Zeit äußerliche Anzeichen einer Trächtigkeit nicht leicht zu erkennen.

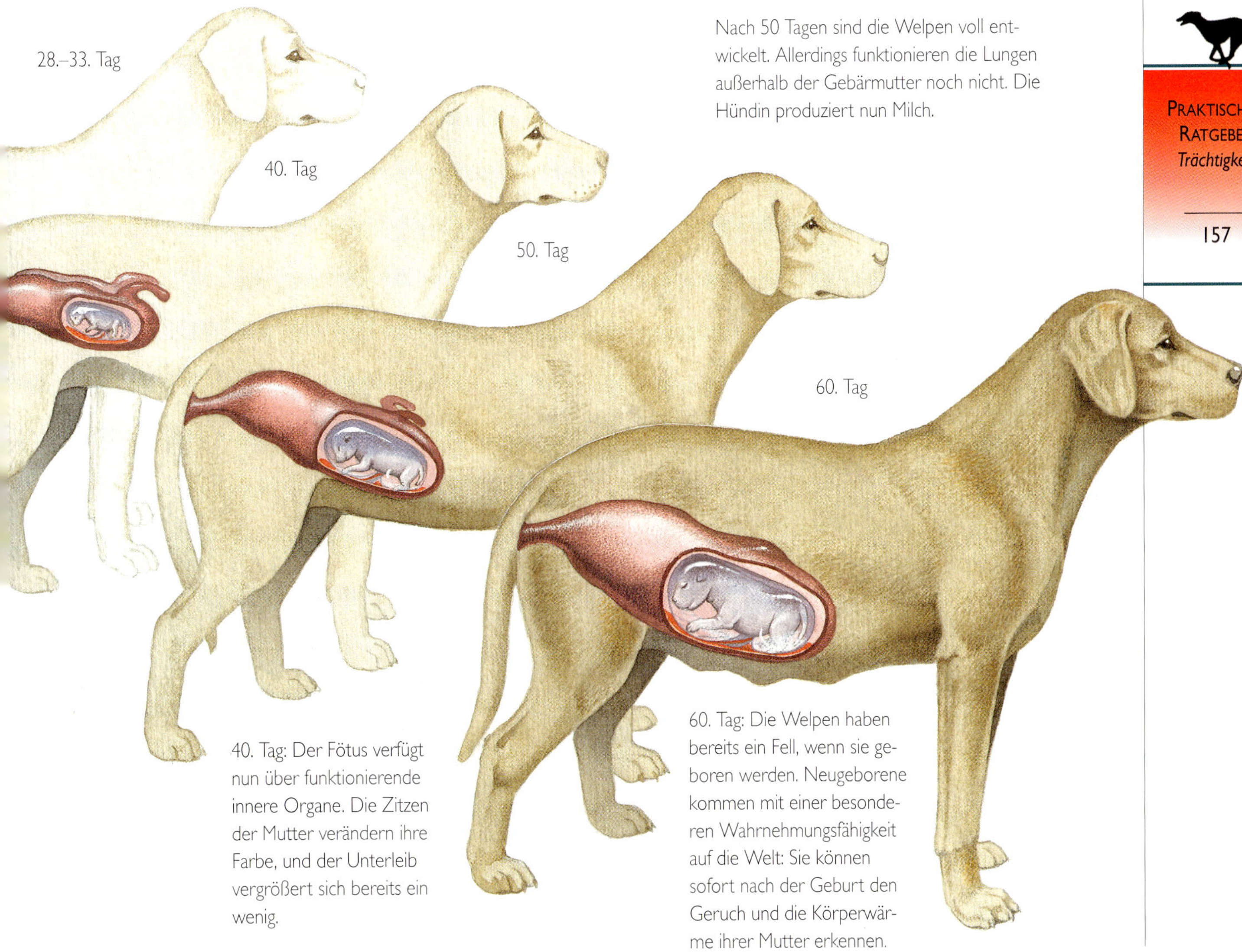

Nach 50 Tagen sind die Welpen voll entwickelt. Allerdings funktionieren die Lungen außerhalb der Gebärmutter noch nicht. Die Hündin produziert nun Milch.

40. Tag: Der Fötus verfügt nun über funktionierende innere Organe. Die Zitzen der Mutter verändern ihre Farbe, und der Unterleib vergrößert sich bereits ein wenig.

60. Tag: Die Welpen haben bereits ein Fell, wenn sie geboren werden. Neugeborene kommen mit einer besonderen Wahrnehmungsfähigkeit auf die Welt: Sie können sofort nach der Geburt den Geruch und die Körperwärme ihrer Mutter erkennen.

Die Geburt

Vorbereitung ✦ Normale und schwere Geburten

Für die Geburt der Welpen sind einige Vorbereitungen zu treffen, auch dann, wenn man den Tierarzt um Beistand bittet.

Grundausstattung

Eine Wurfkiste ist üblicherweise aus Holz oder Plastik. Sie sollte so groß sein, daß die Hündin sich darin ausstrecken kann. Drei der Seitenwände sind ungefähr 45 cm hoch, die vierte ist niedriger oder wird ganz weggelassen. Es empfiehlt sich, auf einer Seite in etwa 10 cm Höhe über dem Boden ein Gitter anzubringen: Dies schafft den Kleinen Platz, wenn die Hündin in die Kiste steigt und sich ausstreckt; auch vermeidet man so, daß die Welpen versehentlich gegen die Wand gedrückt werden. In der Regel quieken sie aber, wenn sie dem Körper ihrer Mutter nicht ausweichen können.

Die Wurfkiste sollte bereits zwei Wochen vor dem Geburtstermin an einem Platz stehen, der dem Ruhe- und Sicherheitsbedürfnis der werdenden Mutter gerecht wird. Auch verhindert man dadurch, daß sich die Hündin selbst eine andere Stelle, zum Beispiel hinter dem Sofa, auswählt. Von Vorteil wäre auch ein Ort, der nicht allzu weit vom Garten entfernt ist. Folgende Gegenstände sind für die Geburt bereitzuhalten:

✦ Eine sterilisierte, scharfe, aber abgerundete Schere, um die Nabelschnur zu durchtrennen.
✦ Farbloser Zwirn, um die Nabelschnur vor dem Abtrennen abzubinden.
✦ Handtücher zum Trockenreiben der Welpen
✦ Ein Napf mit frischem Wasser, der möglichst nahe bei der Hündin steht.
✦ Eine Uhr, um die Zeit zwischen den einzelnen Geburten abzulesen.
✦ Einige Züchter benutzen eine Infrarotlampe, um die neugeborenen Welpen zu wärmen. Das könnte bei niedriger Raumtemperatur sehr nützlich sein, ist aber in warmen Räumen nicht notwendig.

Die Geburt

Ungefähr zwölf Stunden vor der Geburt sinkt die Körpertemperatur der Hündin auf 38 Grad Celsius. Wenn die Temperatur nicht gemessen werden kann, läßt sich die verbleibende Zeit bis zur Geburt an Verhaltensveränderungen ablesen.

Normalerweise frißt die Hündin einen Tag vor der Geburt nicht mehr. Sie wirkt ruhelos, erbricht sich möglicherweise und leckt sich wiederholt die Vulva. Wahrscheinlich ist dies der Ausfluß, möglicherweise aber auch schon das Fruchtwasser. Die Hündin beginnt zu hecheln und geht unruhig auf und ab. Man sollte sie in dieser Phase der Vorwehen gewähren lassen und beruhigend auf sie einreden.

Welpen werden in einer enganliegenden Fruchthülle geboren. Normalerweise beginnt die Hündin sofort, diese Haut von der Schnauze des Welpen abzulecken. Anschließend beißt sie die Nabelschnur durch. Tut sie das nicht, muß man schnell handeln und diese Haut mit den Fingern abziehen, damit der Welpe Luft holen kann. Die Nabelschnur muß dicht am Bauch des Welpen abgebunden und etwa 2,5 cm zwischen dem Abbindefaden und der Plazenta durchtrennt werden.

Das Junge wird meist zusammen mit der Plazenta geboren, manchmal folgt sie jedoch erst ein wenig später nach. Bis alle Welpen zur Welt gekommen sind, können manchmal einige Stunden vergehen.

Jeder Welpe wird von der Mutter abgeleckt. Nur wenn sie das nicht tut, reibt man ihn mit einem Handtuch vorsichtig trocken. Danach schiebt man den Frischgeborenen zu ihren Zitzen,

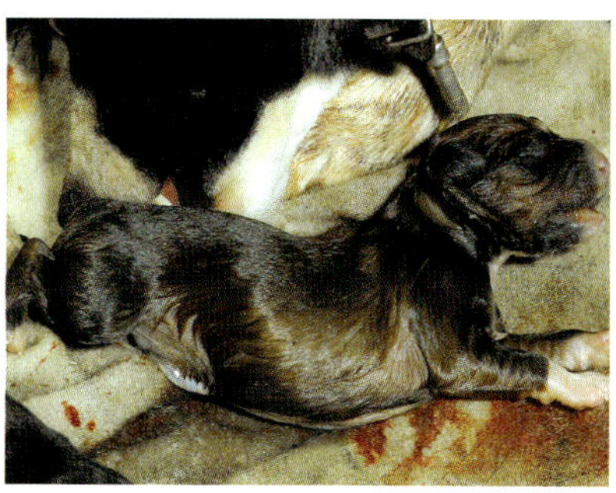

Unten: Nach der Geburt befreit die Mutter jeden Welpen von den Resten der Fruchtblase und beißt die Nabelschnur durch.

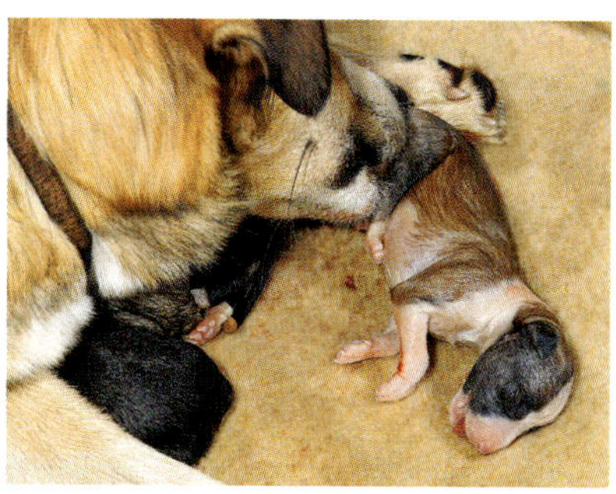

Unten: Durch energisches Lecken säubert und trocknet die Hündin die Welpen und regt dabei den Kreislauf der Kleinen an.

Unten: Bei einem großen Wurf braucht die Hündin vielleicht Unterstützung. Man kann die Jungen mit einem Handtuch trockenreiben.

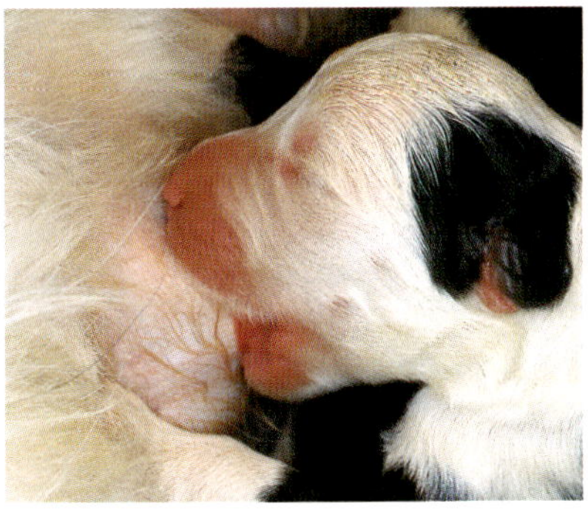

Oben: Der Welpe findet allein den Weg zur Zitze und beginnt sofort daran zu saugen.

damit er saugen kann, auch wenn die Mutter bereits das nächste Junge trokken leckt. Das Saugen der ersten Welpen hilft, die weiteren Wehen zu beschleunigen. Ist die Geburt vorüber, hat die Hündin vielleicht das Bedürfnis, sich zu entleeren. Außerdem benötigt sie jetzt viel Wasser zum Trinken. Die meisten Hundemütter überprüfen ihren Wurf noch, bevor sie sich von der Anstrengung erholen.

Gelegentlich kann es auch zu Problemen kommen. Bei anormalem Ausfluß, erhöhter Temperatur, Unwohlsein oder Schmerzen muß man sofort den Tierarzt hinzuziehen.

Der Ruf nach dem Fachmann

Die meisten Hündinnen, sogar völlig unerfahrene, gebären ohne Komplikationen. Für einen durchschnittlichen Wurf von fünf bis acht Jungen benötigen sie ungefähr sechs Stunden. Die Anzahl der Welpen hängt von der jeweiligen Rasse ab. Wenn die Hündin allerdings mehr als zwei Stunden für die Geburt eines Jungen braucht oder sehr erschöpft aussieht, obwohl weder der nächste Welpe noch die Nachgeburt sich ankündigt, muß man sofort den Tierarzt verständigen. Der Besitzer selbst sollte nur im äußersten Notfall eingreifen.

Im Fall eines Kaiserschnitts holt der Tierarzt die Welpen durch einen Bauchdeckenschnitt heraus. Die meisten Hündinnen und Welpen überstehen diese Prozedur sehr gut.

Obwohl die Hündin meistens keine Hilfe beim Geburtsvorgang benötigt, sollte die Telephonnummer des Tierarztes immer bereit liegen.

Oben: Eine gemütliche Wurfkiste stellt für Mutter wie Welpen einen sicheren Ort dar.

Unten: Nach der Geburt schläft die Mutter, während die Welpen saugen.

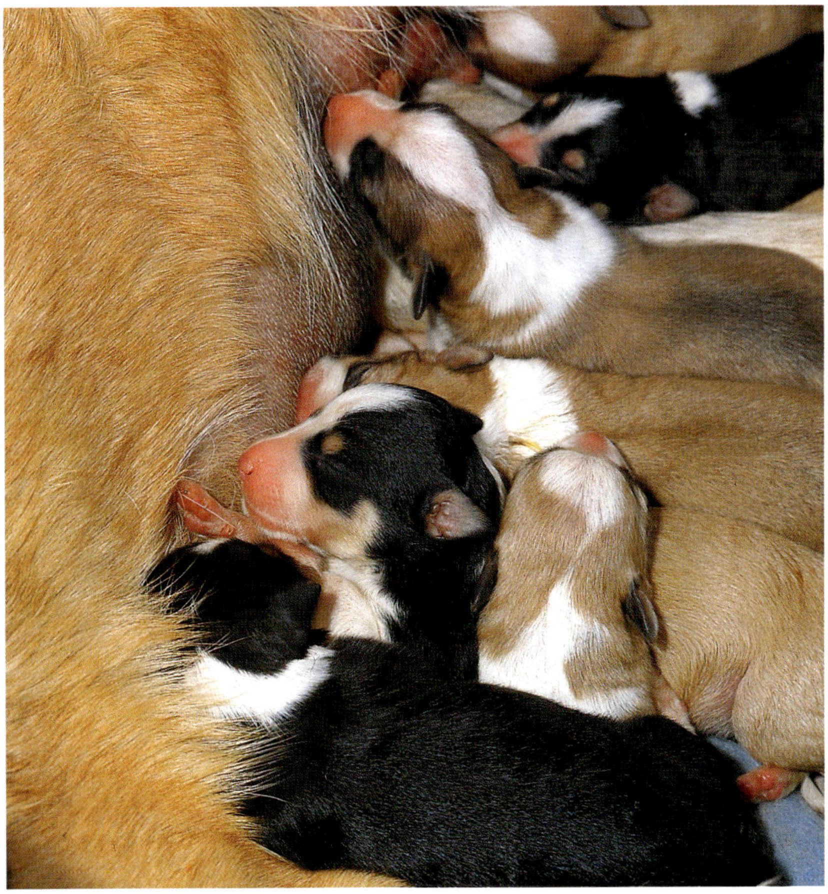

Die Welpen

Nachsorge und erste Probleme

Obwohl die neugeborenen Welpen blind und taub sind, wenn sie auf die Welt kommen, läßt sie ihr ausgeprägter Geruchssinn mühelos die Zitzen der Mutter finden. In den ersten 24 bis 48 Stunden nach der Geburt besteht die Muttermilch noch aus der eiweiß- und Vitamin-C-haltigen Vormilch, Kolostrum genannt. Sie ist für die Welpen lebensnotwendig, da sie wichtige Antikörper enthält. Während die Kleinen saugen, kneten sie mit ihren Vorderpfoten den Bauch der Mutter, wodurch der Milchfluß angeregt wird.

Die Hundemutter regt ihre Jungen zum Entleeren an, indem sie die kleinen Bäuche leckt. Meist frißt sie auch die Ausscheidungen der Welpen. Damit hält sie zum einen das Lager sauber. Zum anderen sichert sie in der Wildnis auf diese Weise das Überleben des Nachwuchses, da herumstreifende Raubtiere nicht durch den Geruch der Jungen angelockt werden.

Es ist wichtig, die Kleinen von Beginn an richtig zu behandeln. Da das Herausnehmen der Welpen aus der Wurfkiste nur Streß für die Hundemutter bedeutet, sollte man es nach Möglichkeit unterlassen. Manchmal ist es aber nötig, um eines der Jungen daß von den größeren Geschwistern an den Rand gedrängt wurde, wieder an eine Zitze zu legen. Außerdem muß man die Welpen regelmäßig untersuchen. Mit der Zeit gewöhnen sich die Kleinen an den menschlichen Geruch, und die Hündin lernt, daß ihren Jungen nichts geschieht.

Problemwelpen

Ernährt die Hundemutter aus irgendeinem Grund ihre Jungen nicht richtig oder erhält ein Welpe nicht genügend Milch, muß man sofort einen Tierarzt zu Rate ziehen. Ob ein Junges unter Flüssigkeitsmangel leidet, stellt man fest, indem man vorsichtig die lose Nackenhaut des Kleinen hochzieht und wieder losläßt. Sie sollte sich sofort wieder spannen und darf nicht langsam zurücksinken.

Erste Sozialisierung

Nach ungefähr zwei Wochen öffnen sich die Augen und die Gehörgänge. Während der ersten drei Wochen säugen und schlafen die Welpen lediglich, dann aber werden sie aktiv. Sie beginnen miteinander zu spielen und sich für ihre Umgebung zu interessieren. In diesem Stadium ist die psychologische Entwicklung der Kleinen von größter Bedeutung: Sie brauchen Anregung und sollten Gelegenheit haben, ihr Umfeld zu erforschen. Auch wenn sie zunächst nur verschiedene Fußböden und Geräusche „erleben“, hilft dies, sie auf die Überraschungen der kommenden Monate vorzubereiten. Auf diese Weise lernen sie, daß man im Leben unterschiedliche Strategien benötigt. Bei Ausflügen ins Freie ist eine Infektion zu vermeiden.

Praktischer Ratgeber
Die Welpen
160

Aufzucht der Welpen

Wenn eine Hündin nicht in der Lage ist, ihre Jungen zu ernähren, gibt es zwei Möglichkeiten, die Welpen aufzuziehen: Entweder man übernimmt vorübergehend die Mutterrolle, oder man sucht sich eine Amme. Hat man die Wahl ist, eine Amme sicher die bessere Lösung. Um der fremden Hündin die Kontaktaufnahme zu erleichtern, streichelt man zunächst erst sie und gleich darauf die Welpen. Durch den Geruchsaustausch gelingt es der Hündin leichter, die Kleinen als ihre eigenen zu akzeptieren.
Die Welpen selbst großzuziehen ist sehr zeitaufwendig. Die Kleinen brauchen in regelmäßigen Abständen von zwei bis drei Stunden eine spezielle Welpenmilch, die man im Fachhandel bekommt. Sie werden mit der Flasche gefüttert und müssen nach jeder Mahlzeit gesäubert und zum Koten und Urinieren angeregt werden, da sie dazu allein noch nicht fähig sind. Zu den praktischen Schwierigkeiten kommen oft noch soziale Probleme hinzu: Welpen, die während der Entwöhnungsphase nicht von der Mutter diszipliniert wurden, weisen oft mangelndes Sozialverhalten gegenüber anderen Hunden auf und sind häufig auch schwerer zu erziehen und auszubilden als andere Vierbeiner.

Entwöhnung

Wenn die Welpen nach etwa sechs Wochen alle Milchzähne haben, können sie entwöhnt werden. Die meisten Hündinnen leiten den Prozeß dadurch ein, daß sie sich beim Säugen nicht mehr hinlegen, sondern stehenbleiben. Wird ihnen das heftige Saugen zuviel, gehen sie einfach weg.

Mit zunehmendem Alter werden die Welpen immer fordernder. Sie kommen angeregt und hungrig von einem Ausflug in die Wurfkiste zurück und drängen sich gierig an die Zitzen. Läßt sie die Hundemutter aber nicht mehr ausgiebig trinken, erfahren sie zum ersten mal, daß sie nicht immer bekommen, was sie wollen – eine wichtige Lektion!

Die Hündin verweigert ihren Jungen nun immer öfter den Zugang zu den Zitzen, was bei den Welpen natürlich Frustration hervorruft. Sie drängen deshalb noch stärker an sie heran. In der Wildnis würde die Hündin die Aufmerksamkeit der hungrigen Bande nun auf eine andere Quelle lenken und ihnen halbverdautes Futter anbieten, in der Zivilisation stellt der Hundehalter für die Kleinen eine Schüssel Entwöhnungsfutter hin.

Gute Hundemütter geben ihren Unmut über die unaufhörlichen Versuche der Welpen, doch noch etwas Milch zu erhaschen, auf sanfte Weise zu erkennen. Zunächst werden die Kleinen mit einem ernsten Blick gewarnt. Nützt dies nichts, läßt sie ein Knurren folgen. Ganz aufdringliche Welpen schubst sie mit der Schnauze weg. Bei hartnäckigen Fällen täuscht sie ein Schnappen vor.

Diese Disziplinierung ist sehr wichtig, da die Welpen auf diese Weise lernen, Konflikte auf natürlichem Weg zu lösen und alternative Futterquellen zu suchen. Beide Erfahrungen, die Fähigkeit, Konfliktstrategien zu entwickeln und mit Enttäuschungen umzugehen, sind praktische Lebenshilfe im besten Sinne. Welpen, die mit der Flasche aufgezogen oder zu früh von der Mutter getrennt wurden, kommen später oftmals nicht so gut zurecht, weil ihnen dieses Erlebnis fehlt.

Nahrung für Welpen

✦ Züchter haben meistens ihren eigenen Zeitplan, doch werden Welpen in der Regel erst nach der vierten Lebenswoche entwöhnt.

✦ Gute Welpenvollnahrung ist überall erhältlich und leicht verdaulich. Sie muß sehr nahrhaft sein, weil die Kleinen in diesem Stadium unglaublich schnell wachsen. Da Welpenvollnahrung alle für eine gesunde Ernährung erforderlichen Bestandteile enthält, ist ein Zusatzfutter nicht notwendig.

✦ Das Futter wird in warmem Wasser eingeweicht und gut verrührt, da der Brei die richtige Konsistenz haben muß, damit die Welpen ihn leicht aufschlecken können. Die Kleinen animiert man zum Fressen, indem man sie etwas Brei vom Finger schlecken läßt. Nach etwa 15 Minuten entfernt man die Mahlzeit wieder.

✦ Haben sich die Welpen an das Futter gewöhnt, reduziert man den Wasseranteil, damit der Brei etwas fester wird.

✦ Während der gesamten Wachstumsphase bietet man neben dem Welpenfutter auch etwas Trockenfutter an.

✦ Die Menge hängt von der Größe des Wurfs und von der Rasse ab.

✦ Welpen brauchen keine zusätzliche Milch. Der Konsum von Milch kann zu Verdauungsstörungen und Durchfall führen, da Welpen unmittelbar nach der Entwöhnung den Milchzucker nicht mehr verdauen können.

HUNDE IN AKTION

Hunde gibt es in unendlich vielen verschiedenen Größen und Formen. Ihr charakteristischer Körperbau, ihre hochsensiblen Sinne und ihr loyaler Charakter befähigen sie zu atemberaubenden Leistungen. Sprichwörtlich sind die Disziplin des Deutschen Schäferhundes, der Jagdinstinkt und die Zielstrebigkeit des Fox-

terriers, die anmutige Schnelligkeit des Greyhounds oder die kapriziöse Intelligenz des Pudels. Ob sie einen Ball aus der Luft fangen, einen Geschicklichkeitslehrgang bestehen, sich Hals über Kopf in die Arbeit stürzen oder einfach nur über ein Feld laufen – Hunde in Aktion sind immer ein faszinierender Anblick.

„Ich werde ein Hund genannt,
weil ich diejenigen umschwänzele,
die mir alles geben, diejenigen verbelle,
die es mir verweigern, und meine
Zähne in Schurken schlage."

DIOGENES

„Der Kampf um die Führung ... lag in seiner Natur, denn ein namenloser, unfaßbarer Stolz der Fährte und der Spur erfaßte ihn – jener Stolz, der Hunde ... dazu verführt, voll Freude im Geschirr zu sterben, und der ihnen das Herz bricht, wenn sie zurückgelassen werden ..."

JACK LONDON

„... Kein Wort, kein Handschlag waren zu Gebote
dem Glauben je wie diese gute Pfote. ...
Nie hat der Hund die Ansicht uns verhehlt.
Er zeigt sich eifrig, hat er was verfehlt.
Was er verfehlt hat,tat ihm ehrlich leid.
Wedelnd bewährt sich Ehrenhaftigkeit. ...“

Karl Kraus

„ ... Fröhlich, fröhlich, fröhlich
wie die Hunde glücklich sein können,
einfach so, mit der Unumschränktheit
unverschämter Natur.
Kein Adieu für meinen Hund,
der gestorben ist.
Zwischen uns gibt es und gab´s keine Lüge. ...“

Pablo Neruda

„Wundern darf es mich nicht,
daß manche die Hunde
verläumden.
Denn es beschämet zu oft leider
den Menschen der Hund.“

Arthur Schopenhauer

„Die Monate vergingen, und das Bündnis zwischen Hund und Mensch wurde immer enger. Es war das uralte Bündnis, das der erste Wolf, der aus der Wildnis kam, mit dem Menschen einging. Wie alle späteren Wölfe und wilden Hunde, die sich auf das gleiche Wagnis einließen, schloß auch White Fang dieses Bündnis aus freiem Willen ... Seine Treue zu Menschen ist größer als seine Freiheitsliebe und das Gesetz seiner Sippe."

JACK LONDON

Teil 4

Rassen

Obwohl die Eigenschaften der Hunde größtenteils genetisch bedingt sind und die Welpen eines Wurfes mitunter deutliche Unterschiede aufweisen können, sind Größe, Form und Farbe eines Rassehundes fast ausschließlich das Ergebnis künstlicher Züchtung und Selektion.

Hundevereine in der ganzen Welt registrieren die einzelnen Rassen und führen Buch über die Geburt reinrassiger Welpen. Der „American Kennel Club", die weltweit größte kynologische Organisation, erkennt etwa 140 Rassen an. Der „Verband für das Deutsche Hundewesen e. V." (VDH) ist einem europäischen Dachverband angeschlossen, der „Fédération Cynologique International" (FCI) mit mehr als 70 eingetragenen Mitgliedsländern und über 340 registrierten Rassen.

Die einzelnen Rassen wurden entsprechend ihrer verwandtschaftlichen Beziehungen und ihrer einstigen Funktionen in sechs verschiedene Gruppen eingeteilt: Lauf-, und Windhunde, Jagdhunde, Terrier, Nutz- und Begleithunde sowie Arbeits- und Zwerghunde.

Lauf- & Windhunde

Geschichtliche Aspekte ✦ Merkmale ✦ Lauf- und Windhunde als Haustiere

Lauf- und Windhunde gehören zu den ältesten Hunderassen. Der Greyhound ist nachweislich der erste Jagdhund, über den es historische Aufzeichnungen gibt.

Geschichte der Laufhunde

Die ersten in Europa bekannten Jagdhunde zogen mit den Kelten über den Kontinent und lebten bei ihnen, wo immer diese sich niederließen.

Ein Urahne der Laufhunde ist der St.-Hubertus-Hund aus dem 6. Jahrhundert. Diese Rasse wurde von belgischen Mönchen gezüchtet. Sie hatten das Tier nach dem Heiden Hubert benannt, der, nachdem ihm ein Hirsch mit einem Kreuz auf dem Geweih erschienen war, zum christlichen Glauben übertrat. Der Bloodhound ist ein unmittelbarer Nachkomme des St.-Hubertus-Hund.

Über die Jahrhunderte entwickelte jedes Land seine eigenen Laufhundtypen. Da die Jagd eine der beliebtesten Freizeitbeschäftigungen der französischen Aristokratie war, wurde ein entsprechend großes Augenmerk auf die Hundezucht gelegt. Mit dem Nieder-

Unten: In Finnland ist der Finnenspitz nicht nur als beliebter Jagdbegleiter, sondern auch als Wachhund geschätzt.

Oben: Lieber allein als in der Meute jagt der Hamiltonstovare.

Links: Der Pharao Hound ist ein ausgezeichneter Jagdhund.

gang des Adels nach der Französischen Revolution starben auch viele Laufhunde wie etwa der Devon Staghound oder der Welsh Hound aus. Noch heute erfreut sich eine große Anzahl von Rassen, wie der Basset Griffon Vendeén, großer Beliebtheit.

Charakteristika

Laufhunde zeichnen sich durch zwei Eigenschaften aus: einen gutbemuskelten Körperbau und einen ausgezeichneten Geruchssinn. Daher werden sie auch, je nachdem, wie sie ihre Beute stellen, in zwei Gruppen unterteilt: Laufhunde und Windhunde. Die Laufhunde sind im Gegensatz zu den meisten Windhunden nicht aufgrund ihrer großartigen Sprintfähigkeit berühmt, sondern wegen der nahezu unglaublichen Ausdauer, mit der sie ihre Beute verfolgen.

Windhunde (Sichthetzer)

Im Nahen Osten wurden bereits um 6000 v. Chr. hochgewachsene, athletische Tiere mit langen, muskulösen Körpern gezüchtet, die typische Sichthetzer waren. Auf ausgegrabenen Tonscherben sind von Persern und Assyrern windhundähnliche Tiere bei der Gazellenjagd dargestellt worden. Zu den Nachkommen dieser auf Sicht jagenden Hunde zählen Rassen wie Greyhound, Afghane oder Saluki. Diese rasanten Kurzstreckenläufer verlassen sich bei der Jagd weniger auf ihren Geruchssinn als viel mehr auf ihre Augen.

Da diese Hunde in trockenen und heißen Regionen jagten, wo die Vegetation eher spärlich war, prägte sich auch der Geruchssinn nicht so stark aus wie die Fähigkeit, auf große Entfernungen zu sehen. Im Laufe der Zeit wurden die Sichthetzer dann selektiv auf Schnelligkeit zur Jagd auf Antilopen und Gazellen gezüchtet.

Anders als die Laufhunde, die ihre Beute durch eine lange, ausdauernde Jagd ermüden, müssen die Windhunde ihre Opfer schnell erreichen. Sie zeichnen sich durch lange Läufe, muskulöse Lenden und einen schlanken, geschmeidigen Körper aus. Ihre tiefe Brust bietet ausreichend Platz für eine große Lunge.

Bei den Hunderennen wurden die Windhunde schon bald bevorzugt eingesetzt, da sie bedeutend schneller als andere Hunde sind.

Laufhunde (Bracken)

Erst viele Jahrhunderte später wurden in Europa Hunde gezüchtet, die das Wild mit ihrem hervorragenden Geruchssinn am Boden aufspürten. Ursprünglich für die Jagd auf Wölfe und Wildschweine gezüchtet, glänzten die Laufhunde nicht durch Schnelligkeit, sondern durch ihre enorme Ausdauer, mit der sie ihre Beute stellten. Charakteristische Merkmale dieser Rassen sind die kräftigen, stämmigen Läufe, der langgezogene Kopf, die meist sehr langen, hängenden Ohren und der extrem gute Spürsinn.

Einige Laufhunde töten ihre Beute, andere wiederum stellen das erschöpfte Tier so lange, bis der Jäger eintrifft. Rassen wie der kurzbeinige Basset wurden gezüchtet, damit die Jäger zu Fuß besser Schritt halten konnten. Den kurzbeinigen Dachshund setzte man vor allem auch in der Baujagd ein.

Laufhunde zu Hause

Die meisten Laufhunde (Bracken) wurden gezüchtet, um in der Meute zu jagen. Innerhalb dieser großen Gruppen besteht eine sehr strenge Rangordnung. Wenn Laufhunde im Park eine Fährte aufnehmen, verfolgen sie diese mit großer Entschlossenheit. Daher ist es äußert wichtig, daß man den Vierbeiner bereits frühzeitig darauf abrichtet, auf das Zurufen des Besitzers sofort zu reagieren (siehe Seite 86).

Da Windhunde nicht in der Meute jagen, neigen sie eher zu Eigenwilligkeiten. Sie müßen sich nicht, wie die Bracken, in eine Hundemeute integrieren. Allerdings können beide Hundetypen sehr zielstrebig und eigenmächtig etwas verfolgen. Deshalb ist es auch hier angeraten, rechtzeitig dafür zu sorgen, daß der Hund gut folgt.

Afghanischer Windhund

Das elegante und zugleich sehr ausdauernde Tier wird schon seit Jahrhunderten in Afghanistan zur Jagd verwendet. Es entwickelte sein langes Fell zum Schutz gegen die bittere Kälte im Hochgebirge seines Heimatlands.

Charakter

Majestätisch und unnahbar wirkt der Afghanische Windhund. Bei näherer Bekanntschaft erweist er sich jedoch als ein liebenswürdiges und temperamentvolles Tier, das ein großes Maß an Pflege und Zuwendung braucht. Die intelligenten Hunde sind schwierig auszubilden, reagieren aber gut auf modernes Motivationstraining.

Erscheinungsbild

Sein langes, seidiges Fell macht ihn zu einem beliebten Ausstellungshund, erfordert jedoch tägliche Pflege. Auch wenn weiße Flecken unerwünscht sind, werden von den Hundevereinen grundsätzlich alle Farben akzeptiert. Die mandelförmigen Augen erwecken einen orientalischen Eindruck. Lange Haare bedecken die tief angesetzten Ohren, die im übrigen Fell fast verschwinden, und schmücken auch Vorder- und Hinterläufe. Die lange, schlanke Rute endet in einem Ringel. Aus einem muskulösen Körper wächst der hoch getragene Hals. Der Rücken bleibt bis zu den kräftigen Hinterläufen gerade.

Merkmale

Lebenserwartung: 11–12 Jahre
Auslauf: einige Kilometer täglich
Fellpflege: sehr anspruchsvoll
Gesundheitliche Probleme: nicht bekannt
Grösse: 63–74 cm
Sonstiges: bellt gern
Von der FCI anerkannt: ja

Merkmale

Lebenserwartung: 10 Jahre
Auslauf: sehr viel
Fellpflege: anspruchsvoll
Gesundheitliche Probleme: nicht bekannt
Grösse: 70–82 cm
Sonstiges: ziemlich ruhig
Von der FCI anerkannt: ja

Barsoi

Einst der Wolfsjäger russischer Zaren und Aristokraten, hat sich der große, schlanke Barsoi seine herrschaftliche Vornehmheit bis heute bewahrt. Sein Name stammt vom russischen Wort „borzoi" („flink").

Charakter

Ein anmutiger Hund mit stolz gehaltenem Kopf und langer Schnauze, bekannt für seine Schnelligkeit und seine Gewandtheit. Barsois brauchen viel Platz und ausgiebigen Auslauf. Vom Wesen her eher reserviert und sanft, können sie sich zuweilen auch als recht dickköpfig erweisen. Gleichwohl sind sie anhänglich und kommen gut mit Kindern aus, sofern diese ein wenig Rücksicht nehmen.

Erscheinungsbild

Aufgrund seines glatten, welligen Fells benötigt der Barsoi regelmäßige Pflege. In den meisten Fällen sind die Tiere weiß mit dunklen Stellen, doch kommen auch andere Farben vor. Sein volles Aussehen verdankt der schlanke Körper dem lockigen Kragen, der sich um den Nacken legt. Barsois haben dunkle Augen und spitz zulaufende Ohren, die hoch angesetzt sind und nach hinten zeigen. Die Rute ist anmutig und gefedert. Im leichten Bogen verläuft der knochige Rücken. Die Brust ist tief, die Schenkel sind kräftig, die Läufe gerade und parallel geformt.

Greyhound & Saluki

Beide Rassen dienten von jeher zur Jagd und haben ihren Ursprung im Nahen Osten. Auf hohe Geschwindigkeit gezüchtet, können sie bis zu 70 Stundenkilometer erreichen. Hunde ähnlichen Aussehens finden sich schon auf ägyptischen Wandmalereien.

Charakter
Greyhound und Saluki werden wegen ihrer Schnelligkeit und ihres liebenswürdigen Charakters geschätzt. Beide Rassen sind ruhig, freundlich und treu, Fremden gegenüber verhalten sie sich zurückhaltend. Besonders die einfühlsamen Greyhounds sind wundervolle Familienhunde, der extrem loyale Saluki braucht jedoch wegen seiner stärker ausgeprägten Jagdinstinkte eine feste Hand. Beide Rassen benötigen reichlich Auslauf in freiem Gelände.

Erscheinungsbild
Die Farbvariationen reichen von Schwarz, Weiß und Beige bis hin zu Rehbraun mit weißen Flecken. Einige Tiere sind gestromt. Das feine, kurze Fell des Greyhounds ist genauso leicht zu pflegen wie das des Salukis, der jedoch sanft gekämmt werden muß, damit die zarten Haare nicht abbrechen. Der Greyhound hat kleine, gefaltete Ohren, die des Salukis sind lang und seidig. Beide Ruten sind lang und geschwungen, beim Saluki darüber hinaus gefedert.

Saluki

Merkmale
LEBENSERWARTUNG: *Saluki:* 12 Jahre; *Greyhound:* 10 Jahre
AUSLAUF: *Saluki:* einige Kilometer täglich; *Greyhound:* viel
FELLPFLEGE: anspruchslos
GESUNDHEITLICHE PROBLEME: *Saluki:* Krebs, Augen, Leukose
GRÖSSE: *Saluki:* 55–71 cm; *Greyhound:* 69–76 cm
SONSTIGES: ziemlich ruhig
VON DER FCI ANERKANNT: ja

Whippet

Als Nachkomme des Greyhounds wurde der Whippet ursprünglich für Rennen und zur Kaninchenjagd in Nordengland verwendet.

Charakter
Die feingliedrige Erscheinung des Whippets täuscht. Für einen so kleinen Hund kann er ein bemerkenswert hohes Tempo erreichen. Dank seiner gutmütigen Art ist der reinliche Whippet ein hervorragender Familienhund, der sogar die Hauskatze toleriert; lebhafte Kinder können allerdings nervöse Reaktionen auslösen. Als Jäger zeigt er sich mutig und kraftvoll. Aber er ist auch zufrieden, wenn man ihn ihm Haus hält, sofern man ihm ausgiebigen Auslauf gewährt.

Erscheinungsbild
Diese extrem schlanke Rasse zeichnet sich durch eine tiefe Brust und ein sehr kurzes, feines Fell aus, das leicht durch Bürsten sauberzuhalten ist. Es treten alle Farben und Mischfarben von Rehbraun bis Schwarz auf, normalerweise durch weiße Flecken unterbrochen und immer wieder auch gestromt. Die lange Rute läuft in einer sanften Kurve spitz aus. Sehr sauber sind die dickballigen Füße. Aufmerksam blicken die oval geformten Augen. Die kleinen, rosenförmigen Ohren sind weit hinten angesetzt.

Merkmale
LEBENSERWARTUNG: 14 Jahre
AUSLAUF: viel
FELLPFLEGE: anspruchslos
GESUNDHEITLICHE PROBLEME: nicht bekannt
GRÖSSE: 44–47 cm
SONSTIGES: ziemlich ruhig
VON DER FCI ANERKANNT: ja

Pharaoh Hound & Podenco Ibicenco

Der Pharaoh Hound stammt wahrscheinlich von Hunden ab, deren Abbildungen man in zahlreichen ägyptischen Gräbern gefunden hat. Der Podenco Ibicenco ist dem Pharaoh Hound sehr ähnlich. Er wurde vor Tausenden von Jahren von Ägypten auf die Mittelmeerinsel Ibiza gebracht und dort als Jagdhund eingesetzt.

Charakter

Beide Rassen sind lebhaft sowie aufmerksam und haben sich starke Jagdinstinkte bewahrt. Der Pharaoh Hound ist anhänglich und genießt ausgiebiges Spielen. Der Podenco Ibicenco kann Fremden gegenüber sehr zurückhaltend sein, ist jedoch loyal und selten aggressiv.

Erscheinungsbild

Das Fell des Pharaoh Hound ist kurz, seidig und glatt, das Fell des Podenco Ibicenco kann glatt oder rauh sein. Beide Rassen haben ovale Augen und große, abstehende Ohren. Die spitz zulaufende Rute des Pharaoh Hound darf nicht zwischen die Beine eingezogen werden. Die Pfoten sind rund und kompakt. Die Rute des Podenco Ibicenco ist lang und tief angesetzt; sie kann auch hoch getragen werden, darf sich aber nicht kringeln. Die Pfoten haben dicke Ballen und gebogene Zehen. Der geschmeidige Körper beider Rassen zeichnet sich durch eine fast gerade Linie aus.

Pharaoh Hound

Merkmale

LEBENSERWARTUNG: 15 Jahre
AUSLAUF: viel
FELLPFLEGE: anspruchslos
GESUNDHEITLICHE PROBLEME: nicht bekannt
GRÖSSE: *Pharaoh Hound:* 53–63 cm; *Podenco Ibicenco:* 56–74 cm
SONSTIGES: ziemlich ruhig
VON DER FCI ANERKANNT: ja

Dachshund

Der Dachshund oder Dackel wurde einst für das Aufstöbern von Dachsen in ihren Bauten gezüchtet. Es gibt sechs verschieden Typen: Standard- und Zwergdackel mit kurzem, langem oder rauhem Fell.

Charakter

Alle Dackel sind mutig, intelligent sowie temperamentvoll und haben eine starke Persönlichkeit. Da der relativ lange Rücken zu Rückenleiden führen kann, sollte man Übergewicht und Bewegungen, wie sie beim Treppensteigen auftreten, vermeiden. Dachshunde sind bei Kindern sehr beliebt und ausgezeichnete Familienhunde. Langhaardackel neigen eher zur Unabhängigkeit als Rauh- und Glatthaardackel, die sehr anhänglich sind.

Erscheinungsbild

Der Glatthaardackel hat ein dichtes, kurzes und weiches Fell, während das Fell des Langhaardackels weich, lang und gerade, manchmal auch gewellt ist. Der Rauhhaardackel hat ein kurzes und rauhes Fell mit einer dichten Unterwolle. Die Augen sind mandelförmig, die Ohren lang, breit und nicht zu weit vorn angesetzt. Die Hinterläufe sollten kleiner sein und enger zusammenstehen als die Vorderläufe. Die Rute ist leicht gebogen, der Körper lang und muskulös mit geradem Rücken.

Merkmale

LEBENSERWARTUNG: 12–14 Jahre
AUSLAUF: viel
FELLPFLEGE: *Glatthaar- und Rauhhaardackel:* anspruchslos; *Langhaardackel:* anspruchsvoll
GESUNDHEITLICHE PROBLEME: Augen, Bandscheibenvorfall, Wirbelsäulenverkalkung, Übergewicht, Zahnsteinbildung
GRÖSSE: *Zwergdackel:* 18–20 cm; *Standard:* 23–27 cm
SONSTIGES: bellt sehr gerne
VON DER FCI ANERKANNT: ja

Irischer Wolfshund

Der Irische Wolfshund wurde vom Adel für die Jagd auf Wölfe bevorzugt. Bis weit ins 17. Jahrhundert hinein bekannt, ging die Anzahl der Hunde später stark zurück. Gegenwärtig erlebt die zur Gattung der Windhunde zählende Rasse eine Renaissance.

Charakter
Die sanften und umgänglichen Hunde eignen sich hervorragend für Familien mit Kindern. Sie sind einfach auszubilden, brauchen jedoch sehr viel Platz und noch mehr Bewegung (regelmäßige Läufe neben dem Fahrrad oder dem Pferd). Obwohl der Irische Wolfshund leicht einzugewöhnen ist, hat er sich einen ausgeprägten Jagdinstinkt und eine gewisse Eigenwilligkeit bewahrt.

Erscheinungsbild
Das Fell ist rauh und drahtig und hängt lang über Augen und Schnauze. Die dunklen, ovalen Augen haben schwarze Augenlider, die Ohren sind klein, samtig, flach anliegend und dürfen nicht zu sehr ins Gesicht hängen. Die lange Rute ist leicht gebogen und wird tief getragen. An den großen, runden Pfoten sitzen deutlich gebogene, engstehende Zehen. Der Rücken ist mäßig lang, die Brust tief und kräftig, die Lenden gewölbt. Die Körperlänge resultiert vor allem aus der Größe des Brustkorbs.

Merkmale
LEBENSERWARTUNG: 7 Jahre
AUSLAUF: sehr viel
FELLPFLEGE: anspruchslos
GESUNDHEITLICHE PROBLEME: Augen, Herz, Leber- und Knochenkrebs, Magendrehung, Kalkgichtknoten
GRÖSSE: 71–86 cm
SONSTIGES: ziemlich ruhig
VON DER FCI ANERKANNT: ja

Merkmale
LEBENSERWARTUNG: 12 Jahre
AUSLAUF: sehr viel
FELLPFLEGE: anspruchslos
GESUNDHEITLICHE PROBLEME: nicht bekannt
GRÖSSE: 71–76 cm
SONSTIGES: ziemlich ruhig
VON DER FCI ANERKANNT: ja

Deerhound

Der traditionsreiche Deerhound oder Schottische Windhund wurde früher im Schottischen Hochland als Jagdhund eingesetzt; viele Zeichnungen zeigen diese hübsche Rasse schlafend zu Füßen ihrer adligen Herren. Dank des Engagements einiger Züchter existiert dieser Hundearistokrat noch heute.

Charakter
Der Deerhound ist stark genug, einen Hirsch zu erlegen, aber auch zahm und sanft genug, um ein guter Haushund zu sein. Reichlich Auslauf ist genauso wichtig wie eine intensive Beaufsichtigung bei der Anwesenheit von Vieh. Obwohl sanft, liebenswürdig und anhänglich, zeigt er hin und wieder einige charakterliche Schwächen.

Erscheinungsbild
Das Fell fühlt sich leicht zottelig und rauh an. Die Augen sind dunkel mit schwarzen Rändern, die weichen, glänzenden Ohren seitlich angesetzt und sowohl angelegt wie aufgestellt gefaltet. Die lange Rute läuft spitz zu und reicht fast bis zum Boden; bewegt sich der Hund, wird sie gebogen getragen. Die Pfoten sind kompakt, die Knöchel gut ausgebildet. Die Brust ist tief angesetzt, die sanft geschwungenen Lenden laufen zur Rute hin aus.

Basset Hound & Petit Basset Griffon Vendéen (PBGV)

Der Basset stammt ursprünglich aus Frankreich, wurde später aber von den Briten verändert und mit kurzen Beinen gezüchtet. Einige Fachleute vermuten, daß der Petit Basset Griffon Vendéen eine Kreuzung des Bassets mit einem inzwischen ausgestorbenen Biberhund ist.

Basset Hound

Charakter

Auch wenn er kummervoll aussieht, ist der Basset ein fröhlicher, kontaktfreudiger Hund und ein anhänglicher Weggefährte. Ein wenig Bewegung – und ein eigener Garten – tun ihm gut, da er zu Übergewicht neigt.

Erscheinungsbild

Das kurze, glatte Fell des Bassets variiert farblich zwischen Schwarz, Hellbraun, Gelbtönen und Weiß. Der PBGV hat ein rauhes Fell, das weiß mit gelblichen oder orangen Tönen, aber auch grau gefleckt sein kann. Kaum sichtbar ist die Rötung am unteren Augenlid des Bassets. Seine langen Ohren sind tief angesetzt. Der PBGV hat große, dunkle Augen, seine Ohren sollten die Nasenspitze erreichen können. Hoch aufgerichtet trägt der Basset seine lange Rute, seine Pfoten sind groß, die Zehen kräftig. An einen Säbel erinnert die Rute des PBGV. Der Basset hat einen langen Körper und einen breiten Rücken, der PBGV eine tiefangesetzte Brust und einen mittellangen Rücken.

Merkmale

LEBENSERWARTUNG: *Basset:* 12 Jahre; *PBGV:* 15 Jahre
AUSLAUF: *Basset:* wenig; *PBGV:* sehr viel
FELLPFLEGE: anspruchslos
GESUNDHEITLICHE PROBLEME: Augen
GRÖSSE: *Basset:* 33–38 cm; *PBVG:* 38–42 cm
SONSTIGES: *Basset:* bellt gern; *PBGV:* ziemlich ruhig
VON DER FCI ANERKANNT: ja

Beagle

Man nimmt an, daß die Rasse bereits im antiken Griechenland existierte. Der heutige Beagle ist größer als seine mittelalterlichen Vorfahren. Die inzwischen ausgestorbenen Pocket-Beagles wurden von den Jägern in ihren Mantel- oder Satteltaschen transportiert.

Charakter

Lebendig und begeisterungsfähig im Wesen, ist der Beagle ein stämmiger und mutiger Hund, der ausgelassenes Spielen liebt. Allerdings sollte ihm sein Besitzer schon frühzeitig und mit Nachdruck beibringen, seinem Ruf zu folgen, denn die Jagdinstinkte des Tiers sind recht stark ausgeprägt. Selbst lebhafte Kinder bringen den friedfertigen Hund nicht aus der Ruhe.

Erscheinungsbild

Der Hund braucht nur wenig Pflege, sein Fell ist kurz, dicht und wetterfest. Alle für Jagdhunde zugelassenen Farben sind möglich. Seine dunkelbraunen Augen stehen weit auseinander. Bis zur Nasenspitze reichen die langen, flachen Ohren. Deutlich gebogene Zehen sitzen an runden Pfoten mit dicken Ballen. Die kräftige Rute ist nach oben gebogen, aber nie über den Rücken gerichtet. Der kompakte Körper ist ausgeglichen und geschmeidig und macht einen gelenkigen und kräftigen Eindruck.

Merkmale

LEBENSERWARTUNG: 12 Jahre
AUSLAUF: wenig
FELLPFLEGE: anspruchslos
GESUNDHEITLICHE PROBLEME: Augen, Bandscheibenvorfall, Bluterkrankheit, Herzmißbildung, Stoffwechselkrankheiten
GRÖSSE: 33–41 cm
SONSTIGES: bellt gern
VON DER FCI ANERKANNT: ja

American & English Foxhound & Harrier

Die Wurzeln des English Foxhound lassen sich bis tief ins 13. Jahrhundert zurückverfolgen, als die ersten Fuchsjagden veranstaltet wurden. Beim Harrier handelt es sich um einen kleineren Verwandten, der American Foxhound ist etwas größer, leichter und schneller als sein englisches Pendant. Alle Foxhounds sind gute Jagdhunde und haben ihren typischen Spurlaut.

Charakter
Für das Leben in der Stadt oder als Familienhund sind diese drei Rassen nicht geeignet. Lebhaft, eigensinnig und unbekümmert, gelegentlich unfolgsam, wenn auch selten aggressiv, brauchen sie eine gute Ausbildung und eine strenge Hand. Richtig wohl fühlen sich die Energiebündel nur in der Meute und bei der Jagd.

Erscheinungsbild
Dreifarbige Hunde mit vorwiegend weißen Flecken sind vorherrschend. Ihr Fell ist kurz, dicht und fest, die Augen sind mittelgroß und braun. Leben Englische Foxhounds in der Meute, werden manchmal die Ohrspitzen entfernt, um Rißverletzungen zu vermeiden. Die Rute ist lang, die Pfoten sind rund und fest. Breit und symmetrisch ist die Gestalt der Brust. Der Amerikanische Foxhound hat längere Beine und ist feingliedriger gebaut.

English Foxhound

Merkmale
LEBENSERWARTUNG: 12 Jahre
AUSLAUF: einige Kilometer täglich
FELLPFLEGE: anspruchslos
GESUNDHEITLICHE PROBLEME: nicht bekannt
GRÖSSE: *American Foxhound:* 53–64 cm;
English Foxhound: 53–59 cm;
Harrier: 46–55 cm
SONSTIGES: bellen sehr viel
VON DER FCI ANERKANNT: ja

Bloodhound & Coonhound

Bloodhound

Merkmale
LEBENSERWARTUNG: 10 Jahre
AUSLAUF: einige Kilometer täglich
FELLPFLEGE: anspruchslos
GESUNDHEITLICHE PROBLEME: *Bloodhound:* Augenentzündungen, Magendrehung;
Black-and-tan-Coonhound: Hüftgelenksdysplasie;
English Coonhound: verletzungsanfällige Behänge
GRÖSSE: *Bloodhound:* 58–69 cm; *Coonhound:* 51–69 cm
SONSTIGES: bellen gern
VON DER FCI ANERKANNT: ja

Der Bloodhound oder Bluthund wurde im Jahre 1066 von den Normannen nach England gebracht und war schon bald für seine Spürnase berühmt; der Coonhound wurde in Nordamerika für die (Wasch-)Bärenjagd gezüchtet.

Charakter
Der Bloodhound ist sanft, anhänglich und auf menschliche Gesellschaft angewiesen. Beide Rassen brauchen sehr viel Auslauf und sind nicht für das Leben in der Stadt geeignet. Haben sie Witterung aufgenommen, ist es schwer, sie zurückzuhalten. Die meisten Coonhounds sind ausgeglichen, allerdings können die English und die Wainer Coonhounds mitunter extrem nervös sein.

Erscheinungsbild
Beide Rassen haben kurzes, dichtes Fell. Die Augen des Bloodhound sind dunkel und mittelgroß, die des Coonhound haselnuß- bis dunkelbraun. Die langen, hängenden Ohren sind tief angesetzt. Die Rute des Bloodhound ist lang und kräftig, die Pfoten sind rund und kompakt und besitzen gutausgebildete Knöchel. Beim Coonhound ist die Rute kurz unterhalb der Körperlinie angesetzt, die Pfoten sind kompakt. Beide Rassen haben kräftige, muskulöse Körper mit gutgewölbten Rippen. Der Brustkorb des Bloodhound liegt tief zwischen den Vorderbeinen.

Basenji

Diese Tiere kommen ursprünglich aus Afrika, wo man sie immer noch bei der Jagd einsetzt. Sie sind dafür bekannt, daß sie nicht bellen, sondern einen eigenartigen Laut hervorbringen, der eher einem Jodeln gleicht.

Charakter
Der Basenji ist ein sehr reinliches Tier, das sich wie eine Katze mit Zunge und Pfote putzt. Hündinnen werden nur einmal im Jahr läufig. Es handelt sich um einen muskulösen, agilen und heiteren Hund. Allerdings benötigt er sehr viel Auslauf. Er eignet sich gut als Haushund, solange man sich eingehend mit ihm beschäftigt. Ist er jedoch gelangweilt, neigt er zu Zerstörungswut.

Erscheinungsbild
Sein kurzes, glattes Fell trägt der Basenji in den Farben Schwarz, Hellbraun oder Rot. Füße, Brust und Schwanzspitze sind immer weiß gefleckt. Er hat dunkle, mandelförmige Augen. Wenn er die Ohren aufstellt, bilden sich Stirnfalten. Die Ohren sind spitz, aufrecht und nach vorn gerichtet. Außergewöhnlich ist der Schwanz, der hoch angesetzt ist und sich dicht über der Wirbelsäule ringelt. Die kleinen Füße sind kompakt, der Rücken ist kurz und gerade. Die Lende setzt sich taillenförmig ab. Er trägt seinen Kopf hoch und hat einen schwingenden Gang.

Merkmale
LEBENSERWARTUNG: 12 Jahre
AUSLAUF: sehr viel
FELLPFLEGE: anspruchslos
GESUNDHEITLICHE PROBLEME: Augen
GRÖSSE: 40–43 cm
SONSTIGES: ziemlich ruhig
VON DER FCI ANERKANNT: ja

Otterhund

Als eine der ersten verzeichneten englischen Züchtungen entstand der Otterhund. Er sollte als Meutehund dem Otter durchs Wasser und über Stock und Stein folgen.

Charakter
Als liebenswerter, aber zotteliger und rauher Hund ist er wohl nicht gerade der Stolz der peniblen Hausfrau. Sein Eigensinn und sein ungestümes Wesen müssen mit fester Hand gezügelt werden. Außerdem schlägt er gern an. Hat er ausreichend Auslauf und viel Beschäftigung, wird er sich zu Hause ruhig verhalten. Artgenossen gegenüber übt er Toleranz. Bei Erwachsenen und besonders bei Kindern zeigt er sich sehr sanft und freundlich.

Erscheinungsbild
Der Otterhund hat ein langes, rauhes Fell mit einem wasserabweisenden Unterfell. Zu den zugelassenen Farbvarietäten gehören Goldgelb, Sandfarben, Rötlich, Grau oder Bläulich. Die Augen sind hell, tief angesetzt und von unterschiedlicher Farbe, die langen, herabhängenden Ohren etwas nach innen gekehrt. In der Bewegung trägt er seine dicke Rute aufgerichtet, aber nie über dem Rücken. Die Pfoten sind rund und groß. Schwimmhäute verbinden die einzelnen Zehen miteinander. Er hat einen schweren Körper, einen breiten Rücken und eine tiefe Brust.

Merkmale
LEBENSERWARTUNG: 10–11 Jahre
AUSLAUF: einige Kilometer täglich
FELLPFLEGE: anspruchsvoll
GESUNDHEITLICHE PROBLEME: Hüfterkrankungen
GRÖSSE: 60–67 cm
SONSTIGES: bellt sehr gern
VON DER FCI ANERKANNT: ja

Rhodesian Ridgeback

Dieser für die Jagd gezüchtete südafrikanische Hund ist so ausdauernd, daß er auch zum Hetzen und Stellen von Löwen verwendet wird. Heute ist er ein guter Wachhund, der seinen Namen wegen des Kamms („ridgeback“) entlang der Wirbelsäule trägt.

Charakter

Diese Rasse ist groß und kräftig. Sorgfältig erzogen ist der Ridgeback ein ausgezeichneter Familienhund, der sich im Haus sehr ruhig und friedlich benimmt. Allerdings ist er nicht sehr freundlich zu Fremden und kann, wird er herausgefordert, auch ein zäher Kämpfer sein.

Erscheinungsbild

Den ausgeprägten Kamm auf seinem Rücken verdankt der Hund einem Streifen entgegengesetzt wachsender Haare, die oben in zwei Wirbeln zusammen- und hinten keilförmig auseinanderlaufen. Sein kurzes Fell ist leicht zu pflegen. Farblich variiert es zwischen Hellrot und Goldgelb. Oft dunkler als das übrige Fell sind die weichen und runden Ohren. Seine lebendigen, intelligenten Augen liegen weit auseinander. In einer leicht ansteigenden Kurve verläuft die lange Rute. Die Pfoten sind rund, die Ballen hart und für steinigen Boden geeignet. Seine tiefe Brust und sein kräftiger Rücken lassen ihn muskulös aussehen.

Merkmale

Lebenserwartung: 12 Jahre
Auslauf: sehr viel
Fellpflege: anspruchslos
Gesundheitliche Probleme: Dermoid Sinus
Grösse: 61–66 cm
Sonstiges: ziemlich ruhig
Von der FCI anerkannt: ja

Elchhund

Der Elchhund hat uralte norwegische Vorfahren. Einst Wachhund und Elchjäger der Wikinger, eignet er sich dank seiner lauten, durchdringenden Stimme noch immer gut dazu, das Haus zu hüten.

Charakter

Ein eigenständiger, mutiger Hund, der immer noch einen ausgeprägten Jagdinstinkt hat. Deshalb wird er auch nur in einer Familie glücklich, die ihm viel Auslauf und Beschäftigung verschafft. Er ist wachsam und leicht auszubilden. Bei Gehorsamkeits- und Geschicklichkeitsprüfungen erzielt er gute Erfolge. Das Tier ist als umgänglicher Familienhund bekannt.

Erscheinungsbild

Der Elchhund hat ein dickes, pflegeleichtes Fell. Die Unterwolle ist dicht und wasserabweisend. Darüber liegt ein glattes Haarkleid, das durch einen hellen Streifen geprägt ist, der von der Schulter bis zu den Ellbogen verläuft. Die Ohren sind klein und spitz zulaufend. Aufgerichtet sollten sie senkrecht stehen. Über dem Rücken kringelt sich sein kräftiger Schwanz. Die Pfoten sind kompakt und für gleichmäßiges, schnelles Traben geeignet. Er hat kräftige, gerade Läufe und einen kompakten Körperbau. Ebenfalls kräftig ist der gerade und flache Rücken.

Merkmale

Lebenserwartung: 12 Jahre
Auslauf: viel
Fellpflege: anspruchslos
Gesundheitliche Probleme: Augen
Grösse: 49–52 cm
Sonstiges: bellt gern
Von der FCI anerkannt: ja

Jagdhunde

Merkmale ✦ Vorsteh-, Stöber- und Apportierhunde ✦ Zuhause

Abgesehen von den Lauf- und Windhunden wurden weitere Jagdhunde gezüchtet, die die Aufgabe hatten, das Wild für den Jäger anzuzeigen (vorzustehen), aufzustöbern und zu apportieren.

Eigenschaften

Das wichtigste Merkmal der Jagdhunde ist ihr Riechvermögen. Schon früh wurden sie danach ausgewählt. Obwohl sie sehr unterschiedlich in ihrer Herkunft und ihrem Aussehen sind, teilte man die Jagdhunde nach gemeinsamen Eigenschaften in verschiedene Gruppen ein. Dabei kommt es sicherlich vor, daß manche Tiere mehrere Merkmale in sich vereinen. Die Aufgaben reichen von Vorstehen, über das Aufstöbern bis zum Apportieren. Der italienische Spinone und der Weimaraner sind gute Beispiele für die Vielseitigkeit eines ausgezeichneten Jagdhundes.

Heute sind folgende Typen anerkannt: Stöberhunde (v. a. Spaniels), Vorstehhunde (Pointer, Setter) sowie Apportierhunde (v. a. Retrieverrassen).

Spaniels

Zur größten Gruppe der Jagdhunde zählt die Familie der Spaniels. Diese mittelgroßen, intelligenten Hunde haben einen guten Geruchssinn und Hängeohren; Merkmale, die auf harte Arbeitsbedingungen hinweisen. Man nimmt an, daß der Spaniel aus Spanien stammt, weil das Wort „español" im Deutschen „Spanier" bedeutet.

Unten: Ein außerhalb Frankreichs wenig bekannter Vorstehhund ist der hübsche Braque d' Auvergne.

Links: Der Gordon Setter ist der größte und stärkste Vertreter der Setterrasse. Bei der Jagd geht er langsam und methodisch vor.

Vorstehhunde

Der bei kurzhaarigen Vorstehhunden wie den Pointern gut sichtbare athletische Körperbau weist darauf hin, daß dieser Hundetyp mit den Bracken verwandt ist. Im Gegensatz zu den Spaniels laufen sie dem Jäger weit voraus. Sobald sie das Wild aufgespürt haben, machen sie es nicht hoch, sondern bleiben mit waagrecht gehaltener Rute und angewinkelter Vorderpfote stehen. Auf diese Weise zeigen sie dem Jäger das Wild an (stehen vor), das er nun erlegen muß. Die Vorstehhunde werden vornehmlich bei der Jagd auf Flugwild eingesetzt.

Die Setter wurden bereits schon im 16. Jahrhundert für die Jagd verwendet. Auch sie harren, sobald sie das Wild gesichtet haben, so lange wie versteinert aus, bis der Jäger ihnen weitere Befehle erteilt. Die große Zeit der Vorstehhunde begann im 17. Jahrhundert, als das Schießen von Vögeln populär wurde.

Apportierhunde (Retriever)

Eine weitere Gruppe der Jagdhunde sind die Apportierhunde (engl. Retriever). Diese mutigen Vierbeiner sind darauf abgerichtet, geschossenes Wild aufzuspüren und zu apportieren. Früher arbeiteten sie häufig mit Spaniels zusammen, die das Wild aufstöberten, während der Retriever so lange beim Jäger wartete, bis dieser den Befehl zum Apportieren gab.

Jagd auf Wasservögel

Da Apportierhunde in der Regel auch ausgezeichnete Schwimmer sind, werden sie für die Jagd auf Wasserwild eingesetzt. Allerdings saugt sich ihr lockiges, dichtes Fell schnell voll Wasser, was sie beim Schwimmen außerordentlich behindert. Um dies zu verhindern, schnitt man das Haarkleid so zurecht, daß es ihnen im Wasser den nötigen Auftrieb gab. Nur den Pudel und den Portugiesischen Wasserhund trimmt man noch auf diese Art.

Abwanderungen

Aufgrund von Züchtungen zählt man einige der traditionellen Jagdhunde heute zu anderen Hundegruppen. So werden der King Charles Spaniel und der Papillon jetzt den Zwerghunden zugeordnet. Im 19. Jahrhundert ließ das Interesse an den Vorstehhunden vorübergehend nach. Erst gegen 1890 erinnerte man sich dieses Hundetyps wieder und züchtete Rassen wie Weimaraner, Münsterländer und Deutsch-Kurzhaar mit verschiedenen Fellarten.

Rechts: Das dichte, wasserabweisende Fell des Pudel Pointers macht ihn zum optimalen Jagdbegleiter. Bedauerlicherweise trifft man diese deutsche Rasse nur noch selten an.

Jagdhunde als Haustiere

Im allgemeinen sind Jagdhunde auch gut als Haus- und Familienhunde geeignet. Allerdings muß für viel Bewegung und Abwechslung gesorgt sein. Einen Labrador oder einen Golden Retriever in einer Stadtwohnung zu halten ist nicht artgerecht. Diese Tiere verfügen über ungeheure Energien, die in die richtigen Bahnen gelenkt werden müssen.

Da der Jagdinstinkt dieser Hunde sehr ausgeprägt ist, kann sich das Gehen an der Leine zeitweilig als echte Herausforderung erweisen. Denn sobald vor allem Vorstehhunde eine interessante Fährte wahrgenommen haben, sind deren Ohren für jegliches Rufen und Flehen taub. Jagdhunde müssen so gut erzogen werden, daß sie auch dann zurückkommen, wenn die Spur besonders verführerisch ist.

English Setter

Auf das 14. Jahrhundert geht diese Rasse zurück – und ist damit eine der ältesten überhaupt. Ursprünglich wurden die anmutigen Freilandhunde als Jagdbegleiter des englischen Adels gezüchtet.

Charakter

Noch als ausgewachsener Hund zeigt sich der elegante, familienfreundliche English Setter sehr verspielt. Sein Bedürfnis nach Gesellschaft und Auslauf machen ihn zu einem anspruchsvollen Hausgenossen.

Erscheinungsbild

Das lange, seidige Fell bedarf der täglichen Pflege. Es kann verschiedene Farben, rein oder meliert, haben: Zitronengelb, Schwarz, Orange, Rotbraun und Weiß. Von Haselnußbraun bis Dunkelbraun reicht die Farbskala der mandelförmigen Augen. Samtweich und abgekippt sind die tiefangesetzten, mittellangen Ohren, die eng am Kopf herunterhängen. Die Rute ist leicht gebogen, ohne nach oben zu schwingen, und gut befedert. Eher schmal sind die Pfoten mit ihren gebogenen Zehen und den gutausgebildeten Ballen. Stolz trägt das Tier seinen langen, schmalen Kopf mit einem tiefen, an der Spitze quadratischen Fang. Der Rücken ist kurz und gerade, der relativ schmale Brustkorb hat einen tiefen Ansatz, die Lenden sind gewölbt.

Merkmale

Lebenserwartung: 12 Jahre
Auslauf: sehr viel
Fellpflege: anspruchsvoll
Gesundheitliche Probleme: Hüftgelenksdysplasie, Hautkrankheiten
Grösse: 65–68 cm
Sonstiges: bellt gern
Von der FCI anerkannt: ja

Merkmale

Lebenserwartung: 13 Jahre
Auslauf: einige Kilometer täglich
Fellpflege: anspruchsvoll
Gesundheitliche Probleme: Hüftgelenksdysplasie
Grösse: 62–66 cm
Sonstiges: bellt gern
Von der FCI anerkannt: ja

Gordon Setter

Wahrscheinlich stammt diese schottische Rasse aus dem späten 18. Jahrhundert von den Ländereien des Herzogs von Gordon. Für die Jagd auf freiem Feld gezüchtet, war der Gordon Setter wegen seiner Ausdauer und der ausgesprochen guten Nase hoch geschätzt.

Charakter

Bis ins Mark ist der elegante Gordon Setter ein Jagdhund. Die intelligenten und willensstarken Tiere brauchen während der Ausbildung eine konsequente und zugleich feinfühlige Hand. Kontaktfreudig und mutig, dabei sanft und ausgeglichen, sind sie gute Weggefährten.

Erscheinungsbild

Das mittellange Fell ist glatt und nur am Kopf, an den Vorderläufen und an den Ohrenspitzen gelockt. Die dominierende Farbe ist Schwarz. Außerdem ist der Gordon Setter loh über den Augen, an Fang, Brust sowie Pfoten, an der Innenseite der Hinterläufe und an der Unterseite der Rute. Strahlend blau sind die Augen, die schmalen, tiefangesetzten Ohren liegen dicht am Kopf an. Die Rute kann gerade oder leicht gebogen sein, sie wird entweder horizontal oder unterhalb des Rückens getragen. Der Körper ist mittellang, Brust und hintere Rippen sind tief angesetzt.

Irish Setter

Bei der Jagd diente der Irish Setter ursprünglich als Vorstehhund, während die kleineren Spaniels das Wild apportierten.

Charakter
Schön und athletisch ist das Tier, dessen unwiderstehliche Lebendigkeit mit einer angeborenen Spürnase gepaart ist. Bei Spaziergängen empfiehlt sich deshalb eine lange, flexible Leine. Aufgrund seines immer noch regen Jagdinstinktes kann die Ausbildung etwas mühevoll sein. Für das Familienleben ist er bestens geeignet, da er freundlich, anhänglich und anpassungsfähig ist.

Erscheinungsbild
Der Irish Setter hat ein volles, kastanienbraunes Fell, häufig mit weißen Zeichnungen. Am Kopf, an den Vorderläufen und an den Ohrenspitzen ist es fein und kurz, ansonsten lang, glatt und mit einer Befederung sowie Fransen versehen. Die Farbe der Augen variiert von Haselnuß- bis Dunkelbraun, die Ohren sind tief und hinten am Kopf angesetzt. Etwas unterhalb der Rückenlinie trägt der Hund seine Rute, die in einem leichten Bogen verläuft. Seine schmalen Pfoten kennzeichnen starke, gebogene Zehen, die eng zusammenstehen. Die Brust ist tief und schmal und verfügt über gutausgebildete Rippen.

Merkmale
Lebenserwartung: 12 Jahre
Auslauf: einige Kilometer täglich
Fellpflege: anspruchsvoll
Gesundheitliche Probleme: Hüftgelenksdysplasie, Augen
Grösse: bis 54–62 cm
Sonstiges: bellt gern
Von der FCI anerkannt: ja

Irish Red and White Setter

Es ist möglich, diese Rasse bis mindestens in die Mitte des 17. Jahrhunderts zurückzuverfolgen. Man sagt, daß sie ihrem nahen Verwandten, dem Irish Setter, voranging. Dessen Beliebtheit führte gegen Ende des 19. Jahrhunderts fast zum Aussterben des Irish Red and White Setters. Heute ist diese Rasse wieder auf dem Vormarsch.

Charakter
Aufgrund ihres lebendigen, kraftvollen und athletischen Wesens benötigen diese Tiere sehr viel Bewegung. Dieser fröhliche Hund ist sehr anhänglich, gutmütig und folgsam. Zudem fügt er sich gut ins Familienleben ein.

Erscheinungsbild
Das Fell ist leicht befedert und darf sanft gewellt sein. Rötliche Flecken zeichnen sich auf perlweißem Untergrund ab. Es treten auch einige Marmorierungen auf, besonders im Gesicht, das dadurch den Eindruck erweckt, als habe der Hund Sommersproßen. Die haselnuß- oder dunkelbraunen Augen sind rund. Etwa auf Augenhöhe befinden sich die Ohren, die hinten am Kopf angesetzt sind und dicht anliegen. Die Rute ist reichlich befedert und wird auf gleicher Höhe oder unterhalb des Rückens getragen. Kräftig und muskulös ist der Körperbau mit tiefer Brust, gutausgebildeten Rippen und sehnigen Läufen.

Merkmale
Lebenserwartung: 13 Jahre
Auslauf: sehr viel
Fellpflege: anspruchsvoll
Gesundheitliche Probleme: Augen
Grösse: 58–69 cm
Sonstiges: bellt gern
Von der FCI anerkannt: ja

Golden Retriever

Vermutlich wurde der Golden Retriever zuerst in Schottland zum Apportieren von Wasservögeln gezüchtet. Sein Fleiß, seine Intelligenz und seine Schönheit haben aus dem eleganten Jagd- einen der beliebtesten Haushunde der Welt gemacht.

Charakter
Elegant und kräftig ist diese Rasse, dabei freundlich, gehorsam und ausgeglichen. Dank ihrer Apportierfreudigkeit bringen diese Tiere ihren Besitzern oft unerwartete Geschenke. Da sie leicht auszubilden sind, finden sie auch als Führ- und Therapiehunde Verwendung.

Erscheinungsbild
Das Fell des Golden Retrievers kann glatt oder gewellt sein und besitzt eine gute Befederung und ein dichtes, wasserabweisendes Unterfell. Von den Zuchtvereinen werden alle Farbtöne von Creme bis Gold akzeptiert. Die großen, dunklen Augen liegen weit auseinander und haben dunkle Ränder. Auf Augenhöhe liegen die mittelgroßen Ohren. Die Rute wird in Rückenhöhe getragen, ohne daß sich die Spitze einrollt oder gar über den Rücken biegt. Sie ist lockig befedert. Geradezu katzenartig sind die runden Pfoten mit ihren üppigen Fußballen. Der ausgeglichene Körper ist kräftig, ohne schwerfällig zu wirken.

Merkmale
LEBENSERWARTUNG: 13 Jahre
AUSLAUF: sehr viel
FELLPFLEGE: anspruchsvoll
GESUNDHEITLICHE PROBLEME: Hautallergien, Augen
GRÖSSE: 51–61 cm
SONSTIGES: bellt gern
VON DER FCI ANERKANNT: ja

Curly-Coated Retriever

Als vielseitig einsetzbarer Apportierhund gezüchtet, war der Curly-Coated („gelockte") Retriever im 19. Jahrhundert bei englischen Jägern sehr beliebt. Inzwischen ist er in den Vereinigten Staaten stärker verbreitet als in seinem Herkunftsland.

Charakter
Treu, anhänglich und intelligent ist dieser Retriever. Viele schätzen ihn als einen exzellenten Wachhund, der nur dann anschlägt, wenn Ärger zu befürchten ist. Fremden gegenüber verhält er sich reserviert. Sein Wagemut und sein hohes Selbstvertrauen machen ihn zum idealen Arbeitstier. Zu Hause zeigt er sich ruhig, verspielt und zufrieden, solange man ihm den nötigen Auslauf gewährt. Seine Ausbildung muß konsequent und anregend verlaufen, um das Interesse des Hundes aufrechtzuerhalten.

Erscheinungsbild
Vom Hinterkopf bis zur Schwanzspitze besteht das wasserabweisende Fell aus dichten Locken. Um die Haarpracht zu erhalten, sollte man den Hund so wenig wie möglich bürsten. Seine Augen sind groß, aber nicht auffällig, und braun bis dunkelbraun. Die Ohren sind ziemlich klein. Der Körper hat eine tiefe Brust, die im Querschnitt oval ist und an den Flanken sanft aufwärtsschwingt.

Merkmale
LEBENSERWARTUNG: 11 Jahre
AUSLAUF: einige Kilometer täglich
FELLPFLEGE: anspruchslos
GESUNDHEITLICHE PROBLEME: Entropium, Hüftgelenksdysplasie
GRÖSSE: 62–69 cm
SONSTIGES: ziemlich ruhig
VON DER FCI ANERKANNT: ja

Flat-Coated Retriever & Chesapeake Bay Retriever

Der Flat-Coated Retriever wurde in Großbritannien gezüchtet und erlangte aufgrund seines gutartigen Temperaments sowie als wertvolle Arbeitskraft große Beliebtheit. Aus Amerika stammt der Chesapeake Bay Retriever, der als Apporteur auf Wasserwild Verwendung findet.

Charakter

Beide Rassen sind freundlich, intelligent und lebhaft. Sie schwimmen und apportieren gern und sind für das Landleben geschaffen. Der Flat-Coated Retriever ist umgänglich und sehr anpassungsfähig. Der ebenfalls freundliche Chesapeake Bay Retriever ist etwas schwieriger auszubilden.

Erscheinungsbild

Das Fell des Flat-Coated Retriever ist schwarz oder braun mit mäßiger Befederung. Er hat dunkel- oder haselnußbraune, mittelgroße Augen und kleine, dicht am Kopf anliegende Ohren. Die Rute ist kurz und gerade, die runden Pfoten haben gebogene Zehen. Der Chesapeake Bay Retriever hat ein dickes, leicht gewelltes, dunkel- oder gelbbraunes Fell mit wolligem Unterfell. Gelb glänzen die weit auseinanderstehenden Augen, die kleinen Ohren hängen schlaff am Kopf. Die Rute darf nicht befedert sein. Häute verbinden die Zehen der kompakten Pfoten miteinander. Die Brust ist tief und kräftig.

Flat-Coated Retriever

Merkmale

LEBENSERWARTUNG: *Flat-Coated*: 14 Jahre; *Chesapeake Bay:* 12 Jahre
AUSLAUF: einige Kilometer täglich
FELLPFLEGE: *Flat-Coated:* anspruchsvoll; *Chesapeake Bay:* anspruchslos
GESUNDHEITLICHE PROBLEME: Augen, Knochenkrebs
GRÖSSE: *Flat-Coated:* 56–61 cm; *Chesapeake Bay:* 53–66 cm
SONSTIGES: ziemlich ruhig
VON DER FCI ANERKANNT: ja

Labrador Retriever

Ursprünglich in Neufundland beheimatet und später nach Labrador eingeführt, wurde dieser Retriever zunächst beim Fischfang eingesetzt. Sehr bald schon lernte man seine Fähigkeiten als Jagdhund schätzen.

Charakter

Hohe Intelligenz und ein stark ausgeprägter Arbeitseifer machen den Labrador zum idealen Jagdhund. Er spielt sehr gern und ist ein zuverlässiger Begleiter für Kinder. Obwohl er als Welpe sehr stürmisch ist, lernt er leicht und schnell. Er wird als Blinden- und Therapiehund eingesetzt. Ein Labrador muß viel beschäftigt werden. Wegen seines großen Appetits neigt er dazu, dick zu werden.

Erscheinungsbild

Das Oberfell ist kurz, sehr dicht und ohne Wellen oder Befederung. Ein weiches Unterfell schützt den Labrador vor jeder Witterung. Seine Augen sind mittelgroß und braun oder haselnußbraun. Die sehr weit hinten angesetzten Ohren hängen dicht am Kopf und sind nicht zu schwer. Die kräftige Rute weist keinerlei Befederung auf; sie ist an der Wurzel dick und spitzt sich langsam zu. Ausgeprägte Ballen sitzen an den runden Pfoten. Die breite Brust mit gut ausgebildeten Rippen ist tief angesetzt, der Rücken bildet eine gerade Linie.

Merkmale

LEBENSERWARTUNG: 15 Jahre
AUSLAUF: sehr viel
FELLPFLEGE: anspruchslos
GESUNDHEITLICHE PROBLEME: grauer Star, Arthritis
GRÖSSE: 54–57 cm
SONSTIGES: ziemlich ruhig
VON DER FCI ANERKANNT: ja

Cockerspaniel

Der bekannteste Vertreter der Spanielfamilie hieß ursprünglich „Cocking Spaniel", weil man ihn zum Aufstöbern von Waldschnepfen („woodcocks") verwendete. Erstmals offiziell erwähnt wurde er 1892.

Charakter
Das Tier ist sehr lernbegierig, also leicht auszubilden. Es macht ihm Spaß, Gegenstände zu suchen und zu apportieren. Sowohl sein Körper als auch sein Verstand sollten ständig auf Trab gehalten werden, dann wird er sich auf dem Land wie auch in der Stadt wohl fühlen. Der Ausstellungshund ist ein klein wenig kräftiger als sein arbeitender Verwandter. Cockerspaniels sind verspielte Zeitgenossen, liebenswürdig, sanft und aufmerksam, besitzen jedoch durchaus ihren eigenen Kopf.

Erscheinungsbild
Das Fell ist glatt und seidig. Körper, Vorderläufe und die Hinterläufe oberhalb des Sprunggelenks sind gut befedert. Groß und braun glänzen die Augen; glattes, seidiges Fell bedeckt die Ohren. Etwas unterhalb der waagrechten Rückenlinie ist die Rute angesetzt, die auf Rückenhöhe getragen wird. Die Pfoten sind fest und haben kräftige Ballen. Weitere charakteristische Merkmale sind eine breite, tiefe Brust, gutfedernde Rippen und kurze Lenden.

Merkmale
LEBENSERWARTUNG: 12 Jahre
AUSLAUF: sehr viel
FELLPFLEGE: anspruchsvoll
GESUNDHEITLICHE PROBLEME: Ohrenentzündung, Übergewicht
GRÖSSE: 38–41 cm
ÜBLICHERWEISE KUPIERT: nur die zur Jagd verwendeten Hunde
SONSTIGES: bellt gern
VON DER FCI ANERKANNT: ja

Amerikanischer Cockerspaniel

Auch wenn er denselben Ursprung hat wie der Cockerspaniel, sind die beiden Rassen leicht auseinanderzuhalten. Der Kopf des Amerikanischen Cockerspaniels ist runder und schmaler, sein Maul kürzer. Außerdem zeichnet er sich durch ein üppigeres Haarkleid aus.

Charakter
Der sanftmütige, verspielte Cocker ist lieber mit Menschen als mit Artgenossen zusammen und ein exzellenter Familienhund. Intelligenz und Gehorsam zählen zu seinen Tugenden. Wenn man für ausgiebigen Auslauf sorgt, paßt sich der ehemalige Jagdhund bereitwillig an das Stadtleben an. Er muß täglich gebürstet werden. Läßt man das Fell verfilzen, leidet der Hund darunter.

Erscheinungsbild
Sein seidiges Fell ist glatt oder leicht gewellt, kurz und fein auf dem Kopf, am Körper mittellang. Ohren, Brust, Bauch und Beine sind gut befedert. Die Augen sind groß, rund und voll, die Ohren tief angesetzt und lang. In Rükkenhöhe oder kurz unterhalb davon verläuft die Rute. Rund und fest sind die Pfoten, zwischen deren Zehen Haare wachsen. Der kräftige Rücken fällt von den Schulterblättern bis zur Rute sanft ab. Die Brust ist tief, die Hüften sind gut ausgebildet.

Merkmale
LEBENSERWARTUNG: 12 Jahre
AUSLAUF: viel
FELLPFLEGE: sehr anspruchsvoll
GESUNDHEITLICHE PROBLEME: Augen, Kniescheibenluxation
GRÖSSE: 34–39 cm
ÜBLICHERWEISE KUPIERT: nur die zur Jagd verwendeten Hunde
SONSTIGES: bellt gern
VON DER FCI ANERKANNT: ja

Clumber Spaniel & Field Spaniel

Der massige Clumber Spaniel stammt ursprünglich aus Frankreich. Er wurde vom Duc de Noailles als Treib- und Apportierhund gezüchtet und später nach Clumber Park in Newcastle gebracht. Field Spaniel hießen früher alle Spaniel, die bei der Jagd eingesetzt wurden. Heute bezeichnet man nur noch die größeren Tiere so.

Charakter

Der Clumber Spaniel ist ein hervorragender Apportierhund. Man muß ihn beschäftigen, sonst wird er faul. Kleine Wohnungen sind für ihn nicht die ideale Umgebung, grundsätzlich eignet er sich jedoch gut als Haustier. Der Field Spaniel ist sehr anhänglich, verhält sich Fremden gegenüber aber reserviert. Er ist folgsam und freundlich und sollte früh an andere Haustiere gewöhnt werden.

Erscheinungsbild

Der Clumber Spaniel hat ein üppiges, glattes und seidiges Fell. Läufe, Brust und die tiefangesetzte Rute sind gut befedert, die Ohren lang und wohlgeformt. Zu seinen weiteren Merkmalen gehören runde, große Pfoten und ein langer, gerader Rücken. Lang, glänzend, weich und gewellt ist das Fell des Field Spaniel. Seine mandelförmigen Augen sind haselnußbraun. Er hat eine tiefe Brust, Ohren und Rute sind tief angesetzt.

Clumber Spaniel

Merkmale

LEBENSERWARTUNG: *Clumber:* 12 Jahre; *Field:* 13 Jahre
AUSLAUF: *Clumber:* wenig; *Field:* wenig
FELLPFLEGE: anspruchsvoll
GESUNDHEITLICHE PROBLEME: Hüftgelenksdysplasie
GRÖSSE: *Clumber:* 42–45 cm, *Field:* 45–48 cm
ÜBLICHERWEISE KUPIERT: nur die zur Jagd verwendeten Hunde
SONSTIGES: *Clumber:* bellt gern; *Field:* ziemlich ruhig
VON DER FCI ANERKANNT: ja

Sussex Spaniel

Der Sussex Spaniel kommt aus der gleichnamigen englischen Grafschaft, wo er früher seine Arbeit als Jagdhund verrichtete. Zu Anfang des 20. Jahrhunderts fast ausgestorben, erfreut er sich heute wachsender Beliebtheit.

Charakter

Trotz seines behäbigen Aussehens ist der liebenswürdige Sussex Spaniel ein aktiver, gewitzter Hund mit einem ausgeglichenen Wesen. Als geselliger Hund versteht er sich gut mit Kindern, Katzen und Artgenossen. Meistens schließt sich das treue Tier besonders eng an eine bestimmte Person an. Wegen ihres langen, üppigen Fells ist diese Rasse für warme oder feuchte Gegenden nicht geeignet.

Erscheinungsbild

Dunkelrot bis braun ist die charakteristische Farbe des üppigen, glatten Fells mit seinem dichtem Unterfell. Die Augen sind haselnußbraun und ziemlich groß. Ebenfalls groß sind die lappigen Ohren. Seine Rute trägt das Tier niemals über der Höhe des Rückens. Die Pfoten sind groß und zwischen den Zehen reichlich befedert. Brust wie auch hintere Rippen sind tief angesetzt.

Merkmale

LEBENSERWARTUNG: 12 Jahre
AUSLAUF: wenig
FELLPFLEGE: anspruchsvoll
GESUNDHEITLICHE PROBLEME: anfällig für Augen- und Lefzeninfektionen, Hüfte
GRÖSSE: 38–41 cm
ÜBLICHERWEISE KUPIERT: nur die zur Jagd verwendeten Hunde
SONSTIGES: bellt sehr gern
VON DER FCI ANERKANNT: ja

English Springer Spaniel

Die Rasse, die auch unter dem Namen Norfolk Spaniel bekannt war, gehört zu den ältesten britischen Spanielarten. Seit 1902 wird sie vom Welsh Springer unterschieden. Bei der Jagd mußten die Hunde das Wild aufstöbern und stellen. Ausstellungshunde sind oft größer als Springer.

Charakter

Seine fröhliche, extrovertierte Natur macht das ebenso intelligente wie anhängliche Tier zu einem sehr guten Familienhund. Einerseits ist er sanft und zugänglich, andererseits vermag der zähe Hund den ganzen Tag zu laufen, ohne müde zu werden. Er schwimmt und apportiert für sein Leben gern. Auf langen Spaziergängen will er sich ohne Leine austoben können.

Erscheinungsbild

Auf keinen Fall darf man zulassen, daß das glatte, wasserabweisende Fell verfilzt! Die Farbvarianten reichen von Leberfarben und Weiß über Schwarz und Weiß; beide Varianten kommen auch mit Lohabzeichen vor. Die wachsamen Augen sind dunkel und mittelgroß. Dicht am Kopf sitzen die langen, reichbefederten Ohren. Die Rute wird immer tief getragen und wird nur bei Jagdhunden kupiert. Kräftige Ballen sitzen an den kompakten, runden Füßen. Der Körper ist kräftig und muskulös.

Merkmale

LEBENSERWARTUNG: 13 Jahre
AUSLAUF: einige Kilometer täglich
FELLPFLEGE: anspruchsvoll
GESUNDHEITLICHE PROBLEME: Augen
GRÖSSE: 48–51 cm
ÜBLICHERWEISE KUPIERT: nur die zur Jagd verwendeten Hunde
SONSTIGES: bellt gern
VON DER FCI ANERKANNT: ja

Welsh Springer Spaniel

Die unverwechselbaren rot-weißen Spaniels aus Wales gab es schon lange Zeit, bevor man sie um 1900 als eigenständige Rasse anerkannte. Die anhänglichen Jagdhunde mußten das Wild aufstöbern und aufscheuchen.

Charakter

Der Welsh Springer vereint hervorragend die Rolle des Haus- mit der des Jagdhundes. Seine fröhliche Natur wird durch die aktive Rute noch betont. Er ist ein zäher Arbeiter, der sich Menschen gegenüber stets freundlich zeigt. Man sollte ihn allerdings nicht allein lassen, denn er liebt und braucht Gesellschaft. Solange man für ausgiebigen Auslauf sorgt, gefällt ihm auch das Stadtleben. Sein ausgeprägter Jagdinstinkt erforder eine feste Hand.

Erscheinungsbild

Der Welsh Springer Spaniel hat ein dichtes, glattes und seidiges Fell, das auf perlweißem Untergrund eine rote Zeichnung trägt und erstaunlich schmutzabweisend ist. Haselnuß- oder dunkelbraun sind die mittelgroßen Augen. Die kleinen Ohren haben einen tiefen Ansatz, hängen dicht am Gesicht und laufen an den Enden spitz zu. Unterhalb der Rückenhöhe trägt das Tier seine Rute. Fest und rund sind die katzenähnlichen Pfoten, der Körper macht einen kompakten Eindruck.

Merkmale

LEBENSERWARTUNG: 14 Jahre
AUSLAUF: sehr viel
FELLPFLEGE: anspruchsvoll
GESUNDHEITLICHE PROBLEME: Augen, Hüftgelenksdysplasie
GRÖSSE: 46–48 cm
ÜBLICHERWEISE KUPIERT: nur die zur Jagd verwendeten Hunde
SONSTIGES: bellt gern
VON DER FCI ANERKANNT: ja

Irish Water Spaniel

Der Irish Water Spaniel ist die größte aller Spanielarten. Wie sein Name andeutet, bestand seine Aufgabe einst darin, geschossene Vögel aus dem Wasser zu holen und zu apportieren.

Charakter
Mit seinem wuscheligen Schopf und seinen Korkenzieherlocken sieht das Tier richtig drollig aus. Der umgängliche und verspielte Hund freut sich über jede Zuwendung seines Halters und will stets beschäftig sein. Besonders prächtig entwickelt er sich, wenn man ihm viel Auslauf gewährt. Er ist ein guter Familienhund, der jedoch seinen eigenen Kopf hat und daher erzogen gehört.

Erscheinungsbild
Den Kopf bedecken lange Locken, die Schnauze kurze, weiche Haare. Auch die großen, runden Pfoten sind behaart. Das dunkelbraune Fell, das manchmal ins Rötliche changiert, hat keine Unterwolle, bildet Korkenzieherlocken und ist ölig und wasserabweisend. Mandelförmig sind die kleinen Augen, lang und oval die lose herabhängenden Ohren. Die kurze Rute läuft kegelförmig aus und dient dem Tier im Wasser als Ruder. Für seine charakteristische rollende Gangart sind sein quadratischer Körper und die gerundeten Rippen verantwortlich.

Merkmale
Lebenserwartung: 12 Jahre
Auslauf: sehr viel
Fellpflege: anspruchsvoll
Gesundheitliche Probleme: Hüftgelenksdysplasie
Grösse: 51–58 cm
Sonstiges: bellt gern
Von der FCI anerkannt: ja

Merkmale
Lebenserwartung: 12 Jahre
Auslauf: sehr viel
Fellpflege: anspruchsvoll
Gesundheitliche Probleme: nicht bekannt
Grösse: 36–46 cm
Sonstiges: bellt sehr gern
Von der FCI anerkannt: ja

American Water Spaniel

Die relativ junge amerikanische Rasse stammt sehr wahrscheinlich von kleineren Spanielarten und dem Irish Water Spaniel ab. Ursprünglich zum Apportieren von Enten und Gänsen aus demWasser gezüchtet, ist das schlanke Tier auch an Land ein guter Jagdgehilfe.

Charakter
Sein typischer Spanielcharakter macht das Tier zu einem leicht auszubildenden Hund. Der American Water Spaniel ist zäh und intelligent und verfügt über ein liebenswürdiges Wesen. Der verspielte Familienhund liebt Gesellschaft und regelmäßigen Auslauf, am wohlsten fühlt er sich im Wasser. Generell eignet sich der äußerst lebendige Vierbeiner gut als Haushund, kann im Umgang mit anderen Tieren manchmal jedoch sehr ungestüm sein.

Erscheinungsbild
Charakteristisch ist das dichtgelockte oder gewellte Fell mit kurzen Haaren im Gesicht und auf der Rute. Locken bedecken auch die typischen Spanielohren. Die einzige Farbe ist Dunkelbraun, an der Brust und an den Pfoten ist auch ein wenig weiße Zeichnung erlaubt. Seine Augen haben die Farbe des Fells. Von mäßiger Länge ist die Rute, die großen, runden und breiten Pfoten sind auch zwischen den Zehen befedert.

Pointer

Bei der Jagd erweist er sich als Spezialist im Suchen und Auffinden der Beute. Der Pointer hält seine Nase so lange in den Wind, bis er Wild wittert. Dann bleibt er wie erstarrt stehen. Durch diese Haltung zeigt („point") er das Wild an. Nun können es die anderen Hunde es hetzen.

Charakter

Pointer sind ungemein gehorsame, umgängliche und ernsthafte Hunde, die sich aufgrund ihres freundlichen Wesens gut als Familienhunde eignen. Fremden gegenüber verhalten sie sich eher mißtrauisch. Ihr Bedürfnis nach Auslauf ist beachtlich. Trotz ihres kräftigen Körperbaus sind die Pointer sehr elegante Hunde, die ausdauernd und schnell laufen können.

Erscheinungsbild

Das Fell ist weiß mit entweder rotbrauner, schwarzer, leber- oder orangefarbener Zeichung. Nur selten kommen ein- oder dreifarbige Hunde vor. Das feine, glatte, aber harte Haarkleid benötigt wenig Pflege. Der Kopf weist markante Konturen auf. Die braunen Augen blicken freundlich und vertrauenerweckend. Seine hochangesetzten Ohren hängen herab. Die mittellange Rute wird auf Rückenhöhe getragen. Gebogene Zehen schließen die wohlgeformten Pfoten mit den gutgepolsterten Ballen ab.

Merkmale

Lebenserwartung: 12 Jahre
Auslauf: einige Kilometer täglich
Fellpflege: anspruchslos
Gesundheitliche Probleme: nicht bekannt
Grösse: 63–69 cm
Sonstiges: ziemlich ruhig
Von der FCI anerkannt: ja

Deutsch-Drahthaar

Merkmale

Lebenserwartung: 13 Jahre
Auslauf: einige Kilometer täglich
Fellpflege: *Deutsch-Drahthaar:* geringfügig
Deutsch-Kurzhaar: anspruchslos
Gesundheitliche Probleme: *Deutsch-Drahthaar:* Entropium und Hauterkrankungen; *Deutsch-Kurzhaar:* nicht bekannt
Grösse: *Deutsch-Drahthaar:* 60–67 cm; *Deutsch-Kurzhaar:* 60–65 cm
Üblicherweise kupiert: nur die zur Jagd verwendeten Hunde
Sonstiges: beide Rassen bellen gern
Von der FCI anerkannt: ja

Deutsch-Drahthaar und Deutsch-Kurzhaar

Im Zusammenhang mit der zunehmenden Spezialisierung der Jagd im 19. Jahrhundet wünschte man sich einen Vorstehhund, der sich durch Kraft, Geschwindigkeit und Ausdauer auszeichnete. Beide Rassen, der Deutsch-Kurzhaar und der Deutsch-Drahthaar, gingen aus einer intensiven Auslese verschiedenster Vorstehhunde hervor.

Charakter

Diese intelligenten Hunde sind bei guter Erziehung zu außerordentlichen Leistungen fähig. Trotz ihres treuen und föhlichen Wesens sind sie nicht als Familienhunde gedacht, sondern gehören in die Hand eines Jägers.

Erscheinungsbild

Das kurze, dicke Fell des Deutsch-Kurzhaars ist pflegeleicht. Der Drahthaar verfügt über dichtes, drahtiges Deckhaar mit dichtem Unterfell. Er hat buschige Augenbrauen und einen kleinen Bart. Das Fell beider Tiere ist schwarz oder leberfarben und kann mitunter weiße Abzeichen aufweisen. Beiden sind braune Augen gemeinsam. Sie haben hochangesetzte Ohren, die bis zu den Lefzen reichen. Die Pfoten sind kräftig. Die Rute wird als Verlängerung der Rückenlinie getragen.

Magyar Vizsla

„Vizsla“ bedeutet auf ungarisch soviel wie „Wachsamkeit“ und „Reaktionsschnelligkeit“. Dieser Vorsteher versteht sich meisterlich darauf, Fährten nachzuspüren. Seine Geschichte kann man bis ins Mittelalter zurückverfolgen. Allerdings hätte der ungarische Vizsla den Zweiten Weltkrieg wohl kaum überlebt, wäre er nicht von Flüchtlingen in die Emigration mitgenommen worden.

Charakter
Der elegante und freundliche Hund zeichnet sich durch seine bedingungslose Treue und Ergebenheit aus. Da er zudem auch folgsam und zuverlässig ist, eignet er sich hervorragend als Familienhund. Die Tiere sind mutige Jäger, gute Schwimmer und ausgezeichnete Apportierhunde. Auf dem Land sind sie sicher besser aufgehoben als in der Stadt.

Erscheinungsbild
Sein kurzes, dichtes, dunkelgelbes oder hirschrötliches Haarkleid ist sehr leicht zu pflegen. Geflecktes Fell oder weiße Pfoten gelten bei Ausstellungen als Fehler. In den braunen Augen ist kein Weiß sichtbar. Die tief angesetzte Rute wird waagerecht getragen. Der kompakte Vierbeiner hat einen muskulösen Rücken mit langem Brustkorb und runde, katzenartige Pfoten.

Merkmale
LEBENSERWARTUNG: 14–15 Jahre
AUSLAUF: einige Kilometer täglich
FELLPFLEGE: anspruchslos
GESUNDHEITLICHE PROBLEME: Augen, Hüftgelenksdysplasie
GRÖSSE: 57–64 cm
ÜBLICHERWEISE KUPIERT: nur die zur Jagd verwendeten Hunde
SONSTIGES: bellt gern
VON DER FCI ANERKANNT: ja

Weimaraner

Der Weimaraner wurde nach der thüringischen Goethestadt benannt. Früher wurde er zur Jagd auf Großwild wie Bären, Wölfe und Wildschweine verwendet, später dann häufiger zum Aufspüren und Apportieren von Flugwild.

Charakter
Bei dieser intelligenten und attraktiven Rasse handelt es sich vornehmlich um einen Jagd- und weniger um einen Familienhund. Sein aufgewecktes und furchtloses Wesen macht ihn auch zum idealen Wachhund. Bei der Geburt sind die Welpen gestreift.

Erscheinungsbild
Sein schimmerndes, silbergraues Fell verleiht ihm eine gewisse Würde. Auch Farbabstufungen in maus-, roggen- oder eisengrau sind möglich. Den Weimaraner gibt es mit kurz- oder langhaarigem Haarkleid. Welpen haben himmelblaue Augen, die mit zunehmendem Alter bernsteinfarben werden. Die hochangesetzten Ohren sind leicht gefaltet. Die Pfoten haben graue oder bernsteinfarbene Krallen und kräftige Ballen. Bei dieser schlanken, aristokratischen Erscheinung entspricht die Körperhöhe der Körperlänge.

Merkmale
LEBENSERWARTUNG: 12–13 Jahre
AUSLAUF: einige Kilometer täglich
FELLPFLEGE: anspruchslos
GESUNDHEITLICHE PROBLEME: nicht bekannt
GRÖSSE: 56–70 cm
ÜBLICHERWEISE KUPIERT: nur die zur Jagd verwendeten Hunde
SONSTIGES: bellt gern
VON DER FCI ANERKANNT: ja

Spinone Italiano

Ursprünglich ein Jagd-, Vorsteh- und Apportierhund, stammt der Spinone wahrscheinlich von Griffon, Barbet und anderen Jagdhunden ab. Möglicherweise ist er auch mit dem Segugio verwandt. Diese uralte Rasse war schon im 13. Jahrhundert bekannt.

Charakter

Der Spinone Italiano ist gelassen und ruhig, hat zugleich aber auch eine spielerische Natur und Sinn für Albereien. Man kann ihn für jegliche Art von Arbeit begeistern. Seine Vorzüge sind Treue, eine schnelle Auffassungsgabe und Liebenswürdigkeit. Er wird so schnell nicht müde und springt begeistert ins Wasser.

Erscheinungsbild

Sein dickes, drahtiges Fell sieht immer etwas ungepflegt aus und sollte daher hin und wieder getrimmt werden. Farbliche Variationen sind Weiß, Weiß mit einem Orangeton oder Braun. Die großen, friedlich blickenden Augen haben einen dunkelgelben oder ockerfarbenen Ton. Die Ohren sind lang, dreieckig und hängen schwer herunter. Die Vorderpfoten sind rund, die Hinterpfoten oval. Die Hunde verfügen über kräftige Ballen und starke Krallen. Die muskulöse Schulterpartie geht in einen leicht abfallenden Rücken über.

Merkmale

Lebenserwartung: 10–11 Jahre
Auslauf: sehr viel
Fellpflege: anspruchsvoll
Gesundheitliche Probleme: Hüften, Ellbogen
Grösse: 59–70 cm
Üblicherweise kupiert: nein
Sonstiges: bellt gern
Von der FCI anerkannt: ja

Merkmale

Lebenserwartung: 13–14 Jahre
Auslauf: einige Kilometer täglich
Fellpflege: anspruchslos
Gesundheitliche Probleme: Hüften
Grösse: 46–52 cm
Üblicherweise kupiert: nur die zur Jagd verwendeten Hunde
Sonstiges: bellt gern
Von der FCI anerkannt: ja

Épagneul Breton

Der unermüdliche Épagneul Breton ist eine Art französischer Spaniel. Bei der Jagd erinnert er allerdings mehr an einen Pointer oder einen Setter. Die Rasse ist in den Vereinigten Staaten sehr beliebt, in Europa dagegen bislang noch relativ unbekannt.

Charakter

Zu seinen gallischen Vorfahren gehört ein schwanzloser Brittany, dessen Gene sich noch heute in einigen Zuchtlinien durchsetzen. Der leichtgebaute Hund vermag Hasen und Fasane zu apportieren. Er hat eine schnelle Auffassungsgabe, ist intelligent, liebevoll und verspielt. Wichtig für sein Wohlbefinden sind regelmäßige, lange Spaziergänge, am glücklichsten ist er jedoch auf der Jagd.

Erscheinungsbild

Das hübsche, leicht gewellte Fell zeigt an Rücken, Sprunggelenken und Pfoten längeres Haar als am übrigen Körper. Es hat entweder einen Orangeton, ist leberbraun oder schwarz – immer kombiniert mit Weiß –, dreifarbig oder auch meliert. Die Augen sind bernsteinfarben oder dunkelbraun, die Ohren abgekippt, hoch angesetzt und leicht ausgefranst. Seine Rute ist entweder von Natur aus kurz oder kupiert und nicht länger als 10 cm. Der kurze, gerade Rücken fällt nach hinten etwas ab.

Griffon à poil dur

Der rauhaarige Griffon ist eine Mischung aus verschiedenen Vorstehhunden und fühlt sich sowohl im Wasser als auch an Land wohl. Er ist nicht sehr schnell, doch ein solider Arbeiter. „Korthals-Griffon" nennt man ihn, weil der Niederländer Edward Korthals diese Rasse entwickelt hat.

Charakter

Er hat einen lustig aussehenden Bart, buschige Augenbrauen und tollt am liebsten im Freien herum. Grundsätzlich sollte er deshalb auf dem Land gehalten werden. Für das Leben in der Familie ist der spaßige Unterhalter bestens geeignet. Bei richtiger Erziehung kommt er gut mit anderen Hunden, Katzen und Kindern aus.

Erscheinungsbild

Sein typisches zotteliges Haar bedeckt auch das Gesicht. Langes, drahtiges Deckhaar bietet ihm guten Schutz vor Wind und Wetter. Farblich variiert es zwischen Weiß und Braun oder Stahlgrau. Die Unterwolle ist weich. Helle, intelligente Augen blicken unter dicken Augenbrauen hervor. Die Ohren sind lappig und ziemlich lang, die Rute ziemlich dick. Das elegante Tier hat kräftige, runde Pfoten, die es ihm erlauben, ausdauernd zu laufen. Sein Körper ist ziemlich lang und niedrig, die Schultern beschreiben einen leichten Bogen.

Merkmale

LEBENSERWARTUNG: 10–11 Jahre
AUSLAUF: sehr viel
FELLPFLEGE: anspruchslos
GESUNDHEITLICHE PROBLEME: Entropium, Ektropium sowie Hautallergien
GRÖSSE: 51–60 cm
ÜBLICHERWEISE KUPIERT: nur die zur Jagd verwendeten Hunde
SONSTIGES: bellt gern
VON DER FCI ANERKANNT: ja

Merkmale

LEBENSERWARTUNG: 13 Jahre
AUSLAUF: einige Kilometer täglich
FELLPFLEGE: anspruchslos
GESUNDHEITLICHE PROBLEME: nicht bekannt
GRÖSSE: 60–66 cm
SONSTIGES: bellt gern
VON DER FCI ANERKANNT: ja

Deutsch-Langhaar

Diese Rasse, die ein wenig wie ein Spaniel aussieht, ist nicht etwa der langhaarige Bruder des Deutsch-Kurzhaars. Sie wurde teilweise aus dem Épagneul Français und anderen langhaarigen Vorstehhunden entwickelt. Auch Irish und Gordon Setter gehören zu ihren Vorläufern.

Charakter

Von allen deutschen Jagdhunden ist der Deutsch-Langhaar der am wenigsten bekannte. Er zählt nicht unbedingt zu den edelsten Vorstehern, gilt jedoch als leidenschaftlicher Abenteurer, der zugleich sehr geduldig und sensibel ist. Den zuverlässigen und vielseitig einsetzbaren Arbeitshund zeichnet vor allem seine gute Spürnase aus. Wenn man ihn genügend beschäftigt und für ausreichenden Auslauf sorgt, hat man auch in der Familie viel Freude an dem lernwilligen und leicht zu erziehenden Tier.

Erscheinungsbild

Über seiner dichten Unterwolle liegt welliges, strapazierfähiges Deckhaar; es ist entweder braun oder rotbraun meliert, mit oder ohne Zeichnung. Die Augen sind hell, die Ohren hängen herab. Die waagrechte Rute mit ihrer schönen, buschigen Fahne verleiht seinem zugleich muskulösen und eleganten Körper Gleichgewicht. An den wohlgeformten Pfoten sitzen gutausgebildete Ballen.

Terrier

Geschichte der Terrier ✦ Merkmale ✦ Gruppen ✦ Begleithund

Keine Rasse kann mit mehr Recht den Anspruch auf typisch britisch erheben wie die Terrier, die seit dem 16. Jahrhundert auf den Britischen Inseln gezüchtet wurde. Meist benannte man die einzelnen Terrierarten, wie zum Beispiel den Manchester Terrier, nach der betreffenden Gegend, aus der sie stammten. Die Sammelbezeichnung erhielten die Hunde bereits von den Römern, die sie „terrarii", abgeleitet von dem lateinischen Wort „terra" für „Erde", nannten. Erdarbeiter ist wohl auch der zutreffendste Namen für diese Hunde.

Hintergründe

Sobald ein gejagter Fuchs, ein Dachs, ein Otter oder ein Kaninchen sich in seinen Bau flüchtete, war das Tier gerettet. Diesem war nicht mehr so, als es die Terrier gab, die mutig und klein genug waren, den Tieren in ihren Bau zu folgen und sich dort dem Kampf zu stellen. Allerdings waren die Terrier auch bei den Bauern äußert beliebt, da sie Hof wie Haus von Füchsen und Ratten freihielten. Einige Erdhunde haben die Aufgabe, die Beute unter

Unten: Der Border Terrier ist in dem klimatisch rauhen Grenzland zwischen Schottland und England beheimatet.

Links: Der Australian Terrier hat auch heute noch viele Merkmale seiner Vorfahren, die Ungeziefer töteten und Farmen bewachten.

der Erde aufzustöbern und zu töten; andere zwingen die Tiere dazu, ihren Bau zu verlassen, wo der Jäger sie mit vorgehaltener Flinte erwartet.

Allerdings gibt es auch einige Ausnahmen wie den Kerry Blue Terrier und den Soft Coated Wheaten Terrier die in Irland zum Hüten, Schützen und Jagen gezüchtet wurden. Da nach früheren irischen Gesetzen die Bauern keine Jagdhunde besitzen durften, veränderte man den Terrier so, daß er auch die anderen Rassen vorbehaltenen Aufgaben erfüllen konnte.

Kennzeichen

Terrier sind relativ kleine, robuste, mutige und wachsame Hunde, deren kurze Beine es ihnen erlauben, dem Wild in dessen Tunnelbauten zu folgen. Ihre Augen liegen etwas tiefer in den Höhlen, damit sie bei einem Angriff geschützt sind. Die Rute wird meist aufrecht getragen und ist oft auf die Hälfte oder mehr gestutzt.

Gruppierung

Terrier lassen sich nach der Art ihres Haarkleids in zwei große Gruppen einteilen: die weich- oder kurzhaarigen Terrier, wie der Glatthaar-Foxterrier, und die lang- oder drahthaarigen Terrier, zu denen der Skye Terrier gehört. Abgesehen von der Beschaffenheit des Fells, teilt man die Terrier in vier weitere Sektionen ein: hochläufige (große und mittelgroße), niederläufige, bullterrierartige und Zwergterrier.

Zu den hochläufigen Terriern zählt der Airedale, der allerdings aufgrund seiner Größe dem Wild nicht unter die Erde fogen kann. Dafür wurde er erfolgreich zur Otterjagd verwendet. Der Deutsche Jagdterrier zählt zu den vielseitigsten Jagdhunden, die für alle Arten von Wild zu Wasser und zu Lande einsetzbar sind. Zu den Niederläufern werden vor allem der West Highland White Terrier und der Cairn Terrier gezählt. Ganz oben auf der Beliebtheitsskala steht bei den Zwergrassen der Yorkshire.

Das furchterregende Erscheinungsbild des Bullterriers täuscht, denn Menschen gegenüber erweist sich der ursprünglich als Kampfhund verwendete Terrier als anhänglich. Der Staffordshire Bullterrier geht keiner Rauferei mit Artgenossen aus dem Weg. Im 19. Jahrhundert kam er nach Amerika, wo er zum Stammvater des American Staffordshire Terriers wurde.

Rechts: Auf den alten „His-Master's-Voice"-Grammophonplatten findet sich eine Abbildung des Glatthaar-Foxterriers.

Terrier als Haushunde

Der Terrier ist aufgrund seines spitzbübischen, mutigen und temperamentvollen Charakters sehr beliebt. Allerdings darf man sein selbstbewußtes Wesens nicht unterschätzen. Er benötigt von Beginn an eine konsequente Führung, die entsprechend auf seine Persönlichkeit eingeht.

Seine Körpergröße täuscht, denn obwohl der Terrier relativ klein ist, benötigt er sehr viel Auslauf. Wird er einmal in einen Kampf verwickelt, steht er diesen bis zum bitteren Ende durch. Allerdings fängt er selten von sich aus Streit an. Er ist ein treuer, fröhlicher und liebenswürdiger Hausgenosse.

Rund um die Welt sind Terrier für die verschiedensten Aufgaben eingesetzt worden. Berühmt wurden sie aber durch ihre Kühnheit und ihren Mut. Es gibt Aufzeichnungen über Terrier, die in Spanien oder in Rußland am Krieg teilnahmen. So erhielt ein irischer Terrier namens „Scout", der die Royal Dragoons nach Südafrika begleitete, für seine Tapferkeit mehrere Orden des britischen Königshauses. Ein Foxterrier verdiente sich im Ersten Weltkrieg den Queen-Victoria-Orden.

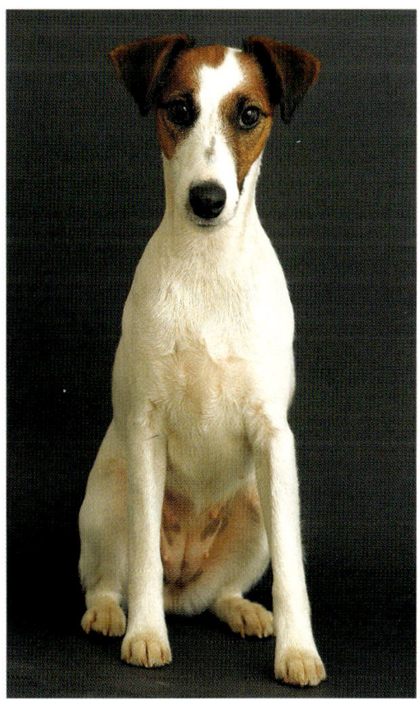

Airedale Terrier

Seit Mitte des 19. Jahrhunderts gibt es den Airedale Terrier. Er wurde von Bergleuten und von Fabrikarbeitern in Yorkshire bei der äußerst beliebten Otterjagd entlang der Flüsse Aire und Wharfe eingesetzt. Nach dem Fluß Aire hat er wohl auch seinen Namen erhalten. Im Krieg erwies er sich als ausgezeichneter Melde- und Wachhund.

Charakter
Als größter Vertreter der Terrier wurde er auch als „König der Terrier" bezeichnet. Er ist ein mutiger und wachsamer Hund, der allerdings auch ziemlich stur sein kann. Obwohl er recht groß ist, eignet er sich gut als Haushund. Der Airedale Terrier ist sehr verspielt und kinderlieb.

Erscheinungsbild
Das Deckhaar ist drahtig und steif und wird durch eine kurze, weiche Unterwolle ergänzt. Der Airedale Terrier ist lohfarben, sein Sattel schwarz oder graumeliert. Ein Bart bedeckt den vorderen Teil des Fangs. Die aufmerksamen Augen sind klein und dunkel. Die V-förmigen Ohren kippen nach vorn. Gutgepolsterte Ballen und gewölbte Zehen zeichnen die kleinen runden Pfoten aus. Das kräftig wirkende Tier verfügt über einen kurzen, geraden Rücken. Die Rute wird hoch getragen und darf nicht mehr kupiert werden.

Merkmale
Lebenserwartung: 12–14 Jahre
Auslauf: einige Kilometer täglich
Fellpflege: beachtlich
Gesundheitliche Probleme: Hüftgelenksdysplasie
Grösse: 56–61 cm
Üblicherweise kupiert: ab 1. Juni 1998: nein
Sonstiges: bellt gern
Von der FCI anerkannt: ja

Merkmale
Lebenserwartung: 14 Jahre
Auslauf: viel
Fellpflege: beachtlich
Gesundheitliche Probleme: Augen
Grösse: 36–39 cm
Üblicherweise kupiert: ab 1. Juni 1998: nein
Sonstiges: bellt gern
Von der FCI anerkannt: ja

Welsh Terrier

Diese aus Wales stammende Terrierart hat eine starke Ähnlichkeit mit dem Lakeland Terrier. Wahrscheinlich haben beide gemeinsame Vorfahren. Der Welsh Terrier wurde zusammen mit den Otterhunden bei der Jagd auf Füchse und Fischotter eingesetzt.

Charakter
Dieser lebhafte und fröhliche Hund ist ein angenehmer Weggefährte. Obwohl er manchmal recht eigensinnig sein kann, läßt er sich leicht erziehen. Auseinandersetzungen mit anderen Hunden geht er allerdings nur ungern aus dem Weg, dabei tritt er aber nicht so laut und hitzköpfig auf wie andere Terrier. Er ist ein treuer Haushund, der sich Fremden gegenüber reserviert zeigt.

Erscheinungsbild
Sein volles, hartes und drahtiges Fell ist schwarz und lohfarben und muß mindestens zwei- bis dreimal im Jahr gezupft werden. Die Unterwolle ist feiner. Täglich sollte der üppige Bart gepflegt werden. Klein und dunkel sind die ausdrucksstarken Augen. Die V-förmigen, nach vorn fallenden Ohren sind hoch angesetzt. Aufrecht steht die Rute, die meistens kupiert wurde. An eine Katze erinnern die kleinen runden Pfoten. Der Welsh Terrier hat einen kurzen Rücken und kräftige Lenden.

Irish Terrier

Seine Herkunft gleicht einem keltischen Rätsel, da es kaum Aufzeichnungen über seine Geschichte gibt. Jedoch glaubt man, daß dieser Terrier zu den ältesten irischen Rassen gehört. Früher nannte man ihn wegen seines außerordentlichen Muts „Red Devil" (Roter Teufel).

Charakter

Der Irish Terrier ist ein mutiger Hund, der sich seinen Ruf als Draufgänger wahrlich verdient hat. Denn sobald er herausgefordert wird, stellt er sich seinem Gegner. Einem Kampf geht er selten aus dem Weg. Deshalb muß er auch sorgfältig beaufsichtigt und konsequent ausgebildet werden. Im Umgang mit Menschen, besonders mit Kindern, erweist er sich gleichwohl als ein treuer, liebevoller und lustiger Hund, der so manchen Spaß verträgt.

Erscheinungsbild

Er hat ein rauhes, drahtiges Fell und eine weichere Unterwolle. Zu den bevorzugten Fellfarben gehören Rot und Gelbrot. Dunkel glänzen die kleinen Augen. Ebenfalls klein sind die V-förmigen Ohren, die nach vorn fallen. Aufrecht wird die bis zum 1. 6. 1998 meist zu einem Drittel kupierte Rute getragen. Die Pfoten sind klein, rund und kräftig. Eine tiefe, muskulöse Brust und eine lange Rückenlinie runden die anmutige Erscheinung ab.

Merkmale

LEBENSERWARTUNG: 13 Jahre
AUSLAUF: viel
FELLPFLEGE: beachtlich
GESUNDHEITLICHE PROBLEME: keine
GRÖSSE: 46–48 cm
ÜBLICHERWEISE KUPIERT: ab 1. Juni 1998: nein
SONSTIGES: ziemlich ruhig
VON DER FCI ANERKANNT: ja

Lakeland Terrier

Dieser Terrier erhielt seinen Namen vom Lake District, wo er Füchse und Dachse in ihren Höhlen aufzustöbern half. Er ist ein unerbittlicher Jäger, der es auch mit Tieren aufnimmt, die viel größer sind als er.

Charakter

Dieser kleine, zähe Hund ist sehr lebhaft, intelligent und wachsam. Wie die meisten Terrier fängt er selten Streit an, ist er aber erst einmal in einen Kampf verwickelt, steht er ihn bis zum bitteren Ende durch. Er hat ein angenehmes, nachgiebiges Wesen, ist aber nicht sonderlich kinderfreundlich. Sein Fell benötigt viel Pflege.

Erscheinungsbild

Seine Unterwolle wird durch ein rauhes, dichtes und wasserabweisendes Deckhaar geschützt. Folgende Farben treten auf: Lohfarben mit Blau oder Schwarz, Rot, Weizen, Rotgrau, Rotbraun und schließlich Schwarz. Er trägt einen langen Bart. Die Augen sind dunkel oder haselnußbraun. Ziemlich klein und V-förmig sind die Ohren, die er nach vorn gerichtet trägt. Die ehemals kupierte Rute wird aufgerichtet, darf aber nicht eingedreht oder über dem Rücken getragen werden. Ziemlich klein und rund sind seine Pfoten. Weitere Charakteristika sind die recht schmale Brust und der kurze, kräftige Rücken.

Merkmale

LEBENSERWARTUNG: 13–14 Jahre
AUSLAUF: viel
FELLPFLEGE: anspruchsvoll
GESUNDHEITLICHE PROBLEME: keine
GRÖSSE: 33–38 cm
ÜBLICHERWEISE KUPIERT: ab 1. Juni 1998: nein
SONSTIGES: bellt gern
VON DER FCI ANERKANNT: ja

Glatt- und Drahthaar-Foxterrier

Außer ihrem Fell gibt es kaum etwas, das diese beiden Zuchtlinien voneinander unterscheidet. Da sie vor allem dazu verwendet werden, Füchse aus ihrem Bau zu scheuchen, erhielten sie den Namen Foxterrier.

Charakter

Markenzeichen des Drahthaar-Foxterriers ist sein langer Schnauzbart. Durch die buschigen Augenbrauen sieht er aufgeweckter aus als sein glatthaariger Vetter. Auf dem Land sollte man den Drahthaar-Fox an der kurzen Leine halten, da ihn jede Bewegung im Unterholz neugierig macht. Der Glatthaar-Foxterrier ist nicht ganz so temperamentvoll. Beide Hunde sind robust und freuen sich über ausgiebigen Auslauf. Sorgfältig erzogen, eignen sie sich gut als Familienhunde, da sie sehr kinderlieb sind.

Erscheinungsbild

Unter dem rauhen Deckhaar des Drahthaar-Fox liegt eine weichere Unterwolle. Die Behaarung des Glatthaar-Fox ist weich und kurz. Beide haben kleine, dunkle Augen, die eng zusammenstehen. Die V-förmigen Ohren fallen nach vorn. Hoch getragen wird die Rute. Die Pfoten sind rund und geschlossen. Beide zeichnen sich durch einen muskulösen Körperbau mit runden Rippen und einem kurzen, geraden Rücken aus.

Drahthaar Foxterrier

Merkmale

LEBENSERWARTUNG: 13–14 Jahre
AUSLAUF: viel
FELLPFLEGE: *Drahthaar*: geringfügig; *Glatthaar*: anspruchslos
GESUNDHEITLICHE PROBLEME: Augen
GRÖSSE: 38–39 cm
ÜBLICHERWEISE KUPIERT: ab 1. Juni 1998: nein
SONSTIGES: bellt sehr gern
VON DER FCI ANERKANNT: ja

Manchester Terrier

Dieser Terrier wurde weniger für die Jagd als für Tierkämpfe gezüchtet. In Großbritanniens Bergbaugebieten war das Töten von Ratten ein beliebter Wettsport. Je mehr Ratten ein Hund tötete, desto wertvoller war er. In Manchester erlangte der mit dem Whippet gepaarte Terrier so große Beliebtheit, daß er den Namen der Stadt erhielt.

Charakter

Seit das Rattenbeißen verboten wurde, trifft man diese geschmeidige, athletische Rasse nur noch selten an. Legendär ist Billy, der angeblich in weniger als sieben Minuten 100 in eine Kiste gepferchte Ratten tötete. Der Manchester Terier ist wachsam und temperamentvoll, dabei neigt er dazu, viel zu bellen. Außerdem ist er gelehrig und sehr kinderfreundlich.

Erscheinungsbild

Das kurze, glänzende und weiche Fell bedarf keiner großen Pflege. Es ist schwarz mit ausgeprägten hellbraunen Abzeichen. Mandelförmig und lebhaft sind die typischen Terrieraugen. Charakteristisch sind auch die V-förmigen Kippohren. Die kegelförmig auslaufende Rute wird niedrig getragen und nicht kupiert. Der Manchester Terrier hat hasenähnliche, kräftige Pfoten, eine schmale, tiefe Brust und einen ziemlich kurzen Körper.

Merkmale

LEBENSERWARTUNG: 13–14 Jahre
AUSLAUF: viel
FELLPFLEGE: anspruchslos
GESUNDHEITLICHE PROBLEME: Von-Willebrand-Krankheit
GRÖSSE: 38–41 cm
SONSTIGES: bellt sehr gern
VON DER FCI ANERKANNT: ja

Staffordshire Bullterrier und American Staffordshire Terrier

Aus einer Kreuzung von Bulldogge und Terrier ging der Staffordshire Bullterrier hervor. Lange litt er darunter, daß man ihn aus Unkenntnis mit dem Pitbullterrier in Verbindung brachte. Der amerikanische Staffordshire Terrier ist größer als sein englischer Verwandter.

Charakter

Der kleine Muskelprotz ist ein treues, kinderfreundliches und anhängliches Tier. Allerdings bedeutet er eine große Gefahr für andere Hunde, wenn man seinen Aggressionstrieb Vierbeinern gegenüber nicht frühzeitig in andere Bahnen lenkt. Schließlich war er lange Zeit der Matador der englischen Hundekämpfe.

Erscheinungsbild

Beide Rassen besitzen ein kurzes, glänzendes und pflegeleichtes Fell, das in nahezu allen Farbkombinationen vorkommt. Dunkel sind Augen und Augenlider. Was die beiden Rassen am stärksten voneinander unterscheidet, sind die Rosenohren, die bei der amerikanischen Linie häufig kupiert wurden, um größere Verletzungen im Ohrbereich zu verhindern. Sehr kräftig sind die mittelgroßen Pfoten. Die mittellange Rute wird tief getragen.

Staffordshire Bullterrier

Merkmale

LEBENSERWARTUNG: 12 Jahre
AUSLAUF: sehr viel
FELLPFLEGE: anspruchslos
GESUNDHEITLICHE PROBLEME: Augen
GRÖSSE: *Staffordshire Bullterrier*: 35–40 cm;
American Staffordshire Terrier: 43–48 cm
ÜBLICHERWEISE KUPIERT: *American Staffordshire*: ab 1. Juni 1998: nein
SONSTIGES: bellt sehr gern
VON DER FCI ANERKANNT: ja

Kerry Blue Terrier

Aus der Grafschaft Kerry in Irland stammt diese Rasse, die 1922 international anerkannt wurde. Ursprünglich diente dieser Terrier als Rattenfänger und Hofhund.

Charakter

Sowohl seine Art als auch seine Erscheinung haben etwas Eigenwilliges an sich. Man kann generell von einer gesunden und langlebigen Rasse sprechen. Außerdem verlieren diese Tiere kaum Haare. Hin und wieder können sie allerdings sehr eigensinnig und stur sein. Werden sie von anderen Hunden bedroht, lassen sie sich auch auf Kämpfe ein. Dennoch sind sie sportliche, zuverlässige und liebenswürdige Begleiter, wenn man sie konsequent erzieht.

Erscheinungsbild

Hervorstechendes Merkmal der Rasse ist ihre bläuliche Färbung. Manchmal entwickelt sie sich unerkannt unter dem ersten schwarzen Fell und taucht dann beim Trimmen überraschend auf. Um sein Fell in Form zu halten, bedarf es einiger Erfahrung. Seine dunklen Augen sind ziemlich klein, wie übrigens auch die Ohren, die hoch getragen werden und nach vorn abkippen. Die volle Rute wird aufrecht getragen. Unter dem dichten Fell sitzen kleine Pfoten und hochaufgewölbte Rippen, die Haltung ist fest und aufrecht.

Merkmale

LEBENSERWARTUNG: 13 Jahre
AUSLAUF: wenig
FELLPFLEGE: beachtlich
GESUNDHEITLICHE PROBLEME: keine bekannt
GRÖSSE: 46–48 cm
ÜBLICHERWEISE KUPIERT: ab 1. Juni 1998: nein
SONSTIGES: ziemlich ruhig
VON DER FCI ANERKANNT: ja

Irish Soft Coated Wheaten Terrier

Diese älteste in Irland heimische Terrierart wurde von den Bauern als Wachhund, Viehtreiber und Rattenfänger eingesetzt. Das intelligente Tier wird heute vor allem in den USA als liebenswürdiger Begleithund geschätzt.

Charakter
Er ist ein fröhlicher, aufgeweckter und aktiver Hund, der sehr an seiner Bezugsfamilie hängt. Zuweilen benimmt er sich aufgrund seiner starken Persönlichkeit und seiner Verspieltheit recht ungezogen. Bei konsequenter Erziehung erweist er sich als zuverlässiger Weggefährte.

Erscheinungsbild
Das weiche, seidige Fell dieses Terriers hat die Farbe reifen Weizens („wheaten"). Die krausen Locken sind hübsch anzusehen, benötigen jedoch beachtliche Pflege. Er ist normalerweise in einem bestimmten Stil getrimmt, wobei das Haarkleid an Gesicht, Pfoten, Hals, Brust und Bauch länger gelassen wird als an den übrigen Körperteilen. Kräftige Brauen verstecken seine spitzbübischen Augen. Die Oberkanten seiner Ohren stehen vom Kopf ab und verleihen ihm ein aufmerksames Aussehen. Der Irish Soft Coated Wheaten Terrier trägt seine Rute hoch. Seine Pfoten sind kräftig und fest. Der kompakte Körper ist wohlproportioniert.

Merkmale
LEBENSERWARTUNG: 14 Jahre
AUSLAUF: wenig
FELLPFLEGE: anspruchsvoll
GESUNDHEITLICHE PROBLEME: Augen, Hüften, Nieren
GRÖSSE: 45–48 cm
ÜBLICHERWEISE KUPIERT: ab 1. Juni 1998: nein
SONSTIGES: bellt gern
VON DER FCI ANERKANNT: ja

Merkmale
LEBENSERWARTUNG: 13 Jahre
AUSLAUF: wenig
FELLPFLEGE: anspruchslos
GESUNDHEITLICHE PROBLEME: nicht bekannt
GRÖSSE: 23–28 cm
SONSTIGES: bellt gern
VON DER FCI ANERKANNT: ja

Cairn Terrier

Der von der Isle of Skye stammende Cairn Terrier ist der kleinste der Gebrauchsterrier. Im schottischen Hochland scheuchte er früher Otter, Füchse und Dachse auf.

Charakter
Das sportliche und temperamentvolle Tier hat einen natürlichen, etwas ungeschliffenen Charme. Wenn es herausgefordert wird, setzt es sich energisch zur Wehr. Weil der Hund sehr eigenwillig sein kann, sollte man frühzeitig mit seiner Erziehung beginnen. Er ist lerneifrig und ständig bemüht, seinen Halter zufriedenzustellen. Artgenossen gegenüber verhält er sich zugänglich, Katzen stellt er nach – mit Ausnahme der Hauskatze, die er in der Regel akzeptiert.

Erscheinungsbild
Reiches, hartes Deckhaar über dicker Unterwolle schützt den Cairn Terrier vor Wind und Wetter. Die Welpen sind bei der Geburt dunkel, werden später aber heller. Als Farben kommen Creme, Weizen, rötliche Töne, Grau und Schwarz vor. Weit auseinanderliegende, dunkle Augen mit buschigen Augenbrauen prägen das kleine Gesicht. Die Ohren sind ebenfalls klein und gerade aufgestellt, die kurze, buschige Rute zeigt stolz nach oben. Der feste Körper ist wohlproportioniert.

Norfolk & Norwich Terrier

Hervorstechendes Unterscheidungsmerkmal der beiden Rassen sind die Ohren: Der erstmals 1935 ausgestellte Norwich hat Stehohren, der 1965 als eigene Rasse anerkannte Norfolk Hängeohren. Ansonsten sind beide Terrier, was Wesen, Erscheinungsbild und Herkunft angeht, identisch. Sie neigen dazu, Jagd auf alles Kleingetier zu machen. Dabei scheuen sie sich nicht, neben Mäusen auch Eichhörnchen oder Kaninchen nachzustellen.

Charakter

Beide Rassen sind ausdauernd, temperamentvoll und mitunter auch ein wenig stur. Obwohl sie zu den kleinsten Terrierarten zählen, können sie, wenn es sein muß, laut anschlagen. Meistens jedoch zeigen sich die gewitzten Vierbeiner ruhig und umgänglich und sind fröhliche, verspielte Haustiere, die schnell lernen und gut auf moderne Trainingsmethoden reagieren.

Erscheinungsbild

Das drahtige, glatte und leicht getrimmte Fell beider Terrier ist entweder rötlich, schwarz oder gelbbraun, seltener grau. Man sollte es regelmäßig bürsten und kämmen sowie altes Haar auszupfen. Beide Tiere besitzen hübsche, feine Schnurrbärte und buschige Augenbrauen. Dunkel glänzen ihre ovalen, tiefliegenden Augen.

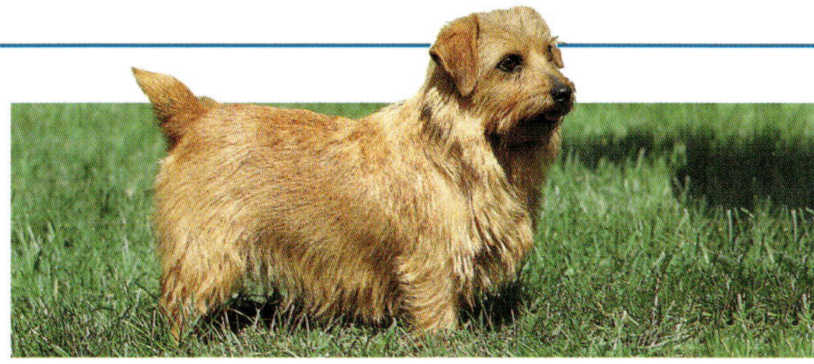

Norfolk Terrier

Norwich Terrier

Merkmale

LEBENSERWARTUNG: 14 Jahre
AUSLAUF: wenig
FELLPFLEGE: anspruchsvoll
GESUNDHEITLICHE PROBLEME: nicht bekannt
GRÖSSE: 25–26 cm
ÜBLICHERWEISE KUPIERT: ab 1. Juni 1998: nein
SONSTIGES: bellt gern
VON DER FCI ANERKANNT: ja

Merkmale

LEBENSERWARTUNG: 14 Jahre
AUSLAUF: wenig
FELLPFLEGE: anspruchslos
GESUNDHEITLICHE PROBLEME: nicht bekannt
GRÖSSE: 24–26 cm
ÜBLICHERWEISE KUPIERT: ab 1. Juni 1998: nein
SONSTIGES: ziemlich ruhig
VON DER FCI ANERKANNT: ja

Australischer Terrier

Englische Terrier standen Pate für diese Rasse, die inzwischen auf der ganzen Welt beliebt ist. Die kampflustigen australischen Rattenbeißer von einst sind ausgezeichnete Wach- und unterhaltsame Familienhunde.

Charakter

Seine geringe Größe hält diesen Terrier nicht davon ab, sich nachdrücklich Gehör zu verschaffen. Trotzdem ist die Rasse im allgemeinen nicht laut. Die Tiere sind lebendig, selbstbewußt und umgänglich und passen sich sowohl dem Stadt- wie auch dem Landleben an. Vom Wesen her warmherzig, gehorchen sie gut und erweisen sich als treue, liebevolle Weggefährten. Bei guter Pflege verlieren sie nur wenige Haare.

Erscheinungsbild

Das ungetrimmte, rauhe Fell weist eine Halskrause auf. Zwei Farbvariationen sind möglich: bläulich und gelbbraun oder durchgehend rötlich. Der aufmerksame Ausdruck des Hundes wird durch seine freundlichen, dunklen Augen unterstrichen. Charakteristisches Merkmal sind die steil aufgerichteten Ohren. Das Tier trägt die Rute hoch, aber nicht über den Rücken gebogen. Seine kleinen Pfoten verleihen ihm einen federnden Schritt. Der Rumpf ist ziemlich lang, doch wohlproportioniert.

Scottish Terrier

Alle Terrier aus dem schottischen Hochland stammen vom Highland Terrier ab und haben dessen mutigen Charakter geerbt. Der Scottish Terrier, dessen Ahnenreihe viele Jahrhunderte zurückverfolgt werden kann, macht hier keine Ausnahme.

Charakter
Als typischer Terrier ist er nichts für schwache Nerven. Das fröhliche und verspielte, dabei äußerst intelligente und empfindsame Tier liebt Verfolgungsjagden, ist aber nicht aggressiv. Fremden gegenüber verhält sich der mitunter ein wenig hochmütig wirkende Hund zurückhaltend, seinem Besitzer ist er ein treuer Begleiter.

Erscheinungsbild
Das Haarkleid dieses Terriers ist schwarz, scheckig oder weizengelb, die Unterwolle weich und kurz, das Deckhaar dicht und drahtig. Seine dunklen, tiefliegenden Augen stehen wie die hochangesetzten Spitzohren relativ weit auseinander; besonders auffällig sind die buschigen Augenbrauen. Die Rute wird aufgestellt getragen, entweder gerade oder mit einer leichten Krümmung. Das schwere, starkknochige Tier besitzt kurze, kräftige Hinterläufe, die Vorderpfoten sind etwas größer als die Hinterpfoten. Die Rückenlinie ist gerade, die Rippen sind gut gewölbt.

Merkmale
LEBENSERWARTUNG: 13 Jahre
AUSLAUF: viel
FELLPFLEGE: anspruchsvoll
GESUNDHEITLICHE PROBLEME: nicht bekannt
GRÖSSE: 25–28 cm
SONSTIGES: ziemlich ruhig
VON DER FCI ANERKANNT: ja

Sealyham Terrier

Die Ursprünge des Sealyham Terriers liegen im ländlichen Wales: Der Hund sollte kräftig und klein genug sein, um dem Dachs überallhin folgen zu können. Sein weißes Fell verdankt er der Tatsache, daß seine braunen Artgenossen häufig erschossen wurden, sobald sie den Bau verließen.

Charakter
Dieser anpassungsfähige, kleine Hund, der sowohl in der Stadt wie auch auf dem Land glücklich ist, genießt die menschliche Gesellschaft, kann sich jedoch auch problemlos selbst beschäftigen und gibt einen guten Wachhund ab. Charmant und liebenswürdig, kann er sich manchmal auch sehr dickköpfig zeigen. Man sollte deshalb schon früh mit der Erziehung beginnen. Aufgrund seiner Intelligenz fällt ihm das Lernen nicht schwer.

Erscheinungsbild
Das lange, drahtige Deckhaar mit wetterfester Unterwolle braucht regelmäßige Pflege, damit es nicht verfilzt. Die Augen sind dunkel und mittelgroß, die Hängeohren an der Spitze abgerundet. Das Hinterteil ragt über die aufrecht stehende Rute hinaus. Die runden Pfoten haben dicke Ballen. Der Rücken des kurzbeinigen Kraftpakets ist waagrecht, die Rippen sind geschwungen. Tief zwischen den Vorderbeinen sitzt die breite Brust.

Merkmale
LEBENSERWARTUNG: 14 Jahre
AUSLAUF: wenig
FELLPFLEGE: anspruchsvoll
GESUNDHEITLICHE PROBLEME: Augen
GRÖSSE: 25–30 cm
ÜBLICHERWEISE KUPIERT: ab 1. Juni 1998: nein
SONSTIGES: ziemlich ruhig
VON DER FCI ANERKANNT: ja

West Highland White Terrier

Lange Zeit der Lieblingshund schottischer Jäger, zählt der „Westie" heute zu den beliebtesten Terriern. Auf manchen Bauernhöfen wird der weitverbreitete Haushund noch immer zur Arbeit eingesetzt.

Charakter

Er ist ein kleiner, sportlicher Hund, der es aber auch gern bequem hat. Obwohl er sich gut an das Stadtleben anzupassen vermag, bevorzugt er das Land. Sein fröhliches Wesen macht ihn zum idealen Spielkameraden für Kinder, mit deren Lebhaftigkeit er gut mithalten kann. Das Tier ist selbstsicher, lebenslustig und immer zu Späßen aufgelegt. Der außergewöhnlich charmante Vierbeiner verträgt sich gut mit Artgenossen und schätzt menschliche Gesellschaft – der ideale Familienhund.

Erscheinungsbild

Sein drahtiges, reinweißes Deckhaar fällt glatt, die Unterwolle ist weich und warm. Die dunklen Augen liegen weit auseinander. Auch bei diesem Terrier stehen die kleinen, geraden Stehohren aufrecht. Die Rute wird keß nach oben getragen, biegt sich jedoch nie über den Rücken. Dicke Ballen sitzen an den kräftigen Pfoten, die Läufe sind gut bemuskelt. Der Körper ist kompakt, die Brust tief, die Rippen sind in der unteren Hälfte gebogen.

Merkmale

LEBENSERWARTUNG: 14 Jahre
AUSLAUF: wenig
FELLPFLEGE: anspruchsvoll
GESUNDHEITLICHE PROBLEME: trockene Augen, Hautleiden, Legge-Perthes-Krankheit, Allergien
GRÖSSE: 25–28 cm
SONSTIGES: bellt sehr gern
VON DER FCI ANERKANNT: ja

Dandie Dinmont Terrier

Seinen Namen verdankt der lustige, unbeschwerte Dandie Dinmont Terrier einem Roman von Sir Walter Scott. Er ist einer der ältesten britischen Terrier und wurde ursprünglich in Nordengland für die Jagd auf Dachse gezüchtet.

Charakter

Sir Walter Scott beschreibt dieses würdevolle und intelligente Tier sehr treffend als den „großen kleinen Hund". Seine Eigenständigkeit bringt es mit sich, daß er nie hundertprozentig gehorchen wird. Trotzdem ist er ein guter Haushund. Um das Beste aus diesem gewitzten Tier herauszuholen, muß sich der Besitzer dessen Respekt erst verdienen. Dann aber ist es seinem Halter gegenüber treu ergeben und sehr anhänglich.

Erscheinungsbild

Der Hund hat festes Deckhaar und weiche Unterwolle, auf dem Kopf trägt er einen hellen Schopf. Er ist entweder schwarz bis blaßgrau oder rötlich-braun bis beige. Die Augen sind groß, rund und haselnußbraun. Seine zurückgesetzten Ohren liegen tief am Kopf und weit auseinander. Die kurze Rute beschreibt eine leichte Kurve. Die Vorderpfoten sind kleiner als die Hinterpfoten. Zu seinen charakteristischen Merkmalen gehören eine tiefe Brust und ein langer, über den Lenden leicht gewölbter Rücken.

Merkmale

LEBENSERWARTUNG: 13 Jahre
AUSLAUF: wenig
FELLPFLEGE: anspruchsvoll
GESUNDHEITLICHE PROBLEME: Augen, Rücken, Bandscheiben
GRÖSSE: 20–28 cm
SONSTIGES: bellt gern
VON DER FCI ANERKANNT: ja

Skye Terrier

Dieser lustig anzusehende Terrier wurde nach der schottischen Insel Skye benannt, wo er bei der Jagd auf Otter, Füchse und Dachse Verwendung fand. Er wurde bald zum Liebling des schottischen und des englischen Adels.

Charakter

Der Skye Terrier ist ungefähr viermal so lang wie hoch und ein unerschrockener Hund, der sich seine Jagdinstinkte erhalten hat. Allerdings ist er ein schwieriger Gefährte, was nicht nur an der aufwendigen Fellpflege, sondern auch an seinem komplizierten Charakter liegt. Da er sehr selbstbewußt ist, muß er auch konsequent erzogen werden.

Erscheinungsbild

Unter dem langen, glatten Deckhaar verbirgt sich eine weiche, kurze Unterwolle. Die Fellfarben sind Creme, Rehbraun, Grau oder Schwarz. Dicht zusammen stehen die braunen Augen, die zumeist von Haaren überdeckt sind. Typisch für ihn sind die Stehohren. Die befederte Rute beschreibt in der unteren Hälfte einen Bogen; ist sie aufgerichtet, stellt sie eine Verlängerung des Rückens dar. Die Vorderpfoten sind größer als die Hinterpfoten. Durch den geraden Rücken, das herabhängende Fell und den langen Körper wirkt das Tier sehr „flach".

Merkmale

Lebenserwartung: 12 Jahre
Auslauf: wenig
Fellpflege: anspruchsvoll
Gesundheitliche Probleme: keine bekannt
Grösse: 26–28 cm
Sonstiges: ziemlich ruhig
Von der FCI anerkannt: ja

Merkmale

Lebenserwartung: 13 Jahre
Auslauf: wenig
Fellpflege: Scheren und Trimmen erfordern fachmännische Geschicklichkeit
Gesundheitliche Probleme: Augen
Grösse: 38–43 cm
Sonstiges: ziemlich ruhig
Von der FCI anerkannt: ja

Bedlington Terrier

Er stammt aus dem schottisch-englischen Grenzgebiet von Northumberland und wurde nach dem dortigen Dorf Bedlington benannt. Da er äußerst gewitzt, schnell, scharf und lautlos ist, wurde er von Zigeunern, Kesselflickern und Landfahrern zum Wildern benutzt.

Charakter

Dieser ruhige und zugleich sehr mutige Hund ist leichter zu führen als die anderen Terrierrassen. Allerdings hat auch er sich einen großen Teil seiner Jagdinstinkte erhalten. Er eignet sich ausgezeichnet als Familienhund und geht sehr liebevoll mit Kindern um.

Erscheinungsbild

Das auffallende Fell ist – anders als bei den übrigen Terriern – nicht drahtig, sondern dick und flockig. Seine Besonderheit: Es haart nicht. Man findet den Terrier in den Farben Blau, Leberbraun und Sandfarben. Fast dreieckig und dunkel sind die kleinen ausdrucksvollen und intelligenten Augen. Die Ohren sind mittelgroß und hängen flach an den Wangen herunter. An den Spitzen haben sie eine Franse aus seidigem Haar. Die Rute wurde nicht kupiert. Dicke sowie dicht geschlossene Ballen sitzen an großen Pfoten. Der Rücken ist gerundet. Schmale Rippen kennzeichnen die tiefe Brust.

Border Terrier

Beheimatet ist der Border Terrier im schottisch-englischen Grenzgebiet (Grenze = „border"), wo er die Meute bei der Jagd begleitete und Füchse aus ihren Verstecken in der Erde aufscheuchte. Wahrscheinlich ist er ein Verwandter des Dandie Dinmont und des Bedlington.

Charakter

Der ausgeprägte Jagdinstinkt kann diesen unabhängigen kleinen Hund dazu verleiten, eigenständig Streifzüge zu unternehmen. Um dies zu verhindern, sollte man seinen Garten sorgsam umzäunen. Die Ausdauer des Hundes ist so groß, daß er leicht über mehrere Kilometer mit einem Pferd mithalten kann. Für das Stadtleben ist er daher weniger geeignet. Dank seines angenehmen Wesens gibt er einen guten, kinderfreundlichen Familienhund ab.

Erscheinungsbild

Sein hartes Deckhaar wird durch eine kurze, dichte und sehr weiche Unterwolle ergänzt. Das Fell schillert weizenblond, rot, grau, meliert oder blau (dann mit lohfarbenen Läufen oder Kopf). Die wachen, ausdrucksvollen Augen sind dunkel, die kleinen, V-förmigen Ohren fallen nach vorn. Von Natur aus ist die Rute kurz, am Ansatz ziemlich dick und rund. Sie ist hoch angesetzt und wird aufrecht getragen, aber nie über den geraden Rücken gerollt.

Merkmale

LEBENSERWARTUNG: 13–14 Jahre
AUSLAUF: viel
FELLPFLEGE: Das Fell sollte regelmäßig gezupft werden
GESUNDHEITLICHE PROBLEME: Rücken
GRÖSSE: 32–35 cm
SONSTIGES: bellt sehr gern
VON DER FCI ANERKANNT: ja

Bullterrier

James Hinks aus Birmingham kreuzte im 19. Jahrhundert den Bulldog mit dem inzwischen ausgestorbenen English White Terrier. Da der Bullterrier die Kraft des Bulldog mit der Hartnäckigkeit des Terriers vereinte, wurde er zum idealen Kampfhund.

Charakter

Grundsätzlich handelt es sich beim Bullterrier um ein anhängliches Tier, das sich als guter Spielgefährte der Kinder und zuverlässiger Beschützer erweist. Zu anderen Hunden verhält er sich so lange freundlich, bis er angegriffen wird. Dann allerdings verwandelt er sich in eine Kampfmaschine, die fürchterliche Wunden reißen kann. Der Zwergbullterrier zeigt sich Kindern gegenüber nicht so geduldig. Er besitzt mehr Temperament und eignet sich gut als Wachhund.

Erscheinungsbild

Das Fell beider Rassen ist kurz, glatt und hart sowie weiß, braun oder schwarz gestromt. Ihre dunklen Augen stehen wie die kleinen Ohren eng zusammen und bilden ein Dreieck. Horizontal wird die kurze Rute getragen. Die kompakten Pfoten stehen parallel und sind auffallend rund. Weitere Merkmale sind der kurze, kräftige Rücken und die flachen, breiten Schulterblätter.

Merkmale

LEBENSERWARTUNG: 11–13 Jahre
AUSLAUF: *Bullterrier*: viel; *Zwergterrier*: wenig
FELLPFLEGE: anspruchslos
GESUNDHEITLICHE PROBLEME: *weißer Bullterrier*: Taubheit
GRÖSSE: *Bullterrier*: 35–45 cm; *Zwergterrier*: 25–35 cm
SONSTIGES: *Bullterrier*: bellt gern; *Zwergterrier*: ziemlich ruhig
VON DER FCI ANERKANNT: ja

Nutz- & Begleithunde

Typisierung ✦ Historische Aspekte ✦ Charakteristika ✦ Haushunde

In dieser Gruppe werden einige der schönsten, intelligentesten und beliebtesten Hunderassen mit faszinierenden Geschichten vorgestellt. Einige von ihnen weisen zudem auch uralte Stammbäume auf. Das Besondere an diesen Rassen ist, daß sie im Laufe der Zeit nicht mehr ihren ursprünglichen Zwecken dienen konnten, sondern sich neuen Bedürfnissen und Aufgaben anpassen mußten.

Außerdem werden sie in den einzelnen Ländern unterschiedlich eingeteilt. So zählt der Akita Inu in Deutschland zu der Gruppe der Nordischen Schlitten- und Jagdhunde, in Großbritannien dagegen zu den Gebrauchshunden und in den USA zu den Arbeitshunden.

Ursprüngliche Aufgaben

Der Lhasa Apso gehört zu den ältesten Hunderassen. Er wurde von tibetischen Mönchen als Wachhund gezüchtet. Zugleich galt er auch als Glücksbringer für seinen Besitzer. Es heißt, daß beim Ableben des Halters dessen Seele in den Körper des Hundes schlüpft. Ganz andere Aufgaben hatte der Pudel zu erfüllen, dessen Geschichte sich bis ins Mittelalter zurückverfolgen läßt. Ursprünglich wurde er bei der Jagd auf Wasserwild eingesetzt, wo er das Federwild beherzt aus jedem Gewässer apportierte. Mit der Zeit wurden andere Rassen dafür entwickelt, so daß sich der Pudel zum Gesellschafts- und Begleithund wandelte. Seine Zwergform gehört zu den beliebtesten Schoßhunden. Den temperamentvollen Dalmatiner wird man wohl eher aufgrund des Zeichentrickfilms „101 Dalmatiner" in guter Erinnerung behalten als wegen seiner früheren Tätigkeit. Im 19. Jahrhundert begleitete er Kutschen, um Wegelagerer abzuschrecken.

Der Chow Chow diente zunächst als Tempelwächter, bevor er den Adel in China auf die Jagd begleitete. Heute wird er in Asien nicht nur wegen seiner Anhänglichkeit und der exotisch blauschwarzen Zunge geschätzt, sondern auch als Fleisch- und Fellieferant.

Unten: Der Tibet Spaniel wurde von tibetischen Mönchen als Wachhund und zum Treten von Gebetsmühlen eingesetzt.

Links: Als Wachhund auf Lastkähnen war der Keeshond, ein typischer Spitzhund, äußerst beliebt.

Kreuzungen

Auch heute kreuzt man Hunde unterschiedlicher Rassen miteinander. Besonders häufig trifft dies auf kleinere Hundenrassen zu. Es werden bereits Anstrengungen unternommen, Kreuzungen zwischen Pudel und Cockerspaniel oder zwischen Pekinese und Pudel anerkennen zu lassen. Bereits erfolgreich gekreuzt wurden der Labrador mit dem Pudel, dies ergab den sogenannten „Labradudel", und der Markiesje, der aus Zwergpudel und Spaniel entstanden ist. Diese beiden Kreuzungen wurden vom holländischen Hundezuchtverband bereits als neue Rassen anerkannt.

Familienhunde

So individuell ihre Eigenschaften, ihre Merkmale und ihr historischer Hintergrund sind, so unterschiedlich ist auch ihre Eignung als Haus- wie Familienhunde. Allerdings verbinden sie einige hervorstechende Charakteristika: Sie sind anhängliche, freundliche, intelligente und lebhafte Wesen.

Preisverdächtig

Diese besondere Hundegruppe muß sich keinesfalls bei Hundeausstellungen verstecken, da sie viele Sieger in ihren Reihen hat. So gewannen in den letzten Jahren in Großbritannien auf der Crufts sowohl der Zwerg- wie der Kleinpudel den Titel „Bester Hund der Ausstellung".

Täuschungen

Manchmal kann die Namensgebung bei einzelnen Hunden Verwirrung stiften. Denn nicht immer stimmt die Bezeichnung mit Ursprung oder Zugehörigkeit überein. So könnte man glauben, daß der Tibet Terrier aufgrund seines Namens zur Rasse der Terrier gehört. Weiß man aber, daß die buddhistischen Mönche ihn nicht für die Jagd züchteten, sondern als Wach- und Begleithund verwendeten, wird schnell klar, daß er nicht den Terriern zuzurechnen ist.

Ähnlich verhält es sich beim Tibet Spaniel. Auch er gehört nicht zu der Gruppe der Spaniels, die den Jagdhunden zugeordnet sind. Seine Aufgabe bestand darin, sich tragen zu lassen. Denn sobald seinem Besitzer kalt wurde, hob dieser den kleinen Hund unter die Mönchskutte, um sich von ihm wärmen zu lassen. Im Mittelalter war es durchaus üblich, seine Hunde mit in die Kirche zu nehmen und sie als Fußwärmer zu benutzen.

Rechts: Früher war es üblich, den Dalmatiner – heute ein Modehund – als Schutzhund neben Kutschen laufen zu lassen.

Boston Terrier

Der Boston Terrier gehört zu den wenigen Rassen, die für sich in Anspruch nehmen können, in den USA entstanden zu sein. Es handelt sich um eine Kreuzung aus Bulldogge und Bullterrier, auch die Französische Bulldogge floß in die Linie mit ein. Im 19. Jahrhundert diente der Boston als Kampfhund, inzwischen ist er ein beliebter Familien- und Ausstellungshund.

Charakter
Trotz seiner etwas grimmigen Erscheinung hat er ein gutmütiges, sanftes und liebenswürdiges Wesen. Da er sehr gehorsam ist, eignet er sich hervorragend als Haushund. Es ist selbstbewußt, intelligent und leicht auszubilden.

Erscheinungsbild
Kurz, weich und glänzend ist sein feines Fell. Es schimmert entweder rot- oder schwarzgestromt. Weit auseinander stehen die großen, runden, dunklen Augen, die dem Gesicht einen intelligenten Ausdruck verleihen. Die dünnen Stehohren sitzen weit außen am Kopf. Das Tier trägt eine kurze, fein zugespitze Rute. Gebogene Zehen schließen seine runden, kompakten Pfoten ab. Weitere Merkmale sind eine nur mäßig tiefe, aber breite Brust und ein kurzer Rücken, der nach hinten etwas abfällt. Die Keulen sind kräftig und muskulös.

Merkmale
LEBENSERWARTUNG: 13 Jahre
AUSLAUF: viel
FELLPFLEGE: anspruchslos
GESUNDHEITLICHE PROBLEME: Augen
GRÖSSE: 36–40 cm
SONSTIGES: ziemlich ruhig
VON DER FCI ANERKANNT: ja

Merkmale
LEBENSERWARTUNG: 10 Jahre
AUSLAUF: wenig
FELLPFLEGE: anspruchslos
GESUNDHEITLICHE PROBLEME: Atmung, natürliche Geburten sind meist unmöglich
GRÖSSE: 31–36 cm
SONSTIGES: ziemlich ruhig
VON DER FCI ANERKANNT: ja

Englische Bulldogge

Ursprünglich wurde diese Rasse gezüchtet, um bei öffentlichen Schaukämpfen Bullen zu beißen – ein in Großbritannien jahrhundertelang beliebtes, blutiges Spektakel. Ihre kurze Nase und der vorstehende Unterkiefer erlaubten es der Bulldogge, den Bullen bei der Nase zu packen und zu Boden zu ziehen. 1835 wurde dieser „Sport“ verboten. Für journalisitisches Aufsehen sorgte die Bulldogge, als sie einst das Titelblatt der politisch-satirischen Wochenschrift „Simplicissimus“ zierte.

Charakter
Da sich die Bulldogge durch Sturheit, Zielstrebigkeit und Stoizismus auszeichnet, wurde sie zum Symbol für alles Britische schlechthin. Sie kann sehr eigenwillig sein und benötigt daher eine sorgfältige Erziehung. Von sich aus wird die Bulldogge kaum Streit suchen, sich aber bedingungslos verteidigen, fordert man sie heraus.

Erscheinungsbild
Ihr Fell ist kurz, glatt und fein. Es tritt in vielen Farben auf. Die dunklen Augen stehen weit auseinander. Hoch angesetzt sind die dünnen, rosenförmigen Ohren. Leicht nach außen gestellt sind die geraden Vorderpfoten, die Hinterpfoten sind rund und kompakt. Charakteristisch sind die vielen tiefen Falten im Gesicht.

Chow Chow

Ursprünglich diente der Chow Chow als Tempelwächter. Später gelangte er als Jagd-, Schutz- und Kriegshund mit den Mongolen nach China. Dort endeckte man bald die Qualität seines Fleisches und seines Fells. Auch heute noch gilt der Chow Chow in Asien als Leckerbissen.

Charakter

Er ist zurückhaltend und nicht sehr anlehnungsbedürftig. Da sich seine Zuneigung zumeist nur auf eine Person konzentriert, sollte ein Besitzerwechsel nach Möglichkeit vermieden werden. Ansonsten ist er ein wachsames und sehr ruhiges, allerdings nicht sehr kinderfreundliches Tier.

Erscheinungsbild

Es gibt Chow Chows mit hartem und mit weichem Fell. Tiere mit hartem Fell verfügen über eine dicke, dichte Haartracht mit grobem Deckhaar, weicher, wolliger Unterwolle und einer dicken Halskrause. Die andere Variante ist durch ein kurzes, dichtes, glattes Fell mit einer plüschigen Struktur charakterisiert. Das Haarkleid schillert in Schwarz, Rot, Blau, Zimt, Creme oder Weiß. Die Augen sind klein, dunkel und oval. Ebenfalls klein sind die dicken, aufrechtstehenden Ohren. Eine Besonderheit ist die blauschwarze Zunge. Seine Rute trägt der Hund hoch angesetzt. Die Pfoten sind klein und rund.

Merkmale

LEBENSERWARTUNG: 14–16 Jahre
AUSLAUF: wenig
FELLPFLEGE: beachtlich
GESUNDHEITLICHE PROBLEME: zweite Wimpernreihe möglich
GRÖSSE: 46–56 cm
SONSTIGES: ziemlich ruhig
VON DER FCI ANERKANNT: ja

Dalmatiner

Im 19. Jahrhundert „begleiteten" die Dalmatiner üblicherweise Kutschen. Sie hatten die Aufgabe, die Wagen gegen Wegelagerer zu verteidigen und andere Hunde oder Tiere, die die Pferde erschrecken könnten, zu verscheuchen – daher ihre große Ausdauer und ihre Energie. Außerdem sollen sie auch als Jagdhunde verwendet worden sein.

Charakter

Der Dalmatiner ist ein lebhafter, fröhlicher, intelligenter und kinderfreundlicher Hund. Da er ein großes Bewegungsbedürfnis hat, fühlt er sich auf dem Land am wohlsten. Darüber hinaus zeichnet er sich durch Wachsamkeit und Gelehrigkeit aus.

Erscheinungsbild

Das Fell des Dalmatiners ist kurz, dicht und geschmeidig, die Grundfarbe Weiß. Die Tupfen sind entweder schwarz oder leberbraun. Allerdings kommen die Welpen ohne Flecken auf die Welt. Eher hoch angesetzt und von mäßiger Größe sind die Ohren, die dicht am Kopf anliegen. Bei schwarzgefleckten Dalmatinern sind die Augen dunkel, bei braunen bernsteinfarben. Die Rute wird in einem Bogen abwärts getragen, aber niemals eingerollt. Gebogene Zehen sitzen an den kompakten, runden Pfoten des Hundes. Der muskulöse Körper ist leicht gebogen.

Merkmale

LEBENSERWARTUNG: 11–12 Jahre
AUSLAUF: einige Kilometer täglich
FELLPFLEGE: anspruchslos
GESUNDHEITLICHE PROBLEME: Taubheit
GRÖSSE: 56–61 cm
SONSTIGES: ziemlich ruhig
VON DER FCI ANERKANNT: ja

Französische Bulldogge

Es heißt, daß diese Rasse von Spitzenklöpplern aus Nottingham mitgenommen wurde, als diese im 19. Jahrhundert auf den Kontinent übersiedelten. Im Paris der Jahrhundertwende avancierte die französische Bulldogge zu einem beliebten Metzger- und Kutscherhund.

Charakter
Dieser aktive, mutige kleine Hund ist nicht nur sehr intelligent, sondern auch überaus anhänglich und zuwendungsbedürftig. Allerdings hat er Schwierigkeiten, sich unterzuordnen. Dank seines ausgeglichenen und zuweilen drolligen Wesens schafft er sich jedoch schnell Sympathien. Er ist ein unbestechlicher Wächter, der auch als Rattenfänger eingesetzt werden kann.

Erscheinungsbild
Die Französische Bulldogge hat ein kurzes, dichtes und glänzendes Fell, das rehbraun, gescheckt, schwarz- oder rotgestromt ist. Die Augen sind rund und dunkel. Aus modischen Gründen hat man die fledermausartigen Ohren kupiert. Sie sind hoch angesetzt und stehen aufrecht. Die Rute ist von Natur aus sehr kurz und entweder gerade oder gekringelt und wird tief getragen. Der Brustkorb ist breit und tonnenförmig. Stark und muskulös sind die etwas längeren Hinterläufe.

Merkmale
Lebenserwartung: 12 Jahre
Auslauf: wenig
Fellpflege: anspruchslos
Gesundheitliche Probleme: Rücken
Grösse: 30–35 cm
Sonstiges: ziemlich ruhig
Von der FCI anerkannt: ja

Merkmale
Lebenserwartung: 12 Jahre
Auslauf: sehr viel
Fellpflege: anspruchsvoll
Gesundheitliche Probleme: Augen
Grösse: 60–71 cm
Sonstiges: bellt relativ wenig
Von der FCI anerkannt: ja

Akita Inu

In ihrem Herkunftsland Japan existiert diese Rasse schon seit mehr als 300 Jahren. Sie wurde ursprünglich für Hundekämpfe gezüchtet. Nach dem Verbot dieser Kämpfe verwendete man die Tiere zur Jagd.

Charakter
Kraftvoll und majestätisch ist dieses Tier, das über einen recht ausgeprägten Jagdinstinkt verfügt. Zu seinen Tugenden zählen Intelligenz und Freundlichkeit. Auch wenn er nicht viel bellt, ist der Akita Inu – der „große Hund" – ein guter, aufmerksamer Wachhund. Da diese Rasse eher zurückhaltend und abweisend ist, muß man sich bei der Erziehung auch entsprechend bemühen. Rüden neigen zu Dominanzkämpfen mit Artgenossen.

Erscheinungsbild
Das Deckhaar ist glatt und rauh, die Unterwolle dicht und weich. Alle Farben sind möglich, das Fell darf zudem gestreift oder gescheckt sein. Dunkle Ränder umgeben die dunkelbraunen, mandelförmigen kleinen Augen. Die dreieckigen, kleinen Ohren stehen aufrecht. Seine kräftige Rute bildet über dem Rücken einen Kreis. Harte Ballen sitzen an den dicken Pfoten, die Knöchel sind gut ausgebildet. Der Akita hat eine breite, tiefe Brust, einen geraden Rücken und muskulöse Lenden.

Japanischer Spitz

Zum Verwechseln ähnlich sieht dieser kleine Spitz dem Samojede. Allerdings ist er fast fünfmal kleiner als sein vermutlicher Vorfahre.

Charakter

Es ist nicht schwer zu erkennen, warum sich diese Rasse immer größerer Beliebtheit erfreut: Mit seinem schneeweißen Fell ist dieser Spitz wirklich eine zauberhafte, elegante Erscheinung. Allerdings benötigt das Haarkleid viel Pflege. Er hat ein fröhliches Wesen, ist äußerst kühn und sehr intelligent. Sein Heim verteidigt er durch kräftiges Bellen. Der Japanische Spitz erweist sich nicht nur als guter Wachhund, sondern auch als idealer Weggefährte, der die menschliche Gesellschaft liebt.

Erscheinungsbild

Sein Deckhaar ist weiß und glatt. Darunter liegt eine dichte, weiche Unterwolle. An Hals und Schultern prangt eine dicke Mähne. Seine dunklen, ovalen Augen sind leicht schräg gestellt und haben schwarze Ränder. Die spitzen Ohren sind hoch angesetzt und stehen aufrecht. Auffallend buschig ringelt sich die Rute über den Rücken. Klein, rund und katzenähnlich sind die Pfoten. Das Tier hat eine breite, tiefe Brust und einen festen Körper. Sein kurzer Rücken ist gerade, die Lenden sind breit und fest.

Merkmale

LEBENSERWARTUNG: 12 Jahre
AUSLAUF: sehr wenig
FELLPFLEGE: anspruchsvoll
GESUNDHEITLICHE PROBLEME: Knie
GRÖSSE: 30–36 cm
SONSTIGES: bellt viel
VON DER FCI ANERKANNT: ja

Merkmale

LEBENSERWARTUNG: 12–14 Jahre
AUSLAUF: wenig
FELLPFLEGE: anspruchsvoll
GESUNDHEITLICHE PROBLEME: nicht bekannt
GRÖSSE: 43–55 cm
SONSTIGES: bellt sehr gern
VON DER FCI ANERKANNT: ja

Wolfsspitz

Der eigenwillige Wolfsspitz stammt ursprünglich aus dem Westerwald. Im angelsächsischen Raum kennt man ihn auch als „Keeshond", benannt nach dem holländischen Freiheitskämpfer Cornelius (Kees) de Gijselaer. Da er jahrhundertelang als Wachhund auf Bauernhöfen und auf Lastkähnen gehalten wurde, geht ihm die Eigenschaft zu wildern und zu streunen, völlig ab.

Charakter

Schnelle Auffassungsgabe, ein äußerst gutes Gehör und ein schrilles Gebell zeichnen ihn als hervorragenden Wachhund aus. Allerdings ist dieser gutmütige und anhängliche Hausgenosse nicht leicht zum Gerhorsam zu erziehen. Bei Kindern ist Vorsicht geboten, da er leicht zuschnappt!

Erscheinungsbild

Das Tier hat rauhes, glattes Deckhaar mit einer dicken Halskrause und einer weichen, hellen Unterwolle. Die Farbe ähnelt dem Wolfsgrau oder ist grau gewolkt. Eine brillenähnliche Umrandung umgibt die dunklen, mandelförmigen Augen. Ebenfalls dunkel sind die Stehohren. Die Rute rollt sich dicht über dem Rücken ein und hat eine schwarze Spitze. Schwarze Krallen schließen die runden, katzenähnlichen Pfoten ab.

Lhasa Apso

Beheimatet auf dem Dach der Welt, diente der Lhasa Apso in den Klöstern und Höfen der Adligen als Wachhund und Glückssymbol. Da dieser stolze tibetanische Vierbeiner bei jedem fremden Geräusch oder Anblick aggressiv bellte, nannte man ihn auch „bellender Löwenhund".

Charakter

Dieser wetterfeste kleine Hund, der einst im Palast des Dalai-Lama Wache hielt, ist heute ein Wohnungshund geworden. Er ist intelligent, aber auch etwas eigenwillig und schätzt den engen Kontakt zu seinem Besitzer.

Erscheinungsbild

Das Deckhaar ist lang, hart und hängt bis zum Boden, wenn es nicht getrimmt wird. Die dicke Unterwolle ist entweder wollig oder seidig. Zahlreiche Farbtöne sind möglich: gold-, sand- oder honigfarben, dunkel-, schiefer- oder rauchgrau sowie schwarz, weiß, braun oder auch mehrfarbig. Die langen Haare bedecken die dunklen, ovalen Augen. Seine Ohren hängen herab und sind stark befedert. Seine Rute sollte sich stets über dem Rücken einrollen. Die haarigen Pfoten sind katzenähnlich und haben feste Ballen. Sie verschwinden gänzlich unter den langbehaarten Läufen. Der Lhasa Apso ist ein kleiner, kompakter Hund mit einem beschwingten Gang.

Merkmale

LEBENSERWARTUNG: 13 Jahre
AUSLAUF: wenig
FELLPFLEGE: sehr anspruchsvoll
GESUNDHEITLICHE PROBLEME: Augen
GRÖSSE: 24–28 cm
SONSTIGES: weithin hörbares Bellen
VON DER FCI ANERKANNT: ja

Merkmale

LEBENSERWARTUNG: 14 Jahre
AUSLAUF: wenig
FELLPFLEGE: anspruchslos
GESUNDHEITLICHE PROBLEME: nicht bekannt
GRÖSSE: 25–27 cm
SONSTIGES: ziemlich ruhig
VON DER FCI ANERKANNT: ja

Shih Tzu

„Shih Tzu" bedeutet Löwe, und da dieser Hund ursprünglich aus Tibet stammt, wird er auch „Tibetischer Löwenhund" genannt. Der Dalai-Lama soll ihn als Glücksbringer verschenkt haben. Am chinesischen Kaiserhof avancierte er schnell zum Lieblingshund.

Charakter

Dieser reizende kleine Hund ist sehr anhänglich, liebenswürdig und unkompliziert. Daher eignet er sich besonders gut als Begleiter für ältere Menschen. Er ist wesensfest, Femden gegenüber zurückhaltend und auch in einer kleineren Wohnung zufrieden.

Erscheinungsbild

Der Shih Tzu zeichnet sich durch langes, dichtes Deckhaar mit kurzer, dichter Unterwolle aus. Das von der Nasenkuppe aus nach oben wachsende Haar verleiht dem Aussehen des Hundes eine besondere Note. Meist wird es mit einer Spange oder einem Gummiband zusammengehalten. Alle Farben sind zugelassen. Oft tritt an der Stirn und an der Schwanzspitze ein weißes Abzeichen auf. Die großen, runden, dunkelbraunen Augen liegen weit auseinander. Die Ohren sind lang und so stark befedert, daß sich deren Haare mit dem Nackenhaar vermischen. Die Rute ist gerollt und wird über dem Rücken getragen.

Schipperke

Der belgische Schifferspitz verdiente sich früher seinen Unterhalt als Haus- und Bootshund der Flußschiffer. Er warnte die Schiffer vor dem Anstoßen an Mauern, vor entgegenkommenden Kähnen und vor Eindringlingen. Außerdem jagte er Ratten.

Charakter

Aufgrund seiner früheren Tätigkeit als Schiffshund bellt der Schipperke für sein Leben gern; als Appartmenthund eignet er sich daher weniger. Er ist ein wetterfestes, intelligentes und sehr kinderfreundliches Energiebündel. Da er überdies äußerst wachsam und Fremden gegenüber sehr mißtrauisch ist, kann man ihn ausgezeichnet als Wachhund einsetzen. Von Natur aus ungemein lernfreudig, braucht er eine Aufgabe. Auf dem Land hält der Vierbeiner das Haus von Mäusen und anderen Nagetieren frei.

Erscheinungsbild

Sein glänzendes, dickes Fell fühlt sich hart an. Es bildet um den Hals und auf der Brust eine Mähne. Meistens ist sein Fell schwarz und hat keine Abzeichen. Die dunkelbraunen kleinen Augen unterstreichen seinen wachsamen Ausdruck. Hoch angesetzt sind die dreieckigen, äußerst beweglichen Stehohren. In der Regel fehlt beim Schipperke die Rute. Er hat kleine, runde Pfoten.

Merkmale

Lebenserwartung: 12–13 Jahre
Auslauf: viel
Fellpflege: anspruchslos
Gesundheitliche Probleme: nicht bekannt
Grösse: 22–33 cm
Üblicherweise kupiert: nein
Sonstiges: bellt gern, großes Lautspektrum
Von der FCI anerkannt: ja

Merkmale

Lebenserwartung: 15 Jahre
Auslauf: wenig
Fellpflege: anspruchsvoll
Gesundheitliche Probleme: Augen, Hüftgelenkveränderungen
Grösse: 30–36 cm
Üblicherweise kupiert: ja
Sonstiges: bellt gern
Von der FCI anerkannt: ja

Zwergschnauzer

Der kleinste der drei Schnauzer ist wie seine größeren Brüder aus Terriern hervorgegangen. Allerdings mischt bei ihm noch etwas Blut vom Affenpinscher mit. Einst war der schneidige Hund ein gefürchteter Rattenfänger, heute zählt er zu den beliebtesten Stadthunden.

Charakter

Der Zwergschnauzer ist ein friedfertiger, unerschrockener, anhänglicher und sehr intelligenter Hund. Er ist gelehrig und fügt sich, nicht zuletzt seiner besonders ausgeprägten Kinderfreundlichkeit wegen, gut in eine Hausgemeinschaft ein. Obwohl er sich als aufmerksamer Wächter und hervorragender Rattenfänger erweist, wird er meistens in Stadtwohnungen gehalten.

Erscheinungsbild

Das harsche Fell wird normalerweise in seine typische Form, einschließlich Bart und Augenbrauen, getrimmt. Es kann die Farben Pfeffersalz, Schwarz und Schwarzsilber haben. Die dunklen, ovalen Augen sind von buschigen, borstigen Brauen beschattet. Wenn die hochangesetzten Ohren nicht kupiert werden, hängen sie herab. Die Rute ist hoch angesetzt und meist kupiert. Die katzenartigen Pfoten haben feste, schwarze Ballen. Die gewinkelten Hinterläufe verleihen eine große Sprungkraft.

Tibet Spaniel

Diese sehr alte Rasse drehte in den Himalajaklöstern die Gebetsmühlen oder saß auf der Klostermauer und schlug an, sobald ihr etwas auffällig erschien.

Charakter
Der Tibet Spaniel ist ein fröhlicher und selbstbewußter Hund, der sich in jeder Familie wohl fühlt. Er ist hochintelligent und genießt sowohl menschliche Gesellschaft als auch den Kontakt zu anderen Hunden. Da er sehr feinfühlig ist, reagiert er auch schnell auf die Gefühle und Stimmungen seines Besitzers. Seinen ausgeprägten Eigensinn kann man ihm durch eine konsequente Erziehung abgewöhnen.

Erscheinung
Das seidige Deckhaar hat ein dichtes Unterfell und bildet an Hals und Schultern eine dichte Mähne. Es sind alle Farben zugelassen, hauptsächlich jedoch trifft man den Tibet Spaniel goldfarben an. Ohren, Pfoten, Rute und Gesäß sind gut befedert. Die Rute kringelt sich über dem Rücken. Die klugen, ausdrucksstarken Augen sind braun und haben dunkle Ränder. Die Ohren sind hoch angesetzt und hängen herab. Seine Pfoten sind klein und zwischen den Zehen hübsch befedert. Der wohlproportionierte Körper zeichnet sich durch zurückgesetzte Schultern aus.

Merkmale
LEBENSERWARTUNG: 12–14 Jahre
AUSLAUF: viel
FELLPFLEGE: anspruchsvoll
GESUNDHEITLICHE PROBLEME: Augen
GRÖSSE: 24–28 cm
SONSTIGES: bellt gern
VON DER FCI ANERKANNT: ja

Merkmale
LEBENSERWARTUNG: 13–14 Jahre
AUSLAUF: wenig
FELLPFLEGE: anspruchsvoll
GESUNDHEITLICHE PROBLEME: Augen, Hüften
GRÖSSE: 33–40 cm
SONSTIGES: ziemlich ruhig
VON DER FCI ANERKANNT: ja

Tibet Terrier

Dieser zähe kleine Hund trotzt dem harten Klima des Himalaja. Buddhistische Mönche, denen er sowohl als Begleit- wie auch als Wach- und Hütehund diente, sollen ihn als Glücksbringer an Nomadenstämme verschenkt haben. Zur Rasse der Terrier zählt dieser Vierbeiner allerdings nicht, da er nie bei der Jagd Verwendung fand.

Charakter
Der aufgeweckte und liebenswürdige Hund ähnelt weder im Wesen noch im Körperbau einem Terrier. Während er als Welpe begeisterungsfähig und überschwenglich ist, zeigt er sich als ausgewachsener Hund eher zurückhaltend. Als intelligenter und einfallsreicher Vierbeiner genießt er jede Art von Spiel, Auslauf und Ausbildung.

Erscheinungsbild
Sein zotteliges Haarkleid erfordert regelmäßige Pflege, damit es nicht verfilzt. Die dichte Unterwolle liegt unter einem welligen oder geraden Deckhaar. Den Tibet Terrier gibt es in allen gängigen Farben außer Schoko- und Rotbraun; zumeist jedoch dominieren Schwarz- und Goldtöne. Die großen runden Augen sind von Haaren verdeckt. Die Ohren hängen nicht zu dicht am Kopf herab und sind gut befedert. Die üppig behaarte Rute wird geringelt über dem Rücken getragen.

Zwerg-, Klein- und Großpudel

Alle drei Varianten dieser Rasse unterscheiden sich vornehmlich durch ihre Größe voneinander. Ursprünglich war der Pudel ein Wasserhund, dessen auffällige Schur den Wasserwiderstand bei der Arbeit reduzieren sollte. Sein Name leitet sich von „pud(d)eln" ab, was soviel wie „im Wasser planschen" bedeutet. Vermutlich kam er mit deutschen Soldaten nach Frankreich, wo er sich schon bald großer Beliebtheit erfreute.

Charakter

Das auffallendste Merkmal der Pudel ist ihr prächtiges, nicht ausfallendes Fell – daher eignen sie sich auch hervorragend für Halter mit Haarallergien. Ihrer großen Apportier- und Wasserbegeisterung wegen wurden sie lange Zeit als Apportierhunde für Wasservögel verwendet. Das Fell wurde so getrimmt, daß die Läufe zum Schwimmen frei waren, die anderen Körperteile jedoch von Haaren bedeckt blieben, um die Tiere gegen das kalte Wasser zu schützen. Pudel sind liebenswürdig, fröhlich und sensibel. Da sie sehr lern- und merkfähig sind, kann man ihnen sogar Kunststücke beibringen. Pudel sind hochintelligente Tiere, denen fast menschliche Eigenschaften zugesprochen werden, überdies sehr kinderlieb, leicht zu erziehen und gut in der Wohnung zu halten. Gern führen sie vor, was sie bereits gelernt haben; werden sie nicht ausreichend beschäftigt, neigen sie zum Übermut. Obwohl sie wachsam sind, eignen sie sich nicht als Schutzhunde.

Erscheinungsbild

Diese Rasse hat ein sehr dickes und gelocktes Fell, das keinem Haarwechsel unterliegt und sich fest anfühlt. Da es stetig nachwächst, muß der Hund regelmäßig geschoren und gebadet werden. Es gibt zwei Standardschuren: die Löwen- und die moderne Schur. Bei der ersten werden Fang, Hinterhand und Läufe kurz geschoren. Allerdings läßt man an den Vorder- und den Hinterläufen Manschetten, an der Rutenspitze einen Pompon und über Kopf und Brust bis zum Ende der Rippen eine Mähne stehen. Bei der anderen Schur läßt man ebenfalls einen Pompon an der Rute stehen, am Kopf und am Behang jedoch bleibt das Haar lang. Die Fellfarben sind Schwarz, Weiß, Braun, Silber und Apricot. Die leicht schräg gestellten Augen sind schwarz oder dunkelbraun, nur bei braunen Pudeln bernsteinfarben. Sie haben einen lebhaften, feurigen Ausdruck. Die langen Ohren sitzen niedrig und dicht am Kopf, der hoch und stolz getragen wird. Bei sämtlichen Pudeln ist die Nase schwarz, nur bei Pudeln mit braunem Fell ist sie braun. Die tiefe Brust und der kurze Rücken ermöglichen dem Hund einen unbeschwerten, eleganten, fast tänzelnden Gang. Da die Hinterläufe muskulös sind, kann er auch gut schwimmen. Die Vorderläufe sind gerade und stehen parallel. Die Rute wird schräg aufwärts getragen und um die Hälfte oder zwei Drittel ihrer Länge kupiert. Die Pfoten sind klein und stehen auf harten, dicken Ballen. Die gebogenen Zehen haben Schwimmhäute.

Großpudel

Merkmale

LEBENSERWARTUNG: 11–15 Jahre
AUSLAUF: *Zwergpudel:* wenig; *Kleinpudel:* wenig; *Großpudel:* viel
FELLPFLEGE: *bei allen:* sehr anspruchsvoll
GESUNDHEITLICHE PROBLEME: Augen; *Großpudel:* Hüften; *Zwergpudel:* Kniescheibenluxation
GRÖSSE: *Zwergpudel:* 28–35 cm; *Kleinpudel:* 35–45 cm; *Großpudel:* 45–58 cm
ÜBLICHERWEISE KUPIERT: ab 1. Juni 1998: nein
SONSTIGES: bellt gern
VON DER FCI ANERKANNT: ja

Großpudel

Arbeitshunde

Kennzeichen ✦ Arbeitsbereiche ✦ Spezialaufgaben

Im Laufe der Jahrhunderte entstanden unterschiedliche Rassen, die dem Menschen bei seiner Arbeit zu Dienste waren. Diese sogenannten Arbeitshunde wurden zum Schutz von Farmen benötigt, um Rinder, Schafe und andere Tiere zu hüten und schwere Lasten zu transportieren. Arbeitshunde, die von ihrer Art und ihrer Erscheinung her dem Mastiff ähneln, findet man auf Kunstgegenständen, die mehrere tausend Jahre alt sind. In der Neuzeit erweiterte man die Aufgaben der Arbeitshunde. Sie wurden je nach ihren Fähigkeiten als Blindenführer, Polizeihelfer oder Spürhunde eingesetzt, die sowohl Verschüttete als auch Trüffel, Drogen oder Sprengstoff fanden.

Merkmale

Als besonderes Kennzeichen dieser Hundegruppe läßt sich ein ausgeprägter Hüte- und Treibsinn ausmachen. Ausgesprochene Hütehunde zeichnen sich durch Schnelligkeit, Wendigkeit und Ausdauer aus, während beim Treiben und Schützen vor allem Robustheit und Wehrhaftigkeit gefragt sind. Ein weiteres Merkmal der in dieser Gruppe aufgeführten Hunde ist ihr meist wetterunempfindliches, in der Regel langhaariges Fell.

Hüte- oder Hirtenhunde

Zu den klassischen Hütehunden zählt man die Schäferhunde. Diese äußerst robusten Tiere arbeiten eng mit dem Hirten zusammen. Sie gehorchen dessen Kommandos und halten die Schafe zusammen. In ihrem Umgang mit der Herde müssen diese Hunde sich sanfter als Treibhunde verhalten, da Schafe empfindlicher als Rinder sind.

Vor allem früher mußte die Herde aber auch vor gefährlichen Angreifern wie Wölfen und Bären geschützt werden. Die Bauern benötigten dazu widerstandsfähige Hirtenhunde, die ihre Herde sowohl hüten als auch beschützen konnten. Um dies auch zu gewährleisten, kreuzte man Hütehunde mit größeren und wehrhafteren Rassen.

Unten: Der ausgeprägte Herdeninstinkt macht den Norwegischen Buhund zum idealen Hüte- und Wachhund.

Rechts: Früher war der Briard vom französischen Adel als Wach- und Jagdhund sehr geschätzt.

So, wie in vielen Ländern eigene Schaftypen gezüchtet wurden, so entwickelte jedes Land seine individuelle Schäferhundeart. Deutschland ist das Stammland des Deutschen Schäferhunds, Schottland entwickelte den Border Collie, Großbritannien war die Heimat des Altenglischen und des Shetland Schäferhunds, Frankreich züchtete den Briard und Belgien den Belgischen Schäferhund.

Hirtenhunde, die auch zum Schutz von Herden eingesetzt wurden, arbeiteten meistens in rauhen, kahlen Gebirgsregionen. Sie mußten äußerst widerstandsfähig sein und ein wetterunempfindliches Fell haben, um auch bei extremen Wetterbedingungen überleben zu können. Von diesen Hunden wurde nicht nur verlangt, daß sie unabhängig vom Hirten ihre ganze Aufmerksamkeit auf die Arbeit richteten, sondern auch, daß sie ihre Schützlinge niemals im Stich ließen. Der Herdenbesitzer mußte ihnen hundertprozentig vertrauen können. Denn er mußte sichergehen können, daß sie, auch wenn das Futter knapp wurde und die Tiere großen Hunger litten, sich niemals am Vieh vergreifen würden.

Treibhunde

Die Aufgabe der Treibhunde war es, nicht nur die Herde zusammenzuhalten und vor hungrigen, wilden Tieren zu schützen, sondern auch das Vieh vorwärtszutreiben. Dabei wurden oftmals große Entfernungen zurückgelegt. Hunde wie der Lancashire Heeler, der australische Viehtreiberhund, der Westgotenspitz oder der Welsh Corgi waren mit kurzen, muskulösen Läufen ausgestattet. Sie mußten flink und wendig sein, da sie beim Vorantreiben der Herden oft nach den Fersen der Rinder schnappten und dabei den Hufschlägen geschickt ausweichen mußten.

Schlittenhunde

Weltberühmt als Schlittenhunde sind die Sibirischen Huskys, die unbestrittenen Champions der Hundeschlittenrennen. Aber auch der Alaskan Malamute und der Samojede zeichnen sich durch Widerstandsfähigkeit und Ausdauer aus. Vor der Einführung des Schneemobils oblag es ihnen, schwere Lasten über weite Strecken zu ziehen oder zu tragen. Der Sibirische Husky wurde sowohl als Wachhund als auch zum Hüten von Rentierherden verwendet.

Spezialisten

Die Gruppe der Arbeitshunde zeichnet sich auch durch Tiere mit ganz besonderen Fähigkeiten aus. So kann der Portugiesische Wasserhund nach verlorengegangenen Fischereiutensilien und Netzen tauchen, der Bernhardiner Wanderer, die sich im Gebirge verirrt haben, aufspüren und der Neufundländer Ertrinkende retten.
Möchte man sich einen Hund zulegen, der einer dieser Gruppen angehört, sollte man immer für genügend Auslauf und geistige Anregung sorgen.

Rechts: Einst zog der Neufundländer Netze ans Land. Seine Schwimmfähigkeit macht ihn zu einem erstklassigen Rettungsschwimmer.

Alaskan Malamute

Der Alaskan Malamute wurde ursprünglich von den Mahlemuts, einem Inuit-Stamm an der Westküste Alaskas, gezüchtet. Als Schlittenrennen immer stärker an Beliebtheit gewannen, kreuzte man die wolfsähnlichen Hunde mit schnelleren Rassen, woraufhin sie fast ausgestorben wären.

Charakter

Kraftvoll und sportlich, ist er ein idealer Begleiter für Jogger. Am wohlsten fühlt er sich in der kalten Jahreszeit. Er ist ein verspielter, liebevoller Kamerad, der eine Aufgabe und sehr viel Bewegung braucht – sicherlich kein Hund für Anfänger. Seinem Besitzer ist er treu ergeben.

Erscheinungsbild

Er hat dickes, grobes Stockhaar und eine ölige, wasser- und kälteabweisende Unterwolle. Die mandelförmigen Augen sind braun, die dreieckigen Ohren im Vergleich zum Kopf klein. In der Regel aufgestellt und nach vorn gerichtet, werden sie bei der Arbeit angelegt. Die dicht behaarte Rute rollt sich über dem Rücken in einem sanften Bogen nach oben ein. Die großen Pfoten haben dicke, rauhe Ballen, das Fell zwischen den Zehen schützt vor der Kälte. Schwerbemuskelte Läufe tragen einen kräftigen Körper mit tiefer Brust, leicht hochgezogenem Bauch, gewölbten Rippen und geradem Rücken.

Merkmale

LEBENSERWARTUNG: 12 Jahre
AUSLAUF: sehr viel
FELLPFLEGE: anspruchslos
GESUNDHEITLICHE PROBLEME: nicht bekannt
GRÖSSE: 58–71 cm
SONSTIGES: bellt gern
VON DER FCI ANERKANNT: ja

Merkmale

LEBENSERWARTUNG: 13 Jahre
AUSLAUF: einige Kilometer täglich
FELLPFLEGE: anspruchslos
GESUNDHEITLICHE PROBLEME: Augen
GRÖSSE: 51–60 cm
SONSTIGES: bellt sehr gern
VON DER FCI ANERKANNT: ja

Siberian Husky

Diese Rasse hat schon vor 3000 Jahren Rentiere in Sibirien gehütet. Anfang des 20. Jahrhunderts gelangte das arbeitswillige Energiebündel mit Pelzhändlern nach Alaska und avancierte dort in kurzer Zeit zum beliebtesten Schlittenhund der Welt.

Charakter

Der Sibirische Husky ist keine Rasse für den unerfahrenen Hundehalter. Er streunt gern, überspringt die meisten Zäune mühelos aus dem Stand und gräbt sich durch fast alle Hindernisse. Er benötigt sehr viel Auslauf und Bewegung und muß früh an die Leine gewöhnt werden, damit er nicht zieht. Davon abgesehen ist er intelligent, zuverlässig, sanft und ausgesprochen liebenswert.

Erscheinungsbild

Die Unterwolle ist weich und dicht, die Deckhaare sind gerade und liegen ziemlich glatt an. Die mandelförmigen Augen können sowohl blau, braun oder verschiedenfarbig sein, die aufgestellten, dreieckigen Ohren stehen eng zusammen. Die buschige Rute trägt der Husky bei Aufmerksamkeit sichelförmig über dem Rücken. Kleine Häute verbinden die Zehen miteinander. Der Körper ist gerade und kräftig, die Lenden sind leicht geschwungen, schlank und muskulös, die Läufe gerade und starkknochig.

Samojede

Der elegante Samojede verdankt seinen Namen einem Nomadenstamm in Nordrußland. Heute ist das in England weitergezüchtete Arbeitstier von einst als Ausstellungs- und Familienhund in Mode gekommen.

Charakter

Aufmerksam warnt er vor Fremden, akzeptiert sie jedoch sofort, wenn sie als Gäste begrüßt werden. Er schlägt gern und oft an, unnötiges Bellen kann man ihm aber abgewöhnen. Sprichwörtliche Berühmtheit hat sein charakteristisches „Samojeden-Lächeln" erlangt, das durchaus als Hinweis auf sein Wesen gedeutet werden kann: Der Samojede ist fröhlich, gutmütig und ausgeglichen, und er liebt menschliche Gesellschaft.

Erscheinungsbild

Seine dicke, weiche Unterwolle wird durch das wetterbeständige, silbrig melierte Deckhaar geschützt, das in den Farben Weiß, Creme und Weiß-biskuit glänzt und tägliche Pflege benötigt. Die schrägen, mandelförmigen Augen sind schwarz umrandet und stehen weit auseinander, die stark behaarten Stehohren haben abgerundete Spitzen. Die lange, buschige Rute wird über dem Rücken getragen. Die Pfoten sind befedert und funktionieren wie Schneeschuhe. Der Rücken ist mäßig lang, breit und muskulös.

Merkmale

Lebenserwartung: 12 Jahre
Auslauf: sehr viel
Fellpflege: anspruchsvoll
Gesundheitliche Probleme: nicht bekannt
Größe: 46–56 cm
Sonstiges: bellt sehr gern
Von der FCI anerkannt: ja

Merkmale

Lebenserwartung: 13 Jahre
Auslauf: viel
Fellpflege: anspruchslos
Gesundheitliche Probleme: Augen
Größe: 42–45 cm
Sonstiges: sehr laut
Von der FCI anerkannt: ja

Norsk Buhund

Der Norwegische „Bu"- bzw. Bauernhund hat möglicherweise schon vor 2000 Jahren existiert. Er wurde vorwiegend als Hüte- und Wachhund eingesetzt – seine legendäre Wachsamkeit hat sich bis heute erhalten.

Charakter

Sein leichter Körperbau läßt nicht vermuten, daß dieser Hund hart arbeiten kann. Er ist mutig, selbständig und gehorsam und freut sich über körperliche und geistige Anregungen. Lebendig und energiegeladen, braucht er dennoch vergleichsweise wenig Auslauf, um fit zu bleiben. Er ist pflegeleicht, manchmal etwas reserviert, dabei äußerst kinderlieb und hängt sehr an seiner Familie. Seine Dickköpfigkeit erfordert eine feste Hand.

Erscheinungsbild

Das Deckhaar ist glatt und hart, die Unterwolle weich und wollig. Folgende Farbvarianten sind möglich: Korngelb, Schwarz, Rot, Wolfsgrau und Sandfarben, inklusive kleiner, symmetrischer Abzeichen. Die dunkelbraunen Augen haben einen lebendigen Ausdruck, die gerade aufgerichteten Ohren sitzen hoch am Kopf. Die dicke, an der Unterseite behaart Rute wird in einem engen Bogen über dem Rücken getragen. Die Pfoten sind klein und oval. Der kompakte Körper ist kurz und kräftig.

Bearded Collie

Voll in seinem Element fühlt sich dieser schottische Schäferhund, wenn er Rinder und Schafe von den Bergen hinunter ins Tal treibt. Das Hüten liegt ihm weniger.

Charakter

Der Bearded Collie hat ein überschwengliches, freundliches Wesen. Er ist ein robustes Tier und ein idealer Familienhund, der keinesfalls im Zwinger gehalten werden darf. Das zottelige Fell dieses hübschen Hundes kann allerdings zum Problem werden.

Erscheinungsbild

Das lange, rauhe und flachanliegende Deckhaar hat eine flauschige Unterwolle. Zu den zulässigen Farbvarianten gehören Schwarz, Braun, Rehbraun oder Blau mit Colliezeichnung. Seinen Namen, „der Bärtige", erhielt er aufgrund seines langen Barts („beard"). Wenn diese Collies schwarz auf die Welt kommen, bekommen sie später ein graues Fell. Werden sie grau geboren, wechselt die Haarfarbe zu Blaugrau. Die Augen sind groß und sanft. Wenn der Hund aufmerkt, heben sich die Hängeohren leicht, ansonsten sind sie durch das lange Haar gänzlich verdeckt. Die üppig befederte Rute reicht bis zu den Sprunggelenken hinab. Die Pfoten sind oval und haben gutausgebildete Ballen, die Brust ist breit und tief.

Merkmale

LEBENSERWARTUNG: 14 Jahre
AUSLAUF: einige Kilometer täglich
FELLPFLEGE: anspruchsvoll
GESUNDHEITLICHE PROBLEME: Augen und Hüften
GRÖSSE: 50–56 cm
SONSTIGES: bellt gern
VON DER FCI ANERKANNT: ja

Bobtail (Old English Sheepdog)

Diese Rasse wurde als Treib- und Hütehund gezüchtet, um die Herden zu beschützen und sie vom schottischen Hochland zu den Viehmärkten nach London zu treiben. Wegen ihrer Stummelrute nennt man die altenglischen Schäferhunde auch Bobtail. Diese Rutenform wurde allerdings künstlich durch Kupieren geschaffen.

Charakter

Gutmütigkeit, Klugheit und Anpassungsfähigkeit sind die herausragendsten Eigenschaften der Bobtails. Sie sind wachsam, verspielt und kinderlieb. Allerdings brauchen die recht anhänglichen Hunde sehr viel Zuneigung, Fellpflege und Auslauf. Da sie ein ausgeprägtes Selbstbewußtsein besitzen, muß man ihnen ihre Freiheiten lassen.

Erscheinungsbild

Das Fell des Bobtails ist lang, hart und sehr voluminös, die Unterwolle weich und wasserabweisend; es kommt in allen Grauschattierungen oder in Blau mit weißer Zeichnung vor. Die weit auseinanderstehenden Augen sind dunkel oder blau, die kleinen Ohren verschwinden unter dem Kopfhaar. Die runden, nicht sehr großen Pfoten haben dicke, robuste Ballen. Die Rute wurde meistens sehr kurz kupiert. Der schlendernde Gang unterstreicht die Erhöhung des Rückens von der Schulter bis zur Kuppe.

Merkmale

LEBENSERWARTUNG: 12–13 Jahre
AUSLAUF: einige Kilometer täglich
FELLPFLEGE: sehr anspruchsvoll
GESUNDHEITLICHE PROBLEME: Augen und Hüften
GRÖSSE: 56–61 cm
ÜBLICHERWEISE KUPIERT: ab 1. Juni 1998: nein
SONSTIGES: bellt sehr gern
VON DER FCI ANERKANNT: ja

Border Collie

Dieser in der Grenzregion („border“ = Grenze) zwischen England und Schottland beheimatete Collie ist berühmt für seine Qualität als Hütehund. Ein Signal des Hirten genügt, und schon pirscht er hochkonzentriert in geduckter Haltung an die Herde heran.

Charakter
Er ist ein perfekter Hütehund, der unermüdlich arbeiten kann und absolut gehorsam ist. Wird er nicht in seiner ursprünglichen Funktion eingesetzt, benötigt er viel Auslauf. Für eine Haltung in der Stadt ist dieses Tier daher denkbar ungeeignet. Wer den Arbeits- und Bewegungsdrang des Border Collie nicht befriedigen kann, sollte von der Anschaffung eines solchen Tieres Abstand nehmen.

Erscheinungsbild
Das Deckhaar ist mittellang und fest, die Unterwolle dagegen weich und dicht. Das Fell schimmert in den Farben Schwarz, Schwarzweiß oder Lohfarben mit schwarzer und weißer Markierung. Die weit auseinanderstehenden braunen, ovalen Augen sind recht groß. Die mittelgroßen Ohren können stehen oder nach vorn abkippen. Bis zu den Sprunggelenken reicht die ziemlich behaarte Rute. Die ovalen Pfoten haben gebogene Zehen und gutausgebildete Ballen. Die Erscheinung ist athletisch.

Merkmale
LEBENSERWARTUNG: 12–14 Jahre
AUSLAUF: sehr viel
FELLPFLEGE: anspruchsvoll
GESUNDHEITLICHE PROBLEME: Augen und Hüften
GRÖSSE: 46–54 cm
SONSTIGES: bellt gern
VON DER FCI ANERKANNT: ja

Langhaarcollie, Kurzhaarcollie & Sheltie

Seit je haben sowohl Langhaar- als auch Kurzhaarcollies Würfe mit beiden Felltypen. Beide begannen als Treibhunde. Der Sheltie (Shetland Sheepdog) ist wahrscheinlich aus einer Kreuzung des Langhaarcollies mit Hunden der schottischen Shetland Inseln entstanden. Alle Collies wurden als Arbeitshunde gezüchtet.

Charakter
Der Langhaarcollie ist im allgemeinen scheuer als der Kurzhaarcollie. Der Sheltie ist sehr liebevoll, kann aber auch lautstark sein. Alle Collies sind treuergebene Familienhunde, die allerdings viel Pflege benötigen, damit sie ihr attraktives und elegantes Aussehen behalten. Sie sind intelligent und lieben Geschicklichkeitsübungen.

Erscheinungsbild
Der Kurzhaarcollie hat kurzes, dichtes Fell. Das des Langhaarcollies und des Shelties besteht aus dickem, langem Haar. Alle haben ausgeprägte Mähnen und befederte Läufe. Schwarz, dreifarbig und blaumeliert sind die Farben der Collies, während der Sheltie schwarzweiß oder schwarzbraun ist. Die lange Rute wird tief getragen.

Merkmale
LEBENSERWARTUNG: 12–14 Jahre
AUSLAUF: viel
FELLPFLEGE: sehr anspruchsvoll
GESUNDHEITLICHE PROBLEME: Augen; *Sheltie:* Verdauung
GRÖSSE: *Sheltie:* 35–37 cm; *Lang- und Kurzhaarcollie:* 51–61 cm
SONSTIGES: bellt gern
VON DER FCI ANERKANNT: ja

Belgischer Schäferhund

Diese Allzweckarbeitshunde aus Belgien gehören mittlerweile zu den beliebtesten Vierbeiner in Europa. Die vier Varianten (Groenendael, Laekenois, Malinois und Tervueren) unterscheiden sich u. a. in Fell und Farbe.

Charakter

Belgische Schäferhunde gelten als sehr aufmerksam, intelligent und wachsam. Obwohl sie eigentlich für ein Leben im Freien als Hütehunde gezüchtet wurden, eignen sie sich dennoch gut als Familienhunde. Allerdings muß man ihnen entsprechend viel Auslauf verschaffen.

Erscheinungsbild

Groenendael und Tervueren haben beide ein langes, gerades Fell mit dicker Unterwolle. Es bildet eine Halskrause, die Läufe sind befedert. Der Groenendael ist schwarz, während der Tervueren wie auch der Malinois rot sind und eine schwarze Gesichtsmaske haben. Der Malinois hat kurzes, festes, der Laekenois rotbraunes, drahtiges Fell. Mittelgroß sind die neugierigen Augen. Die auffallend dreieckigen Ohren sind steil aufgerichtet. Beim Laufen wird die kräftige Rute etwas angehoben. Alle haben runde Pfoten mit dicken, federnden Sohlen und einen gutbemuskelten, kräftigen, aber eleganten Körperbau. Die Brust ist anmutig geschwungen.

Merkmale

Lebenserwartung: 13 Jahre
Auslauf: einige Kilometer täglich
Fellpflege: anspruchslos
Gesundheitliche Probleme: Augen
Grösse: 56–66 cm
Sonstiges: bellt sehr gern
Von der FCI anerkannt: ja

Merkmale

Lebenserwartung: 11 Jahre
Auslauf: wenig
Fellpflege: anspruchsvoll
Gesundheitliche Probleme: Hüftgelenksdysplasie
Grösse: 59–68 cm
Üblicherweise kupiert: ab dem 1. Juni 1998: nein
Sonstiges: bellt gern
Von der FCI anerkannt: ja

Bouvier des Flandres

Der „flämische Ochsentreiber“, wie er auch genannt wird, zählt zu den fähigsten Hütehunden in Westeuropa. Seine guten Wach- und Schutzeigenschaften führten fast zum Aussterben dieser Rasse, da ihr Bestand aufgrund militärischer Verwendung im Ersten Weltkrieg stark dezimiert wurde. Heute arbeiten die Vierbeiner als Polizei-, Wach-, Schutz-, Spür- und Blindenhunde.

Charakter

Der Bouvier ist ein sehr lebhaftes, treues und intelligentes Tier, das einen ausgezeichneten Wach- und Familienhund abgibt. Ist er mit Kindern aufgewachsen, kommt er auch später gut mit ihnen aus. Für seine Größe ist er bemerkenswert wendig. Auf seine Erziehung muß man große Sorfalt verwenden.

Erscheinungsbild

Er hat dickes, rauhes und zerzaust wirkendes Deckhaar mit feiner Unterwolle. Dunkle, aufmerksame Augen blicken unter dichten Augenbrauen hervor. Die dreieckigen Ohren und die Rute werden in Amerika und Großbritannien weiterhin kupiert. Die kleinen, kompakten Pfoten haben dicke, harte Ballen. Sein quadratischer Körper ist kurz und kräftig und genauso lang wie hoch. Die Brust senkt sich bis auf Höhe der Ellbogen.

Briard

Dieser attraktive, zottelige Arbeiter ist die langhaarige Version des Berger de Brie, der nach der französischen Landschaft Brie, wo er Schafherden bewachte und hütete, benannt wurde. Einst war der Briard ein beliebter Jagd- und Wachhund der französischen Aristokratie.

Charakter
Der Briard ist ein intelligentes, sehr temperamentvolles, eigensinniges und wachsames Tier. Daher ist er sicher kein Hund für Menschen ohne Durchsetzungsvermögen. Er liebt rauhe Spiele und ist sehr kräftig. Außerdem benötigt er sehr viel Auslauf.

Erscheinungsbild
Das Tier hat feine, lange, wellige und leicht trockene Deckhaare und eine dichte Unterwolle. Durch den Stop wird der Kopf genau geteilt. Charakteristisches Merkmal sind die dichten Augenbrauen sowie der Schnauz- und der Schnurrbart. Farblich tritt er in Schwarz oder Rehbraun mit dunklen Streifen auf. Seine Augen sind groß und dunkelbraun, die Ohren behaart und hoch angesetzt. Er hat kräftige, leicht gerundete Pfoten mit dicht zusammenstehenden Zehen und harten Ballen. Ein typisches Rassemerkmal sind die Wolfsklauen an den Hinterläufen. Die fahnenartige Rute formt sich am Ende zu einem Haken.

Merkmale
LEBENSERWARTUNG: 11 Jahre
AUSLAUF: einige Kilometer täglich
FELLPFLEGE: sehr anspruchsvoll
GESUNDHEITLICHE PROBLEME: Augen und Hüften
GRÖSSE: 59–68 cm
SONSTIGES: bellt sehr gern
VON DER FCI ANERKANNT: ja

Merkmale
LEBENSERWARTUNG: 10–12 Jahre
AUSLAUF: sehr viel
FELLPFLEGE: beachtlich
GESUNDHEITLICHE PROBLEME: Hüften und Ellbogen
GRÖSSE: 58–68 cm
SONSTIGES: bellt gern
VON DER FCI ANERKANNT: ja

Berner Sennenhund

Dieser vielseitige Hofhund half beim Viehtreiben und wurde von den Schweizer Bergbauern vor den Milchkarren gespannt. Wahrscheinlich kamen die Sennenhunde bereits mit den römischen Legionen vor 2000 Jahren in die Schweiz. Später wurden sie dann mit einheimischen Schäferhunden gekreuzt.

Charakter
Der Berner Sennenhund hat ein angenehmes, zurückhaltendes und liebes Wesen. Er ist ein treuer, intelligenter Familienhund, leicht auszubilden, und er versteht sich gut mit Kindern. Da er eine Neigung zu Übergewicht hat, muß man ihn kontrolliert füttern.

Erscheinungsbild
Sein langes, welliges Fell ist dick und hat einen natürlichen Glanz. Das lange Haar muß regelmäßig gebürstet und gekämmt werden. Er ist schwarz mit rotbrauner Färbung im Gesicht, über den Augen und an allen Läufen. Eine weiße Blesse ziert Brust, Pfoten und Rutenspitze. Die braunen, mandelförmigen Augen spiegeln sein freundliches Wesen wider. Die dreieckigen Ohren sind hoch angesetzt und werden bei Aufmerksamkeit aufgestellt. Er hat relativ kleine, runde, kompakte Pfoten. Sein Körper ist lang und kräftig, die Brust breit.

Boxer

Der kräftige, wohlproportionierte Boxer ist eine junge deutsche Rasse, die aus der englischen Bulldogge gezüchtet wurde. Zu seinen Vorfahren gehören der berühmte „Brabanter Bullenbeißer“ und die antiken Packerhunde.

Charakter
Die faltige Stirn und die seelenvollen Augen erwecken den Eindruck, als sei der Boxer ständig traurig. Dabei ist er ein intelligenter, fröhlicher und verspielter Hund, lebhaft, phantasievoll und mitunter auch ein wenig anstrengend. Seinen Herrn liebt und verteidigt das äußerst anhängliche und kinderliebe Tier bis zur Selbstaufgabe, Fremden gegenüber verhält es sich jedoch mißtrauisch.

Erscheinungsbild
Das Fell ist weich, kurz und glänzend, die Farbvariationen reichen von Bernsteingelb über Tiefrot bis zu Rehbraun. Bei Boxern mit gestromtem Fell verlaufen schwarze Streifen über den ganzen Körper. Schwarze Ränder säumen die dunkelbraunen Augen, die Ohren sitzen weit auseinander. Am massigen Kopf fallen außerdem die breite Schnauze und die V-förmige Oberlefze auf. Die hochangesetzte Rute wird tief getragen und normalerweise kupiert. Die katzenähnlichen Vorderpfoten sind etwas länger als die Hinterpfoten. Die tiefe Brust reicht bis zu zu den Ellbogen.

Merkmale
LEBENSERWARTUNG: 12 Jahre
AUSLAUF: viel
FELLPFLEGE: anspruchslos
GESUNDHEITLICHE PROBLEME: Hüftgelenksdysplasie, Herz, Krebs
GRÖSSE: 53–63 cm
ÜBLICHERWEISE KUPIERT: ab dem 1. Juni 1998: nein
SONSTIGES: ziemlich ruhig
VON DER FCI ANERKANNT: ja

Merkmale
LEBENSERWARTUNG: 10 Jahre
AUSLAUF: sehr viel
FELLPFLEGE: anspruchslos
GESUNDHEITLICHE PROBLEME: Augen, Dermoid Sinus, OCD
GRÖSSE: 58–69 cm;
ÜBLICHERWEISE KUPIERT: ab dem 1. Juni 1998: nein
SONSTIGES: ziemlich ruhig
VON DER FCI ANERKANNT: ja

Rottweiler

Aus Rottweil im Südschwarzwald stammend, zählt der Rottweiler zu den ältesten deutschen Rassen überhaupt. Seine Vorfahren kamen mit den Römern über die Alpen. Karriere hat er als universell einsetzbarer Jagd-, Wach-, Zieh- und Schutzhund gemacht.

Charakter
Der kraftstrotzende Rottweiler ist von Natur aus ausgeglichen, gehorsam und loyal. Das schmerzunempfindliche Muskelpaket kämpft nur, wenn es provoziert wird. Trotzdem verlangt seine Erziehung eine kenntnisreiche Hand, unerfahrene Interessenten sollten daher von einer Anschaffung absehen. Der temperamentvolle Hund will unbedingt beschäftigt werden, er lernt leicht, kann mitunter aber auch einmal die „Beherrschung“ verlieren.

Erscheinungsbild
Das schwarze, mittellange und relativ harte Deckhaar des Rottweilers trägt eine hell- bis mahagonibraune Zeichnung. Er hat dunkle, mandelförmige Augen und kleine, flachanliegende Ohren. Die hochangesetzte Rute wurde üblicherweise kupiert. An den muskulösen Läufen sitzen kompakte Pfoten mit harten Ballen und schwarzen Krallen. Der rechteckige, gedrungene Körper mit breiter Brust und geradem Rücken strotzt vor Kraft.

Deutscher Schäferhund

1882 erstmals ausgestellt, zählt der Deutsche Schäferhund heute zu den bekanntesten und beliebtesten Vierbeinern der Welt. Seine Vorfahren wurden zum Hüten von Schafen und als Wachhunde eingesetzt.

Charakter

Dieser ungemein intelligente und lerneifrige Hund liebt die Arbeit und braucht daher einen Besitzer, der sich ausgiebig mit ihm beschäftigt. Loyal, aufmerksam und zuverlässig, entwickelt er eine intensive Beziehung zu Menschen, die er respektiert. Er ist vielseitig einsetzbar und dank seines ausgeprägten Spürsinns sowie Schutz- und Verteidigungstriebs ein beliebter Wach- und Polizeihund.

Erscheinungsbild

Das Fell des Deutschen Schäferhundes besteht aus einer dicken Unterwolle und dichtem Deckhaar; zahlreiche Farbvarietäten sind möglich: Schwarz, Schwarz gesattelt mit gelbbraunen, goldenen oder hellgrauen Abzeichen und Schwarz oder Grau mit helleren oder braunen Abzeichen. Den Kopf schmücken eine breite Schnauze, große, mandelförmige Augen und spitze, hochangesetzte Ohren. Die buschige Rute hängt säbelartig herab. Die Pfoten haben gutgepolsterte Ballen und runde, eng zusammenstehende Zehen. Der Rücken fällt leicht nach hinten ab.

Merkmale

LEBENSERWARTUNG: 10 Jahre
AUSLAUF: viel
FELLPFLEGE: sehr anspruchsvoll
GESUNDHEITLICHE PROBLEME: Arthritis, Augen, Ellenbogen- und Hüftgelenksdysplasie, Epilepsie, Magen-Darm-Beschwerden
GRÖSSE: 55–65 cm
SONSTIGES: bellt gern
VON DER FCI ANERKANNT: ja

Merkmale

LEBENSERWARTUNG: 10 Jahre
AUSLAUF: viel
FELLPFLEGE: anspruchslos
GESUNDHEITLICHE PROBLEME: Arthritis, Herzschwäche, Knochentumor, Liegeschwielen, Magendrehung
GRÖSSE: 70–90 cm
SONSTIGES: bellt gern
VON DER FCI ANERKANNT: ja

Deutsche Dogge

Die große, elegant gebaute Deutsche Dogge wird fälschlicherweise als „Great Dane" bezeichnet, obwohl diese Rasse aus Deutschland stammt. Früher wurde die Deutsche Dogge vor allem bei der Jagd und als Kampfhund eingesetzt. Fürst Bismarck ernannte sie zum „Reichshund".

Charakter

Dieser vielseitig verwendbare Hund ist muskulös und anmutig, würdevoll und liebenswürdig zugleich. Erhält er genügend Auslauf, fühlt sich er sich auch in der Stadt wohl. Er ist sanft, freundlich, kontaktfreudig und gegenüber Kindern und fremden Tieren sehr tolerant. Seiner sprichwörtlichen Sturheit kann man mit modernem Motivationstraining beikommen.

Erscheinungsbild

Das kurze, dichte und sehr geschmeidige Fell der Deutschen Dogge ist gestromt, rehbraun, blau, schwarz oder schwarzweiß (Harlekin). Die Augen sitzen ziemlich tief, die spitz zulaufenden Ohren kippen nach vorn. Die Rute ist auf Rückenhöhe angesetzt und beschreibt am Ende einen leichten Bogen. Die Pfoten sind katzenähnlich, die Zehen gut gebogen. Auf hohen Beinen ruht der kräftige, wohlproportionierte Körper der Dogge, deren tiefe Brust bis zu den Ellbogen reicht.

Mastiff & Bullmastiff

Die Ursprünge des Mastiffs reichen zurück in altägyptische Zeiten. Von den Bauern wurde diese uralte Rasse einst zum Treiben und Beschützen der Viehherden eingesetzt. Der Bullmastiff, eine Kreuzung aus Mastiff und Bulldogge, ist ein Produkt des 19. Jahrhunderts. Er sollte Wilderer stellen, ohne sie zu verletzen oder zu töten.

Charakter

Beide Rassen sind der Inbegriff von Kraft und Masse, dabei gleichzeitig anhänglich, treu und rücksichtsvoll. Der Mastiff ist so groß und imponierend, daß er selten aggressiv werden muß, der Bullmastiff genauso ruhig, intelligent und leicht auszubilden wie sein älterer Verwandter.

Erscheinungsbild

Das kurze Fell beider Hunde ist sehr leicht sauberzuhalten. Der Mastiff kommt in der Farbe Aprikot oder in silbrigen Braunschattierungen vor, manchmal auch mit Abzeichen. Der Bullmastiff ist rehbraun oder rötlich gestromt. Beide Rassen haben schwarze Schnauzen, tiefbraune, schwarz umrandete Augen, dank der charakteristischen Stirnfalten zerfurchte Augenbrauen und V-förmige Ohren. Die hochangesetzte Rute wird gerade oder gebogen getragen. An den großen, runden Pfoten sitzen schwarze Krallen, beider Brust ist tief und muskulös.

Merkmale

LEBENSERWARTUNG: 10 Jahre
AUSLAUF: viel
FELLPFLEGE: anspruchslos
GESUNDHEITLICHE PROBLEME: *bei beiden:* Hüftgelenksdysplasie; *Bullmastiff:* Augen; *Mastiff:* Gefahr der Magendrehung
GRÖSSE: *Bullmastiff:* 63–69 cm; *Mastiff:* 70–76 cm
SONSTIGES: ziemlich ruhig
VON DER FCI ANERKANNT: ja

Bernhardiner

Diese große Rasse stammt sehr wahrscheinlich vom Mastiff ab und wurde zuerst in den Schweizer Alpen von Mönchen auf dem Hospiz des Großen St.-Bernhard-Passes gezüchtet. Die Mönche nutzten die sanften, leider stark speichelnden Riesen zum Auffinden von Reisenden. Zahllose Menschen verdanken dem Bernhardiner ihr Leben.

Charakter

Der Bernhardiner ist einer der größten und kräftigsten Hunde der Welt. Er hat Sinn für Humor und ein großes Herz, ist ausgeglichen, tolerant und leicht auszubilden. Sein fürsorgliches, kinderliebes Wesen macht ihn zu einem idealen Familienhund, der allerdings nicht in einer Stadtwohnung gehalten werden sollte.

Erscheinungsbild

Es gibt zwei Fellschläge: Der Stockhaar hat kurzes, dichtes Fell, der Langhaar mittellanges und leicht gewelltes Fell mit kragenartiger Wamme und stark entwickelten Hosen an den Keulen. Es ist entweder orange, mahagoni- oder rotgestromt, Pfoten, Brust und Rutenspitze sind immer weiß, die Rute ist buschig und trägt keine Fahne. Die sanften Augen blicken freundlich, die mittelgroßen Ohren liegen dicht an. Der muskelbepackte Vierbeiner hat einen breiten, kräftigen Körper mit einer tiefen Brust.

Merkmale

LEBENSERWARTUNG: 10 Jahre
AUSLAUF: viel
FELLPFLEGE: *Langhaar:* sehr anspruchsvoll
GESUNDHEITLICHE PROBLEME: Hüftgelenksdysplasie, Herz
GRÖSSE: 65–75 cm
SONSTIGES: bellt gern
VON DER FCI ANERKANNT: ja

Pyrenäenberghund

Dieser majestätische Hund mußte einst in der rauhen Gebirgslandschaft der Pyrenäen Viehherden beschützen und Schlitten ziehen. Er gehört einer uralten Rasse an, die um 1900 fast ausgestorben wäre.

Charakter

Ein zäher, gesunder und für seine Größe sehr beweglicher Hund, der sowohl in körperlicher wie geistiger Hinsicht nur langsam erwachsen wird. Sein größter Feind ist die Langeweile, richtig wohl fühlt er sich nur, wenn er viel beschäftigt wird. Er ist gutmütig, freundlich, ja liebenswürdig, geht sanft mit Kindern um und stellt sich, wenn nötig, schützend vor seine Familie.

Erscheinungsbild

Er hat dichte Unterwolle aus feinen Haaren und dickes, rauhes Deckhaar, das sich um den Hals zur Mähne verdichtet und an den kräftigen Läufen Hosen bildet. Das weiße Fell kann manchmal von dachsfarbenen Flecken durchsetzt sein. Die Augen sind dunkelbraun und mandelförmig, die Ohren klein, dreieckig und flach anliegend. Die dichtbefederte, buschige Rute schlägt über dem Rücken einen Bogen. An den kompakten Pfoten sitzen leicht gebogene Zehen, die Brust ist breit und tief, der Rücken muskulös und gerade.

Merkmale

LEBENSERWARTUNG: 10 Jahre
AUSLAUF: viel
FELLPFLEGE: anspruchsvoll
GESUNDHEITLICHE PROBLEME: nicht bekannt
GRÖSSE: 66–80 cm
SONSTIGES: bellt laut
VON DER FCI ANERKANNT: ja

Merkmale

LEBENSERWARTUNG: 14 Jahre
AUSLAUF: viel
FELLPFLEGE: anspruchslos
GESUNDHEITLICHE PROBLEME: Stoffwechsel- und Herzprobleme
GRÖSSE: 63–70 cm
ÜBLICHERWEISE KUPIERT: ab dem 1. Juni 1998: nein
SONSTIGES: ziemlich ruhig
VON DER FCI ANERKANNT: ja

Dobermann

Diese Rasse wurde von dem Thüringer Steuereintreiber Louis Dobermann gezüchtet, der einen unbestechlichen Wächter und gnadenlosen Kämpfer wollte, der sich weder von Stockschlägen noch von Schüssen einschüchtern ließ. Wahrscheinlich ist er eine Kreuzung aus Rottweilern, Pinschern, Manchester Terriern und anderen Rassen.

Charakter

Der elegante Dobermann ist scharf, furchtlos und wachsam, gleichzeitig klug und gehorsam. Er braucht sehr viel Beschäftigung, noch mehr Auslauf und eignet sich, sofern er richtig erzogen wurde, auch als Familienhund. Allerdings gehört der muskulöse Vierbeiner nur in die Hände erfahrener Besitzer. Fremden gegenüber verhält er sich mißtrauisch, seinem Halter ist er in bedingungsloser Treue ergeben.

Erscheinungsbild

Das kurze, glänzende Fell des Dobermanns kann die Farben Schwarz, Braun, Blau oder Mahagonibraun mit rostroten Abzeichen aufweisen. Er hat mandelförmige Augen und kleine hängende Ohren. Die Rute wurde bislang meistens kupiert. Gerade Vorder- und kräftig bemuskelte Hinterläufe tragen den stromlinienförmigen Körper und sorgen für elastischen Gang und große Geschwindigkeit.

Komondor & Puli

Beide Hunde stammen aus Ungarn und hatten ursprünglich die Aufgabe, Schafherden zu hüten. Ihres auffälligen Fells wegen werden sie auch als „laufende Teppiche" bezeichnet. Der dichte Haarwuchs ist eine Konzession an das rauhe Klima der Pußta und ein ausgezeichneter Schutz gegen angreifende Feinde.

Charakter

Beide Rassen sind willensstark, verteidigen entschlossen ihr Territorium und brauchen ein ausgiebiges Gehorsamstraining. So loyal sie sich ihrem Besitzer gegenüber verhalten, so mißtrauisch sind sie gegenüber Fremden. Der bellfreudige Puli ist wendiger und agiler als der doppelt so große Komondor und braucht, anders als sein größerer Kollege, den engen Kontakt zu seiner Familie.

Erscheinungsform

Das rauhe Deckhaar und die weiche Unterwolle bilden zusammen feste, schwere Kordeln, die bis zum Boden herabhängen. Da sie leicht verfilzen, ist regelmäßige Pflege notwendig. Augen und Ohren verschwinden fast völlig im dichten Haarwuchs. Die ebenfalls dichtbehaarte Rute des Komondors hebt sich vom Hinterteil ab und ist an der Spitze leicht nach oben gebogen. Beide Hunde sind muskulös und gut proportioniert.

Komondor

Merkmale

LEBENSERWARTUNG: *Komondor:* 12 Jahre; *Puli:* 14 Jahre
AUSLAUF: *Komondor:* sehr viel; *Puli:* viel
FELLPFLEGE: *bei beiden:* äußerst anspruchsvoll (das Fell wird nicht gekämmt, sondern in dünne Schnüre gezupft!)
GESUNDHEITLICHE PROBLEME: *Puli:* Augen; *beide:* Hüften
GRÖSSE: *Komondor:* 70–80 cm; *Puli:* 37–47 cm
SONSTIGES: *Kommondor:* am Tag still, in der Nacht und bei Gefahr lauter; *Puli:* bellt gern
VON DER FCI ANERKANNT: ja

Mittelschnauzer

Mittel- und Riesenschnauzer

Die Rasse der Schnauzer stammt aus Deutschland. Der Mittelschnauzer ist der älteste Vertreter der Schnauzerfamilie, der respekteinflößende Riesenschnauzer größer, robuster und seit 1925 als Diensthund anerkannt.

Charakter

Der Schnauzer verdankt seinen Namen der auffälligen, bärtigen Schnauze; beim Trimmen für die Ausstellung wird dieses Merkmal noch unterstrichen. Beide Hunde sind kräftig, temperamentvoll und willensstark, zugleich aber auch äußerst verspielt, anhänglich und kinderlieb. Da sie sich nur sehr langsam entwickeln, muß man sie mit sehr viel Verständnis, noch mehr Zuneigung und ohne Härte, aber konsequent erziehen.

Erscheinungsbild

Das rauhhaarige Fell der Schnauzer braucht sehr viel Pflege. Zugelassene Farben sind Reinschwarz und Pfeffersalz. Der typische Schnauzerkopf zeichnet sich durch dunkle Augen mit buschigen Augenbrauen und hochangesetzten Ohren aus, die nach vorn klappen. Die Rute wird normalerweise kupiert und aufrecht getragen. Die kurzen, runden Pfoten stehen parallel und gerade. Beide Hunde sind fast identisch, beim kräftigeren Riesenschnauzer sollte die Körperlänge der Höhe entsprechen.

Merkmale

LEBENSERWARTUNG: 11 Jahre
AUSLAUF: viel
FELLPFLEGE: anspruchsvoll
GESUNDHEITLICHE PROBLEME: Bluterkrankheit, grauer Star, Hüft- und Schulterarthritis, Hauttumore, Stoffwechselstörungen
GRÖSSE: *Riesenschnauzer:* 60–70 cm; *Mittelschnauzer:* 46–49 cm
ÜBLICHERWEISE KUPIERT: ab dem 1. Juni 1998: nein
SONSTIGES: *Riesenschnauzer:* ruhig; *Mittelschnauzer:* bellt gern
VON DER FCI ANERKANNT: ja

Welsh Corgi Pembroke & Welsh Corgi Cardigan

Der Cardigan ist die ältere, der Pembroke aufgrund seiner Verbindung zum englischen Königshaus die populärere Corgieart. Die walisischen Vierbeiner wurden in England jahrhundertelang als Viehtreiberhunde eingesetzt.

Charakter

Beide Hunde sind intelligent, selbstbewußt und temperamentvoll. Sie passen sich jeder Situation an und können auch im Haus gehalten werden, sofern man sie konsequent erzieht und sich ausreichend mit ihnen beschäftigt. Im Umgang mit Kindern sind beide Hunde sehr geduldig.

Erscheinungsbild

Der „Cardie" hat einen langen Körper und eine buschige Rute. Er ist etwas größer als sein stummelschwänziger Vetter. „Yard dog" wird er genannt, weil er von der Nasen- bis zur Schwanzspitze genau ein Yard (0,9144 m) mißt. Das Fell des Cardigan ist kurz, dicht und wetterfest, das des Pembroke dicht, mittellang und nicht drahtig. Beide haben einen breiten, flachen Schädel, einen spitzen Fang, aufrecht stehende Spitzohren und kurze Beine.

Welsh Corgi Pembroke

Merkmale

LEBENSERWARTUNG: 13 Jahre
AUSLAUF: wenig
FELLPFLEGE: anspruchslos
GESUNDHEITLICHE PROBLEME: Bandscheibenvorfall, Hüftgelenkdysplasie, Kniescheibenluxation, Pankreainsuffizienz; *Cardigan:* Augen
GRÖSSE: *Pembroke:* 25–31 cm; *Cardigan:* 27–32 cm
ÜBLICHERWEISE KUPIERT: ab dem 1. Juni 1998: nein
SONSTIGES: bellen gern
VON DER FCI ANERKANNT: ja

Merkmale

LEBENSERWARTUNG: 13 Jahre
AUSLAUF: wenig
FELLPFLEGE: anspruchslos
GESUNDHEITLICHE PROBLEME: nicht bekannt
GRÖSSE: 33–40 cm
ÜBLICHERWEISE KUPIERT: ab dem 1. Juni 1998: nein
SONSTIGES: bellt sehr gern
VON DER FCI ANERKANNT: ja

Schwedischer Schäferspitz

Die Frage, welcher Hund älter ist, der Schwedische Schäferspitz oder der britische Corgi, läßt sich heute nicht mehr eindeutig beantworten. Fest steht, daß der „Westgotenspitz" mit den Wikingern entweder von Wales nach Südschweden oder von dort nach Wales gelangte.

Charakter

Heute existieren zwei verschiedene Varianten des Schwedischen Schäferspitzes, von denen die eine etwas gewichtiger als die andere ist und ein dickeres Fell besitzt. Beide sehen dem Welsh Corgie sehr ähnlich und teilen viele seiner Eigenschaften. Anders als der Corgie läßt sich der Schwedische Schäferspitz jedoch leicht erziehen. Er hat eine ausgesprochen warmherzige Persönlichkeit, ist lebhaft, kinderlieb und pflegeleicht und darüber hinaus ein folgsamer Wachhund, der schnell anschlägt.

Erscheinungsbild

Sein zumeist graues, dichtes Deckhaar und die weiche Unterwolle verleihen ihm ein leicht zerzaustes Aussehen. Die dunklen, ovalen Augen blicken aufmerksam, die Ohren sind wachsam aufgerichtet. Die volle Länge der Rute sollte 10 cm nicht übersteigen. Seine Pfoten sind gut proportioniert und oval. Er ist ein kurzbeiniger, gutbemuskelter Hund mit tiefer Brust und geradem Rücken.

Zwerghunde

Merkmale ✦ Königliche Vorlieben ✦ Gesellschaftliche Stellung

Hunde, die dieser Gruppe zugeordnet werden, sind ihrer Herkunft nach sehr verschieden. Manche haben große Namensvettern wie der King Charles Spaniel oder der Yorkshire Terrier, die den Jagdhunden oder den Terriern zugehören. Oft verbindet man mit dem Wort „Zwerg" etwas Putziges oder Niedliches. Allerdings trifft dies bei der Charakterisierung der Zwerghunde nicht zu.

Charakteristika

Obwohl sie, wie ihr Name schon sagt, von zwergenhaftem Wuchs sind, bedeutet dies nicht, daß sie sanft, harmlos oder gar langweilig wären. Ähnlich wie ihre Namensvetter oder andere Rassen können sie auch lebhaft, gewitzt und von einem außergewöhnlichen Schutztrieb für ihren Besitzer erfüllt sein. Deshalb sind einige Zwerghunde auch berühmt für ihre Wachsamkeit oder ihr lautes Anschlagen jedem Fremden oder Ungewöhnlichem gegenüber. Nicht selten geschieht es, daß ein Zwerghund einem „Riesen" mutig gegenübertritt, wenn es gilt, das eigene Territorium zu verteidigen. Zwei vorherrschende Merkmale kennzeichnen die Zwerghunde: ihre Anhänglichkeit und ihre kurzen Läufe.

Geschichte

Gewisse zwergwüchsige Rassen zählen zu den ältesten Hunden. Ihre Beliebtheit läßt sich von der Antike bis in die heutige Zeit verfolgen. So lebten schon vor ungefähr 4000 Jahren die mit dem Pekinesen verwandten „Löwenhunde" am chinesischen Kaiserhof. Sie wurden dort eine Zeitlang wie halbgöttliche Wesen verehrt. Der Shih Tzu begleitete asiatische Diplomaten, und auch der Japan Chin kann auf eine lange Geschichte zurückblicken. Favorit bei den römischen Frauen war der Malteser. Auffallend ist, daß vornehmlich Herrscher und einflußreiche Damen diese Rassen als Begleithunde bevorzugten. So war der King Charles Spaniel im englischen Königshaus sehr beliebt, während die europäischen Herrscherhäuser den Bichon, den Malteser oder auch den Bologneser bevorzugten.

Unten: Seinen Namen verdankt der Papillon seinen reizenden, schmetterlingsartigen Stehohren.

Züchtungen

Zwergrassen entstehen aus selektiver Züchtung, wobei meist das gefällige Äußere dominiert. Allerdings waren manche Züchtungen auch zweckorientiert. So war der Tibet Spaniel zum Drehen buddhistischer Gebetsmühlen bestimmt.

Beim Experimentieren mit verschiedenen Rassen entstanden auch solche Besonderheiten wie der Chinesische Schopfhund. Ihn gibt es in zwei Varianten: Die eine besitzt nur am Kopf, an der Rute und an den Pfoten etwas Haar, die andere trägt am ganzen Körper ein langes, seidiges Fell.

Zweckbestimmung

Die meisten Zwergrassen dienten der Unterhaltung. Für viele Damen der Gesellschaft bedeutete der Besitz eines bestimmten Zwerghunds zeitweilig nichts anderes, als up to date zu sein. Die meisten Zwerghunde hatten keine bestimmte Aufgabe zu erfüllen. Sie wurden nicht als Apportier- oder Spürhunde eingesetzt, sondern dienten meist gesellschaftlichen Zwecken.

Unumstritten ist allerdings, daß Männer wie Frauen die kleinen Vierbeiner als willkommene Wärmequelle nutzten. Die Zwerghunde waren klein genug, um sowohl in die weiten Ärmel einer Mönchskutte als auch in die eines Mantels gesteckt zu werden. Zudem waren sie willkommene Bettwärmer. Zeitweilig, so wird behauptet, hat man Hunde, wie das Löwchen, extra an manchen Stellen kahlgeschoren. Denn auf diese Weise konnte die Wärme unmittelbar von den rasierten, nackten Körperregionen an den Besitzer abgegeben werden.

Obwohl auch Zwerghunde recht temperamentvoll sein können, werden sie heutzutage besonders von älteren, oft alleinstehenden Menschen favorisiert. Unangefochten ist die positive Wirkung dieser kleinen Begleiter auf das Wohlbefinden ihrer Besitzer, besonders dann, wenn diese krank oder ständig ans Haus gebunden sind. Manchmal kann die Anwesenheit eines Hundes auch die Genesung beschleunigen. Diese treuen kleinen Gefährten helfen über einsame Stunden hinweg und machen viel Freude.

Oben: Der heute oftmals verhätschelte Yorkshire Terrier war früher ein gefürchteter Rattenjäger.

Unten: Nach einer chinesischen Legende soll der Pekinese der Liaison eines Löwen mit einem Affen entstammen.

Schosshunde zu Hause

Zwerghunde beanspruchen weniger Platz als ihre großen Artgenossen und passen daher besser in eine Stadtwohnung. Allerdings eignet sich nicht jeder kleine Hund als Familienhund. Denn der zierliche Körperbau verträgt einen robusten Umgang nicht immer. Die meisten Zwerghunde benötigen wenig Auslauf, haben dafür aber ein sehr anspruchsvolles Fell, für dessen Pflege man viel Zeit aufwenden muß.

Rechts: Das Löwchen war bereits im Rokoko ein beliebter Schoßhund. Seinen Namen verdankt es der auffälligen Schur.

Affenpinscher

Diese mit den Zwergpinschern verwandten Hunde gelten als Vorläufer der belgischen Griffons. Sie sind schon auf Bildern aus dem 15. Jahrhundert zu sehen und gehören zu den ältesten Rassen Europas.

Charakter

Affenpinscher sind äußerst unterhaltsame Gesellschafter, lebhaft, selbstbewußt, eigensinnig und immer zu Streichen aufgelegt. Ihr Bedürfnis nach Auslauf hält sich in Grenzen, zu gelegentlichen Wanderungen lassen sie sich jedoch gern überreden. Mit Kindern und anderen Hunden verstehen sich die hitzköpfigen, manchmal auch ein wenig kauzigen Zwerge in der Regel recht gut.

Erscheinungsbild

Eine wilde Löwenmähne auf Kopf und Schultern umgibt das affenähnliche Gesicht, dem ein stacheliger Bart, Backenhaare und buschige Augenbrauen sein charakteristisches Aussehen verleihen. Das struppige Fell ist meistens schwarz, im Alter grau, seltener gelbbraun. Die dunklen, runden Augen dürfen nicht hervorstehen, die Ohren sind hoch am Kopf angesetzt. Die Rute hängt beim Stehen nach unten, wird jedoch beim Laufen stolz über dem Rükken getragen. Starkknochige Läufe tragen einen kompakten, gedrungenen Körper mit tiefer Brust.

Merkmale

LEBENSERWARTUNG: 14 Jahre
AUSLAUF: wenig
FELLPFLEGE: anspruchslos
GESUNDHEITLICHE PROBLEME: mit zunehmendem Alter schleppender Gang
GRÖSSE: 25–30 cm
ÜBLICHERWEISE KUPIERT: ab dem 1. Juni 1998: nein
SONSTIGES: bellt gern
VON DER FCI ANERKANNT: ja

Cavalier King Charles Spaniel

Merkmale

LEBENSERWARTUNG: *King Charles:* 12 Jahre; *Cavalier:* 9–10 Jahre
AUSLAUF: wenig
FELLPFLEGE: anspruchslos
GESUNDHEITLICHE PROBLEME: *Cavalier:* Augen, Herz (vor einem Kauf unbedingt die medizinische Vorgeschichte prüfen!)
GRÖSSE: *King Charles:* 25–27 cm; *Cavalier:* 31–33 cm
SONSTIGES: bellen gern
VON DER FCI ANERKANNT: ja

King Charles Spaniel & Cavalier King Charles Spaniel

Ihren Namen verdanken die beiden Zwergspaniel König Charles II. von England. Aus den Jagdhunden von einst sind mittlerweile verwöhnte Schoßhündchen geworden.

Charakter

Da beide Rassen sich als ausgeglichen, fröhlich und liebenswürdig erweisen, sind sie die geborenen Gesellschafter. Der King Charles ist etwas ruhiger, aber ebenso sanftmütig. Die kinderlieben Vierbeiner genießen lange Landspaziergänge, brauchen gleichwohl nur wenig Auslauf und fühlen sich deshalb auch in der Stadt wohl.

Erscheinungsbild

Das lange, seidige Fell braucht nicht getrimmt zu werden und ist leicht zu pflegen. Vier Farbvarietäten sind möglich: Schwarz mit Loh, Rubinrot, Rot-weiß (Blenheim) und dreifarbig (Schwarz-weiß mit roten Abzeichen). Die Augen sind groß, rund und dunkel, die Ohren lang und seidig. Die Rute wird unterhalb des Rückens getragen. Die Pfoten sind fest und gut befedert. Die Brust ist breit und tief, der Rücken gerade. Der King Charles Spaniel ist kleiner und stupsnasiger als der flachköpfigere Cavalier.

Chihuahua

Seinen Namen verdankt der kleinste Hund der Welt der mexikanischen Stadt Chihuahua, seine tatsächliche Herkunft ist jedoch unbekannt. Manche glauben, daß der lebhafte Winzling aus China stammt und später von dort zu den Azteken oder den Inkas gelangte.

Charakter
Der Chihuahua ist ein agiler, mutiger und temperamentvoller Hund, dessen Körpergröße in einem umgekehrten Verhältnis zu seiner Willensstärke steht. Laut kläffend stellt sich der furchtlose Zwerg jedem Angreifer, ob Hund oder Mensch, in den Weg. Zu seinem Besitzer entwickelt der typische Schoßhund, der sehr empfindlich auf Zug und Kälte regiert, eine große Anhänglichkeit.

Erscheinungsbild
Der langhaarige Chihuahua hat weiches Fell, eine große Halskrause und lange Haare an den Ohren, sein kurzhaariges Pendant glattes, glänzendes Fell. Sämtliche Farben und Mischfarben können vorkommen. Die großen, runden Augen stehen weit auseinander, ihre Farbe korrespondiert mit der Fellfarbe. Die fledermausgroßen Ohren stehen ab, die mittellange Rute trägt er aufrecht über dem Rücken. Der Rumpf ist lang und kompakt, das Gewicht sollte 2,5 Kilogramm nicht überschreiten.

Merkmale
Lebenserwartung: 13 Jahre
Auslauf: wenig
Fellpflege: anspruchslos
Gesundheitliche Probleme: Kniescheibenluxation, Herzmißbildung
Grösse: 15–23 cm
Sonstiges: bellt gern
Von der FCI anerkannt: ja

Merkmale
Lebenserwartung: 14 Jahre
Auslauf: sehr wenig
Fellpflege: sehr anspruchsvoll
Gesundheitliche Probleme: nicht bekannt
Grösse: 23–30 cm
Sonstiges: bellt sehr gern
Von der FCI anerkannt: ja

Bichon (à Poil) Frisé

Einst als „Teneriffahund“ bekannt, erhielt der „gelockte Schoßhund“, der zu den ältesten Rassen Europas gehört, im frühen 20. Jahrhundert seinen heutigen Namen.

Charakter
Bichons sind klug, fröhlich und charmant, sehr sanft zu Kindern, lebhaft und verspielt. Die anhänglichen und schmusebedürftigen, dabei mutigen und robusten Hunde wickeln ihre Besitzer um den Finger und passen sich jeder Situation problemlos an. Ihr Fell erfordert regelmäßiges Trimmen und intensive Pflege.

Erscheinungsbild
Alle Hunde dieser Rasse sind schneeweiß und erinnern ein wenig an Plüschtiere. Verantwortlich für diesen Eindruck sind die Korkenzieherlocken des Deckhaars, das eine weiche, dicke Unterwolle bedeckt. Die Augen sind dunkel, rund und schwarz umrandet, die dicht am Kopf anliegenden Hängeohren von langem, dünnem Haar bedeckt. Auffällig ist der Kinnbart, dem die Rasse möglicherweise ihren Namen verdankt. Die Rute trägt der Bichon in einem sanften Bogen über dem Rücken. Die festen, runden Pfoten haben gewöhnlich weiße, mitunter auch schwarze Krallen. Der Körperbau ist kräftig, die Brust tief und gut ausgebildet.

Chinesischer Schopfhund

Der Chinesische Schopfhund (Chinese Crested Dog) gilt als Schoßhund der Mandarine. Zwei Arten werden unterschieden: Die erste ist nackt und hat Haare nur auf Kopf (Schopf!), Pfoten und Rute, die zweite, auch „Puderquast" genannt, besitzt langes, seidiges Haar am ganzen Körper.

Charakter

Auch Nackthund und Puderquast lassen sich noch weiter unterteilen: Der „Deer" ist ein rassiger und feingliedriger Hund, der „Cobby" etwas schwerer. Beim Nackthund muß man darauf achten, daß er sich nicht erkältet und die Haut nicht austrocknet oder von der Sonne verbrannt wird. Der Chinesische Schopfhund ist ein lebhafter, intelligenter und treuer Begleiter, der menschliche Gesellschaft und häuslichen Komfort liebt und beide energisch verteidigen wird.

Erscheinungsbild

Die Haut des Nackthundes ist weich und warm (permanent überhöhte Körpertemperatur), die des Puderquasts von einer Unterwolle und einem Schleier langer Haare bedeckt. Die dunklen Augen liegen weit auseinander, die großen Stehohren sind mit langen Haarfransen bewachsen und in der Regel aufgestellt. In der Bewegung wird die Rute hoch getragen. Der schmiegsame Körper hat schlanke Vorderläufe und ein muskulöses Hinterteil.

Merkmale

Lebenserwartung: 13 Jahre
Auslauf: wenig
Fell- bzw. Hautpflege: sehr anspruchsvoll
Gesundheitliche Probleme: *Nackthund:* Haut, Gebiß, Krallen
Grösse: 23–33 cm
Sonstiges: bellt gern
Von der FCI anerkannt: ja

Merkmale

Lebenserwartung: 12 Jahre
Auslauf: sehr wenig
Fellpflege: anspruchsvoll
Gesundheitliche Probleme: Atem- und Herzbeschwerden, Knie
Grösse: 23–28 cm
Sonstiges: bellt gern
Von der FCI anerkannt: ja

Japan Chin

Der Japan Chin hat sehr große Ähnlichkeiten mit dem King Charles Spaniel. Nach Japan gelangte die ursprünglich chinesische Rasse als Geschenk des Kaisers von China oder durch missionierende chinesische Buddhisten.

Charakter

Das Wort „Chin" heißt soviel wie katzenähnlich, womit dieser Hund treffend beschrieben wäre: Er ist anmutig, wäscht sein Gesicht wie eine Katze und sitzt gern auf dem Sofa oder auf einem warmen Schoß. Wie die meisten Zwergrassen benötigt auch der Chin viel Aufmerksamkeit und Körperkontakt. Er ist intelligent, lebhaft und verspielt, zugleich robust und unabhängig. Sein liebenswürdiges Wesen macht ihn zu einem guten Gesellschafter.

Erscheinungsbild

Der kompakte und dabei doch elegante Japan Chin hat ein langes, seidig glänzendes, schwarz- oder rot-weißes Haarkleid. Besonders auffällig präsentiert sich der hochgetragene Kopf: Die großen, weit auseinanderstehenden Augen treten ein wenig hervor, die hochsitzenden, befederten Ohren sind leicht nach vorn gerichtet, ein Nasenrücken ist so gut wie nicht vorhanden. Die stark befederte Rute trägt der Hund dicht über dem Rücken. Gerade Vorder- und Hinterläufe münden in behaarte „Hasenpfoten".

Papillon

Kontinentale Zwergspaniels gibt es seit mehr als 700 Jahren. Sie waren früher weit verbreitet und vor allem beim Adel sehr beliebt. Der stehohrige Papillon entstand allerdings erst im 19. Jahrhundert durch Einkreuzen von Spitz und Chihuahua.

Charakter
Seinen Namen verdankt der temperamentvolle Papillon den weit abstehenden Ohren, die wie Schmetterlingsflügel aussehen und ihn vom älteren Phalène („Nachtfalter") unterscheiden. Der Papillon ist intelligent, freundlich und selbstbewußt. Er hängt sehr an seinem Besitzer und braucht viel Zuneigung, reagiert Fremden gegenüber jedoch eifersüchtig und zurückhaltend.

Erscheinungsbild
Er hat ein langes, seidiges Haarkleid ohne Unterwolle. Die Grundfarbe ist weiß, Abzeichen sind, mit Ausnahme von Leberbraun, in jeder anderen Farbe möglich. Dunkle Ränder umgeben die runden, tief am Kopf sitzenden Augen. Die großen, abgerundeten Ohren sind sehr beweglich und stehen weit ab. Die fransige Rute biegt sich über dem Rükken. Die Pfoten sind zwischen den Zehen behaart. Der langgestreckte Körper zeichnet sich durch einen geraden Rücken und einen leicht gebogenen Unterleib aus.

Merkmale
LEBENSERWARTUNG: 16 Jahre
AUSLAUF: sehr wenig
FELLPFLEGE: anspruchsvoll
GESUNDHEITLICHE PROBLEME: Patellaluxation
GRÖSSE: 20–28 cm
SONSTIGES: bellt gern
VON DER FCI ANERKANNT: ja

Merkmale
LEBENSERWARTUNG: 12 Jahre
AUSLAUF: wenig
FELLPFLEGE: anspruchslos
GESUNDHEITLICHE PROBLEME: nicht bekannt
GRÖSSE: 25–30 cm
SONSTIGES: ziemlich ruhig
VON DER FCI ANERKANNT: ja

English Toy Terrier

Bereits im 15. Jahrhundert existierten Zwergterrier. Einen Standard für die verkleinerte Ausgabe des Manchester Terriers gibt es allerdings erst seit 1881. Diese Rasse wurde vor allem für die Rattenjagd gezüchtet.

Charakter
Obwohl der Hund relativ klein ist, besitzt er die typischen Terriereigenschaften: Er ist robust, intelligent, mutig und verfügt über einen ausgeprägten Jagdinstinkt. Seinem Herrn ist er treu ergeben, Fremden gegenüber verhält er sich mißtrauisch. Immer wachsam, scheint er ein Einfühlungsvermögen für die Stimmungen seines Besitzers zu haben. English Toy Terrier dürfen nicht der prallen Sonne ausgesetzt werden und vertragen auch keine Kälte.

Erscheinungsbild
Das dicke, schwarzglänzende Fell trägt ausgeprägte lohfarbene Abzeichen. Die kleinen, leuchtenden Augen sind sehr dunkel und dürfen von den wie eine Kerzenflamme geformten Stehohren nicht erreicht werden, wenn diese nach vorn gestellt werden. Die Rute ist hoch angesetzt, die Pfoten sind fest und zierlich. Die zwei Mittelzehen der Vorderpfoten sind größer als die anderen. Kräftige Statur, schmale Brust und gutgerundete Hinterbacken sorgen für einen harmonisch-kompakten Gesamteindruck.

Brüsseler Griffon

Einst bekannt als der „belgische Straßenjunge“, jagte dieser kleine Hund Ratten in Ställen und auf dem Feld. Trotzdem wurde er beim Adel als Schoßhund beliebt. Er ist auch auf Bildern von Breughel zu finden.

Charakter

Seinen Charme erhält dieser Winzling von seinem fast affenartigen Gesichtsausdruck. Obwohl er zu den Zwerghunden gehört, hat er einige Anlagen des Terriers. Der hochintelligente Griffon ist zäh und voller Spielfreude, jedoch wenig kinderfreundlich. Da dieser Hund sehr sensibel ist, sollte man bei der Ausbildung viel Verständnis aufbringen.

Erscheinungsbild

Es gibt den Griffon Bruxellois lang- oder kurzhaarig. Die langhaarige Variante hat harsches, drahtiges Deckhaar mit weicher Unterwolle, während der kurzhaarige Typ kurzes, glattes Fell hat. Die zulässigen Fellfarben sind Rot oder Rostbraun. Schwarz umrandet sind die großen, runden Augen. Seine Ohren stehen weit auseinander und sind hoch angesetzt. Die auf ein Drittel kupierte Rute wird aufrecht getragen. Die Pfoten sind katzenähnlich und klein. Der kurze Rücken ist vom Widerrist bis zur Rute gerade, die Rippen sind tief angesetzt und gut gebogen.

Merkmale

LEBENSERWARTUNG: 15 Jahre
AUSLAUF: wenig
FELLPFLEGE: anspruchslos
GESUNDHEITLICHE PROBLEME: nicht bekannt
GRÖSSE: 21–28 cm
ÜBLICHERWEISE KUPIERT: ab dem 1. Juni 1998: nein
SONSTIGES: bellt sehr gern
VON DER FCI ANERKANNT: ja

Löwchen

Diese Rasse stammt aus Frankreich und ist aus dem Malteser entstanden. Aufgrund der auffälligen Schur wird dieser Hund auch als „kleiner Löwenhund“ bezeichnet. Er wurde von vielen Malern, u. a. von Goya, abgebildet.

Charakter

Obwohl seine Löwenschur ihn zerbrechlich erscheinen läßt, ist er in Wirklichkeit ein äußerst robuster Hund. Zuweilen scheut er sich nicht, größere Hunde zu Rangkämpfen herauszufordern. Das Löwchen war bereits im Rokoko ein beliebter Schoßhund, der sich gern an seinen Besitzer kuschelt. Er verträgt sich gut mit anderen Hunden sowie Haustieren und zeichnet sich als lebhafter, intelligenter und liebenswürdiger Familienhund aus.

Erscheinungsbild

Das lange, seidige Fell hat feine Wellen und kommt in jeder Farbe oder Farbzusammensetzung vor, bevorzugte Töne sind jedoch Weiß, Schwarz und Zitronengelb. Die rundlichen dunklen Augen blicken interessiert. Seine langen, fransigen Hängeohren verschwinden in der Mähne. Von dem kurzen, kräftigen Körper wird der hintere Teil einschließlich der Rute geschoren. Allerdings läßt man an der Rutenspitze eine Quaste stehen. Durch diese charakteristische Schur erhält er sein löwenähnliches Aussehen.

Merkmale

LEBENSERWARTUNG: 12–14 Jahre
AUSLAUF: wenig
FELLPFLEGE: sehr anspruchsvoll
GESUNDHEITLICHE PROBLEME: Kniescheibenluxation
GRÖSSE: 25–33 cm
SONSTIGES: bellt sehr gern
VON DER FCI ANERKANNT: ja

Malteser

Diese Rasse stammt nicht – wie der Name vermuten lassen würde – aus Malta, sondern aus Meleda. Vermutlich kam sie mit phönizischen Kaufleuten nach Malta. Als Schoßhündchen war sie schon bei den römischen Damen äußerst beliebt. Einer Legende nach trugen die Adligen den Hund bevorzugt im Ärmel ihrer Gewänder mit sich.

Charakter
Der Malteser ist ein fideles, freundliches und anhängliches Tier, das sich sehr gut als Familienhund eignet. Fremden gegenüber verhält er sich mißtrauisch. Er ist sehr wachsam, ohne allzuviel zu bellen. Allerdings braucht sein Fell sehr viel Pflege.

Erscheinungsbild
Das glänzend-weiße Fell ist gerade, seidig und lang. Wenn das Welpenhaar im Alter von acht Monaten ersetzt wird, neigt es zum Verfilzen. Tägliches Bürsten ist daher unbedingt nötig. Die ovalen, dunkelbraunen Augen stehen leicht hervor. Die Ohren sind mit langen Haaren befedert und scheinen in das Haarkleid des Körpers überzugehen. Die Rute biegt sich unter dem Gewicht der üppigen, langen Haarpracht zur Seite. Der Rücken verläuft vom Widerrist bis zur Rute gerade. Die runden Pfoten haben schwarze Ballen. Insgesamt ist sein Körper länger als hoch.

Merkmale
LEBENSERWARTUNG: 15 Jahre
AUSLAUF: sehr wenig
FELLPFLEGE: sehr anspruchsvoll
GESUNDHEITLICHE PROBLEME: Kniescheibenluxation
GRÖSSE: 20–25 cm
SONSTIGES: ziemlich ruhig
VON DER FCI ANERKANNT: ja

Merkmale
LEBENSERWARTUNG: 14 Jahre
AUSLAUF: sehr wenig
FELLPFLEGE: anspruchslos
GESUNDHEITLICHE PROBLEME: Kniescheibenluxation
GRÖSSE: 25–30 cm
ÜBLICHERWEISE KUPIERT: ab dem 1. Juni 1998: nein
SONSTIGES: bellt sehr gern
VON DER FCI ANERKANNT: ja

Zwergpinscher

Diese deutsche Rasse wurde aus dem größeren, glatthaarigen Pinscher zur Bekämpfung von Ratten gezüchtet und bereits 1895 anerkannt. Bei uns ist der Zwergpinscher wegen seines rehfarbenen Fells auch unter dem Synonym „Rehpinscher" bekannt.

Charakter
Der Zwergpinscher ist ein temperamentvoller, spielfreudiger und anhänglicher Hund. Sein wacher Geist und sein ausgezeichnetes Gehör machen ihn zu einem guten Wachhund, der allerdings viel Freude am Bellen verspürt. Er ist mutiger und robuster, als man es einem Hund seiner Größe zutraut, und scheut sich nicht, einen wesentlich größeren Hund anzugreifen. Wird er sorgfältig erzogen, gehorcht er aufs Wort. Beim Kauf sollte man darauf achten, daß er nicht zu klein geraten ist.

Erscheinungsbild
Das weiche, kurze, glänzende Fell ist schwarz, blau oder schokoladenbraun mit dreieckigen Abzeichen über den Augen, an der Kehle, an der Brust, an den Pfoten und am After. Er hat große, hochangesetzte Stehohren. An den relativ kurzen Pfoten sitzen dunkle Krallen. Normalerweise stehen die Hinterläufe weit auseinander. Die Rute ist oft kupiert und steht aufrecht.

Pekinese

Der Sage nach soll der „heilige Hund“ aus der Verbindung eines Löwenkönigs mit einem Äffchen entsprungen sein. Pekin(g)esen waren ausschließliches Eigentum der chinesischen Kaiser, auf ihre Ausfuhr stand die Todesstrafe. Als englische und französische Truppen 1860 den Kaiserpalast stürmten, fielen ihnen fünf Exemplare in die Hände. Alle Neuzüchtungen stammen von diesen Hunden ab.

Charakter
Der Pekinese ist der Königshund par excellence. Man kann ihn unter den Arm klemmen und fast überallhin mitnehmen. Der furchtlose Zwerg ist immer zu Streichen aufgelegt. Sein ausgeprägtes Mißtrauen Fremden gegenüber und sein kämpferisches Herz machen ihn trotz seiner geringen Größe zu einem ausgezeichneten Wächter.

Erscheinungsbild
Das Haar des Pekinesen fällt lang und gerade. Sein Markenzeichen ist die dichte Mähne, die sich wie eine Stola um den Nacken legt. Fast alle Farben sind erlaubt: Braun meliert, Rot, Schwarz und mehrfarbig. Charakteristisch für Pekinesen ist der breite Schädel mit dem flachen Gesicht und der auffälligen Plattnase. Die großen, runden Augen glänzen dunkel. Die herzförmigen Ohren sind stark befedert.

Merkmale
LEBENSERWARTUNG: 15 Jahre
AUSLAUF: sehr wenig
FELLPFLEGE: anspruchsvoll
GESUNDHEITLICHE PROBLEME: Augen, Rücken, Probleme mit den Atemwegen
GRÖSSE 15–25 cm
SONSTIGES: ziemlich ruhig
VON DER FCI ANERKANNT: ja

Zwergspitz (Pommeraner)

Der fuchsgesichtige Zwergspitz stammt ursprünglich von arktischen Schlittenhunden ab. Im späten 19. Jahrhundert gelangte er von Pommern nach England – daher auch Pommeraner – und wurde dort sehr schnell populär.

Charakter
Klein und kräftig von Statur, steckt in dem Körper des Zwergspitzes eine große Persönlichkeit. Er ist intelligent, lebhaft und sehr anhänglich. Manchmal benimmt er sich wie jener große Hund, der er früher einmal war: Er kläfft gern und eignet sich dadurch ausgezeichnet als Wachhund, kann aber durch konsequentes Training auch zur Ruhe erzogen werden. Er ist ein guter Haushund, allerdings nicht geeignet für Familien mit kleinen, ungestümen Kindern.

Erscheinungsbild
Der Zwergspitz hat flauschige Unterwolle und langes Deckhaar, das vor allem an Hals, Schultern und Rücken gerade absteht und täglicher Pflege bedarf. Die meisten Hunde sind einfarbig: weiß, schwarz, braun, blau, orange, creme- oder biberfarben. Die Augen stehen leicht oval und sind dunkel, die Ohren klein und aufgestellt. Die hochangesetzte Rute liegt über dem Rücken. Der kurze Körper hat eine tiefe Brust und gutgerundete Rippen.

Merkmale
LEBENSERWARTUNG: 13 Jahre
AUSLAUF: sehr wenig
FELLPFLEGE: sehr anspruchslos
GESUNDHEITLICHE PROBLEME: Patellaanriß
GRÖSSE: 20–22 cm
SONSTIGES: bellt gern und viel
VON DER FCI ANERKANNT: ja

Mops

Die Wurzeln des Mopses liegen im Orient. Über Osteuropa gelangte der plattnasige Zwerg im 16. Jahrhundert in die Niederlande und nach Großbritannien, wo er zum Begleithund von Aristokraten und Königen avancierte.

Charakter

Mit seiner flachen Schnauze und den berühmten Falten wirkt der Mops, als mache er sich ständig über etwas Sorgen. Dabei ist er ein zumeist gutgelaunter kleiner Kerl, den so schnell nichts aus der Ruhe bringt. Er ist intelligent, anhänglich, eigensinnig und ein ausgezeichneter Gesellschafter, der nur wenig Pflege benötigt und leicht zu erziehen ist – der ideale Hund für eine Familie mit Kindern und anderen Haustieren. Sein Schnarchen empfinden manche allerdings als störend.

Erscheinungsbild

Der Mops hat kurzes, glattes Fell, das in den Farben Silber. Apricot, Rehbraun und Schwarz glänzen kann. Die großen, dunklen Augen stehen vor und sind anfällig für Verletzungen. Die schwarzsamtigen Ohren fallen entweder nach hinten (Rosenohr) oder vornüber (Kippohr). Die hochangesetzte, doppeltgeringelte Rute (Posthorn) wird über dem Rücken getragen. Stämmig und muskulös, erinnert der Mops an die Miniaturausgabe einer Dogge.

Merkmale

LEBENSERWARTUNG: 13–15 Jahre
AUSLAUF: sehr wenig
FELLPFLEGE: anspruchslos
GESUNDHEITLICHE PROBLEME: Atmung, grauer und grüner Star, Hautentzündungen, Herzmißbildungen, Hüftgelenksdysplasie
GRÖSSE: 25–32 cm
SONSTIGES: ziemlich ruhig
VON DER FCI ANERKANNT: ja

Yorkshire Terrier

Die ersten Yorkshire Terrier, zärtlich „Yorkies“ genannt, wurden um die Mitte des 19. Jahrhunderts in Yorkshire gezüchtet. Sie waren größer als die heutigen Hunde und wurden bei der Rattenjagd unter der Erde eingesetzt

Charakter

Trotz seiner winzigen Größe und seines ungewöhnlichen Fells verfügt der Yorkshire Terrier über die typischen Terrierqualitäten: Er ist zäh und schlau, hat einen angeborenen Jagdinstinkt und genießt ausgiebige Spaziergänge. Im Freien fühlt er sich am wohlsten. Bei Geschicklichkeitswettbewerben für Zwerghunde gehört der wendige Draufgänger regelmäßig zu den Besten – der ideale Begleiter, wenn man bereit ist, Zeit für Erziehung, Pflege, Spiel und Auslauf aufzubringen.

Erscheinungsbild

Das lange, seidige Fell schimmert stahlblau, nur Kopf, Brust und Beine haben goldbraunes Haar, das zur Spitze hin heller wird. Das Kopfhaar wird oft von einer Spange zusammengehalten, damit es nicht über die dunklen Augen fällt. Kurzes Haar bedeckt auch die V-förmigen, aufgerichteten Ohren. Die Rute ist ein wenig dunkler als der Rest des Körpers, der dank der leicht gebogenen Rippen und des geraden Rückens sehr kompakt wird.

Merkmale

LEBENSERWARTUNG: 15 Jahre
AUSLAUF: täglich
FELLPFLEGE: sehr anspruchsvoll
GESUNDHEITLICHE PROBLEME: Kniescheibenluxation
GRÖSSE: 22–23 cm
ÜBLICHERWEISE KUPIERT: ab dem 1. Juni 1998: nein
SONSTIGES: bellt gern
VON DER FCI ANERKANNT: ja

Ausstellungen

Vorbereitungen ✦ Ablauf der Ausstellung ✦ Bewertungskriterien ✦ Wettkämpfe

Der Mensch liebt Wettkämpfe, und zweifellos mußte der Hund schon früh seinen Teil zur Befriedigung dieses Bedürfnisses beitragen. Bei den ersten Wettbewerben wurde wahrscheinlich der beste Jagd- oder Kampfhund ermittelt. Vergleichsweise junge Veranstaltungen sind Schönheitswettbewerbe oder Geschicklichkeits- bzw. Gehorsamsprüfungen.

Vorbereitungen

Die Präsentation des Hundes auf einer Ausstellung ist äußerst wichtig. Kein Richter verschwendet einen zweiten Blick auf einen Ausstellungshund, der ein ungepflegtes Fell, schmutzige Ohren und ungeschnittene Krallen hat. Da Färbe- oder unnatürliche Hilfsmittel für die Verschönerung eines Ausstellungshundes in der Regel nicht zulässig sind, müssen Fell und Muskulatur des Hundes durch ausgewogene Ernährung und körperliche Bewegung in Topform gebracht werden. Einige Rassen werden eigens für die Ausstellung gebadet, getrimmt oder geschnitten. Fachleute wissen am besten, wie sich die Vorzüge des eigenen Hundes in das Rampenlicht des Ausstellungsrings rücken lassen.

Der Kandidat für den Laufsteg muß darüber hinaus gesund sein. Denn das Risiko einer Ansteckung ist für andere Hunde viel zu groß. Selbstverständlich sollten auch keine aggressiven, nervösen oder schlecht erzogenen Hunde teilnehmen.

Die meisten Hunde benötigen eine Schulung vor ihrem Auftritt: Sie müssen lernen, absolut still zu stehen und dem Richter erlauben, sie anzufassen, sowie im Kreis an der Leine laufen können, ohne stehenzubleiben oder zu galoppieren. In einschlägigen Kursen kann man seinen Vierbeiner von Profis ausbilden lassen, über Ausstellungen diskutieren und von anderen Hundesportlern Tips erhalten.

Vor allem die großen Ausstellungen unterliegen einer ganzen Reihe von Vorschriften, und hier wird viel Wert auf die „Showetikette" gelegt. Ungeachtet der Art des Wettbewerbs, werden von jedem Austellungshund dieselben Aktionen im Ring verlangt – denn nur so läßt sich das individuelle Potential eines Hundes feststellen und optimal bewerten.

Das entscheidende Bewertungskriterium sind die Rassestandards. Die Richter verwenden sehr viel Zeit auf die Beurteilung von Körperbau, Bewegungsablauf und Verfassung eines Hundes.

Ausstellungsverlauf

Der Ablauf einer Ausstellung unterliegt einer bestimmten Routine: Zuerst gehen die Vierbeiner einer Klasse

Links: Wichtig ist, daß der Hund einen guten Charakter hat. Im Ring muß er dicht neben anderen Hunden stehen, an der losen Leine laufen und sich vom Richter anfassen lassen.

Links und links unten: Populär sind Wettbewerbe, die sich auf bestimmte Fähigkeiten konzentrieren. Bei Geschicklichkeits- wie Gehorsamsprüfungen müssen die Vierbeiner auf die Kommandos ihrer Führer reagieren.

zusammen in den Ring; dabei trägt jeder Hundeführer die ihm zugeteilte Startnummer. Dann bleiben alle am Rand stehen und stellen ihre Schützlinge in Schauhaltung vor, so daß der Richter einen ersten Blick auf die Teilnehmer werfen kann.

Anschließend wird jeder Hund einzeln vorgeführt: Der Richter sieht sich Zähne und Gebiß an, fährt mit der Hand über das Fell des Tieres, um Knochenbau und Muskulatur beurteilen zu können, und bittet danach den Hundeführer, mit dem Hund im Ring ein „Dreieck" zu laufen. Auf diese Weise kann der Richter die Bewegungen des Hundes von hinten, von der Seite und von vorn bewerten.

Hat sich der Richter sein Urteil gebildet, muß der Vierbeiner wieder seine Anfangsposition einnehmen. Erst wenn alle Teilnehmer diese Inspektion durchlaufen haben, entscheidet der Richter, welcher Hund dem Rassestandard am nächsten kommt und Gewinner wird.

Wie das Ergebnis auch ausfallen wird – man sollte immer daran denken, daß man am Ende des Tages den besten Hund mit nach Hause nimmt!

Wettkämpfe

Es gibt sportliche Wettkämpfe und reine Hobbywettkämpfe. Letztere werden vornehmlich in Großbritannien und oftmals in Verbindung mit anderen Festen und Veranstaltungen abgehalten.

Auch bei Hobbywettkämpfen treten in der Regel nur reinrassige Hunde in verschiedenen Disziplinen gegeneinander an. Oft wird aber auch nur die beste Kreuzung gekürt.

Sportliche Wettkämpfe

Die einzelnen Veranstaltungen werden in Klassen eingeteilt, die von Land zu Land verschieden sind. In den letzten Jahren sind Wettkämpfe zunehmend beliebter geworden, bei denen es nicht nur auf die Schönheit des Hundes ankommt, sondern auch auf seine Geschicklichkeit und seine Wendigkeit (Agility) sowie seinen Gehorsam (Obedience). Diese Art von Wettkämpfen werden auf nationaler wie internationaler Ebene ausgetragen. Ziel ist es, den Europa- und den Weltmeister Titel zu erringen.

Rasse-Standards

Die Richter sind Fachleute für die Rassen, die sie bewerten, und meistens selbst erfolgreiche Aussteller. Sie treffen ihre Entscheidung danach, wie gut ein Hund die vom betreffenden Rassestandard vorgeschriebenen Kriterien erfüllt. Ein Standard wird vom zuständigen Hundeverband des Rasseherkunftlands festgelegt.

Er beschreibt, in Form eines Merkmalkatalogs, die zulässigen bzw. erwünschten Eigenschaften der Rasse. Außerdem bestimmt er die zulässigen Farben sowie die minimale und die maximale Größe. Rassestandards erhält man von den Hundeverbänden der einzelnen Länder. Jeder, der beabsichtigt, seinen Hund auszustellen, sollte sich zunächst den Standard seiner Rasse besorgen und sorgfältig studieren, denn nur mit deren Hilfe läßt sich ein Hund nach objektiven Kriterien beurteilen.

Kulturgeschichte

Obwohl eine 50 000 Jahre alte Höhlenmalerei in Europa ein hundeähnliches Tier mit einem Mann auf der Jagd zeigt, glauben die meisten Wissenschaftler, daß die Domestizierung des Hundes erst vor 15 000 Jahren stattfand. Das älteste Hundeskelett wurde 1979 bei Ausgrabungen in Mallaha, Israel, entdeckt. Aus dem Fund bronzezeitlicher Fossilien (vor etwa 6500 Jahren) schlußfolgerte man, daß sich die ersten Hunde in fünf Hauptgruppen unterteilten. Selektive Züchtung und natürliche genetische Mutation führten dazu, daß im Laufe der folgenden Jahrtausende aus diesen fünf Gruppen Hunderte von verschiedenen Rassen entstanden.

Ägyptische Gottheiten

Bei den alten Ägyptern hatte Anubis die Aufgabe, die Seelen der Toten vor dem letzten Gericht zu wiegen. Porträts zeigen den Totengott mit einem Schakal- oder Hundekopf. Die Ägypter waren große Hundeliebhaber. Sie schufen viele Rassen, indem sie Hunde mit Schakalen oder Wölfe mit Füchsen kreuzten. Der griechische Historiker Herodot, der Vater der Geschichtsschreibung, berichtete, daß die Ägypter den Tod von Hunden und Katzen wie den von nahen Angehörigen betrauerten. In den Gräbern fand man oft mumifizierte Hunde.

Vorsicht, bissiger Hund!

Bei Ausgrabungsarbeiten in Pompeji fanden Archäologen die Überreste eines Hundes, der über einem Kind lag und dieses zu beschützen schien. Tatsächlich wurden in allen größeren römischen Städten Hunde gehalten. Jedes Haus, das einen Wachhund besaß, mußte ein Schild mit der Aufschrift „Cave canem!" („Vorsicht, bissiger Hund!") anbringen. In der römischen Mythologie bewachte ein Hund auch den Zugang zur Unterwelt. Außerdem setzten die Römer Vierbeiner für militärische Zwecke ein: als Angriffswaffen oder zur Nachrichtenübermittlung. Die mächtigen Molusser oder Mastiffs wurden mit einer leichten Rüstung, Stacheln und brennenden Schwefeltöpfen ausgerüstet und in den Kampf geschickt.

Oben: „Cave canem!" („Vorsicht, bissiger Hund!"), pompejisches Mosaik.

Rechts: Mosaik aus der römischen Villa Casale Piazza Amerina, das einen Herrn zusammen mit seinem Jagdhund zeigt.

Rechts: Jagdszene, Illustration in einer Handschrift (15. Jh., *Livre de Gaston-Phebus*)

Rollentausch

Jahrtausendelang wurden Hunde verspeist und vergöttert, gejagt und ausgebildet. Die folgenden Meilensteine sind Belege für die wechselvolle Geschichte des Hundes in der menschlichen Gesellschaft.

✦ Einige Kulturen schätzten den Hund als Nahrungsmittel: Die alten Römer nahmen Hundefleisch als Eintopf oder Ragout zu sich. Die Azteken in Mexiko züchteten winzige Hunde und fütterten damit die großen Raubtiere in den Privatzoos.

✦ Als der Greyhound im Mittelalter in Europa auftauchte, wurde er der Liebling der königlichen und adligen Jäger und erschien auf vielen Wappen. Knut der Große (995–1035), König von England, Dänemark und Norwegen, ordnete an, daß nur freie Bürger Greyhounds halten durften.

✦ In vergangenen Jahrhunderten wurden drastische Maßnahmen ergriffen, damit Hunde die königliche Jagd nicht stören konnten. Wilhelm der Eroberer (1028–1087) befahl, daß alle Hundebesitzer drei Zehen an jeder Pfote ihrer Hunde entfernen mußten, damit diese langsamer wurden.

✦ Viele der europäischen Jagdhundrassen entstanden im Mittelalter, als Hetzjagden beim Adel immer beliebter wurden.

✦ Erst im 19. Jahrhundert wurde mit der Gründung des ersten Hundevereins die Geschichte der Rassen und Stammbäume methodisch festgehalten. Die erste Hundeausstellung der Welt fand 1859 in Großbritannien statt; die erste Ausstellung aller Rassen 1875 in Amerika.

✦ Blinden- oder Führhunde wurden bereits im Ersten Weltkrieg verwendet.

✦ Das erste Gehörlosen-Hundezentrum entstand 1977 in San Francisco. Gehörlose nutzen Hunde als ihre „Ohren", um unabhängiger zu sein.

Miniaturen und Miniaturisierung

Während der 400 Jahre währenden Herrschaft der Han-Dynastie in China (Beginn: 3. Jahrhundert v. Chr.) wurden viele Hunde auf Miniaturen abgebildet. Zumeist handelte es sich dabei um die Darstellung von Begräbnissen von Lieblingshunden mit ihrem Herrn. China leistete einen großen Beitrag zur Domestikation. Fachleute glauben, daß die Miniaturisierung von Hunden zuerst hier erfolgte. Zwerghunde waren bei den alten Chinesen besonders beliebt: Die winzigen Tiere wurden in den weiten Ärmeln der Kittel getragen, um die kalten Glieder zu wärmen. In China hatten schwarze Hunde die gleiche übernatürliche Bedeutung wie schwarze Katzen in Europa. Der „Fu-Hund", eine Gestalt aus Volkskunst und Mythologie, sollte seinem Besitzer Wohlstand und Glück bringen.

Links: Chinesischer Löwenhund (Bronzeskulptur, 17. Jh.)

EIN HUNDEBUCH DER REKORDE

✦ Die schwersten domestizierten Rassen sind der Old English Mastiff und der Bernhardiner. Beide können bis zu 145 kg wiegen.

✦ Der kleinste ausgewachsene Hund war ein Yorkshire Terrier. Dieser winzige Vierbeiner, der 1945 im Alter von zwei Jahren starb, erreichte eine Schulterhöhe von nur 6,5 cm.

✦ Der älteste Hund – Bluey of Victoria, Australien – starb im sagenhaften Alter von 29 Jahren.

✦ Die größten Hunde sind die Deutsche Dogge und der Irische Wolfshund. Beide können eine Schulterhöhe von 90 cm erreichen. Die größte Deutsche Dogge, die jemals verzeichnet wurde, maß unglaubliche 105 cm und starb 1984.

Berühmte Hunde & ihre Besitzer

Seitdem der erste Hund die Nähe menschlicher Siedlungen gesucht hat, spielen diese Tiere eine relativ wichtige Rolle in unserem Leben. Zuerst nutzte man sie nur als Wachhunde, doch schon bald wurden sie gezüchtet, um Jäger zu begleiten oder Schafherden zu hüten und zu beschützen. Hochspezialisierte Arbeitshunde ziehen Karren und Schlitten, übernehmen Aufgaben beim Militär und bei der Polizei, helfen Behinderten oder werden bei Rettungsarbeiten eingesetzt. Viele Hunde wurden für ihren Mut, ihre ungewöhnlichen Kunststücke und ihre spektakulären Taten berühmt. Oft standen Hunde zusammen mit ihren Besitzern im Rampenlicht: Hitchcocks Terrier sowie Schopenhauers Pudel sind nur zwei Beispiele von vielen.

„Der Bund mit einem treuen Hunde ist so ewig wie Bindungen zwischen Lebewesen dieser Erde überhaupt sein können."

KONRAD LORENZ

Greyfriars Bobby

Dieser berühmte Scottish Skye Terrier lebte in der Mitte des 19. Jahrhunderts. Er wurde bekannt, weil er zehn Jahre lang, bis zu seinem eigenen Tod, das Grab seines Herrn nicht verließ.

HUNDE IM ALL

Die Hündin Laika war das erste lebende Wesen, das mit einer Rakete in den Weltraum geschossen wurde. Startzeit war der 3. November 1957, Träger der 508 kg schwere und nur 1,2 m lange sowjetische Satellit Sputnik II. Laika reiste in einem abgedichteten Zylinder, der zahllose Geräte zur Messung der Körperdaten enthielt.

Allerdings starb Laika wenige Tage später im All, da der Satellit nicht für eine Rückkehr zur Erde konstruiert war. Die Sowjetunion versicherte damals, daß die Hündin mit vergiftetem Futter getötet worden war, bevor der Sputnik wieder in die Erdatmosphäre eintrat.

Drei Jahre später schickten die Sowjets im Rahmen eines umfangreichen Forschungsprogramms zehn weitere Hunde in den Weltraum.

Kampf mit den Elementen

Im Juni des Jahres 1910 brach der Norweger Roald Amundsen (1872–1928) mit einem Schiff von Norwegen aus auf, um als erster Mensch den Südpol zu erreichen. Er wußte von einer ähnlichen Expedition, die die Briten unter der Leitung von Robert Falcon Scott unternommen hatten. Das Wettrennen der beiden Teams faszinierte ganz Europa. Amundsen nahm eine kürzere Route. Er benutzte Schlittenhunde, die ihm und seinen Männern auf der Rückreise als Nahrung dienten. Im Dezember erreichte der Norweger mit vier Männern den Pol – einen Monat früher als die Briten. Er wurde für seinen sorgsamen Umgang mit den Hunden berühmt. Einige Vierbeiner sind mit Amundsens Assistenten Hanssen auf dem Foto oben abgebildet.

John F. Kennedy und Butterfly

Geschlagen mit einem Namen

In einem Ausstellungskatalog findet man in der Regel die neuesten und ungewöhnlichsten Hundenamen. Zahlreiche Vierbeiner scheinen ganz offensichtlich den eigenartigen Humor ihres Besitzers ausbaden zu müssen. Die Militäraktion im Persischen Golf führte zu einer Reihe von Namen wie „Wüstensturm" oder „Wüstensand". Andere Neuschöpfungen lauten „Senator", „Wall-Street-Hexer" oder „Zeitungsmacher".

Hunde berühmter Menschen

Name	Halter	Rasse
Alkmene	Friedrich der Große	Windspiel
Argos	Odysseus	–
Atman	A. Schopenhauer	Pudel
Basket	Gertrude Stein	Pudel
Bauschan	Thomas Mann	Dt. Hühnerhund
Boatswain	Lord Byron	Neufundländer
Bonnie	Maria Stuart	Skye Terrier
Buddy	Präsident Clinton	Labrador
Butterfly	John F. Kennedy	Welsh Terrier
Charley	John Steinbeck	Pudel
Diamond	Isaac Newton	–
Flossey	Anne Brontë	Cockerspaniel
Flush	E. Barrett Browning	Cockerspaniel
Heloise	J.-J. Rousseau	Mischling
Inez	Mme. Pompadour	Papillon
Jo-Fi	Sigmund Freud	Chow Chow
Kasbec	Pablo Picasso	Afghane
Lucy	Jodie Foster	Boxer
Maggie	Truman Capote	Bulldogge
Martha	Paul McCartney	Schäferhund
Muggsie	Marilyn Monroe	Collie
Ohren	Albert Schweitzer	Mischling
Peritas	Alexander der Große	–
Poor Pooh	Prinz Charles	Jack Russell
Urian	Anne Boleyn	Wolfshund
Tyras	Otto v. Bismarck	Dogge

Odysseus und Argos

Marilyn Monroe und Muggsie

Hunde & Phantasie

Die Kunst spiegelte schon immer die Beziehung zwischen Mensch und Hund wider. Bereits auf prähistorischen Malereien, die vor 15 000 Jahren entstanden sind, kann man Menschen in Begleitung hundeähnlicher Tiere sehen. Sowohl die alten Assyrer als auch die Ägypter und die Griechen stellten Skulpturen und Tongeschirr her, auf denen Hunde abgebildet waren. Zahlreiche Mythen und Sagen, in jüngerer Zeit auch Bücher, Filme und Fernsehserien, sind deutliche Beweise für die einzigartige Wertschätzung des Hundes durch den Menschen.

Rechts: Gustave Courbets *„Femme nue au chien"* (*„Nackte Frau mit Hund"*) von 1861

Die schönen Künste

✦ In der frühen europäischen Kunst waren Hundeporträts sehr populär. In römischer Zeit verschwand die Porträtmalerei fast völlig, und auch im Mittelalter tauchten Hunde mit Ausnahme von Darstellungen in Handschriften und auf Gobelins wie dem Teppich von Bayeux nur noch selten in der Kunst auf.

✦ Zahlreiche Maler der Renaissance und des Barock nahmen sich des Hundes an, stellten ihn allerdings stets als Beiwerk und nicht als Hauptsujet dar. Zu ihnen gehören Jan van Eyck (1390– 1441), Albrecht Dürer (1471–1528), Antonio Moro (1520–1576/77) und Alexandre-François Desportes (1661–1743).

✦ Das Porträtieren von Hunden wurde zu Beginn des 18. Jahrhunderts vor allem in England immer beliebter. Bedeutende Maler sind George Stubbs (1724–1806), Thomas Gainsborough (1727–1788) und Sir Edwin Landseer (1802–1873).

✦ Mit den Impressionisten setzte die romantische Verklärung des Hundes ein. Auguste Renoir (1841–1919) und Toulouse-Lautrec (1864–1901) machten den Anfang, später ließen Picasso (1881–1973), Joan Miró (1893–1983) und Giacometti (1901–1966) Hunde in der modernen Kunst wieder aufleben.

Links: *„Der Maler und sein Mops"*, Selbstporträt von William Hogarth (1697–1764)

Jahrtausendelang haben Hunde in der Mythologie und in der Kunst zahlreicher Völker – mit Ausnahme vielleicht der meisten europäischen Länder – eine große Rolle gespielt. Zu besonderen mythologischen Ehren gelangten sie vor allem in den Geschichten, Mythen und Fabeln so unterschiedlicher Kulturen wie jener der alten Griechen und der des Islam.

✦ Einer der berühmtesten Vierbeiner der griechischen Mythologie ist Argos, der Hund des Odysseus. Er erkennt als einziger den seit 20 Jahren totgeglaubten Griechenkönig, der seine Identität jedoch nicht preisgeben darf und deshalb gezwungen ist, ihn zu ignorieren. Daraufhin stirbt der Hund.

✦ In der ägyptischen Mythologie wog der hundeköpfige Totengott Anubis die Seelen der Verstorbenen, bevor diese ihre Reise in die Unterwelt antraten.

✦ In Wales kann man Fußabdrücke von Cavall, dem Hund des britischen Sagenkönigs Artus, besichtigen.

✦ Ein bekannter Held der keltischen Mythologie ist Cú Chulainn („Hund des Culann"). Verdient hat der Jüngling sich seinen Namen dadurch, daß er einen riesigen Wachhund tötete und zur Strafe dessen Platz einnehmen mußte.

✦ Der „Fu-Hund" oder „Löwenhund" brachte seinem Besitzer Wohlstand und Glück und kommt in vielen Legenden und Kunstwerken Chinas vor.

✦ Nach einer im englischen Yorkshire angesiedelten Legende war Barghest ein monströser Hund mit riesigen Zähnen und Klauen, der nur in der Nacht auftauchte. Jeder, der diesen Hund sah, mußte sterben. In Wales hieß sein rotäugiges Pendant Gwyllgi, der „Hund der Dunkelheit". Auf der Isle of Man trieb ein dämonischer Spaniel namens Mauthe Doog sein Unwesen, vorwiegend spukte er in Peel Castle. Möglicherweise haben diese Geistererscheinungen Sir Arthur Conan Doyle zu seiner berühmten Detektivgeschichte *„Der Hund von Baskerville"* mit Sherlock Holmes in der Hauptrolle angeregt.

Oben: Der Hauptheld des irischen Ulster-Sagenzyklus ist Cú Chulainn: Er tötete den Wachhund eines Schmieds und mußte als Strafe dessen Platz einnehmen.

Rechts: Diese griechische Vase (530–525 v. Chr.) zeigt Herkules bei der Lösung der letzten seiner zwölf Aufgaben: Er bringt Kerberos, den mastiffähnlichen Hund mit drei Köpfen (Hund-, Wolf- und Löwenkopf), der für Hades die Unterwelt bewacht, zu Eurystheus. Die Vase steht im Louvre in Paris.

Sir Edwin Landseer

Einer der vielseitigsten „Hundemaler" war der viktorianische Künstler Sir Edwin Landseer (1802–1873). Sein Gemälde *„Alpine Mastiffs Reanimating a Traveller"* (1820) zeigte zum ersten Mal einen Bernhardiner mit einem Branntweinfäßchen um den Hals. Diese der Phantasie Landseers entsprungene Vorstellung war so überzeugend, daß man von diesem Zeitpunkt an Bernhardiner, die in der Bergrettung eingesetzt wurden, häufig mit einem Branntweinfäßchen ausstattete. Auf dem Gemälde rechts, *„Dignity and Impudence"* (1837), hat Landseer seine eigenen Hunde Myrtle und Brutus dargestellt.

„Nun, da du tot bist,
sieht kein Auge jemals mehr
die Gestalt und Dienste
deines Spaniels.
Das soll meine Liebe tun,
deinem traurigen Tod
eine Träne geben,
obwohl du eine Million
Tränen verdient hättest."

ROBERT HERRICK

HUNDE & PHANTASIE

Hunde & Phantasie

Ein „ergebener" Besitzer

Sir Walter Scotts Hund hieß Maida und soll nach den Angaben des schottischen Dichters eine Kreuzung zwischen einem Deerhound und einem Mastiff gewesen sein. Der Besitzer und sein Tier wurden oft zusammen gemalt, insbesondere von Sir Edwin Landseer. Scott schrieb, daß er einmal mit einem anderen Hund Modell stehen mußte, weil Maida der Sitzerei so überdrüssig gewesen sei, daß der bloße Anblick von Palette und Pinsel ihn dazu veranlaßte, den Raum zu verlassen.

„Das Traurige bei der Haltung von Hunden ist, daß sie so früh sterben. Aber wenn er 50 Jahre lebt und dann stirbt, was wird aus mir?" Als Maida starb, ließ der untröstliche Schriftsteller ein Mausoleum in der Nähe seines Hauses in Abbotsford errichten, ein Monument seiner Liebe und seiner Wertschätzung. Es trug die Inschrift:

„Sit tibi terra levis."

(„Möge die Erde leicht auf dir liegen.")

„Der Hund konnte den Menschen nur selten auf seine Verstandesebene ziehen, aber letztendlich zog der Mensch ihn auf seine hinunter."

James G. Thurber

DER HUND IN DER LITERATUR

In den letzten 500 Jahren entwickelte sich über das Arbeitsverhältnis hinaus eine besondere Beziehung zwischen Mensch und Hund. Hunde übernahmen die Rolle des königlichen Vertrauten und wurden als unterhaltsame Gesellschafter geschätzt. Geschichten und Erzählungen über ihren Großmut und ihren Verstand bildeten ein völlig neues Genre in der europäischen Literatur. Shakespeare erwähnte in seinen Werken häufig Hunde, besonders auffallend in der Komödie *„Die beiden Veroneser"*. Jack London und Zane Grey verfaßten Berichte über den Mut der Hunde. Der Kanadier Farley Mowat, der einige Zeit im Norden Kanadas unter Wölfen verbrachte, schildert anschaulich das Sozialverhalten und die Intelligenz wildlebender Hunde.

Viele Schriftsteller waren Hundebesitzer:

✦ John Steinbeck wurde auf seinen Reisen durch die USA von seinem Hund Charley begleitet; die Beziehung zu sei-

Oben: Äsops Fabel „Die zwei Hunde", Illustration in einer englischen Ausgabe aus dem 18. Jahrhundert. Äsop, ein griechischer Volksheld, der im 6. Jahrhundert v. Chr. lebte, hatte sich einen Ruf als Erzähler von Tierfabeln gemacht. Weil seine Geschichten in der Regel kurz, einfach geschrieben und überdies sehr unterhaltsam sind, werden sie gern im Lateinunterricht verwendet.

HUNDE AUF DER LEINWAND

Hunde dienen seit Jahrhunderten der Unterhaltung: Sie traten bei Wettkämpfen gegeneinander an, führten Kunststücke in der Zirkusarena vor und fanden schließlich auch den Weg zum Film. In vielen Fällen wurden sie fast ebenso berühmt wie ihre menschlichen Leinwandkollegen. Zu den bekanntesten Darstellern gehören:

✦ Rin Tin Tin, der unvergeßliche Star von 22 Schwarzweißfilmen.

✦ Lassie – für die Rolle wurden mehr als 300 Hunde gesichtet; Pal war der Hauptdarsteller im ersten Film.

✦ Huutsch aus der erfolgreichen Produktion *„Scott & Huutsch"*.

✦ Strolch, der verschlagene, liebenswürdige Bastard aus Walt Disneys Film *„Susi und Strolch"*.

✦ Snoopy, Charles M. Schultz' berühmter Darsteller aus der Comicserie *„Peanuts"*.

✦ *„101 Dalmatiner"*, der Zeichentrick- und Spielfilm mit Glenn Close in der Hauptrolle, war 1997 ein Kassenschlager.

✦ Boomer, ein gelber Labrador, begleitete Jasmine und Dylan in *„Independence Day"*.

Links: Tom Hanks mit seinem Co-Star der Bulldogge Huutsch

nem Reisegefährten beschrieb er ausführlich in *„Meine Reise mit Charley“*.

✦ Elizabeth Barrett Browning hing sehr an ihrem Spaniel Flush. Er war der Gegenstand vieler Briefe und Gedichte. In *„Flush oder Faun“* berichtet die Schriftstellerin, wie sie einst aus dem Schlaf aufschreckte und dabei dachte, sie sei von einem Faun geweckt worden. Sie war sehr erfreut, Flush neben sich zu finden, und dankte dem Gott Pan: „Was für niedere Wesen führen zu den Höhen der Liebe.“

Oben: Elizabeth Barrett Browning (1806–1861) und ihr geliebter Spaniel Flush

✦ Die Amerikaner E. B. White und James G. Thurber verhalfen der Hundeliteratur im 20. Jahrhundert zu einer Renaissance. Im Mittelpunkt ihrer humorvollen Geschichten steht das liebevolle Verständnis der Hunde für ihre menschlichen Hausgenossen. E. B. White schrieb in *„The Fox of Peapack and other Stories“*:

„Des Dackels Liebe
ist ein Bund fürs Leben;
Denn legst du dich zur Ruh',
ist er bei dir im Nu;
und stehst du wieder auf,
so folgt er deinem Lauf.
Verläßt du ihn, so bricht der Schmerz
dem treuen Freund alsbald das Herz .“

1938 veröffentlichte Eric Knight in der *Saturday Evening Post* eine Kurzgeschichte über einen Collie, der sich auf eine abenteuerliche Reise begibt, um seinen ehemaligen Herrn zu finden. Zwei Jahre später publizierte der Autor ein Buch, das in 25 Sprachen übersetzt wurde. 1943 entstand der Film *Lassie*, ein großer Erfolg, dem zahlreiche Radio- und Fernsehsendungen folgten.

✦ Apollo aus der Serie *„Magnum“* war einer von Higgins' berühmten Dobermännern.

✦ Charlie glänzte in dem Zeichentrickfilm *„Alle Hunde kommen in den Himmel“*.

✦ Beethoven hieß der berühmte Bernhardiner aus dem Film *„Ein Hund namens Beethoven“*.

✦ Benji, ein Terriermischling, löste dank seiner Spürnase viele rätselhafte Fälle.

✦ Balto, ein Mischling aus Husky und Wolf, machte 1997 in dem Film *„Ein Hund kommt in den Himmel“* Furore.

Oben: Benji, ein Film- und Fernsehheld

Rechts: John Belushi und sein Co-Star in *„Mein Partner mit der kalten Schnauze“* 1989

Nützliche Adressen

Internationale Verbände

Verband für das Deutsche Hundewesen e. V. (VDH)
Westfalendamm 174
44141 Dortmund
Tel. 02 31-5 65 00

Bundesverband für das Rettungshundewesen e. V.
Holthoffstr. 11
45659 Recklinghausen
Tel. 0 23 61-10 83 11

Deuscher Hundesportverband e. V.
Mörikestr. 7
72213 Altensteig-Spielberg
Tel. 0 74 53-64 87

Österreichische Kynologenverband
Johann-Teufel-Gasse 6-8
A-1230 Wien
Tel. 00 43-1 88 87 09 20

Schweizerische Kynologische Gesellschaft
Langgaßstr. 8
CH-3012 Bern
Tel. 00 41-3 13 01 58 19

Fédération Cynologique International
13 Place Albert I
B-6530 Thuin/Belgien
Tel. 00 32-71-59 12 38

Société Centrale Canine pour l'Amélioration des Races de Chiens en France
155 Avenue Jean Jaures
F-93535 Paris
Tel. 00 33-1 49 37 54 00

Kennel Club
1 Clarges St
London W1Y 8AB/Großbritannien
Tel. 00 44-17 14 93 66 51

Ente Nazionale della Cinofilia Italiana
Viale Corsica 20
I-20137 Milano
Tel. 00 39-0 27 00 20 31

Welpenvermittlungsstellen der Zuchtvereine

Basenji-Klub Deutschland e. V.
Trifelsstr. 9
67122 Altrip
Tel. 0 62 36-3 95 58

Bernhardiner-Club e. V.
Ackerstr. 38
85757 Karlsfeld
Tel. 0 81 31-9 2928

Boxer-Klub e. V.
Veldener Str. 66
81241 München
Tel. 0 89-546 70 80

Deutscher Bracken-Club e. V.
Odinstr. 1
56348 Bornich
Tel. 0 67 71-28 82

Deutscher Club für Bullterrier e. V.
Weißdornweg 9
67454 Haßloch
Tel. 0 63 24-98 97 46

Cocker-Club Deutschland e. V.
Haldemerstr. 16
49163 Bohmte
Tel. 0 54 71-15 33

Deutscher Collie-Club e. V.
In den Morgen 11
67580 Hamm
Tel. 0 62 46-76 02

Deutscher Dalmatiner-Club von 1920 e. V.
Poppenweiler Str. 16
71672 Marbach
Tel. 0 71 44-63 46

Verein Deutsch- Drahthaar und Verein Deutsch-Kurzhaar e. V.
Am Kloster 10
42799 Leichlingen
Tel. 0 21 75-48 59

Deutscher Jagdterrier-Club e. V.
Gustav-Schwab-Str. 10
72525 Münsingen
Tel. 0 73 81-27 86

Deutsch-Langhaar-Verband
Forsthaus Schmidtmühle
36396 Steinau-Ürzell
Tel. 0 66 67-3 39

Dobermann-Verein e. V.
Thorwaldsenstr. 29
80335 München
Tel. 0 89-1 23 42 24

Deutscher Doggen-Club 1888 e. V.
Ringstr. 2
48480 Lünne
Tel. 0 59 06-12 30

Allgemeiner Club für Englische Bulldogs e. V.
Bahnhofstr. 33
66999 Hinterweidenthal
Tel. 0 63 96-4 80

Club für Exotische Rassehunde e. V.
Töpingen 2
29633 Münster
Tel. 0 51 90-2 54

Griffon-Club e. V.
Dreikönigstr. 29
59821 Arnsberg
Tel. 0 29 35-48 44

Verband Deutscher Kleinhunde e. V.
Am Eichenhang 6
53894 Mechernich
Tel. 0 24 43-44 77

Malteser-Club Deutschland 1983 e. V.
Seilandstr. 23
59379 Selm i. W.
Tel. 0 25 92-15 34

Deutscher Mopsclub e. V.
Grundermühle 7
51515 Kürten
Tel. 0 22 68-14 94

Weiterführende Literatur

Deutscher Neufundländer-Club e. V.
Beckmannweg 1
46286 Dorsten
Tel. 0 43 51-71 23 96

Pinscher-Schnauzer-Klub e. V.
Barmer Str. 80
42899 Remscheid
Tel. 0 21 91-5 40 42

Verein für Pointer und Setter e. V.
Gut Schönberg
73466 Lauchheim
Tel. 0 73 63-51 15

Verein Pudelpointer e. V.
Ruhrtalstr. 94
45239 Essen
Tel. 02 01-49 13 49

Deutscher Retriever-Club e. V.
Dörnhagener Str. 13
34302 Cuxhagen
Tel. 0 56 65-17 34

Dt. Züchtergemeinschaft
Rhodesian Ridgeback e. V.
Osterende 62
27389 Helvesiek
Tel. 0 42 67-2 48

Deutscher Rottweiler-Klub e. V.
Postfach 40 02 22
32400 Minden
Tel. 05 71-50 40 40

Deutscher Teckelklub e. V.
Postfach 10 03 62
47003 Duisburg
Tel. 02 03-33 00 05

Klub für Terrier e. V.
Schöne Aussicht 9
65451 Kelsterbach
Tel. 0 61 07-23 65

Int. Klub für Tibetische Rassen e. V.
Distelweg 2 b
90768 Fürth
Tel. 09 11-75 15 37

Bücher

Dr. Bruce Fogle
Moderne Hundehaltung
Müller Rüschlikon Verlags AG

Klever, Ulrich
Knaurs Hundebuch
Droemer Knaur

Krämer, Eva-Maria
Der Kosmos Hundeführer
Franckh-Kosmos

Dr. Doris Kusch
Meinem Hund geht es gut
Naumann & Göbel

Lehari, Gabriele
Hundehaltung – gewußt wie
Oertel + Spörer

Ludwig, Gerd
Mit dem Hund spielen und trainieren
Gräfe und Unzer

Middlehaufe, Sabine
Mischlingshunde
Landbuch Verlag

Stein, Petra
Naturheilpraxis Hunde
Gräfe und Unzer

Taylor, David
Mein großes Hundebuch
Bechtermünz Verlag

Weidt, Heinz
Berlowitz, Dina
Spielend vom Welpen zum Hund
Naturbuch Verlag

Zeitschriften

Brackenzeitung
Herausgegeben von
Deutscher Bracken-Club e. V.
Odinstr. 1
56348 Bornich

Der Hund
Deutscher Bauernverlag GmbH
Brunnenstr. 128
13355 Berlin

Unser Rassehund
Herausgegeben von
Verband für das Deutsche Hundewesen
Westfalendamm 174
44141 Dortmund

Deutsche Wachtelhund Zeitung
Herausgegeben von
Verein für Deutsche Wachtelhunde e. V.
Werner-von-Braun-Str. 1
92203 Amberg

Unsere Hunde (UH)
Herausgegeben von
Österreichischer Kynologenverband
Johann-Teufel-Gasse 6-8
A-1230 Wien

Register

Hinweis: Die fettgedruckten Seitenzahlen verweisen auf den Rassenteil.

Bildnachweis

Abbildungsnachweis

Abkürzungen

o. oben
u. unten
M. Mitte
l. links
r. rechts

Seite 1 Warren Photographic/J. Burton; 2–3 Animal Photography/R. Willbie; 4–5 FLPA/Foto Natura; 6–7 Tony Stone Images/R. Lynn; 8–9 Warren Photographic/J. Burton; 10 o. l. FLPA/Foto Natura/J. & P. Wegener, u. l. Ardea/M Watson, u. r. Oxford Scientific Films/Survival Anglia/J. Blossom; 10–11 o. Ardea/S. Gooders; 11 u. l. FLPA/Foto Natura/J. & P. Wegener, u. r. Tony Stone Images/R. Lynn; 12 o. FLPA/R. Tidman, u. l. & u. r. FLPA/Foto Natura; 13 o. FLPA/M Newman, u. l. FLPA/Sunset/P. Moulu, u. r. Oxford Scientific Films/N. Rosing; 14 u. l. FLPA/G Lacz; 14–15 FLPA/ Foto Natura/J. Van Arkel; 16 o. r. FLPA/G. Lacz, l. e. t. Archive/Pella Museum, Greece; 17 u. Ardea/L. Bomford; 19 u. M. Animal Photography/S. A. Thompson, u. r. Warren Photographic/J. Burton; 20 o. FLPA/D. Grewcock; u. FLPA/G. Lacz; 21 o. l. FLPA/G. Lacz, o. r. Ardea/J. Daniels, u. l. Ardea/J.-P. Ferrero; 22 o. l. Animal Photography/S. A. Thompson, o. r. Ardea/J. Daniels; 26 o. FLPA/ Panda/N. Biet; 27 u. l. Animal Photography/S. A. Thompson, u. M. Solitaire Photographic/A. Rixon; 28 FLPA/G. Lacz; 30 Solitaire Photographic/A. Rixon; 31 o. l. FLPA/D. Dalton, o. r. Animal Photography/S. A. Thompson, u. FLPA/Foto Natura/J. & P. Wegener; 32 FLPA/Foto Natura; 33 Ardea; 34 Ardea/J. Daniels; 35 o. FLPA/Foto Natura, M. Ardea/J. Daniels; 36 Ardea/J. Daniels; 37 o. Ardea, M. FLPA/D. Dalton, u. FLPA/Foto Natura; 38 o. Ardea/J. Daniels, u. FLPA/G. Lacz; 39 o. l. Ardea/J. Daniels, o. r. Animal Photography/R. Willbie, u. Solitaire Photographic/A. Rixon; 40–42 Warren Photographic/J. Burton; 43 o. FLPA/G. Lacz, u. Warren Photographic/J. Burton; 44 Warren Photographic/J. Burton; 45 o. Animal Photography /D. Philpott, u. Warren Photographic/J. Burton; 46 Warren Photographic/J. Burton; 47 o. FLPA/Foto Natura, u. FLPA/ Foto Natura/Bios/ Gunther; 48 FLPA/D. Grewcock; 49 FLPA/ Foto Natura/J. & P. Wegener; 50 o. Warren Photographic/J. Burton, u. Ardea/J. Daniels; 51 o. r. FLPA/W. Rohdich, u. Warren Photographic/J. Burton; 52–53 Warren Photographic/J. Burton; 54 o. FLPA/D. Hosking, u. Oxford Scientific Films/W. Johnson; 55 Oxford Scientific Films/G. I. Bernard; 56–57 Ardea/J. Daniels; 56 Ardea/J. Daniels; 58 o. r. Ardea, u.M. FLPA/G. Lacz; 59 l. FLPA/ Foto Natura/J. & P. Wegener, o. r. FLPA/G. Lacz, u. r. FLPA/McCarthy; 60 Warren Photographic/J. Burton; 61 o. l. & o. r. Warren Photographic/J. Burton, u. l. FLPA/Sunset/G. Lacz, u. r. FLPA/Foto Natura/K. Hubert; 62 o. r. Warren Photographic/J. Burton, u. FLPA/R. Tidman; 63 o. Warren Photographic/J. Burton,u. Solitaire Photographic/A. Rixon; 64 o. M. FLPA/D Dalton, o. r. Warren Photographic/J. Burton, u. FLPA/G. Lacz; 65 Tony Stone Images/R. Lynn; 66 o. r. Ardea/J. Daniels, M. Warren Photographic/J. Burton; 67 o. r. FLPA/J. Zimmermann, M. r. Solitaire Photographic/A. Rixon; 68 o. l. & u. l. Ardea/J. Daniels, o. r. Warren Photographic/J. Burton, u. r. FLPA/D. Hosking; 69 o. M. & M. r. Ardea/J. Daniels FLPA/Sunset/G. Lacz, u. r. FLPA/ Foto Natura/W. Meinders; 70 o. r. Ardea/J. Daniels, u. r. Warren Photographic/J. Burton; 71 o. r. Warren Photographic/J. Burton, u. r. FLPA/Sunset/P. Moulu; 72 o. M. Ardea/J. Daniels, u. r. FLPA/ Sunset/G. Lacz; 73 o. l. FLPA/Foto Natura, u. l. FLPA/Panda/G. Memmi; 74 o. l. & u. Warren Photographic/J. Burton, o. r. FLPA/ Foto Natura/J. & P. Wegner; 75 o. l. FLPA/H Clark, u. l. FLPA/G. Lacz; 76 M. FLPA/Foto Natura; 77 u. r. Ardea/J. Daniels; 78 u. FLPA/G. Lacz, o. Warren Photographic/J. Burton; 79 o. r. FLPA/D. Hosking, u. r. FLPA/Foto Natura; 80 o. r. FLPA/Panda/S. Nardulli, u. Animal Photography/S. A. Thompson; 81 o. r. FLPA/D. Dalton, u. r. FLPA/Foto Natura; 82 o. r. Warren Photographic/J. Burton, u. l. FLPA/J. Hosking, u. r. FLPA/D. Hosking; 83 o. r. FLPA/G. Lacz, u. l. & u. M. FLPA/D Hosking; 84 o. M. Ardea/J. Daniels, u. Warren Photographic/J. Burton; 85 o. l. & o. r. FLPA/Sunset/G. Lacz, u. l. FLPA/Foto Natura; 86 u. l. Warren Photographic/J. Burton; 86–87 u. Ardea/J. Daniels; 87 o. l. & o. r. FLPA/D. Hosking, u. r. Solitaire Photographic/A. Rixon; 88 o. Ardea, u. FLPA/Sunset/G. Lacz; 89 o. r. FLPA/R. Wilmhurst, M. r. FLPA/R Tidman; 90 o. r. FLPA/Sunset/G. Lacz, u. r. FLPA/Foto Natura; 91 u. l. Ardea/J. Daniels o. M., FLPA/ Foto Natura, u. r. Warren Photographic/J. Burton; 92 M. Warren Photographic/J. Burton, u. l. FLPA/Foto Natura; 93 o. l. Ardea/J. Daniels, o. r. FLPA/G. Lacz; 94 Ardea/J. Daniels; 95 o. l. Warren Photographic/J. Burton, o. r. Ardea/J. Daniels, M. l. Ardea/Y. Arthus-Bertrand; 96 o. Ardea/J. Daniels, u. Animal Photography/R. Willbie; 97 o. Solitaire Photographic/A. Rixon, u. B. Viner/Novaris Animal Health; 98 M. & u. r. FLPA/D. Hosking, u. l. Animal Photography/S. A. Thompson; 99 o. l. FLPA/P. Dean, o. r. FLPA/D. Hosking, u. Warren Photographic/K. Taylor; 100 o. Animal Photography/S. A. Thompson, u. FLPA/R. Tidman; 101 o. FLPA/D. Hosking, u. l. Shannon/K. & D. Dannen, u. r. Animal Photography/S. A. Thompson; 102 o. Warren Photographic/J. Burton, u. l. Animal Photography/S. A. Thompson, u. r. Dogs Today; 103 o. EMAP Pet Magazines, u. l. & u. r. Dogs Today; 104 o. FLPA/Sunset/G. Lacz, u. l. FLPA/Foto Natura, u. r. Emap Pet Magazines; 105 Emap Pet Magazines; 106 u. l. Animal Photography/R. Willbie; 106–107 u. Animal Photography/S. A. Thompson; 107 o. Animal Photography/S. A. Thompson, o. r. Animal Photography/R. Willbie; 108 u. FLPA/Sunset/P. Moulu; 108–9 Ardea/J. Daniels; 109 u. Animal Photography/R. Willbie; 110 o. Warren Photographic/J. Burton, u. Animals Unlimited/P. Cutts; 111 o. Animal Photography/S. A. Thompson, u. l. Animal Photography/R. Willbie, u. r. FLPA/D. Hosking; 112 o. Animal Photography/S. A. Thompson, u. FLPA/Foto Natura; 113 o. FLPA/G. Lacz, u. Animal Photography/S. A. Thompson; 114 o. Animal Photography/S. A. Thompson/R. Willbie, u. Animal Photography/S. A. Thompson; 115 o. FLPA/R. Bender, u. FLPA/R. Tidman; 116 o. Animal Photography/S. A. Thompson, u. l. & u. r. EMAP Pet Magazines; 117 o. Animal Photography/S. A. Thompson, u. l. & u. r. EMAP Pet Magazines; 118 M. Newton; 119 o. l. Dogs Today, o. r. & M. r. M Newton, M. l. & u. r. EMAP Pet Magazines; 120 Animal Photography/R. Willbie; 121 o. M., M. l. & u. l. M. Newton, M. r. Warren Photographic/K. Taylor, u. r. Animal Photography/S. A. Thompson; 122–3 o. Ardea/J. Daniels; 122 u. Animal Photography/R. Willbie; 123 o. r. FLPA/Foto Natura/J. & P. Wegener, u. FLPA/Foto Natura; 124 o. FLPA/Foto Natura, u. l. & u. r. M. Newton; 125 o. FLPA/Foto Natura, M. l, u. l. & u. r. M. Newton; 126 l. Ardea/J. Daniels; 126–127 Ardea/J. Daniels; 128 u. Viner; 129 u. Viner; 130 o. Warren Photographic/J. Burton, u. FLPA/D. Hosking; 131 o. Animal Photography/S. A. Thompson, u. l. FLPA/M. Withers, u. r. Viner; 132 Animal Photography/S. A. Thompson; 133 o. l. EMAP Pet Magazines, o. M. FLPA/H. D. Brandl, u. r. M. Newton; 134 u. Viner; 135 o. FLPA/R. Tidman, u. Animal Photography/S. A. Thompson; 136 Animal Photography/S. A. Thompson/R. Willbie; 137 o. l. & u. Viner, o. r. Warren Photographic/J. Burton, u. Solitaire Photographic/A. Rixon; 138 o. u. Viner, u. FLPA/Silvestris; 139 o. FLPA/M. Withers; 140 o. FLPA/R. Tidman, M. & u. Warren Photographic/J. Burton; 141 o. & M. u. Viner, o. Ardea/R. Gibbons; 142 Warren Photographic/J. Burton; 143 o. u. Viner, u. FLPA/M. Withers; 144 u. FLPA/Foto Natura; 145 FLPA/D. Hosking; 146 Warren Photographic/J. Burton; 148 o. Warren Photogrphic/J. Burton, u. B. Viner; 149 FLPA/-Sunset/G. Lacz; 150 o. Animal Photography/S. A. Thompson, u. FLPA/R. Tidman; 151 o. l. & u. Warren Photographic/J. Burton, o. r., u. Viner; 152 o. Ardea/J. Daniels, u. Animal Photography/S. A. Thompson;

153 Animal Photography/R. Willbie; 154 o. Ardea/J.-P. Ferrero, u. EMAP Pet Magazines; 155 o. Ardea/J. Daniels; 156 Warren Photographic/J. Burton; 158 o. Animal Photography/R. Willbie, u. l. & u. M. Warren Photographic/J. Burton, u. r. FLPA/Sunset/G. Lacz; 159 o. l. FLPA/Sunset/A. Christof, o. r. Animal Photography/S. A. Thompson, u. Warren Photographic/J. Burton; 160 M. & o. r. Animal Photography/R. Willbie; 161 u. Animal Photography/S. A. Thompson; 162–163 Ardea/J. Daniels; 164 o. l. Ardea, u. l. FLPA/-Silvestris, r. FLPA/M. Newman; 165 o. Ardea/J.-P. Ferrero, u. l. FLPA/Foto Natura, u. r. Ardea/E. Dragesco; 166 o. Ardea/J. Daniels, M. & u. FLPA/G. Lacz; 167 l. Tony Stone Images/T. Davis, o. r. Ardea/E. Dragesco, u. r. Tony Stone Images/D. Tipling; 168 u. l. Animals Unlimited/P. Cutts; 168–169 Ardea/J. M. Labat; 170 Animals Unlimited/P. Cutts; 171 o. l. Animal Photography/S. A. Thompson, o. r. Animals Unlimited/P. Cutts; 172 o. Animal Photography/S. A. Thompson, u. Animal Photography/R. Willbie; 173 o. Animal Photography/S. A. Thompson, u. Animals Unlimited/P. Cutts; 174 o. Animal Photography/S. A. Thompson, u. FLPA/G Lacz; 175 o. Animal Photography/S. A. Thompson, u. Ardea/J. Daniels; 176–178 o. Animal Photography/S. A. Thompson; 179 o. Animal Photography/S. A. Thompson, u. Animals Unlimited/P. Cutts; 180 FLPA/G. Lacz; 181 o. Animals Unlimited/P. Cutts, u. FLPA/G. Lacz; 182–183 Animal Photography/S. A. Thompson/R. Willbie; 184 o. FLPA/G. Lacz, u. Ardea/J.-P. Ferrero; 185–186 Animal Photography/S. A. Thompson; 187 Animals Unlimited/P. Cutts; 188 o. Ardea/J. Daniels, u. Animal Photography/S. A. Thompson; 189 o. Animal Photography/S. A. Thompson, u. Shannon/K. & D. Dannen; 190 o. Animal Photography/R. Willbie, u. Animal Photography/S. A. Thompson; 191 o. Ardea/J. Daniels, u. Ardea/J. M. Labat; 192 Animal Photography/S. A. Thompson; 193 o. FLPA/G. Lacz, u. Animal Photography/R. Willbie; 194–195 Animals Unlimited/P. Cutts; 196 o. FLPA/G. Lacz, u. Ardea/J. Daniels; 197 o. Animal Photography/S. A. Thompson,u. FLPA/G. Lacz; 198 Animal Photography/R. Willbie; 199 o. Animal Photography/S. A. Thompson, u. Animal Photography/R. Willbie; 200 o. Animal Photography/S. A. Thompson, u. FLPA/G. Lacz; 201–202 Animal Photography/S. A. Thompson; 203 o. FLPA/Foto Natura, u. Animal Photography/S. A. Thompson; 204 o. Ardea/J. Daniels, u. FLPA/G. Lacz; 205 o. Animal Photography/S. A. Thompson, u. Ardea/J. Daniels; 206–207 Animals Unlimited/P. Cutts; 208 Animal Photography/S. A. Thompson; 209 o. Animal Photography/ R. Willbie, u. Animal Photography/S. A. Thompson; 210 o. Ardea/J. Daniels, u. Animal Photography/S. A. Thompson; 211–214 Animal Photography/S. A. Thompson; 215 o. FLPA/G. Lacz, u. Animal Photography/S. A. Thompson; 216–217 Animals Unlimited/P. Cutts; 218 Animal Photography/S. A. Thompson; 219 o. Animal Photography/R. Willbie, u. Animal Photography/S. A. Thompson; 220 o. FLPA/G. Lacz, u. Animal Photography/R. Willbie; 221 Animal Photography/S. A. Thompson; 222 o. FLPA/D Dalton, u. Animal Photography/R. Willbie; 223 Animal Photography/S. A. Thompson; 224–225 Animal Photography/S. A. Thompson; 226 o. Animal Photography/R. Willbie, u. Animal Photography/S. A. Thompson u., 227 Animal Photography/S. A. Thompson o., Animals Unlimited/P. Cutts; 228 o. FLPA/G. Lacz u. Animal Photography/R. Willbie; 229 o. Animal Photography/R. Willbie, u. Ardea/J. Daniels; 230–231 Animals Unlimited/P. Cutts; 232–233 Animal Photography/S. A. Thompson; 234 o. FLPA/G. Lacz, u. Animal Photography/S. A. Thompson; 235 Animal Photography/S. A. Thompson; 236 o. Animal Photography/S. A. Thompson, u. FLPA/Foto Natura, 237 o. Ardea/J.-P. Ferrero, u. Animal Photography/R. Willbie; 238 o. Animal Photography/S. A. Thompson, u. Animal Photography/R. Willbie; 239 Animal Photography/S. A. Thompson; 240 o. Ardea/J.-P. Ferrero, u. FLPA/D. Dalton; 241 o. FLPA/Foto Natura/J. van Arkel, u. FLPA/Sunset/G. Lacz; 242 o. Corbis/RW, u. l. & u. r. e. t. Archive/National Archäologisches Museum, Neapel; 243 o. e. t. Archive/Bibliothèque Nationale, Paris, u. Corbis/P. Harholdt; 244 o. Ardea/D. Napier, u. Corbis/G. J.; 245 o. l. Hulton Getty, o. r. AKG London, M. l. Corbis/Bettmann/UPI, u. r. Kobal Collection; 246 o. AKG London/Musée d'Orsay, Paris/E. Lessing,u. e. t. Archive/Tate Gallery; 247 M. o. Cameron Collection, AKG London/Louvre, Paris/E. Lessing; 247 u. e. t. Archive/Tate Gallery; 248 o. l. Hulton Getty, o. r. e. t. Archive/Bibliothèque Nationale, Paris; 248 u. Touchstone (mit freundlicher Genehmigung von Kobal); 249 o. l. Hulton Getty, o. r. AKG London, u. l. Mulberry Square (mit freundlicher Genehmigung von Kobal), u. r. Corbis/Everett/Universal; 251 Ardea/J. Daniels; 256 Animals Unlimited/P. Cutts

Jegliche Anstrengung wurde unternommen, die Urheber der Abbildungen in diesem Buch ausfindig zu machen. Personen oder Organisationen, deren Urheberrecht hier nicht abgedruckt ist, möchten sich bitte an den Verlag wenden.